壁の向こうの住人たち

アメリカの右派を覆う怒りと嘆き

壁の向こうの住人たち

アメリカの右派を覆う怒りと嘆き

A. R. ホックシールド
Arlie Russell Hochschild

布施由紀子 訳

岩波書店

STRANGERS IN THEIR OWN LAND
Anger and Mourning on the American Right

STRANGERS IN THEIR OWN LAND
Anger and Mourning on the American Right

by Arlie Russell Hochschild

First published 2016 by The New Press, New York.
This Japanese edition published 2018
by Iwanami Shoten, Publishers, Tokyo
by arrangement with Arlie Hochschild c/o Georges Borchardt, Inc., New York
through The English Agency,(Japan) Ltd., Tokyo.

ハロルド・アレノとアネット・アレノに
それから、ウィリー、ウィルマ、メアリリー、マイク・T、中将に。

まえがき

五年前にこの調査に着手したころ、わたしは、米国のふたつの政治陣営がたがいに溝を深め合っていくさまを見て、驚きを感じはじめていた。左派の人々の多くは、右派の共和党とフォックス（FOX）ニュースが連邦政府の介入を大幅に排除しようともくろんでいると考えていた。貧困層支援の打ち切りを画策し、権力と富を握る所得上位一パーセント層の力と財産を増やそうとしていると感じていたのだ。一方、右派の人々の多くは、政府自体が権力と富を蓄積したエリート集団であるとみていた。そして、彼らが支配を強めるためにまやかしの大義名分をでっちあげ、安易に金をばらまいて忠実な民主党支持者の票を集めようとしていると感じていた。それ以来、両陣営は背を向け合い、ドナルド・トランプが表舞台に躍り出て、アメリカ人の政治生活を引っかきまわしてきた。わたしは、リベラルな左派陣営についてはいくらか理解しているつもりだった。しかし右派には何が起きているのだろう。

このような疑問をいだく人は、たいてい政治的な観点からアプローチを試みる。わたしも自分なりの考えは持っていたが、社会学者としては、右派の人々が人生をどのように感じているのかということ――つまり、政策の根底にある感情――に強く興味を惹かれていた。こうした人々の感情を理解するには、わたし自身が彼らの身になって想像してみる必要があった。その取り組みの過程で、わたしは人々の〝ディープストーリー〟、彼らが心で感じた物語に遭遇したのだ。

政治問題は、わたしの手にあまるが、詳細な調査ならなんとかなる。以前に書いた本、『セカンド・シフト　第二の勤務――アメリカ　共働き革命のいま』(邦訳：田中和子訳、朝日新聞社)では、夫婦がともに外で働く場合、いかにして家庭で育児と自分のための時間を守るかという、普遍的な問題に取り組んだ。共働き家庭の家でキッチンの床に座り、子供がどちらの親を呼ぶか、どちらの親が電話に出るか、また、パートナー間で相手にいだく感謝の気持ちにどのような差があるかを観察した。『タイム・バインド(時間の板挟み状態)　働く母親のワークライフバランス――仕事・家庭・子どもをめぐる真実』(邦訳：坂口緑、中野聡子、両角道代訳、明石書店)では、家庭にやさしい《ファミリー・フレンドリー》職場を見つけるため、工場や企業の本社の外にある駐車場で張り込みをし、疲れた従業員が退社する時間帯を観察して、彼らが「時間があれば」旅行に行きたい、あるいはギターを習ってみたいと夢見ている現状について考えた。フィリピン人の住み込みベビーシッターを対象に綿密な取材をしたこともあり(『グローバル社会の出稼ぎ女性労働者(未訳 *Global Woman*)』)、インドのグジャラート州の小さな村で、お金のために欧米人の遺伝上の子を妊娠する代理母をインタビューした経験もある(『人生を〝外部委託〟するとき(未訳 *The Outsourced Self*)』)。これらの仕事を通じ、わたしは、働く人の家庭で赤ちゃんが誕生した場合や乳児を養子に迎えた場合には、有給育児休暇が認められるべきだと強く思うようになった。主要先進国でこうした制度が整っていないのはアメリカだけだ。この国の子供たちはたいてい、おとなが全員働く家庭で暮らしているのだから、有給育児休暇は、諸手をあげて歓迎すべき制度だろう。人道的だし、とっくに実施されているべきだ。しかしこの理想的な目標は、新たな厳しい現実に直面してきた。右派の多くの人々が、勤労者の家庭を政府が支援するという考え方そのものに反対しているのだ。それどころか彼らは、軍事以外の面では、政府の関与自体をあまり望んでいない。環境保護の強化、地球温暖化の回避、ホームレスの解消といった理想も同じく、固く閉ざされた扉に実現を阻まれている。わたしは気づいた。こうした目標の達成に政府の力を借りたければ、政府の支援を解決策ではなく問題だと考える人々を理解する必要がある。そこで、アメリカ保守派の心へ向かう旅に出たのだった。

夫のアダムとわたしは、一九六〇年代後半にはすでにアメリカの文化に分断が生じていることを感じ取り、カリフォルニア州サンタアナにあるキングズ・カウアイ・ガーデン・アパート――ジャングルを思わせる共用の中庭があって、つねに密林の鳥獣の声が流されている――に引っ越し、そこで一カ月暮らして、ティーパーティーの先駆団体であるジョン・バーチ協会の会員と知り合いになろうとした。わたしたちは協会の集まりに参加しては、できるだけたくさんの人と話をした。わたしたちが出会った多くのメンバーは中西部の小さな町の出身で、伝統的な価値観や社会的規範が崩れたかに見えるカリフォルニアの郊外で、深刻なとまどいをおぼえていた。その不安が高じて、彼らは、アメリカ社会が共産主義者に乗っ取られようとしていると信じるようになっていた。まわりを見わたせば、なぜ彼らが〝乗っ取られる〟と感じたのかがよくわかった。ほんの数年のあいだに、オレンジ畑がことごとく姿を消し、駐車場やショッピングモールが現れて、都市が無秩序きわまる形で拡大していったのだから。わたしたち夫婦もまた、何かに乗っ取られたような気がしていたが、その相手が共産主義だとは思わなかった。

わたしは人生の大半を進歩的な陣営で生きてきたが、最近は、右派の人々をもっと理解したいと思いはじめていた。なぜ彼らはそうした考え方をするにいたったのか。共通項をいくつか見出して手をつなぐことはできないか。こうした疑問を持ったわたしは、ある日、ルイジアナ州レイクチャールズ市近辺の殺風景な工業地域で、医療保険のセールスに出かけるシャロン・ガリシアという女性に同行させてもらい、工場を訪ねてまわった。シャロンは美しい小柄なブロンドの白人シングルマザーだ。彼女は、円《まる》鋸《のこ》が耳をつんざくような音を立てて巨大な鉄板を切断するそばで、防護用ゴーグルを眉まで上げて腕組みをした作業員たちを相手に、冗談を言い合った。シャロンは早口でしゃべり、アピール力があって、説得上手だった（「もし事故に遭って、必要な支払いができなくなって、保険がおりるまでひと月も待てない状況になったらどうします？　うちなら、二四時間以内に給付しますよ」）。作業員がサインをしようとペンに手を伸ばすあいだも、シャロンは鹿狩りのことや、ブーダン――豚肉とコメなどを詰めたルイジアナ名物のスパイシーなソーセージ――に混ぜてあるワニ肉の分量のこと、ルイジアナ州立大学のスポーツチームの最新情報について話をしていた。

工場から工場へと移動する車の中で、シャロンは身の上話をしてくれた。父親が寡黙な工場労働者だったこと。何かと問題のあった母親と離婚したのち、再婚し、車で三〇分ほど離れたところに引っ越し、トレーラーハウスで暮らしはじめたこと。だが、シャロンにも弟にも、その間の事情をいっさい話さなかったこと。わたしは頭の中を疑問でいっぱいにして帰ってきた。シャロンのお父さんに何があったのだろう。父親の結婚生活の破綻は、少女時代の彼女にどんな影響をおよぼしたのか。その後、妻となり、シングルマザーとなったいまはどうなのか。シャロンが話をしていた若者たちはどのような人生を送っているのだろうか。なぜあの明るくて思いやりがあって意志の強そうな若い女性が、ティーパーティーの熱心なメンバーになったのだろう。有給育児休暇制度があれば彼女も恩恵を受けられただろうに、なぜあんな仕組みは一考の価値もないと思っているのだろう。

シャロンにはもちろん、同行させてもらったお礼をその場で言ったが、のちに、彼女が信頼と厚意を寄せてくれたことに、心の中でもう一度感謝した。さらにしばらくしてから、あのようなふれあいは、わたしが当初想像していたよりはるかに貴重なものだったと気がついた。それは、共感という橋の基礎になった。わたしたちは、川の〝向こう側〟の人に共感すれば明快な分析ができなくなると思い込んでいるが、それは誤りだ。ほんとうは、橋の向こう側に立ってこそ、真に重要な分析に取りかかれるのだ。

英語には、よその世界の人とつながりたいという感情や、そのような関心を歓迎する気持ちを表す言葉があまりない。だが、それに近い、気持ちのやりとりを表現する語は造られている。なんとすばらしい贈り物だろう。たとえば、感謝、畏敬、賞賛……。わたしとしてはどの言葉もぴったりなので、どれを使ったらいいのかわからない。けれども特別な語が必要だと思うし、その単語に名誉ある地位を与えて、英語圏の文化のハーモニーに欠けている音を取り戻すべきだと思っている。米国が二極化し、わたしたちが単におたがいを知らないだけだという実態が進んでいけば、嫌悪や軽蔑といった感情がやすやすと受け入れられるようになってしまうだろう。

わたしがはじめて、人とつながろうと手をさしのべ、さしのべられる経験をしたのは、国務省外交局員の子供であったころのことだ。父が家族を連れて赴任する国では、幼いながらも、父と同様、どこであろうと現地の人と仲よくなることが自分の使命だと思っていた。自分とはちがう言葉を話し、服装や歩きかたも、外見も信仰も異なる人たちと、心を通わせなさいと言われたように感じていたのだ。だが、ほんとうに父はそんなことをわたしに求めたのだろうか。いや、ちがう。では、なぜわたしはそうしたのだろう。自分でもわからなかった。理解できたのはずっとあとのことだ。不思議なことに、あれから数十年後、シャロンといっしょに車で工場をまわっているとき、そして、調査のために多くの人と話をしているときに、ふと、あのころの感情――関わりが持てたことへの感謝の気持ち――がよみがえってきたのだ。わたしはふたたび、見知らぬ国に来ているような気がしていた。ただし今度はそれが自分の国だったのだ。

目次

壁の向こうの住人たち

アメリカの右派を覆う怒りと嘆き

第1部　大きなパラドックス

第1章　心に向かう旅

マイクの赤いトラックが、背の高いサトウキビの列にはさまれた土の道をゆっくりと走っていく。見渡すかぎりの沖積平野を覆った畑では、一〇月の太陽を浴びて、生き生きと輝く銀色の穂が揺れている。わたしたちは、かつてアーメリーズ農園《プランテーション》と呼ばれた場所に来ていた。数キロメートル西には大いなるミシシッピ川が流れ、中西部の土やごみを南へ押し流し、メキシコ湾へと運んでいる。「昔ははだしで列のあいだを歩いたもんだよ」と、マイクは言う。長身で親切な六四歳の白人男性だ。彼はサングラスを外して、サトウキビ畑の一画をじっと見てから、停止寸前まで速度を落とすと、トラックの窓から腕を突き出し、左のほうを指した。「祖母が住んでいたのは……たぶんあのあたりだ」腕を右に動かし、「大おじのテインの木工所はだいたい……あの辺にあった」と指し示す。その近くには、もうひとりの大おじ、ヘンリーが住んでいた。〝プーク〟というあだ名の機械工だったという。みんなに〝ピローグ〟と呼ばれていた男が鍛冶屋をしていて、マイクは友だちとふたりでそこへ行っては、「金みたいに」ぴかぴか光る金属片をさがしたそうだ。祖父のビルはサトウキビ畑の作業監督をしていた。隣にはミス・アーネスティンの家があった。ほっそりした黒人女性で、髪を白いバンダナで包んでいたそうだ。「ミス・アーネスティンはアライグマやフクロネズミの肉を使ってガンボ〔ルイジアナ州発祥のシチュー〕を作るのが好きだった。だからわたしたちは猟に出た日には、獲物の中から何か選んで持っていった。シューピック・フィッシュ〔北米産淡水魚の一種〕なんかもね。旦那さんの車のエンジンがかからないときには、ミス・アーネスティンが窓から大声で言うんだ。「その車、どこか病気なのよ」って」それからマイクは、子供のころに暮らしていた家の未舗装ドライブウェイにまつわる思い出を口にした。「うちは部屋が全部縦につながったいわゆる〝ショットガンハウス〟だったんだ」と、なつかしそうに言う。「ドライブウェイで銃を構えて玄関に照準を合わせれば、いちばん奥の部屋の窓を撃ち抜けるような家だった。それでも家族九人、ちゃんと暮らせたんだ」家は、アーメリーズ農園の奴隷小屋を改築したもので、マイクの父親は鉛管工として、農園内外から仕事の依頼を受けていた。マイクもわたしも、トラックの窓から外を眺めていたが、明らかにそれぞれが異なるものを見ていた。マイクは活気に満ちた古きよき世界を。わたしは緑の畑を。

　わたしたちは道のわきに車を寄せ、降りてから、いちばん近い列に足を踏み入れた。マイクがサトウキビを一本刈り取って、上下を切り落とし、繊維質のスティックを二本、こしらえてくれた。わたしたちはそれを噛んで甘い汁を吸った。トラックに戻ったあとも、マイクは、過ぎ去りし日々のバンダーヴィルにまつわる思い出を語り続けた。その小さな集落がついに解体されたのは、ようやく一九七〇年代に入ってからのことだ。およそ四分の三が黒人、四分の一が白人だった住民は、緊密にして不平等な調和の中で暮らしていた。マイクは砂糖と綿と、ラバに引かせた犂《すき》の時代に少年期を過ごし、石油の時代に成人期を生きてきた。十代のころには、夏のあいだに大学進学費用を稼ごうと、蚊の群がるあちこちのバイユー〔米国南部の低地に独特の、流れの緩慢な沼のような川〕で、石油掘削プラットフォームを設置するための板敷き作業をした。大学を出て社会人になってからは、〝見積もり責任者《エスティメーター》〟としての訓練を受けた。メキシコ湾の大規模な石油掘削プラットフォームの建設や、大量の化学物質や石油を貯蔵する白い巨大タンクの製造に必要な資材のサイズと強度と費用を計算する仕事だ。「若いころは、道路のわきで親指を立てれば、車に乗せてもらえた。車を持っていたら、乗せてやったよ。おなかを空かせた人がいれば、食事をさせた。コミュニティがあったんだ。それを壊したものは、なんだと思う？」彼は言葉を切って間を置いた。「大きな政府だよ」

わたしたちはふたたびマイクの赤いトラックに乗り込み、水を飲んでから〔彼がふたりぶんのペットボトルを用意してくれていた〕、またサトウキビのあいだをゆっくりと走りだした。話題は政治のことになった。「この辺に住んでいる者はほとんどがケイジャン〔カナダのアケイディア植民地から移り住んだフランス系住民の子孫〕で、カトリックで、保守派だ」と、彼は説明し、楽しそうに付け加える。「わたしはティーパーティーを支持している」

わたしがはじめてマイク・シャフを見たのは、その数カ月前、バトンルージュにあるルイジアナ州議会議事堂前の階段で開かれた環境集会の場だった。彼は聴衆の前に立って発言していた。込み上げる思いに、声がかすれていた。マイクは、米国で最も奇妙な、文字どおり地を揺るがす環境災害の犠牲になり、自宅もコミュニティも失った。本書でも後述するように、地面が陥没して高さ三〇メートルの木々がのみ込まれ、広さ一六ヘクタール〔一万六〇〇〇平方メートル〕もの沼地が上下さかさまにひっくり返ってしまったのだ。わたしの心の中に、大きな疑問が生まれた。この災害は、しっかりした規制を受けていない掘削会社が引き起こしたものだ。なのにマイクは、ティーパーティーの支持者として、ありとあらゆる規制の撤廃を訴え、政府の財政支出を——環境保護費もふくめて——大幅に削減すべきだと主張している。失った家を思い出して涙ぐむ人が、なぜ、軍事とハリケーン対策以上のことに、政府が関わらない世界を求めるのだろうか。わたしは首をひねった。そして、この人と自分のあいだには、壁があると感じたのだった。

共感を阻む壁

わたしがルイジアナに来たのは、壁に興味があったからだと言ってもよい。目に見える壁ではない。北アイルランドのベルファストでカトリックとプロテスタントを隔て、テキサス州の国境地帯でアメリカ人とメキシコ人を、かつてのベルリンで東西の住人たちを隔てたような有形の壁ではない。わたしが関心を持ったのは、共感を阻む壁だ。そのような壁は、他者への深い理解を妨げるだけではなく、異なる意見を持つ人々や、異なる環境で育った人々に対する無関心や、敵意さえも誘発しうる。わたしたちは政治的な混乱期には、手っ取り早く確信を得ようとしがちだ。新しい情報を従来の思考回路に無理やり押し込み、反対勢力については、外から表面的に理解できればよしとする。だが自分の意見を変えずに、他者の内面を知ることはできないだろうか。彼らの目を通して現実を見て、生きざまと心情と政治がどのように関連しているかを理解することは――つまり、共感を隔てる壁を越えることは[1]――できないものか。わたしはできると思った。

わたしはマイク・シャフがどのように世界を見ているのか知りたいと思い、彼が育った場所へ案内してほしいと頼んだのだった。わたしはこんなふうに自己紹介をした。「わたしはカリフォルニア州バークレーの社会学者で、この国で深まろうとしている分断について研究しようと思っています。だから政治的な殻にこもるのをやめて、あなた側の人々のことを知ろうとしているんです」マイクは〝分断〟という言葉を聞いてうなずき、それから、ちくりとひとこと返してきた。「バークレーから来たって？じゃあ、きみは共産主義者にちがいない！」マイクはにやりと笑った。まるで「われわれケイジャンだって笑えるんだよ。きみも笑えるといいな」と言っているようだった。

それはたやすいことだった。マイクがそうさせてくれたからだ。背が高く、がっしりした体つきをしていて、茶色の縁の眼鏡をかけていて、いつもつぶやくように低い声で簡潔に話をし、悲しげに、ときに自嘲を込めてしきりと過去を振り返る。だがその一方、フェイスブックではたびたび堅い信念を表明していた。マイクは自分の背景をこう説明した。「おふくろはケイジャンでおやじはドイツ人だった。ケイジャンは自分たちのことを〝アライグマのけつ野郎《クーン・アス》〟と呼ぶ。わたしはケイジャンとドイツ人のハーフだから、おふくろに〝半けつ野郎《ハーフ・アス》〟と呼ばれていた」わたしたちは笑った。マイクの父は鉛管工の賃金で七人の子を育てた。「わたしたちはうちが貧乏だとは知らなかった」と彼は言う。その後、わたしが知り合った極右派の人々に、それぞれの生い立ちや両親の子供時代の話を聞かせてもらったときにも、これと同じ言葉を何度となく耳にした。マイクはエンジニアの目と、釣りや狩りを楽しむスポーツマンとして生き物を愛する心と、アマガエルの声を聞き分けるナチュラリストの耳を持っていた。わたしの知り合いには、ティーパーティーのメンバーなどひとりもいなかったし、そういう人と口をきいた経験もなかった。マイクもわたしのような者を多くは知らなかった。「わたしは人工妊娠中絶の合法化にも銃規制にも反対だ。他人を傷つけないかぎりは、自分の人生を好きなように生きる自由がほしい。それから、大きな政府には反対だ」マイクは言った。「この国の政府は大きすぎるし、強欲すぎて、無能すぎる。まるで既製品みたいで、もう自分たちのものだとは思えない。われわれは昔のアーメリーズ農園みたいな地域のコミュニティに戻るべきなんだ。そのほうがまちがいなく、暮らし向きがよくなる」

こうした問題については、二大政党の見解の隔たりがさらに広がっただけではなく、政治的感情もまた、以前よりも底が深くなっている。一九六〇年にアメリカの成人を対象におこなわれた調査では、子供が対立政党のメンバーと結婚したら〝不快感〟をおぼえますかという質問があり、どちらの支持者でも、イエスと答えた人の比率はわずか五パーセントだった。しかし二〇一〇年には、この割合が民主党支持者で三三パーセント、共和党支持者で四〇パーセントに増えていた。[2] じつのところ、いまでは人種より、〝愛党心〟と呼ばれるもののほうが、対立につながる偏見を生みやすくなっている。[3]

以前のアメリカ人は、よりよい仕事や、より安い住宅、より穏やかな気候を求めて引っ越しをしたものだ。しかし、ジャーナリストのビル・ビショップと社会学者のロバート・G・クッシングによる共著、『ビッグソート、大類別の時代――なぜ同志向の集団がアメリカを引き裂こうとしているか〔未訳 *The Big Sort: Why the Clustering of Like-Minded America Is Tearing Us Apart*〕』によると、いまは同じ考えを持つ人のそばで暮らしたくて引っ越すケースが増えているらしい。[4] 人々は、感情を共有する小集団に分かれようとしている――この土地では怒りを、この区域では希望と信頼を、というように。テキサス州では、ある自由至上主義者《リバタリアン》のグループが、エルパソの東に広がる塩類平原を購入し、ここをポールヴィルと名付けて、〝自由を愛する〟ロン・ポール元下院議員の熱烈な支持者のみが暮らすコミュニティを作った。同じ気持ちを持つ集団に閉じこもろうとすればするほど、考えは極端なものになっていく。二〇一四年に、アメリカのシンクタンク、ピュー研究所が一万人以上のアメリカ人を対象におこなった調査[5]によれば、共和党でも、民主党でも、政治活動に熱心な支持者ほど、〝対立政党〟が誤っていると考え、「深刻な心得ちがいをしていて国民の幸福を脅かす」恐れがあると思っていることがわかった。以前に比べると、どちらも自分の側のテレビ局——右派はFOXニュース、左派はMSNBC——のニュース番組を見る傾向が次第に強まっているという。だから分断が広がるのだ。

わたしたちは、ニューヨーカー誌が〝ティーパーティー時代〟と名付けた時代に生きている。積極的に活動しているメンバーはおよそ三五万人だが、ピュー研究所の別の世論調査によると、アメリカ人の約二〇パーセントにあたる四五〇〇万人がこの運動を支持しているという。[6] しかもこのような分断が起きている問題は、驚くほど多岐にわたる。人間の活動がなんらかの形で気候変動に影響していると考える人の割合は、民主党員では九〇パーセントだが、共和党穏健派では五九パーセント、共和党保守派では三八パーセント、ティーパーティーの主導者にいたっては二九パーセントであることが数々の調査で明らかになっている。じつのところ、気候変動に対する見方を決める唯一にして最大のファクターは、政治なのだ。[7]

このような隔たりは広がってきた。それは左派がさらに左へ遠ざかったからではなく、右派がさらに右へ移動したからだ。共和党の三人の大統領、アイゼンハワー、ニクソン、フォードは、いずれも男女平等憲法修正案を支持した。一九六〇年に発表された共和党の政策綱領は、労使間の「団体交渉の自由」を容認していた。共和党員たちは、「最低賃金をさらに数百万人の労働者に広げ」、「失業保険制度の強化とその給付の拡大」[8]をめざすと明言していた。アイゼンハワー政権の時代には、高所得者に九一パーセントの税率が適用された。[9] 二〇一五年には、これが四〇パーセントまで引き下げられていた。全米家族計画連盟〔女性の健康を守るための出産計画を支援するNPO。緊急避妊処置や人工妊娠中絶を擁護する〕は、二〇一六年の大統領選に出馬した共和党候補のほぼ全員から激しい攻撃を受けた。だが、この組織の創設者、ペギー・ゴールドウォーターの夫は、一九六八年の共和党保守派の大統領候補、バリー・ゴールドウォーターだったのだ。アイゼンハワーはかつてインフラストラクチャーへの多額の資金投入を求めたが、いまは共和党下院議員のほぼ全員が、政府がそこまでするのは過剰介入だと考えるようになっている。ロナルド・レーガンは国債を発行し、銃規制に前向きな姿勢を見せたが、現在のテキサス州では、共和党が過半数を占める州議会により、住民が装塡ずみの銃を「公然と携帯して」教会や銀行へ行くことが認められている。現代の基準からすると、過去の保守派は穏健派かリベラル派のように見える。

極右勢力はいま、教育省、エネルギー省、商務省、内務省など、連邦政府のありとあらゆる部門の縮小を求めている。二〇一五年一月には、共和党下院議員五八名が内国歳入庁廃止法案に賛成票を投じた。[10] 共和党の下院議員候補者の中には、公立学校の全廃を求めた人さえいた。[11] 二〇一五年三月には、共和党が多数を占める上院で、予算決議案に対し、連邦の公有地のうち、記念建造物と国立公園以外の非軍用地をすべて〔州または企業に〕売却する修正案が提出され、賛成五一、反対四九で可決された。こうした土地には、森林や野生生物保護区、原生自然環境保全地域もふくまれていた[12]〔反対の声があがり、この修正案は取り下げられた〕。一九七〇年には、大気浄化法に反対する上院議員は皆無だった。[13] だが二〇一一年には、米国で汚染が最も深刻な州のひとつであるルイジアナ州選出のデイヴィッド・ヴィッター上院議員が、一五名の共和党上院議員と共同で、環境保護庁（ＥＰＡ）の廃止を要求した。

政府に背を向けるティーパーティーの姿勢は、さらに広範な傾向を示唆しているかもしれない。一九三〇年代の大不況のときには、国民は景気回復に向けた支援を連邦政府に求めた。しかし二〇〇八年に大規模な景気後退が起きたときには、大多数の国民が政府にそっぽを向いた。[14] 政治的分断が広がり、政治的見解が硬化するにつれて、危機は増大した。一般の人々も指導者層も、主義主張の異なる相手と「壁を越えて」対話する機会をあまり持たなくなった。国をひとつにまとめるうえで欠かせないこの繊細なプロセスが損なわれている。もちろん、アメリカは過去にも分断を経験した。南北戦争のときには、信条の相違が七五万人を死に追いやった。激動の一九六〇年代にも、ベトナム戦争や市民権、女性の権利をめぐって数々の衝突が起きた。しかし最終的に、力を合わせて問題を解決できさえすれば、健全な民主主義が機能する。そこへ到達するには、いま何が起きているか――それもとくに、急速に変容を遂げて力をつけようとしている右派の現状――を見きわめなければならない。

大きなパラドックス

わたしは、ジャーナリストのトマス・フランクの著作、『カンザスに何があったのか〔未訳 *What's the Matter with Kansas?* カンザス州を例にとり、米国におけるポピュリズムの台頭を分析した〕』を読んで刺激を受け、ある大きなパラドックスを念頭に置いて、五年におよぶアメリカ右派の本拠地への旅に出発した。フランクの本が出版された二〇〇四年には、右派と左派の分断の裏に、ひとつのパラドックスがあった。それ以来、両者の亀裂は広がり、大きな隔たりになってしまった。

〝赤い州〟と呼ばれる、共和党支持者の多い州では、民主党支持傾向の強い〝青い州〟に比べて低所得者や十代の母親の数が多く、離婚、肥満、トラウマ関連死、低体重児の出生数も多いうえ、就学率が低い。赤い州の住民の平均寿命は、青い州より五年も短い。ルイジアナ州（七五・七歳）とコネティカット州（八〇・八歳）の差は、米国とニカラグアの差に等しい[15]。赤い州はこのほかにも、非常に重要でありながらほとんど知られていない問題にも苦しめられている。それは、生活面、健康面で、生物としての自己利益に関わる産業公害の問題である。

ルイジアナ州では、このパラドックスが極端な形で表れている。ニューヨークに本部を置くＮＰＯ、社会科学研究協議会は、『メジャー・オブ・アメリカ〔*The Measure of America*〕』と名付けた報告書を出し、米国のすべての州について、〝人間開発〟指数〔Human Development Index その社会で人々が各自の可能性を発揮できる環境がどれだけ整っているかを測る指数〕の順位を発表している。どの順位にも、平均余命、就学率、学位取得者数、個人所得の中央値が反映される。全五〇州のうち、ルイジアナは四九位で、健康全般に関しては最下位だった。[16] 全米教育統計センターによる二〇一五年度のナショナル・レポートカード〔全米の公立学校に在籍する生徒の学力報告書〕によると、ルイジアナは、八年生の読解力が五〇州のうちで四八位、八年生の算数は四九位だった。高校《ハイスクール》を卒業した州民は全体の八割にとどまり、大学院の学位か専門職の学位を取得した人はわずか七パーセントだ。米国の非営利児童支援団体、アニー・Ｅ・ケイシー財団がまとめた『キッズ・カウント・データブック』によれば、ルイジアナ州の児童福祉の充実度は、五〇州の中で四九位だという。これは人種とは関係ない。メリーランド州の黒人とルイジアナ州の黒人を比べてみると、前者のほうが後者より平均余命が四年長く、所得は二倍を超えており、大卒者の比率も高いようだ。それに、ルイジアナ州の白人は、メリーランド州の白人よりも――いや、ミシシッピ州をのぞくどの州の白人より――貧しい暮らしをしている。[17] ルイジアナ州民は多くの環境問題にも悩まされてきた。この州では、およそ六五〇キロメートルにもわたる海岸線に沿って、海抜の低い平坦な土地が続き、地盤沈下も進んでいる。しかも、一時間ごとにフットボール場ほどの広さの湿地が失われている。そのうえ、海面の上昇と猛烈なハリケーンにも絶えず脅かされてきた。世界のトップ科学者は、このふたつはいずれも気候変動に起因するとみている。

これだけの苦難にさらされているのだから、住民は当然、連邦政府の支援を歓迎してしかるべきだ。実際、赤い州の年間予算のかなりの部分を――ルイジアナの場合は四四パーセントを――連邦政府が負担している。ルイジアナ州民には、毎年ひとりあたり二四〇〇ドルが支給されている計算になる。(18)

しかしマイク・シャフは、このような連邦政府からの補助金をよしとせず、気候変動の科学にも懐疑的だ。「地球温暖化の心配は五〇年経ってからにするよ」と言う。マイクは自分の州を愛し、アウトドアライフを愛している。だが政府をあてにはせず、ティーパーティーのほかのメンバーと同様、自由市場を頼みとする。マイクの母親は州知事選挙では、民主党のエド・エドワーズ(一九七二年から一九九六年にかけて四度、知事を務めた)に投票した。なぜなら、彼がケイジャンだったからだ。大統領選挙でも民主党のジャック・ケネディに投票した。彼がカトリックだったからだ。マイクの少年時代には、〝民主党〟という名前にさほど悪い印象はなかった。いまはちがう。マイクは長年、小さな会社に勤めた経験があった。そして、どんな規模の企業でも参入できる自由市場を信奉している。ここにもまた、ひとつのパラドックスが見られる。ティーパーティーの支持者には、中小企業の従業員や経営者が多いのだが、彼らが支持する政治家たちは、隙あらば中小企業をのみこもうとつけ狙う大企業に肩入れし、彼らの独占的な力を強化する法案を後押ししているのだ。小規模農家がモンサントと同じ党に投票するだろうか。街角のドラッグストアの店主がウォールマートと？　地方の書店経営者がアマゾンと？　もしわたしが小規模企業の経営者なら、確かに、法人税は少ないほうがいいと思うだろう。しかし、自分を廃業に追い込みかねない独占企業に有利な政策を支持するとは、いったいどういうことなのだろう。わたしには理解できなかった。

その疑問の上には、さらに大きな疑問があった。なぜ苦を作り出すシステムが、その苦に対する責任を追及されずにすむのだろうか。二〇〇八年、嘆かわしいほど無軌道で無鉄砲なウォール街の投資家のせいで、多くの人が貯金や家や、仕事、希望を失った。それなのに数年後には、小さな町で増えはじめた右派の多くが「自由市場」の旗印のもと、政府の〝過剰規制〟からウォール街を守ろうとした。いったい何が起きているのだろう。

それを突き止めるには、ビル・ビショップらの『ビッグソート』が描いた方向を逆に進むのがいちばんだと、わたしは思った。自分が暮らす青い州、青い地域を離れて赤い州に入り、共感の壁に梯子を掛けてみるのだ[19]。壁のこちら側にいる隣人や友人は、大なり小なりわたしに似ている。大卒かそれ以上の学歴を持ち、毎日ニューヨークタイムズ紙を読む。オーガニック食品を口にし、ゴミのリサイクルをし、できるかぎりＢＡＲＴ（サンフランシスコ湾岸高速鉄道）を利用する。ほとんどが東海岸か西海岸で育っている。教会に通う人もいるが、多くが自分は純粋に自己を高めることのみをめざす〝スピリチュアル〟だと思っていて、定期的には教会へ行かない。多くが公的機関かＮＰＯで働き、わたしと同じようなことに疑問を感じている。わたしが旅に出発したときには、近しい友人の中に南部生まれの人はおらず、石油関係の仕事をした経験を持つ人はひとりしかいなかった。ティーパーティーの支持者は皆無だった。

ジャーナリストのアレク・マクギリスは、ニューヨークタイムズ紙に寄せたエッセイ、「誰がわたしの青い州を赤に変えたのか（Who Turned My Blue State Red?）」[20]の中で、この大きなパラドックスに興味深い答えを出している。メディケイド（困窮者と身障者を対象とする医療扶助制度）やフードスタンプ（食糧購入費の給付制度）を必要とする赤い州の住民たちは、これらの仕組みを歓迎するが、投票には行かない。しかし少し上の階層（マクギリスは一、二段階上としている）にあたる白人保守派はこうした制度を必要とせず、必ず選挙に行く。そして、貧困層のために公的資金を使うことに対し、反対票を投じるのだ。

この〝少し上の階層〟が鍵だとする見解は、答えの一部にはなるが、大部分ではない。そもそも、わたしものちに知ったのだが、政府のサービスに反対票を投じる当の富裕層が、そのサービスを利用しているのだから。わたしが本書のためにインタビューしたティーパーティー支持者のほぼ全員が、政府の主要なサービスの恩恵を受けたことがあったり、肉親がそれを利用したりしていた。ある人の場合は、身体に障害を持つ高齢の親が民間の長期介護保険に入っておらず、メディケイドを受給するために、貧困者であるとの認定を受けていた。別の人は、奥さんが病気で重度の障害を負い、このままでは介護破産を免れないと判断して、彼女にメディケイドを受給させるため、離婚に踏み切ったという。ある男性は、姉の不興を買いながらも――ふたりともティーパーティー支持者だ――フードスタンプの給付を受けている。また、狩猟シーズンのあいだだけ、失業手当を申し込む男性もいた。大半の言い分はこうだ。「あるんだから、使わない手はないだろう?」しかし多くの人は恥ずかしいと思っているらしく、名前を伏せてほしいと言った。本書ではその希望どおりにしてある。だが公的サービスに賛成しない人も、恥だと思いながらそのサービスを利用しているのだ。

マクギリスは、投票者は純粋に自分の利益のためだけに行動するのだと述べている。だがそうだろうか。赤い州では、億万長者から税金を徴収できれば、地域の図書館を大きくしたり、公園のブランコを増やしたりできるのに、ほかの有権者が彼らへの課税に反対する。マクギリスの〝少し上の階層〟説では、こうした現象の理由が説明できない。マクギリスの見解を検証する最良の方法は、貧しい赤い州の比較的豊かな階層がかかえる問題を洗い出し、彼らがそうした問題にも政府の支援を求めていないかどうかを確かめることだ。つまり、少し上の階層の投票者が「わたしは貧しくないから、貧困層対策費は削減しよう」「うちの子は私立に通っているから、公立学校をよくしようなんて考えなくてもいい」など言い出すかどうかだが、わたしが話をした人の口からは、一度もそんな言葉は出てこなかった。むしろ彼らは彼らで、政府の支援が望めるはずの難題に直面している。そこから、わたしは本書のテーマの核心に通じる〝鍵穴《キーホール》〟とも言うべき問題にたどり着いた。それは、環境汚染だ。この問題を詳しく見ていけば、さまざまな事柄に対する人々の反応を広く読み解く手がかりが得られるはずだと思った。

最初は、地理上の右派の中心地、南部へ行きたいと思った。近年右派の台頭が著しい地域は、ほとんどすべてがメイソン＝ディクソン線（一八世紀に植民地間の領有権紛争を解決するために定められた境界線。のちに米国を南北に分かつ境界線になった）以南に位置している。南北戦争時に南部連合に参加した諸州をふくむ地域で、米国の人口の三分の一を占める人々がここで暮らしている。しかも過去二〇年のあいだに、南部の人口は一四パーセント増加した。一九五二年から二〇〇〇年にかけて、高卒の白人のうち、共和党支持者の割合は二〇パーセント増え、大卒の白人に占める共和党支持者の比率も大幅に高くなった。国全体で見ても、白人は右派に転向している。一九七二年には、民主党支持者の四一パーセントが白人だったが、二〇一四年には二四パーセントにまで落ち込んだ。共和党支持者に占める白人の割合は、一九七二年には二四パーセント、二〇一四年には二七パーセントだった(21)（この期間には、白人の無党派も増え、その大半が右寄りの傾向を示している）。だから右派を理解したければ、南部の白人を知る必要があると思ったのだ(22)。

だが、南部のどこへ行けばいいのだろう。二〇一二年の大統領選挙では、国全体で見ると、白人の三九パーセントがバラク・オバマに投票している(23)。南部ではこの比率が二九パーセントだった。ルイジアナ州では、一四パーセントと、南部全体よりも低かった。二〇一一年におこなわれたある世論調査によると、ルイジアナ州民の半数がティーパーティーを支持しているという(24)。米国議会下院のティーパーティー議員連盟に加入しているルイジアナ州選出議員の数は、サウスカロライナ州に次いで二番目に多い。[25]

幸運にも、わたしはルイジアナにひとりだけ、つてがあった。大学院の元教え子の義理のお母さん、サリー・カペルだ。南部の白人たちに紹介してくれたのも、その中の右派の人々に、友人を介して引き合わせてくれたのも、サリーだった。彼女は、レイクチャールズ市を本拠地として活躍する芸術家で、進歩的な民主党支持者だ。二〇一六年の予備選挙では、バーニー・サンダーズに一票を投じた。サリーの無二の親友で、航空会社の客室乗務員として世界を飛びまわるシャーリー・スラックは、ルイジアナ州オプルーサス市の住民で、ティーパーティーとドナルド・トランプを熱心に支持している。サリーもシャーリーも、ルイジアナ州立大学に在学中は(それぞれ別の)女子学生クラブ《ソロリティ》に加入していた。どちらも結婚して、三人の子供を授かった。以前はふたりとも、レイクチャールズ市内でたがいに徒歩で行き来できるところに住み、家の鍵を預かり合っていた。どちらも、たがいの子供たちを愛している。シャーリーはサリーの両親とも親しく、サリーと「派手な大喧嘩」をしてしまったときには、彼女の母親に相談したほどだという。ふたりは誕生日とクリスマスにプレゼントを贈り合い、新聞を見ては、レイクチャールズに暮らしていたころにいっしょに参加した文化イベントの告知を探していた。わたしがオプルーサスのシャーリーの家に泊めてもらったときには、サリーの描いた水彩画が客用寝室の壁に飾られていた。それは、バレリーナになることを夢見ていたシャーリーの娘の一一歳の誕生日に贈られたものだという。淡い色のふんわりした雲の上に、バレリーナが片方のつま先で立ち、もう一方の脚を高く上げている。その頭のまわりを、黄色い星のような蝶が数羽、飛び交っていた。愛を込めて描かれたその絵の中で、少女の夢が実現していた。ふたりの女性は、テレビのニュース番組から――サリーは、MSNBCのレイチェル・マドーを、シャーリーは、FOXニュースのチャールズ・クラウトハマーを通して――情報を受け取り、そうした異なる報道について、それぞれ、考え方の似た夫と話をする。彼女たちは週に二、三度、電話で話をしていた。成人した子供たち同士も、同じ政治的分断を越えて、しょっちゅう連絡を取り合っている。このふたりの女性の個人的生活は本書のテーマではないが、彼女たちがいなければ、この本を書くことはできなかった。それに、わたしたちの国には、ふたりの友情を見習って築くべきものがあると思う。それは、相違を越えてつながる力だ。

わたしは手はじめに、右派勢力の台頭について、ほかの人が書いたものを読んでみた。極論の中には、富裕層の一団が自分たちの富を守ろうとして、「運動請負人」を雇い、草の根に見せかけたいわゆる〝人口芝〟運動をはじめさせたのだとする意見も見られた。[26] たとえば、オーストラリアの映画プロデューサー、タキ・オールダムは、ドキュメンタリー映画『億万長者のティーパーティー〔*The Billionaires' Tea Party*〕』で、気候変動対策に反対する地元の「市民団体」が石油会社から資金提供を受けていることを暴き、ポピュリストたちの反政府運動の嵐は、企業戦略によって演出されたものだと主張した。[27] また、草の根運動が偽物だとは言わないが、最富裕層がこうした運動を刺激したのだと論ずる人もいた。ニューヨーカー誌のスタッフライター、ジェーン・メイヤー[28]は、石油王兄弟のチャールズ・コークとデイヴィッド・コークの戦略について書いている。コーク兄弟は右派の候補者や運動を支援するため、二〇一六年だけでも、八億八九〇〇万ドルを注ぎ込んだ。[29]「社会を変えるには」と、チャールズ・コークは言う。「アイデアの創出から政策策定、啓蒙、草の根運動、ロビー活動、法廷論争、政治活動にいたるまで、縦横に統合された計画を立てて戦略を練ることが必要なのだ[30]」と。それは、森林とパルプ工場と出版社を保有する超巨大企業が、作家を何人も雇い、偏った考え方の本を書かせるようなものだった。そのような〝政治会社〟は、驚くような影響力をおよぼすことができるだろう。とりわけ、最高裁が二

○一○年の〝シティズンズ・ユナイテッド対連邦選挙委員会〟裁判で、企業は匿名であれば無制限の選挙献金ができるとする判決を下してからは、この影響力が実際に効果を発揮している。二○一六年の大統領選挙では、第一段階で候補者たちが受け取った献金総額が一億七六○○万ドルにのぼり、そのうちほぼ半分が、わずか一五八名の資産家からのものだったという。この資金のうち、一億三八○○万ドルが共和党候補の、二○○○万ドルが民主党候補の手に渡った。[31] コーク兄弟は、みずからが設立した保守派の非営利団体、〝繁栄をめざすアメリカ人の会〟を通じて、環境保護庁の権限を抑制するという誓約書を議会内で配布した。

マイク・シャフが生まれ育ったアーメリーズ農園と、彼が長年暮らし、永住の地にしたいと思っていたバイユーコーンは、ともにミシシッピ河岸から数キロメートルのところにある。いまは石油化学工場が点在し、もっともな理由から、多くの人々に〝がん回廊《カンサーアレー》〟と呼ばれている。この問題に関心を持つことは、マイク・シャフの利益にかなっているのだろうか。彼はかなうと思っていた。地元のティーパーティーの会合に出席するときには、誰からも報酬をもらってはいなかった。マイクと同じ考えを持っている近所の人たちも、それは同じだった。

『カンザスに何があったのか』の中で、著者のトマス・フランクは、マイクのような人々は惑わされてしまうのだと指摘する。金持ちの考える〝経済政策〟は、社会問題という〝餌〟とセットになっているからだ。マイクや彼と同じ考えを持つ友人が、人工妊娠中絶の禁止、銃所持の権利、学校での礼拝を求める活動をすれば、それを通じて、自分たちの利益を損なう経済政策を押し付けられてしまう。「中絶をやめさせるために投票しましょう。そして譲渡所得課税の引き下げを受け入れましょう」「政府の干渉を排除するために投票しましょう。そして、メディアから食肉加工業まで、ありとあらゆる業種の複合企業《コングロマリット》や独占企業の誕生を受け入れましょう」「エリート主義を打ち砕くために投票しましょう。そして、これまで誰も見たことがないような、富を集中させる社会秩序を受け入れましょう」というように。フランクの愛すべきカンザス州民は、とんでもない誤った方向へ導かれようとしているのだという。(32)

どういう経緯でそんなことになるのだろう。頭の回転がよくて、疑問に思うことは必ず確かめ、情報収集を怠らないようにしている人でも欺かれるのだろうか。マイクは非常に聡明な人で、つねに多くの情報源を──重きを置いているのはFOXニュースだが──利用しているし、家族や隣人、友人としょっちゅう政治の話をしている。わたしと同様、彼も考え方の似た人々に囲まれて暮らしている。マイクはコーク兄弟が資金提供をしているアイデア・マシンにだまされているとは思っていない。逆に彼は、ジョージ・ソロス〔リベラルな政治運動家として知られる著名な投資家〕が資金を出して作ったマシンに、わたしがだまされているのではないかと疑っている。金に物を言わせる政治的影響力は、実体を伴う強大なものだ。確かにそれは有効に作用しているとは思う。だが人の行動の理由を、だまされているからだと考える──そしてだまされやすいからだと推測する──のは、あまりに短絡すぎないだろうか。

わたしたちが所属する小集団には、しばしば、政治と地理を結びつける特殊な統治文化が反映される。これはコリン・ウッダードの『11の国のアメリカ史──分断と相克の400年』〔邦訳：肥後本芳男、金井光太朗、野口久美子、田宮晴彦訳、岩波書店〕で展開されている理論だ。中西部、南部、アラスカの辺鄙な土地に暮らす人々は右寄りの傾向があり、大都市やニューイングランド地方〔北東部六州の総称。米国で最初の植民地が建設された地域〕や、東西海岸に暮らす人々は左寄りの傾向を示す。ヨーロッパ志向が強く、小さな町を統治してきた伝統を重んずるニューイングランド地方の住民は、よい政府とは、〝公共の利益〟を最優先する政府だと考える。自由を愛するアパラチア山脈地方とテキサス州の人々は、政府の関わりは最小限が理想と感じている。みずからのルーツをある種のカースト制度にみる南部諸州の白人は、地元の限定的な統治を好み、連邦政府の力に抵抗をおぼえている――それは一五〇年前に、南軍が北軍に敗北したこと[33]に関連する。歴史学者のロビン・アインホーンは、連邦政府による課税への抵抗感は、もともと南部にあったものだ[34]と指摘する。もちろん、地域的な伝統は確かに存在するが、ウッダードが言うほど流動性を欠いたものではない。極右勢力が最も強い存在感を示している地域は南部だが、メンバーの大半は全国に散らばっていて、特定のグループ――比較的年配の白人で、既婚のキリスト教徒、所得は低~中程度――を構成している[35]にすぎない。

　右派の倫理観を指摘する見解もある。たとえば、ジョナサン・ハイトはフランクとは異なり、その著書『社会はなぜ左と右にわかれるのか――対立を超えるための道徳心理学』（邦訳：高橋洋訳、紀伊國屋書店）の中で、人々は惑わされるのではなく、自分たちの――文化的価値に基づく――利益のために投票するのだと述べている。右派も左派も、思いやりや正当性をたいせつに考えてはいるが、何を最優先に考えるかが異なるのだという。たとえば、右派は権威への服従、左派は独創性に重きを置く。確かにそのとおりだ。しかし人は一連の価値観を、冷静に保持することもあれば、政党を誕生させるほどの怒りの中で獲得することもある。両者のちがいはなんだろう。社会学者のシーダ・スコチポルとヴァネッサ・ウィリアムソンは、それは複数の状況――下地となる要素と、促進する要素――が独特の形で影響し合って生まれるものだとしている。後者のおもなものは、二〇〇八年の大不況《グレートリセッション》と政府の対策、バラク・オバマ政権、それにＦＯＸニュースだった[36]という。

　どの研究もたいへん参考になったが、わたしはひとつだけ、どの研究にもないものを見つけた。それは、政治における感情というものの理解だ[37]。わたしは、人々が何を感じたがっているのか、何を感じるべきで何を感じてはならないと思っているのか、そして、さまざまな問題についてどう感じているのかを知りたかった。わたしたちは、政治的指導者の話を聞くときには、ただその言葉に耳を傾けるのではない。あらかじめ、感じたいことを念頭に置いて聞いているのだ。ある政治的階層の人々には広く共感できる感情的な理想が、ほかの人には受け入れられなかったりする。「あなたの国の疲れた人、貧しい人、うずくまる人々をわたしに与えなさい」と呼びかける自由の女神像のアメリカを誇らしく思う人もいれば、憲法を守り、自力で粘り強く成功への階段をのぼるアメリカを誇りにしたいと思う人もいるのだ。

いまは左派でも右派でも、〝感情のルール〟が働いている。リベラルの人々は、ゲイカップルの結婚は祝福すべきであり、シリア難民の窮状には胸を痛めるべきであり、税金は文句を言わずに喜んで払うべきだと感じている。だが右派の人々はそうした認識から解放されたがっている。左派はそこに偏見を見る。このようなルールは、右派の信念の核にある感情を逆撫でする。しかし、二〇一六年の大統領選挙に共和党から出馬した億万長者の起業家、ドナルド・トランプのように自由奔放に行動する候補者なら、このような右派の感情の核に訴えかけることができる。彼はおおぜいの支持者を見つめながらこう言った。「この情熱を見ろ」と。

わたしは、その人にとって真実と感じられる物語——これを〝ディープストーリー〟と呼ぶことにする[38]——を聞いていくうちに、この核に近づけることを実感するようになった。不思議の国のアリスの鏡のように、ディープストーリーは、長年くすぶり続けている社会的な葛藤の舞台へとわたしを導いてくれた。それは、左派にも右派にも見過ごされてきた問題だ。二〇一一年にウォール街で政財界への抗議デモを主導した左派——私的領域における一パーセントと九九パーセント〔米国の人口の一パーセントが富を独占、残り九九パーセントが不況にあえいでいる状況）を階級抗争の焦点としていた勢力――も、階級や人種のちがいは個性の問題だとする反政府主義の右派も、この問題には着目してこなかった。ディープストーリーはわたしを、「持つべき」感情と「持つべきでない」感情、感情、感情との向き合い方、さらに、人々の心の核にあって、カリスマ的な指導者に動かされる感情に、目を開かせてくれた。これからご紹介するように、誰もがディープストーリーを持っているのである。

訪問と追加調査

しかしまずは、人だった。わたしが当初、主たる調査地にしたのは、ルイジアナ州南西部、メキシコ湾のおよそ五〇キロメートル北にある人口七万四〇〇〇人のレイクチャールズ市だった。住民の半数が白人で、半数が黒人、その多くがケイジャンの血を引いている。外国で生まれた人は全体の三パーセントを占めていた[39]。大卒の住民は二三パーセントで、世帯年収の中間値は、三万六〇〇〇ドル。レイクチャールズはカルカシュー郡《パリッシュ》（ルイジアナではフランス植民地時代からの伝統に従い、郡は〝カウンティ〟ではなく〝パリッシュ〟と呼ばれる）に位置し、毎年、周辺地域の人々も参加する七五の催しを主催する。市内のマルディグラ博物館には、世界最大のマルディグラ（謝肉祭最終日のカーニバル）の衣装コレクションが所蔵されている。三軒の大きなカジノが観光客を惹きつけ、急速に拡大する石油化学産業が労働者を惹きつける。

わたしはこの地に身を落ち着けると、さっそく、さまざまな方法で極右派の人々を探していった。はじめは、サリー・カペルとシャーリー・スラックに手助けしてもらって、四つの焦点集団《フォーカスグループ》を設定した。

このうちふたつがリベラル派の人々、ふたつがティーパーティーの支持者から成る。各グループに、サリーの自宅のキッチンに集まってもらい、ティーパーティーの集まりのあとには、追加調査《フォローアップ》として、ひとりひとりの支持者を個別にインタビューし、ときにはその配偶者や親にも話を聞いた。わたしが〝インタビュー〟という語を使うのは、話をする前に、調査の趣旨を記した書面にサインを頼んだからだ。しかし二、三時間後には、あなたと〝おしゃべり〟できて楽しかったと言ってもらうことが多かった。実際、こうしたセッションはしばしば、インタビューとおしゃべりの中間のようなものになった。

ティーパーティーのグループを通じて知り合った、経理の仕事をしている人は、「わたしたちがあなたの考えを変えるかもよ！」と冗談めかして言いつつ、ルイジアナ南西部共和党婦人会の月例昼食会に誘ってくれた。出席させてもらったわたしは、職業を持つ中年の白人女性が多数参加する秩序正しい会合を目の当たりにすることになった。赤いTシャツを着た十代の少女たちのテーブルも特別に用意されていた。この昼食会に出席するたび、わたしはテーブルで新しい出会いを果たし、追加調査のための面会約束をとりつけた。家族や、ときには近所の人にも引き合わせてもらった。キリスト教の私立学校二校を訪問できるようにしてもらったほか、バプテスト派、ペンテコステ派、それにカトリックの教会に招かれて、礼拝やさまざまな活動に参加させてもらった。四〇歳以上限定・ペンテコステ派教会野外ガンボ料理コンテストもそのひとつだ。共和党婦人会の昼食会で知り合ったある女性がペンテコステ派教会の牧師の奥さんで、教区内のたくさんの信徒に紹介してくれた。彼女の誘いで、ルークというゲーム（五七枚のカードを使う〝宣教師のポーカー〟と呼ばれるゲーム。伝道活動に身を捧げるプレイヤーたちはギャンブルに代わる楽しみを味わうことができる）に参加させてもらったこともある。わたしはまた、大おじさんがクー・クラックス・クラン（KKK）の最高指導者だったという男性（だから彼のおじいさんは別の町に引っ越したらしい)とも知り合った。ティーパーティーの白人メンバーで、バプテスト派の熱心な信徒だという女性にも会った。彼女は、アフリカ系アメリカ人の赤ちゃんと南米の子供を養子として引き取り、育てていた。

わたしはまた、米国議会上院議員選挙に共和党から立候補した男性と、ティーパーティーから出馬した対立候補の選挙遊説にもついていった。そのついでに、ラファイエット市のアケイディアン・ヴィレッジ(一九世紀のケイジャンの文化や暮らしをいまに伝えるテーマパーク)を訪れて豚の丸焼きパーティーに参加し、ニューアイビーリア市でライス・フェスティバルと船のパレードを楽しみ、クロウリー市で投票推進キャンペーンに立ち会った。レイン市では、ある労働組合の交流イベントを見学する機会を得た。どの遊説先でも、地元の人たちとおしゃべりをした。海洋生物学者で環境保護活動家のマイク・トリティコという男性――家具店経営者の息子で、政治的には無党派――は、右派の友人たちが自分の活動に猛反対するのだと話してくれた。マイクは七〇歳。背が高く、教師のような物腰の人で、地元の産業については何から何まで知り尽くしている。周囲の人は、マイクを世捨て人と見なしたり(ロングヴィルという小さな町にあるおんぼろ小屋で暮らしているからだ)、聖人のように思っていたりするが、州の規制機関の取締官にとっては厄介な存在であったらしい。わたしは彼がその敵に会いにいくときに同行させてもらえないかと頼んでみた。するとマイクは快諾した。

わたしは五年をかけて、ティーパーティーの中核メンバー四〇名にインタビューをし、さらに広い視野からこのコアグループ(中核的な集団)を見る手がかりを得るために、ほかにも二〇名のさまざまな職業の人――教師、ソーシャルワーカー、弁護士、政府高官――に話を聞いた。そして録音内容を文字に起こし、四六九〇ページにおよぶ反訳原稿《トランスクリプト》を作成した。そのうえで、このコアグループの中から、一定のパターンにとくによくあてはまる数名を選び出した。彼らの了承を得て、わたしはいろいろな場所へついていき、彼らが生まれた場所や、学校や教会に通った町へ案内してもらい、いっしょに買い物をしたり、楽しい時間を過ごしたりして、彼らが受けてきた影響を、感覚的につかもうとした。全員がティーパーティーを支持していたが、ひとりひとりは大きくちがっていた。週に三回、教会へ行く人もいれば、まったく行かない人もいる。銃を七挺所持する人がいるかと思えば、三挺の人もいるし、その保管場所も、ガラス付きのケースの中だったり、ベッドわきのテーブルの引出しだったりとさまざまだ。貧困に対する見方にもちがいがあった。ある男性は、「近所のスーパーマーケットの警備員に、店でどんなものが万引きされやすいか、きいてみたんだ。すると、たいていはコメか豆かベビーフードだと言っていた。考えさせられるね」と言った。別の人は、そのような報告は〝誇張〟だと考えている。不安の内容も異なっていた。ある男性は、経済が「墜落炎上」して、腕の骨折を自分で治療する必要が出てきたときに備え、インターネットのオークションサイトで中古の医学書を買ったという。また、ある人は、「誰もが自給自足の生活を送る」はめになったときのために、食糧を備蓄し、近所の人にもそうするように勧めたという。大半の人はそこまでびくびくしていなかった。わたしが調査したコアグループの人々は、オバマ大統領に対する懐疑度もちがっていたし、侮辱の仕方もさまざまだった。あるティーパーティー支持者は、フェイスブックに、正面と側面から撮影されたオバマ大統領の顔写真を二枚並べ、下に名札をつけて、まるで犯罪者の写真のようにして掲載していた。画像を合成して、貧窮者向け公営住宅に暮らすオバマ大統領の写真を作った人もいた。たいていは、深刻な喪失が訪れるのではないかと怒り、怖れ、あるいは悲しんでいたが、感情の色合いもまた、バラエティに富んでいた(この調査のさらなる詳細については、付記Aを参照のこと)。

わたしは何度となく、ここはカリフォルニア州のバークレーとはちがうのだと思い知らされた。たとえば、たびたび、耳慣れない言いまわしに出くわした。「アヒルがコガネムシを食べるくらい速く」とか、「仕事が山積みで、ワニに尻までのみ込まれたみたいに身動きならない」とか。ある男性は、飾り気のないカジュアルなしゃべり方のことを「北部人《ヤンキー》トーク」と呼んでいた。景観のいたるところに大小の教会が見られ、町によっては一ブロックあたり一軒の割合で建っていた。レイクチャールズ市最大の書店では、三つの通路の両側に、さまざまな色、形、大きさの聖書や革表紙の聖書学習帳が並べられていた。レストランの中には、フレンチ・クレオール〔ルイジアナ生まれのフランス系米国人〕やケイジャンのカトリック住民にアピールしようと、「四旬節特別メニュー」の広告を出す店もある。カリフォルニアにあってここにはないものもまた、自分が異郷にいることを思い起こさせてくれた。たとえば、新聞販売店にニューヨークタイムズ紙がない。スーパーマーケットや農産物直売店では、オーガニック食品がまず手に入らない。映画館では外国映画を上映していない。小型車をほとんど見かけない、衣料品店ではカリフォルニアに比べてプチサイズの服が少ない、携帯電話で外国語をしゃべりながら歩いている通行人も少ない――いや、それどころか、通行人自体が少ない。犬についても、イエロー・ラブラドール・レトリーバーは少数派で、ピットブルやブルドッグを飼う人のほうが多い。自転車レーンや、色分けされたリサイクル用回収箱、屋根の上の太陽光パネルは、探すだけ無駄だ。カフェのメニューに書いてあるものは、事実上、すべて油で揚げてあると思ってよい。主菜がグルテンフリーかどうか、誰も尋ねない。食事はたいていお祈りではじまる。レイクチャールズより東の、ミシシッピ川下流沿いに石油化学企業が並ぶ区域では、個人傷害を専門とする弁護士の〔「チャックにお電話ください」などという〕看板が数多く見られる。自分の世界のお守りがまったく通用しない世界に身を置いてみて、わたしははじめて、ティーパーティーは単に公認された政治集団ではなく、ひとつの文化なのだと気がついた。それは、ひとつの町とその住民たちについての考え方や感じ方だったのだ。

わたしは、ルイジアナ州立大学バトンルージュ校（話を聞かせてくれた何人かの出身校）と、わたしが長年教鞭をとってきたカリフォルニア大学バークレー校で正式登録されている学生の活動グループを比較してみた。ルイジアナ州立大学（学生数三万人のキャンパスに三七五の学生グループがある）には、石油分野《オイルフィールド》クリスチャン・フェローシップ（石油関連企業への就職をめざすクリスチャンの学生自助組織）、農業関連産業《アグリビジネス》クラブ、大気・廃棄物管理協会、岩石物理学・掘削検層アナリスト協会、ウォーゲーム＆ロールプレイング・ソサエティ（ＷＡＲＳ）などといったスチューデントチャプター（学生主体の研究会）があった。これに類した団体は、カリフォルニア大学バークレー校にはない。

一方、カリフォルニア大学バークレー校（学生数三万七〇〇〇人、学生組織は一〇〇〇団体）では、アムネスティ・インターナショナル、反人身売買連合、カリフォルニア大学の持続可能な学舎を考える会、環境科学学友会、バークレー学生地球大使（草の根環境保護活動の会）など、やはりルイジアナ州立大学にはない団体が正式登録されていた。マイク・シャフはルイジアナ州立大学モンロー校の卒業生で、在学中はチェスクラブと、サークルＫ（児童社会奉仕団体キワニスクラブと連携して活動する学生組織）、それに、予備役士官養成課程に学ぶ学生の友愛会に入っていた。マイクの大学には二万五〇〇〇人の学生が在籍し、およそ一五〇の学生団体があった。あるグループ――カップケーキ同好会――は、女性退役軍人のために募金を集めていた。別のグループ――フィッシング同好会――は、月に一度、トーナメントを開催している。ルイジアナ州立ノースイースタン大学には、カレッジ・リパブリカンズという共和党支持組織や〝自由を求める米国青年の会〟と呼ばれるリバタリアン組織があるが、民主党を支持する学生団体はない(40)。

レイクチャールズ市内を車で走っていると、ときたま、ピックアップトラックの車体後部に「わたしを踏みつけるな」と書かれたステッカーを見かけた。メッセージの上方には、舌を出してとぐろを巻いているガラガラヘビが描かれていた。このシンボルは、独立戦争が勃発した一七七五年に、植民地軍の将軍〔クリストファー・ガズデン准将〕が創作したものだ。ティーパーティーはこれを全国で使ってきた。州間高速道路四九号線のラファイエットとオプルーサス間のある地点には、二〇一一年に取り外されたが、オバマ大統領の出生地に疑問を投げかける「出生証明書を見せろ」と書かれた巨大な看板が立てられていた。レイクチャールズからハイウェイ一七一号線を車で北へ約一時間走ったところ、ロングヴィルとデリッダーのあいだにある中古トラック販売店の敷地の端には、木造の小屋が建てられていて、「オバマ燻製所《スモークハウス》」と書いた不気味なプラカードが掲げられていた〔禁煙したはずのオバマ元大統領が、ひそかにタバコを吸っていると噂されていたことを皮肉ったもの〕。

人種の溝を感じさせるものはいたるところで見られた。たとえばウエストレイクの墓地では、敷地内に一本の道路が走り、白人と黒人の区域を分けていた。白人墓地の芝は最近刈られたばかりのようだったが、黒人墓地の草は伸びたままだった。カルカシュー郡の古い郡庁舎の前には、若い南軍兵士の花崗岩像〔塔のように高い〕が建っていて、「南部を守った」人々への感謝の言葉を刻んだ銘板が添えられている。だが奴隷のヒーローを讃えたり、白人による集団リンチの犠牲者を追悼したりする記念碑はどこにもない。わたしが二〇一六年にレイクチャールズを訪れたときには、この南軍兵士像の台座に、初期の南部連合の小さな旗が飾ってあった。左の上方に青い色の四角形が配され、その中に一三個の星が描かれていて、右側に、上から順に赤、白、赤の横縞が入ったデザインだ。ジェファーソン・デイヴィス銀行やジェファーソン・フリーウェイは言うにおよばず、ルイジアナ州南西部の五つの郡のうち三つに、南部連合の政府高官にちなむ名がついている[41]。州内には南部連合に関わる記念碑が九〇カ所にあり、そのうちのいくつかは、二〇一〇年の時点でもなお除幕されないままに保存されている。ほんの一五年前には、わたしのガイド役のひとり、マイク・トリティコと、わたしも知り合いになった彼の友人たちが暮らすロングヴィルで、一台のトレーラーのそばで十字架が燃やされる事件[42]〔ＫＫＫの象徴的示威行為〕があった——知られているかぎりでは、それ以後、州内で十字架に火が放たれたことはない。その事件では、連邦検事が六人の男を起訴して判決を申し渡した。物理的環境ではありとあらゆるところで人種差別を目にするが、自然な会話の中ではまず話題にのぼらない。

鍵穴《キーホール》

わたしはもっと近づきたくなった。最良の方法は、ひとつの問題に的を絞り、ひとつの土地のひとつのグループをよく知ることだと思った。その問題とは、前述したように、裕福な有権者が自分たちに必要のない政府の措置を投票によって退けようとすることではない。わたしが話を聞いた人はみんな、クリーンな政府を望んでいた。だがルイジアナでは、大きなパラドックスが真正面からわたしをにらみつけてきた——そこでは、深刻な公害に苦しむ人々が、その公害を撒き散らす張本人を規制することに猛反対していたのだ。鍵穴をのぞくようにして、極右派の人々の心の中をのぞき、飲料水や、狩猟の獲物になる動物、自分たちが泳ぐ池や釣りをする小川、呼吸する空気についてどう考えているのか、本音を聞き出すことができれば、彼らのことがもっとよくわかるはずだ。政府が公害産業に規制をかけるとすれば、どこまで強化すべきか、彼らの意見を聞けば、さらに広範な問題に対する右派の考え方が見えてくるのではないか。政治がわたしたちの中でどのように――感情面で――機能するかということについて、何かわかるかもしれない。

規制のゆるやかな産油州として知られるルイジアナは、何十年も前から、目を覆うばかりの環境破壊に苦しんできた。わたしが調査をしていたころには、レイクチャールズに水圧破砕法《フラッキング》〔地下の岩盤に超高圧の水を大量に注入して亀裂を生じさせ、ガスや石油を採取する技術〕ブームも到来した。レイクチャールズを中心として、ルイジアナ州南西部に、八四〇億ドルという気の遠くなるような金額の計画投資がおこなわれた。それは、産業を対象とした投資としてはアメリカでも最大級のものだった。レイクチャールズは、アメリカの石油化学製品の製造拠点となったのだ(43)。

わたしは産業の発展も視野に入れようと、公的な地位にある人々にも話を聞いた。たとえば、近隣のウエストレイク市の市長や、ルイジアナ南西部成長戦略特別対策本部長にも会ってきた〔後者の組織は、この地域に転入する一万八〇〇〇人の労働者の居住施設――いわゆる〝マンキャンプ〟――を準備する任務を課せられたばかりだった。これらの労働者のうち一万三〇〇〇人は、フィリピン人の配管工をふくめ、州外からの移住者で占められていた(44)〕。

レイクチャールズに滞在中、わたしは〈ルビーおばさんのベッド&ブレックファスト〉という朝食付きの小さな宿に泊まっていた。わたしの部屋のバスタブのそばには保湿ボディソープが置いてあり、そのボトルの裏には小さな文字で成分が書かれていた。石油、ラウレス硫酸アンモニウム、ラウロアンホ酢酸ナトリウム、ラウリル硫酸アンモニウム、ラウリン酸、塩化ナトリウム、塩化ヒドロキシプロピルトリモニウムクロリド。ふと思った。わたしの保湿クリームにも同じ成分が含まれているかもしれない。

サングラスや腕時計のバンド、コンピュータに使われているプラスチックにも。わたしをこの町へ運んできた飛行機の燃料も、乗り回している車のガソリンもレイクチャールズで生産されたものだ。しかもその多くが宿の近くにある会社で製造されたのだった。

わたしはこの旅に備えて、アイン・ランドの小説『肩をすくめるアトラス』〔邦訳：脇坂あゆみ訳、ビジネス社〕を再読した。ティーパーティーのバイブルとされ、保守派ラジオパーソナリティーのラッシュ・リンボーや、FOXニュースの元コメンテーター、グレン・ベックが絶賛した本だ。ランドは貧窮者に奉仕するのは、「突拍子もないアイデア」だと書いている。慈愛は悪であり、欲は善である、と。アイン・ランドの考え方がしっくりくるなんて、相当に身勝手で強情で冷たい人たちにちがいないと思った。だからわたしは最悪の事態を覚悟した。けれども、実際は多くの人があたたかくて心が広く、周囲の人々に深い思いやりをもって接していることを知り、うれしく思った。本を書いているよそ者のリベラルな初老の白人女性にも親切にしてくれた。

カリフォルニア大学バークレー校はリベラルな学風で知られているので、自分がそこの教師であることを明かすのは不安だった。ノーベル賞受賞者を七二人も輩出し、学術的に誇るべき大学だということを、ルイジアナの知人たちが思い出してくれることをひそかに祈った。だが、そうはならなかった。ある男性は、わたしがバークレーに住んでいると知ると、即座に「ああ、ヒッピーのいるところだね」と応じた。ある人はFOXニュースで、バークレーの学生が授業料値上げに反対しているというリポートを見ていた。テレビには、数名の学生がつないだ手を鉄の鎖で縛り〔実際はポリ塩化ビニルのパイプをかぶせ〕、学舎の庇に並んで立っている姿が映っていたという。たぶん、その行為のポイントは、ひとりが転落すればみんなが落ちるということだったのだろう。「バークレーって、高校でオールAをとってないと入れない大学でしたよね?」信じられないというように、わたしにそうきいた人もいた。「あの鎖を使った抗議行動は、どう見てもばかのすることですよ」

ルイジアナ南西部共和党婦人会のある会合では、ゴスペル歌手のマドンナ・マッシーに出会った。彼女はテーブルの向かい側の席からわたしに、「ラッシュ・リンボーが大好き」なのだときっぱり言った。以前のわたしなら、リンボーは独善的な人だと思っていたので興味も示さず、むっとして話題を変えていただろう。けれどもそのときはマドンナにこうきいた。「彼のどこが好きなのか、聞かせてもらえる?」と。一週間後、地元のスターバックスでマドンナといっしょに甘いアイスティーを飲みながら、わたしはリンボーのどこに魅力を感じるのか尋ねていた。「あの人が〝フェミ・ナチ〟——つまり、男性と対等になりたがって女性の権利拡張を過剰に訴えるフェミニスト——を批判するところ」わたしはしばらく黙って、その意見について考えていた。するとマドンナはわたしにどう思うかときいた。わたしが答えると、彼女は「でもあなたはとてもいい人だわ」と言った。そこから、わたしたちはリンボーが考え出したあだ名(〝共産リブ〟(リベラルの仮面をかぶった共産主義者)〝環境過激派〟(原始の生活に戻るべきだと主張するゆがんだ環境保護主義者))のひとつひとつについて話をした。すると最後には、マドンナの心の底にある思いが見えてきた。彼女は自分がリベラル派の人々から侮辱されているように感じていたのだ。そして、そうした侮辱からリンボーが守ってくれていると思っていた。「リベラル派はこう思っているのよ。聖書を信じている南部人は無知で時代遅れで、教養のない貧しい白人ばかりだ、みんな負け犬だって。わたしたちのことを、人種や性や性的指向で人を差別するような人間だと思ってるのよ。それからたぶん、でぶばかりだってね」彼女の祖父はアーカンソー州で分益小作人(地主から種子や家畜の貸付を受け、小作地の収穫物の一部を小作料として支払った)として、極貧にあえぐ生活を送った。マドンナは天才的な歌い手で、多くの信徒に愛されていた。二年制の聖書神学校《バイブルカレッジ》の卒業生であり、二児のやさしい母でもあった。わたしは青い州の冷やかしがいかに赤い州を傷つけているかということに気づきはじめた。マドンナはリベラルが自分や祖先に投げつけてくる侮辱の数々を、リンボーが強固な壁となって跳ね返してくれたように感じたのだ。右派のメディアが憎しみをかき立てようとして、そんな話をでっちあげたのだろうか。それとも、そこまで行き渡るほど、青い州が侮辱的な言動をくり返してきたのだろうか。次に会ったとき、マドンナは、わたしが彼女の話を聞くのはつらかったかどうか、関心を持っていた。わたしはいいえと答えた。「わたしもときどき、そういうことをするのよ」とマドンナは言った。「相手の立場になって、どんな気持ちになるか考えてみるの」

マイク・シャフと旧アーメリーズ農園のサトウキビ畑を歩いているとき、それから、マドンナとふたりでリビングウェイ・ペンテコステ教会の信徒席に座っていたとき、わたしは、この大きなパラドックスの中心に、善良な人々がいることを発見しつつあった。あの心やさしいマドンナが、なぜ政府の貧困者支援に反対するのだろう。あのあたたかくて明るくて、思慮深いマイク・シャフが、なぜあんなに連邦政府を目の敵にするのだろう。企業の不正行為や身勝手な破壊行為の犠牲になった彼がなぜ？　気まぐれな気象に最も翻弄されているルイジアナ州が、なぜ声高に気候変動の影響を否定するのだろう。

そのわけが知りたくて、わたしは右派の心へ向かう旅をはじめたのだった。

第2章　「いいことがひとつ」

その男性は玄関前のウッドデッキに座っていた。ルイジアナ州デリッダー市郊外の、きれいに芝を刈り込んだ庭を前にして、わたしの車が現れるのを待っていてくれたのだ。その人は椅子から立ち上がり、片手で歩行器につかまりながら、もう片方の手を振った。胸が広く、身長は一九〇センチメートルくらい。白い髪をクルーカットに刈り揃え、濃い青色の瞳をしている。八二歳のリー・シャーマンは、あたたかい笑顔で迎えてくれた。かつてはアメフトの選手としてダラス・テキサンズ（現在のカンザスシティ・チーフス）に二年間所属したこともある。また、オートレーサーとしても活躍し、頸部保護装置と防火服《ファイアスーツ》に身を包んで時速三二〇キロで走行し、全米自動車競争協会（NASCAR）の選手名鑑に名を連ねたこともあった。そして、テレビの『ワンダーウーマン』が乗っていた水上スキー専用ボートを買ったことを自慢の種にしていた。リーはわたしと握手をすると、「すまないね」とあやまり、歩行器を指さして、「こんなものを使ってるんで、うまく家の中を案内できないんだ」と言った。昔の自分とちがってしまった気がすると言いつつも、脚が弱ったことはありのままに受け入れているようだ。ピッツバーグ板ガラス（PPG）という会社で危険な業務をこなしていたので、生きていられるだけでも幸運だという。「当時の同僚はみんな亡くなった。ほとんどがまだ若いうちに死んでしまったんだ」リーはきちんと片付いた家の中をゆっくり歩いて、わたしをダイニングテーブルに案内しながら、そう言った。テーブルには、コーヒーとカップと、クッキー、それに大判のアルバムが置かれていた。

レイクチャールズから北に向かって車を走らせ、デリッダーにやってくる途中、わたしは地平線まで広がる艶やかな緑の水田――用水路でザリガニが養殖されているところもあった――を眺めながら、さまざまな給油所やファミリーダラー〔大手量販店チェーン〕の店舗、給料日ローン〔次の給料を担保にした短期貸付〕専門の消費者金融、飲食店を目にしてきた。デリッダーの三〇〇キロメートル西、テキサスとの州境のあたりには、広大な松の原生林がある。かつては誰の土地でもなく、伝説のアウトロー、ボニーとクライドが強盗を働いてはうろついていた一帯だ。北には大豆などの豆類やサトウキビの栽培地が広がり、はるか遠くの油井《ゆせい》で採油ポンプのうなずく姿が見える。デリッダーの二〇〇キロメートルほど南東には、ルイジアナの州都バトンルージュがある。そこからニューオーリンズまでのあいだには、大いなるミシシッピ川に沿って、美しい緑の芝生に囲まれた大農園主《プランター》の豪邸が何軒か建っている。どれも、かつてアメリカで最も裕福な一族が暮らしていた屋敷だ。いまでは観光スポットになり、近隣のシンテック社〔日本の信越化学工業の米国子会社〕やエクソンモービル社、モンサント社の巨大石油化学工場の威容に圧倒されて、影が薄くなっている。

リーは、石油化学工場の配管工として、苦しみ、その目で見て、命じられたことのせいで、熱心な環境保護主義者にもなった。彼が一五年間勤めたピッツバーグ板ガラス社はレイクチャールズ市にある。この町を擁するカルカシュー郡は、アメリカのすべての郡のうち、住民ひとりあたりの有害物質排出量が最も多い上位二パーセントに入っている。アメリカがん協会によれば、ルイジアナ州は、男性のがん罹患率では全米第二位、がんによる男性の死亡率では第五位に位置づけられている(1)。

しかしリーは最近、ティーパーティーのジョン・フレミング下院議員を支持するプラカードを自宅の芝生に立てることを決めた。フレミング議員は、環境保護庁の廃止や大気浄化法の緩和、外縁大陸棚〔州の所管区域である沿岸部の外側の大陸棚で、連邦の所管と定められている〕の掘削規制の見直しを求め、温室効果ガスの排出規制に反対し、ウォール街に対する規制も緩和すべきだと主張している。右派のフリーダムワークス〔リバタリアン団体〕の国会議員採点表では九一点を獲得した。リーはデリッダー・ティーパーティーの常連で、会合に出席するときには、爪を研ぐ鷹が描かれた赤と白と青の揃いのTシャツを着ていく。だが、なぜ環境保護主義者のリーが、環境保護庁の廃止を訴える政治家を支持してプラカードを立てるのだろう。この疑問が解決すれば、大きなパラドックスの扉の鍵をあけられるかもしれない。

リー自身が左派から右派へと転向した背景もわかるかもしれないと思った。リーはその昔、ワシントン州シアトル市郊外の海軍造船所に勤務していた。そのころには、市民権と人権の擁護に力を尽くした冷戦時代のリベラル派、民主党のスクープ・ジャクソン上院議員の選挙運動を手伝っていたという。シングルマザーだったリーの母親も同じ造船所で働いて、男性と同等の仕事に対し同等の賃金を支払うよう求めて闘った。その彼女に育てられたリーは、自分のことを〝ＥＲＡ〔男女平等憲法修正案〕ベビー〟と呼んでいた。しかし一九六〇年代に仕事のために南部へ移り住んだあと、彼は共和党支持者になり、二〇〇九年以後にティーパーティーに加わったのだ。

テーブルにつき、コーヒーを入れてもらうと、わたしはリーに子供時代の話を聞かせてほしいと頼んだ。リーはゆっくりと、後世の人々に語り継ぐかのように言葉を選びながら話してくれた。

「おれは無鉄砲な子供だった。男ばかりの七人きょうだいでね。七歳くらいのときにはこんなことがあった。ポプラの枝にロープを掛けて引き下ろして、それに自分の体をくくりつけたんだよ。ぱっと放したら飛んでいけると思ったのさ」リーは笑いながら、そのときのことを振り返った。「けっこう高く飛んでね」と、片腕で大きく弧を描いてみせた。「棘だらけのブラックベリーの茂みに落っこちた。痛かったな。だがおふくろは助けにこなかった。これで懲りてくれればいいと思ったらしい。けど、おれは懲りなかった」リーは運転免許をとるよりずっと前から車を運転していて、一二歳のときには、近所の人が持っていた複葉機に勝手に乗って飛ばし、無事に着陸したという。

もっと幼いころも、活発な子だった。「五歳くらいのとき、肺炎にかかって三カ月ほど寝ているはめになった。勝手に起き出しちゃいけないというんで、ひいおばあさん（ネイティブ・アメリカンで、モンタナ州のクロウ保留地に住んでいた）が、おれのそばじゃなくて上にずっと座ってた。そうやって動けないようにして、おとなしくすることを教えたんだ」

若いころのリーは、父親が電気工として働いていたシアトル郊外の海軍造船所で、銅工としての訓練を受けた。一九六五年に南部に移り、メンテナンスを担当する配管工としてピッツバーグ板ガラス社に就職し、ほどなく、機械工としても天才だと作業室で評判になった。彼をわたしに引き合わせてくれた環境保護活動家のマイク・トリティコによれば、「リーはボルトやナットや、ロッド、パイプを作れるだけじゃなくて、測ったり測り直したりせずに、ミリ単位で長さを見積もれるんだ」という。リーは工場が休みになる週末には、カーレースに出場していた。月曜には、工場の監督のひとりが必ず、土曜のレースはどうだったかときいてきた。

リーはこわいもの知らずの一面と、慎重な一面の両方を併せ持っていた。それはピッツバーグ板ガラス社の危険な業務にはうってつけの資質だった。彼が配管や修理を手がけたパイプには、ジクロロエタン（EDC）、水銀、鉛、クロム、多環芳香族炭化水素、ダイオキシンなど、毒性の強い化学物質が流されていたからだ。不可解なことに、これとまったく同じ化学物質がバイユーディンドと呼ばれる付近の川の水にも混じり込んでいた。[2] このバイユーの岸辺には、ケイジャンのアレノ一家が何世代も前から暮らし、辛酸をなめてきた。わたしはのちに、この一家とリーとの特別な関係について知ることになった。

リーは工場であやうく命を落としそうになったこともあった。ゆっくりコーヒーを飲んでから、彼はその体験を話してくれた。ある日の勤務中、手違いから、低温の塩素が摂氏五〇〇度の高熱にさらされ、たちまち気化してしまった。そのとき工場には一六人の従業員がいた。リーの上司は、会社に十分な数の防護装備がないことを知っていたので、彼に退避するよう命じた。「おれが外へ出てから三〇分後、工場が爆発した。逃げ遅れた一五人のうち、五人が犠牲になった」翌日の午後、リーは上司から、その五人の遺体を探す手伝いを頼まれた。ふたりを発見したが、残る三人は見つからなかった。しかしその三人のうちひとりの遺体が、酸に分解されてばらばらになった状態で、バイユーディンドに注ぎ込む下水道の中から出てきた。「もし誰もあいつを見つけてやらなかったら」と、リーはダイニングルームの窓のほうへ顔を向け、外を眺めながら言った。「あいつの死体はバイユーディンドにぷかぷか浮かぶことになっていただろう」

一九六〇年代のピッツバーグ板ガラス社では、最低限度の安全対策しかしていなかった。「安全講習会では、監督に書類を渡されて何か記入するだけだった。化学薬品を扱う仕事なのに、防毒マスクも着けなかった。鼻から息を吸わないようにして、口で呼吸することを覚えたもんだ」

「会社は危険性についてあまり警告してくれなかった」と、リーは言い、小声でさらに付け加えた。「その代わり、同僚が教えてくれた。『そんなところに突っ立ってちゃだめだ。出てこい』ってね。同僚がいてくれなかったら、おれはいまごろ生きていられなかっただろう」

リーが扱っていたパイプには、酸素、水素、塩素が通っていた。そのパイプに亀裂が入ってガスが漏れると、「おれが直すことになった」

「もしかしたら、素手で?」わたしはきいた。

「ああ、もちろんそうだ」

やがて職長が作業員に、危険な化学物質への過剰曝露があればすぐにわかるよう、曝露量を測定するバッジを配った。「だが職長はバッジをばかにしていた。曝露量が限界に達するには二、三カ月はかかるはずだったからね。だがおれのバッジは三日で限界を記録した。パイプの内側にバッジをつけたんじゃないかと疑われちまったよ!」それが一九六〇年代末の、ルイジアナ州レイクチャールズ市のピッツバーグ板ガラス社の現状だった。

事故はたびたび起こった。ある日、リーが作業室で大きなパイプに覆いかぶさり、フィルターの点検をしていると、遠く離れた制御室で、オペレーターがあやまってノブをひとつまわしてしまった。とたんに、アーモンド臭のする高温の有機塩素化合物液がパイプに流れ込み、リーはそれを頭から浴びてしまった。「熱かったよ。全身にかぶっちまった。すぐに非常用シャワーに飛び込んで、意識を失わないよう口に空気呼吸器を着けた。だがひどい火傷を負った。とくにわきの下や脚の付け根、尻の割れ目が最悪だった。そういうところへ薬品が入り込むんだな」シャワーを浴びたにもかかわらず、「靴が溶けちまった。ズボンもシャツも。下着もだ。ソックスとパンツのゴムだけが残った。着ていたものが全部きれいに溶けてなくなったんだ」

上司からは、家に帰って、新しい靴とソックスと下着と、リーバイスと作業用シャツを買ってこいと言われた。領収書を持ってくれば、返金が受けられる、と。数日後、リーは領収書を持っていった。全部で四〇ドルほどだった。だが上司は、焼けてしまったものには、いくらか着用による劣化があったはずだと指摘し、「靴は約八〇パーセント、ズボンは五〇パーセント消耗していたものと見なす」と言った。「結局、その分を差し引くってことで、八ドルの小切手を渡されたんだ」と、リーは苦々しげに言った。「現金化はせずじまいだった」

リー個人としては、ピッツバーグ板ガラス社でこなしていた仕事を誇りに思っていた。しかし会社に対する忠誠心は持っていなかったようだ。それでも、言われたとおりにした。酸を浴びた事故からしばらく経ったある日、彼はまたもや、不気味な作業を命じられた。一日に二回、夕暮れどきに、しかも必ず内密でやれというのだ。この仕事のために、リーは四つの車輪がついた長さ二・五メートルほどの〝タール・バギー〟と呼ばれる〔道路のアスファルト舗装工事などにも使われる〕車両を操作しなければならなかった。この車には、スチール製の大きなタンクが一個、積み込まれていた。中には〝ヘビーボトムズ〟と呼ばれる物質が入っていた。キッチン並みの大きさの鋼鉄容器の底から回収されたタール状の有機塩素化合物の残渣《ざんさ》を集めたものだ。タンクの外側には、何層ものアスベストが巻かれていて、車の下に取り付けられたヒーターの熱を保つ役目を果たしていた。タンクの下部には銅製のコイルを巻きつけてあった。タールが熱ければ熱いほど、投棄するまでに固まる確率が低くなるからだ。タンクの中身は有毒廃棄物だったのだ。

この残業は毎晩続いた。リーは夜陰に紛れ、空気呼吸器を装着したうえで、トラックでタール・バギーを牽引して道路を走っていった。その道の一方はカルカシュー船舶運河に、もう一方はバイユーディンドに通じていた。

いつもあたりを見まわし、「誰にも見られていないことを確認」して、つねに風上にいるように気をつけた。そうしないと、顔に煙を浴びてしまうからだ。目的の場所に着くと、リーはバックでタール・バギーを進めて湿原に入っていき、「かがんでバルブをあけた」。圧縮空気によって有毒物質が噴射され、どろどろの沼に向かって「七、八メートルほども」飛んだという。リーは有毒廃棄物がすっかりなくなるまで待った。

「誰にも見つからなかった」という。

鳥

リーはクッキーに手を伸ばし、ゆっくりとそれを食べてから、ある日、秘密の任務の最中に、沼のほとりで体験したことを話しだした。「水路に廃棄物を捨てていたら、一羽の鳥が煙の中に飛び込んできて、すぐ落ちてしまったんだ。まるで銃で撃ち落とされたみたいだった。おれは泥の上にスコップを二本並べ、その上を歩いて――そうすればあまり沈まずにすむからね――沼の中へ入っていって、その鳥を拾い上げた。翼も胴体も動かなかった。死んでいるように見えたが、心臓がまだ動いていた。おれは農場で育ったから、鳥のことはよく知っている。鳥を連れて、またスコップの上を歩いて岸まで戻った。右手に頭を乗せ、左手に翼と胴体を乗せていた。おれはくちばしに息を吹きかけて、さすってやった。すると鳥がまた息をしはじめた。だが体のほうはまだ動かない。そこで、ぬくもりの残っていたトラックのボンネットに鳥を乗せた。それから、タール・バギーを調べにいった。戻ったときには鳥がいなくなっていた。飛んでいったんだよ。いいことがひとつあったわけだ」

わたしが訪ねたその日の午後、リーはもう一度、その鳥の話に戻り、タール・バギーのことを話した。

「自分がまちがったことをしていたのはわかっている」と、彼はくり返し言った。「有毒物質は命にかかわる。申しわけないことをしたと思ってるよ。おふくろが知っていたら、反対したと思う。誰にも話したことはなかったが、おれはどうすれば見つからずにすむか、知ってたんだ」まるで会社の犯罪をリーが犯し、会社の罪を自分のものだと思っているような口ぶりだった。

けれども、リー自身もあの鳥と同じように被害者になった。化学物質に曝露して具合が悪くなったのだ。炭化水素による火傷を負い、「両脚が棍棒になったような感じがして、膝を曲げることも、立ち上がることもできなくなった。すると会社の医者が病気休暇をとるよう指示した。おれは何度もその医者の診察を受けにいって、仕事に復帰できる状態かどうか判断してもらおうとしたが、そのつど、膝を深く曲げることができるようになるまでは無理だと言われたんだ」リーは八カ月間の病気休暇をとり、職場復帰を果たした。しかしその後は長く働くことができなかった。

ピッツバーグ板ガラス社に勤務して一五年が経ったころ、リーはある部署に呼び出された。そこで彼を待ち受けていたのは、七人のメンバーから成る解雇検討委員会だった。「会社側はおれの障害者医療手当を払いたくなかった」リーはそう説明した。「だから常習的欠勤を理由におれをクビにしたんだ！　必要な勤務時間を満たしていなかったと言われたよ！　残業は計算に入っていなかった。陸軍予備役に服務した時間も考慮してくれなかった。それで常習的欠勤を理由に解雇したんだ。おれはピンクの紙〔解雇通知書〕を手渡された。ふたりの警備員がおれを駐車場まで送っていった」リーはそう言うなり、数十年後のその瞬間、また解雇を通告されたように、テーブルをたたいた。

魚の大量死と決定的対決

七年後、リーはその解雇検討委員会のメンバーのひとりと再会し、相手を驚愕させることになる。バイユーディンドで〝魚の大量死《フィッシュキル》〟が発生していた。リーが有毒廃棄物を投棄し、気を失った鳥を助けた地点の下流にあたる水域で、その岸辺にはアレノ一家が暮らしていた。カルカシュー郡特別諮問委員会が招集され、周辺河川の状況について、〝正常に機能していない〟との判断を下すべきか、また、住民に地元産の魚介類の摂取を控えるよう勧告すべきかといった問題が話し合われた。(3)

この地域の河川は長年、多くの原因によって汚染されてきた。しかし一九八七年になってようやく、州はバイユーディンド、カルカシュー船舶運河、メキシコ湾に通じる河口域を対象に、魚介類に関する勧告を出したのだ。住民が記憶するかぎりではじめての警告で、その内容はショッキングなものだった。「化学物質による低レベルの汚染」が認められたため、摂取量の制限が求められた。魚は一カ月に二度までしか食べてはならないという。遊泳、ウォータースポーツ、水底堆積物との接触も禁止された。遅きに失した措置ではあったが、ルイジアナ州は、地元の河川が有毒物質に汚染されていることを公表し、警告したのだった。

驚いたのは、漁業関係者だ。魚を売ることはできるだろうか。住民たちは魚を食べるのを控えるだろうか。今後は魚を見ても、絶品のガンボやジャンバラヤや、食べ放題のフィッシュフライを連想してはいけない、有毒物質をふくんだあやしげな生き物だと思えということか。石油産業と漁業は共存できるという認識が慎重に広められてきたのに、突然、そのすべてが疑問視されることになった。しかもこれはルイジアナ州だけの問題ではなかった。全国で消費される魚介類の三分の一がメキシコ湾で獲れたものので、しかもそのうちの三分の二は、ルイジアナ州で水揚げされていたからだ。

多くの人々の暮らしが危機にさらされた。漁網から皿にいたるまで――漁業関係者から、食料品店、運送会社、レストランの従業員まで――みんなが、この勧告をおこなった州政府高官に憤った。われわれから職を奪う気か、と。現に多くの仕事が危機に瀕していた。

エビは、一万五〇〇〇人に職を与えていた
カキは四〇〇〇人
カニは三〇〇〇人に
ザリガニは合計一八〇〇人に職を与えていた
養殖業者一〇〇〇人と天然物を獲る商業的漁業者八〇〇人に[4]

一九八七年には、漁業関係者がこのように反応する下地ができていた。たとえば、原因を作ったのはピッツバーグ板ガラス社だけではなかった。ほかの産業も環境汚染に加担しており、ルイジアナは全米で最も多くの有害廃棄物を排出する州になっていた。また、米国議会により、環境保護庁が設置され(一九七〇年)、大気浄化法(一九七〇年)、水質浄化法(一九七二年)が制定されていた[5]。さらに、近所で有毒廃棄物が投棄され、病気になった人がいることを知って驚いた主婦や教師、農場経営者が中心となって、州内各地で数多くの小さな草の根環境保護団体を起ち上げていた。勧告が出されたころ、地元の活動家たちはレイクチャールズ市や近隣のサルファー市、さらにウィロースプリングス、モスヴィルといった町など、一九七〇年代、一九八〇年代の政治の〝玄関ポーチ〟――あるいは〝キッチンの流し〟[6]――と言われた地域で有毒物質が投棄されていることに、抗議の声をあげようとしていた。

七〇歳を少し超えた活発な女性、ペギー・フランクランドは、農家の娘で、テキサス州東部で学生時代を送ったころには、ミス・キャンパスに選ばれたこともあった。いまはピッツバーグ板ガラス社からそう遠くないサルファー市のペカンの農場で暮らしている。彼女は、水産食品に関する勧告が出た当時のことをこう語る。「わたしたちは、うちのステーションワゴンと、友人の夫のコピー機をさんざんに使いました。教会や学校で話し合いをし、ボーイスカウトのリーダーや、レイクチャールズ、バトンルージュ、ワシントンDCの政府関係者に会いにいきました。あなたがたはクリスチャンではないと言われました。神ではなく大地を信仰する精霊崇拝者だとね。〝狂信者〟だとか〝田舎のおばさん〟などと呼ばれました。州議会議員にも会おうとしましたが、何もわかっていない主婦連中と見なされて無視されました」このときのことを彼女はその著書、『ルイジアナ環境保護運動の女性パイオニアたち（未訳 *Women Pioneers of the Louisiana Environmental Movement*）』にこう書いている。「企業はわたしたちの土地や川をトイレのように扱いました。だからわたしたちは立ち上がろうとしたのです」

民主党支持者のフランクランドは、「わたしたちは、「ねえ、水質を規制する連邦法があるの、知ってる？　あなたはわたしたちの水を汚染したのよ。どうやってきれいにするつもり？」ときくこともできました」と言う。けれども、いまは仲間の活動家の大半が共和党を支持するティーパーティーのメンバーだ。そしてリー・シャーマンと同じく、高圧的な連邦政府や、環境保護庁の規制の多くに反感を持っている。ここでも、鍵穴を通して大きなパラドックスが見えてきた。

一方、ルイジアナ州保健局は、釣りや遊泳に関する警告を記した看板を立てたが、すぐに銃弾で蜂の巣にされるか、盗まれてしまった。そういう状況下で、ピッツバーグ板ガラス社の解雇検討委員会のメンバーがリー・シャーマンと驚愕の再会を果たすことになったのだ。

わたしたちは二枚目のクッキーに手を伸ばしていた。リーは話を続けた。当時のレイクチャールズで、公の集会場としては最大の施設だったバートン屋内競技場《コロシアム》に、「漁師たち漁業関係者が一〇〇〇人ほど」詰めかけたという。「会がはじまったときには、立ち見席しか残っていなかった。会場はざわついていた。みんな、政府をぶっ殺す気でいたんだ」

前のステージに、各企業の幹部――ピッツバーグ板ガラス社からもふたり――と企業の顧問弁護士、州政府の担当者たちが一列に並び、全員が机の向こうに座った。ひとりの州政府高官が立ち、水産食品に関する勧告を出した理由を説明した。住民に知らせる必要があったのだ、と。原因は……。ピッツバーグ板ガラス社の幹部は無関心を装っていた。さかんに野次が飛ぶ中で、説明会は進行し、二、三〇分ほどが経った。

と、そのとき突然、リー・シャーマンが――ピッツバーグ板ガラス社から解雇されて久しい男が――招かれもしないのにステージに上がり、みんなを驚かせた。彼は政府高官たちに背中を向けると、怒れる漁師たちに向かって、厚紙の大きなプラカードを掲げ、みんなが読めるように、ステージの端から端まで歩いた。そこには、「バイユーにそれを投棄したのはわたしです」と書かれていた。

コロシアムの中が静まり返った。

州政府の担当者たちがリーをステージからおろそうとした。しかしひとりの漁師が叫んだ。「彼の話を聞きたい」と。

「おれは三六分かけて話した」と、リーは振り返る。「誰かが「シャーマン、座ってくれ。いまは誰それが話をする番だ」と言った。だが別の男が「だめだ、彼の話が聞きたい！」と言ってくれた。おれは上司の命令に従ったことを話した。その化学物質で具合が悪くなったことも、常習的欠勤を理由に解雇されたことも。だが、おれに解雇を通告したピッツバーグ板ガラス社の解雇検討委員会のメンバーがステージの上にいたことだけは言わずにおいた。その男は、おれが週末に出場していたカーレースに賭けていたことさえあったんだ。ピッツバーグ板ガラス社の連中が両手で頭をかかえている姿は見ものだったよ」

これで漁師たちは、ほんとうに魚が汚染されていることを知った。説明会からほどなく、彼らはピッツバーグ板ガラス社を相手取って民事訴訟を起こし、ひとりあたりわずか一万二〇〇〇ドルの賠償金を受け取ることで和解した。

別の領域、別の立証

リーは、不快で危険を伴う苛酷な業務をこなしてきた。会社の命令に忠実に従い、河口を汚染させた。倫理にもとる会社の仕事をし、その罪を自分のものとして引き受け、裏切られ、廃棄物のように捨てられた。リーの人生で最も勇気ある行動は、会社の汚れた秘密を公表し、政府に憤りを感じていた一〇〇〇人の漁師たちに、責められるべきはピッツバーグ板ガラス社のような企業だと伝えたことだった。

しかしやがて時が経ち、リー・シャーマンは左派から右派に転じた。ワシントン州で暮らしていた若いころには、「州から議会議員選挙に出馬する初の女性候補者の選挙運動をしていた」と誇らしげに言っていた。だが一九五〇年代に仕事のためにシアトルからダラスに移り住むと、民主党保守派から共和党へと支持を変え、二〇〇九年以降はティーパーティーのメンバーになった。人生で最も大きな経験は、産業界に裏切られたことだったのに、いまでは――その政見どおり――連邦政府に最も裏切られたと感じている。当時はピッツバーグ板ガラス社など、地元の石油化学企業が過ちを犯したと思っていて、きれいに後始末をするのが正しいことだと思っていた。産業は自分では〝正しいこと〟をしようとはしない。だがその埋め合わせをする役割として、リーは連邦政府を拒否していた。それどころか、彼が支持する候補者は、産業に歯止めをかける規制のほとんどを撤廃し、環境保護庁を廃止したがっていた。労働省の職業安全衛生局は、リー・シャーマンのような労働者の生活を大きく向上させた――彼自身もこの改革を評価している――が、リーはその使命はほぼ終わったと感じていた。

リー・シャーマンというひとりの男性の人生の中に、わたしは大きなパラドックスの両面を見た。支援を必要としているのに、それを拒否する姿勢を。自身も有毒物質の犠牲になり、公共用水域の汚染に加担したのちには、環境汚染を憎むようになり、いまでは環境保護主義者だと胸を張って言う彼が、なぜ、反環境保護主義のティーパーティーと運命をともにしようとしているのだろう。コーク兄弟に――少なくとも直接には――金で雇われたわけでもないのに。リーはティーパーティーのプラカードを無料で自宅の庭に立てている。それでも、彼の情報源はＦＯＸニュースのほか、右派の友人たちと交換するビデオやブログに限られていて、つねに環境保護庁と連邦政府と、大統領、税金について、同じような疑惑をくり返し聞いているだけだ。

実際、ティーパーティーの支持者は、三つのルートを通じて、連邦政府ぎらいになるようだ。ひとつ目は、信仰(彼らは政府が教会を縮小したと感じている)、ふたつ目は、税金への嫌悪感(あまりに高すぎ、累進的すぎると思っている)、そして三つ目は、これから見ていくように、名誉を失ったショックだ。リーの最大の不満の種は税金だった。それがまちがった人に——とりわけ、「昼間はのらくらしていて夜はパーティー三昧の」生活保護受給者と、楽な仕事をしている公務員に——流れていることが我慢ならないのだそうだ。リーとしては、リベラルな民主党支持者が、生活保護受給者のことを気遣いたがる心情はわかるが、連中の考える〝政治的な正しさ〟に従って、誰を気の毒に思うべきか指図されるのはまっぴらだという。リーは彼なりに、もっと地域に密着した——そして個人的な——やり方で貧しい人々に思いやりを示していた。毎年クリスマスには、妻の〝ミス・ボビー〟とふたりでボーリガード郡の非営利団体、〝ボーケア〟の催しに参加し、クリスマスツリーから七枚の封筒を選んで、中に入っているカードに書かれた名前の子供にプレゼントを贈っている（「カードにはその子の靴のサイズが書いてある。あまりに大きなサイズだったら、最初からおとなが取り上げる気でいることは見え見えだから、靴はあげない。だが家内は、おれたちのものじゃないお金をその子たちのために使うんだ」）。

じつはリーとミス・ボビーは社会保障年金で暮らしていて、それをかなり窮屈に感じていた。そこへ、内国歳入庁（ＩＲＳ）に対する彼の心証をさらに悪くするようなできごとがふたつ起きた。ひとつは、リーがほんの少しお金を稼ごうとして、パートタイムの仕事に就いたことだ。勤務時間が連邦の規定で認められている限度を超えてしまい、それをとがめられて年金の支給を打ち切られ、再開まで一年待たなければならなかった。その年は、モルモン教会と、同じように貧しいマイク・トリティコに支援してもらってどうにか切り抜けた。ふたつ目のできごとは、さらに腹立たしかった。「ある金額の還付金を受け取るために、ＩＲＳの地域事務所の職員と会ったんだ。気に入らないことばかりだった」と、リーは説明した。「その女はシースルーのブラウスを着てきた。おれの気をそらすためだ。そいつはありったけの領収書を提出しろと言って、金額を合計したが、その計算がまちがっていて、おれの受け取り額が少なくなっちまった。あの女がだましたんだ。おれはその金が必要だったが、小切手は現金化しなかった」

「おれは執念深い」と、リーは言う。「だまされたら、絶対にそのことを忘れない」リーは自分の正当性が立証されたという実感がほしかった。常習的欠勤を理由に自分を解雇したピッツバーグ板ガラス社の解雇検討委員会のメンバーがバートン・コロシアムの説明会に現れたときのように。そして実際に、政府の職員、ＩＲＳの全職員に対し、また、ありとあらゆる税金を徴収する機関——つまり政府——に対し、自分の正当性を立証できる道を見出すこともできた。これで五分五分になった。彼にとって、それはもうひとつのバートン・コロシアムと言えた。リーはティーパーティーに加入したのである。

リーは、ピッツバーグ板ガラス社に解雇され、ふたりの警備員に駐車場へ連れ出されたときには、激怒した。「おれは銃を持ってる」と、彼は言う。「同僚はもちろん、人を傷つけたいと思ったことは一度もない。だがあの会社はぶっ壊してやりたいと思った。そのくらい腹が立ってたよ」しかし同時に、その職場は、彼が人生で最良の時間を過ごした場所であり、誰にも負けない技能と勇気、忍耐力、男らしさを発揮した場所でもあった。何もかもを考え合わせたそのあとには、政府に対して、さらに猛烈な憤りをおぼえた。ピッツバーグ板ガラス社は彼に金を払ってくれた。政府はそれを取り上げようとしていたのだ。

リーとダイニングテーブルをはさんで三時間半を過ごしたころには、クッキーがすべてなくなった。いとまごいをすると、リーはまた歩行器につかまって立ち上がり、わたしを送って、ゆっくりと玄関ポーチまで出てきた。その横には、四枚の扉を備えたガレージ(家よりも大きな車庫)があり、その中には、さまざまな修理段階にあるレーシングカーが三台おさめられていた。ポーチの壁には、プラスチックのプラカードが三〇枚立てかけてあった。リーはそれを、ティーパーティーが推薦する下院議員候補者、ジョン・フレミングのために、近所の家の芝生に立ててまわろうと思っていた。

別れぎわ、リーが明るい笑みを見せて、また来てくれと言った——まだアルバムを見せていないから、と。そして陽気に手を振った。リーが夕暮れどきにタール・バギーから公共用水路に不法投棄をしたあと、有毒廃棄物は下流に運ばれ、バイユーディンドに流れ込んだ。その岸辺にはあるひと組の夫婦が長年暮らしていると聞いた。それもまた、パラドックスの一部なのだろうか。わたしはその夫婦に会ってみなければと思った。

第3章　忘れない人々

わたしは、ケイジャンの配管工、ハロルド・アレノの自宅を訪れ、居間のやわらかいソファに座っていた。ハロルドは温和な人だ。隣の椅子に腰掛け、わたしの目の前に大判のアルバムをたいせつそうに広げている。彼の手が、ビニールフィルムに覆われた黒白写真の上を何度も行き来する。そうしてゆっくりとページをめくって、一枚の写真を探している。ハロルドは七七歳で、ライトハウス・タバナクル・ペンテコステ教会の執事〔信徒の中から選ばれる役員〕を務めた経験を持つ。この日は格子柄のシャツとジーンズを着けていた。アルバムを見ながら、バリトンの声でゆったりとしゃべり、自分の意見をひとしきり述べては、「それでもいいんだ」とでもいうように、くすくすと軽く笑っておしまいにする。

ハロルドが指さした。あったぞ、これだ。母親、父親、ハロルド、それに彼の九人のきょうだいが二列に並び、陽光に目を細めながら、バイユーディンドの川岸に立っている。(1)一九五〇年に撮られたものだった。ハロルドはきょうだいひとりひとりの名をあげていき、母親がガー〔淡水に生息する硬鱗魚。細長く尖った口と鋭い歯を持つ〕を捕まえるときには、餌で舟のそばまでおびき寄せておいて、横腹をぱんぱんとたたき、えらをつかんで引き揚げたという話をしてくれた。それからゆっくりとページを繰った。そこには、父親とそのきょうだいの写真が貼られていた。全員が〝インディアンのバイユー〟という意味を表すバイユーディンドの流域で生まれ育った。家族でピクニックをしたり、おどけたり、泳いだりしている写真や、遊んだあとに食べるスイカを舟から川に投げ込んだりしている写真があった。

だがハロルドがわたしに見せたかったのは、家族だけではない。親しい隣人でも紹介するように、彼は家族の背後に見えるものを指し示した。みんなの顔の後ろには、堂々たるヌマスギ〔北米原産の落葉針葉樹で、冠水する沼沢地に自生する〕の大木が何本も、誇らしげに川の中に立ち、巨大な幹を水面から突き上げている姿が写っていた。かつては、ルイジアナ州南部の森林湿地の女王と呼ばれ、いまでも公式の州木に指定されている。低い枝からは緑の苔が垂れ下がり、レースの肩掛けをまとった女性がダンスホールで踊っているように見えた。「あまりに背が高いんで、日の光が沼地に届かないくらいだった」ハロルドが静かな声で言う。ヌマスギは高さ四五メートルにも達し、寿命が六〇〇年におよぶこともある。一七〇〇年生きた木もあることが知られている。ハロルドの父親はこの木をくりぬいて釣り舟を造った。ピローグと呼ばれる平床の丸木舟で、ケイジャン文化に古くから伝わるものだ。彼は丸太を近くにあった製材所へ運び込み、自宅の作業場で鋸を使って舟に仕立て上げ、漁師に賃貸ししていた。月三〇ドルで、太鼓橋の番人もしていた。舟が通るたびに、蛇輪のようなものをまわして橋をわきへ旋回させる仕事だ。そのほかの時間は漁をし、畑を耕していた。

「ケイジャンは沼に放り込め」と、ハロルドはくすくす笑いながら言い、強調のために眉を吊り上げてみせる。「そうすりゃ、勝手に生きていく」

けれども、それは昔の話だ。

庭の端から、ハロルドはバイユーの黒ずんだ水を指さした。見渡すかぎりの水面のところどころに、息絶えた灰色の幹が突き出している。打ち負かされた兵士のようにうなだれているものもある。そこは樹木の墓場だった。ハロルドの腕が力を失い、だらりとわきに垂れた。

バイユーディンドは、リー・シャーマンがタール・バギーにかがみ込んでバルブを開き、有毒廃棄物を公共用水域に投棄した地点から、数キロメートルにわたってくねくねと流れている。投棄地点から枝分かれした水路のうち、一本がアレノ家のほうに向かって流れ、もう一本はだんだん細くなってカルカシュー船舶運河に合流し、次第に幅を広げて、コードグラスと呼ばれるイネ科の干潟植物の群落が点在する潮間帯の沼沢地を通って、のろのろと南へ流れ、メキシコ湾に注ぎ込む。この湾で獲れた魚介類はアメリカ人の食卓にのぼるシーフードの半分近くを占める。ピッツバーグ板ガラス社が沼に捨てた廃棄物から、きわめて大規模な〝下位生産部門〟ができていたわけだ。リーの違法行為からアレノ家までの流れをたどっていけば、別の観点から大きなパラドックスが見えてくるのではないかと、わたしは思っていた。

アレノ家では、三世代にわたって漁をし、狩りをし、自宅の敷地で野菜を育てて暮らしてきた。清潔感あふれる白木の家には緑の鎧戸がついていて、芝生はていねいに刈り込まれ、白いトラックを駐めてあるドライブウェイの両わきにユリとハイビスカスが植えられている。川に面した側にポーチが設けられ、そのへりに、大きな米国旗が掲げられていた。一キロメートル半ほどの長さのバイユーディンド・パス・ロードという通りに面した家は、アレノ家のほかには一軒しかない。かつてハロルドの姉妹が暮らしていたその隣家は、空き家になって久しい。ほかの家族も引っ越して出ていき、あとには狭いアスファルト道路とバイユーとのあいだの長い帯状の土地に、背の低い松の林だけが残っている。

「自分たちが何を手にしていたのか、失うまで気づかなかったんだよ」と、ハロルドは言う。彼はバイユーの一方の岸辺で育ち、生まれた場所から「恐ろしく遠い」対岸で家庭を持った。だが青春だけではなく、木々や多くの家族を失い、自分の生き方までも失ってしまった。「うちは一六ヘクタール〔一万六〇〇〇平方メートル〕の土地を持っていた」と、彼は言った。アルバムは閉じられて、彼の膝の上に載っている。「そのうちの半分ほどを畑にしてライマメやトウモロコシや野菜を育てていた。夜にはカエルを、昼間にはガーやバスなんかの魚を捕まえられた」クローカー〔ニベ科〕やメイハーデン〔ニシン科〕、ボラ、レッドフィッシュ〔フエダイ科〕など、ほかの魚もいたし、それを餌とするダイサギやシロペリカン、褐色ペリカン、カモメ、アオサギ、アジサシ、フタオビチドリなどの鳥の姿も見られた。いずれも昔はバイユーで多く繁殖していたという。「カエルの声が夜通し聞こえてきたもんだ。当時は川の水を飲むことだってできた」

ハロルドと九人のきょうだいは、家族が保有していたバイユー沿いの一六ヘクタールの土地に身を落ち着けた。「店へは、月に一度、砂糖やバニラなんかを買うとき以外は行かなかった。鶏と豚と雌牛を飼って、菜園を作っていた。バイユーで獲れるもので食っていけた。日曜の夕食にはウシガエルを食べたし、ナマズのチャウダーがしょっちゅう食卓に載った。うちの牛の乳からとったクリームに、砂糖とバニラを加えて自家製のアイスクリームを作ったもんだ。

おふくろは正真正銘、フランス人のレディだった。フランス語を話し、アコーディオンで『ウォーターメロン・マン』〔一九六〇年代にヒットしたハービー・ハンコック作曲のジャズナンバー〕を弾いた。一日に三回、一二人分の食事を薪ストーブで料理してくれた。体格がよくて、体重は一〇〇キロくらいあったよ。鶏をつぶしたときには、肉をガンボに入れて煮込み、内臓をナマズ釣りの餌にした。何ひとつ無駄にしなかった」

アレノ家の人々は、ルイジアナ州南西部の住人の多くと同様、フランス系カトリック教徒のアカディア（英語読みではアケイディア）人——のちにケイジャンと呼ばれるようになった——の子孫だった。ケイジャンは、もとはカナダのニューブランズウィック地方で暮らしていたが、イギリスが北米植民地をめぐる英仏戦争に勝利すると、一七六五年、彼らは容赦なく追放され、船であちこちの北米沿岸州に強制的に送りつけられた。ニューオーリンズの波止場にも、七隻の船に乗ったケイジャンが流れ着いた。彼らの多くはそこから、ルイジアナ西部の低湿地帯へと移っていき、先住民のアタカパ族にまじったり、その一部を追い出したりして、暮らしはじめた。ハロルドの両親はほとんど教育を受けなかったという。学校ではフランス語が禁じられていたので、フランス語を話す者は学校に行けなかったのだ。[2] ハロルド自身も八年生までしか行っていない。

　ハロルドと同様、アネット・アレノも昔のバイユーをよく覚えている。七〇代の美しい女性で、金灰色の巻き毛をひっつめて、頭の高い位置でまとめ、眼鏡をかけて、ピンクのブラウスに、花柄の長いスカートを着けていた。心のあたたかい、はつらつとした人だ。やわらかい声でゆっくりとしゃべり、ハロルドの話をじっと聞いていて、時折、補足や修正を加えていた。その声には真剣味がこもっていたが、バイユーについては、彼女が育ったルイジアナ州キンダーの祖父の農場と比較しながら、自分の意見や考えを率直に話してくれた。アネットは、近くのサルファー高校に用務員として長年勤務し、最近、生涯功労賞を贈られた。「生徒が汚したところを掃除する仕事よ」と、いたずらっぽく目をくるっとまわして、彼女は言った。

「夏の暑い日にはヌマスギの木陰に座って涼んだものよ。そのころは、枝に掛かった苔が緑色をしていたわ。カエルもちゃんと呼吸ができて、餌になる小魚の種類も多かったの。でもそのうち工場がたくさん建って、いやなにおいがしはじめてね。暑い夜には窓を閉めておかないと耐えられなくなってきたの。このあたりからメキシコ湾までの土地では、ヌマスギや草が枯れて、すっかり姿を消してしまった。いまだに魚も食べられないし、水も飲めないのよ」

ハロルドがさらに言葉を添える。「ゴムのかけらが浮いていて、モーターボートのウォーターポンプに詰まってしまうんだ。上流にファイアストン社があるんでね」

そこへ、アレノ夫妻の四六歳になる息子、ダーウィンがやってきた。父親同様、茶色の髪をした陽気な配管工で、近くの石油化学工場で働いている。その日は休みだったので、〈ポパイズ・ルイジアナ・キッチン〉でフライドチキンとライス＆ビーンズ、コールスロー、スイートロールを買って、両親を訪ねてきたのだった。みんなでお昼にそれをいただくことになり、アネットが料理をしなくてごめんなさいと言いつつ、コーヒーを入れてくれた。

お祈りのあと、いつもと変わらぬらしい家族の会話に、ダーウィンも加わった。「ぼくは一九六二年生まれです。ここで育ちましたが、物心ついたころから、ヌマスギは枯れていたし、川の水は、胸の悪くなるようないやなにおいがしていました。いまではどこへ行っても、においを嗅げば水と空気のよしあしがわかります。特別な本能みたいなもんです。このあたりの水は、表面は以前よりきれいになりましたが、誰も川底の泥をかきまぜてみたいとは思わないでしょう。最近は、夜、東から吹いてくる風に、焦げくさいにおいがまじるようになってます。必ず夜なんですよ」

「それに、もう何年も前から、ここらのバイユーではウシガエルの鳴く声が聞こえなくなっている」と、ハロルドが言い添える。「三年ほど前に、排水溝の中から聞こえてきたことがあったが、そう長くは続かなかった。誰かが捕まえたのか、死んでしまったのかは、わからないがね」ハロルドは、魚の大量死が起きた時期に、魚が「息をしようとして」水面や川岸で激しく跳ねまわっていたようすについて詳しく話してくれた。

それから、カメに話題を移した。わたしは徐々に、恐ろしい目録が存在することを理解しはじめた。「そのうち、われわれはカメの目が白くなってることに気づいた。丸太の上でじっとしていて、獲物に飛びかかるってことをしないんだ。目が見えなくなって、とうとう飢え死にしてしまったよ」ハロルドとアネットはいろいろな海の生物のことを、愛情を込め、凛とした冷静な口調で、一匹一匹を安らかに眠らせてやろうとでもするように語っていった。

「おやじは、自分の飼っていた雌牛たちがひっくり返っているのを見つけた」ハロルドは続ける。「川の水を飲んだのさ。鶏もな。翼をだらっと下げて、ぐるぐる歩きまわったかと思うと、倒れて死んでしまった。ヤギもヒツジも群れごと全滅した」ハロルドはバリトンの声で陰気に笑った。もうお手上げだよとでも言いたげに。

わたしはスローモーションで犯罪がおこなわれている現場に来合わせたような気がしていた。リー・シャーマンのタール・バギーは、そのほんの一部にすぎない。ほかの企業や州政府もだ。ハロルドは一瞬、憤りをあらわにしてから、先を続けた。「わたしの甥は豚を育てていた。豚っていうのは、ほとんど何にでも耐えられる生き物だ。川の水が汚染してたんで、甥は豚の餌にする捨て汁に火を通さなくてはならなかった。だが豚たちは囲いから抜け出してバイユーの水を飲みにいった。そして死んでしまったんだよ。すると保健局は、豚が汚染した川に行かないよう防がなかったとして、甥を処罰したんだ。けれども汚染した川の水については、何もしなかった」

わたしは、ハロルドとアネットとダーウィンの話の中に、あきらめと、無言の問いかけを感じとった。三人は話をしながら、窓のほうに目をやって、その向こうのバイユーを見たり、うつむいて皿に視線を落としたりしていたが、時折、わたしの顔を見て、自分たちの言葉がどう受け止められたか、確かめようともしていた。反応を強要してくることはなく、ただ首を横に振っていた。「こんなことがあってはいけなかったんだ」とでもいうように。彼らは何年ものあいだ、訴訟が起こされるという知らせを待っていた。待ちくたびれて、怒る気力さえ失せてしまったのだ。

だがまだ話は終わっていないという。彼らが失ったのは家畜や魚だけではなかったのだ。わたしは身構えた。

ハロルドは椅子の中で身じろぎをし、軽く咳払いをしてから、先を続けた。「最初は、義兄弟のJ・Dだった。脳に腫瘍ができて、四七歳で亡くなった。次は姉妹のひとりで、隣に住んでいたリリー・メイがやられた。乳がんにかかって、それが骨に転移したんだ。そして、おふくろが肺がんと膀胱がんで死んだ。それから、バイユーの岸辺で暮らしてた家族が次々に倒れていった。エドワード・メイとランバートもがんにかかった。ここから三キロほど離れたところに住んでいたジュリアとウェンデルもな。ヒューストンリバーへ引っ越した姉妹のひとりも、いまがんと闘っている。もうひとりの義兄弟も前立腺がんで、すでに骨に転移している(じつはハロルドもアネットもがんを克服していた)。

がんにかからなかったのは、おやじだけだ。工場で働いたことがなかったんだ。そのほかの者はみんな──一六ヘクタールの土地に暮らしていた子供たちとその夫や妻は──がんにかかったんだ」

ハロルドの身内で、彼ら夫婦以外にがんにかかった者は全員、死亡していた。前の世代の肉親は誰も──ハロルドの祖父の世代も──がんにかかったり、それで亡くなったりしていない。一族が揃ってペンテコステ派教会の信徒だったので、喫煙や飲酒の習慣を持つ者はひとりもいなかった。

わたしは言葉に詰まり、鈍感にも、こんな質問をした。「それで、水はきれいになったんですか」

「とんでもない」ダーウィンが答えた。「豪雨が降ると、バイユーの水位が上昇して、工場の汚染物質がまじり込むので、ひどいにおいがしてきます。このごろ、きれいにするって話が出てますが、どうやったらそんなことができるのか、わかりませんね(3)」

三人は、魚の安全性をどのようにして見きわめればよいかという話をしはじめた。すると、それぞれにまったく異なる哲学が浮かび上がってきた。ハロルドは、バイユーディンドで獲れた魚は――そのこと自体が危険だと思うので――絶対に食べない。「テレビでは、さほど危険ではないように見せかけようとしている」と、彼は警告した。「BP(ブリティッシュ・ペトロリウム)社の原油流出事故があったときには、テレビ番組で、エビを食べてもだいじょうぶだと言っていた。だが、それを誰かが確認しているのだろうか。わたしはそうは思わない。だから絶対に食べないんだ」

するとダーウィンが両親を驚かせるようなことを言った。彼は、魚の外見とにおいと消化のよさで、安全性を判断しているというのだ。「ぼくは、エビのにおいや味や、食べたあとの胃の具合などは気にならない」すると、ハロルドが忠告した。「それでも安全とは言い切れないぞ。わたしは、以前は魚ばかり食べていたが、いまでは、ほんのときたま食べるだけだ。それでも、バイユーで獲れたものは絶対に食べない。釣りは楽しむが、釣り上げた魚はすぐに逃がすことにしている」

「ぼくはときどき、レッドフィッシュを釣って、自分で料理するんです」ダーウィンは続ける。「だって、あの魚ははるばるメキシコ湾からここまで川をさかのぼってくるんですからね。いまこのあたりの川にいるからって、ここで孵化して育ったとはかぎりません。レッドフィッシュはガーなんかとはちがって、ずっと同じ場所にはいないんです。だからぼくは少し前にこう思ったんです。まあ、ぼくはいいかなって。それでレッドフィッシュを釣ってきれいに洗いました。料理をする前ににおいを嗅いで、ふつうの魚とはちがう妙な悪臭がしないか、確認してみました。別に変わったところはないと思えたんです。ずっと川下の湾岸近くで獲れるガーと比べたわけじゃありませんけど。ぼくは焚き火台《ファイアピット》でレッドフィッシュを網焼きにして食べてみました。少しでもおかしな味がしたらやめようと思って確かめましたが、「うん、こいつはいける」と思ったんです。だから食べましたよ」

アネットは愛情のこもった心配そうな目で息子を見ている。ダーウィンが判断基準にしていたのは、魚の繁殖習性だった。それでいけば、レッドフィッシュは適格で、ガーは不適格になる。ハロルドはアネットと同じ考えで、「バイユーで獲れた魚に安全なものはない」と言う。しかし、もし自分が食べるとしたら、安全な部分だけを食べると言い添えた。「野生生物漁業局の人に、検査では、魚のどの部分の身を調べるのか、きいてみたんだ。すると、「脂肪組織と、黒っぽい血合いの部分を取ります。そこに化学物質が蓄えられてるんですよ」と教えてくれた。だから「話を聞かせてもらってよかったです。その魚を食べるときは、腹の身と黒っぽいところは食べないことにしますよ」と言ったんだ」

紙ナプキンの地図

アレノ夫妻に会う前に、ふたりの長年の友人である海洋生物学者のマイク・トリティコが、わたしのために紙ナプキンに地図を描いてくれていた。中心に、バイユーディンドのアレノ家を表す点が一個描いてある。その二キロメートル半ほど東に、リー・シャーマンとハロルド・アレノが勤務していたピッツバーグ板ガラス(PPG)社があった。わたしはのちに、ハロルドとマイクといっしょに、船でチャールズ湖が川へ注ぎ込む水域をまわり、リーがひそかに有毒廃棄物を捨てた公共水域まで行ってみた。川岸には、箒のような形をした背の高い灰緑色のコードグラスが密生していた。なんの変哲もないその景観が、リーの忌まわしい秘密を隠していた。

PPG社は有機塩素化合物の製造施設で、いまはアクシオール社という別の企業のものとなっている〔この会社自体も二〇一六年にウエストレイク・ケミカル社に買収された〕[4]。アレノ家の六キロメートルばかり東には、コノコドックと呼ばれる、石油大手コノコ社の埠頭があった。一九九四年に、ジクロロエタン（EDC）一五〇〇万トンが漏出するという、北米で最大級の化学物質漏出事故が発生した現場だ[5]。アレノ家から北へ六キロメートルほど行ったところには、エンタジー社〔大手電力会社〕が運営するネルソン石炭火力発電所がある。三キロメートル北には、黒人の集落、ウィロースプリングスがあった。そこは、一九八二年、危険廃棄物処理を手がけるブラウニング＝フェリス・インターナショナル社がゴミ集積場に廃棄物を捨て、一般住民に健康被害を与えた場所だ。同じく北のほうには、南アフリカに本拠を置くエネルギー化学企業のサソール社があり、米国初のGTL〔天然ガスを液体燃料化する技術〕工場の建設と、米国内で最大規模の産業施設の拡大を進めている[6]。そこから五〇〇キロメートル南東のメキシコ湾では、二〇一〇年に海底油田掘削施設、ディープウォーター・ホライズンが爆発し、史上最悪の原油流出事故が起きた〔前述のBP社によるもの〕。わたしは気がついた。バイユーディンドはまさに石油化学帝国の――そして大きなパラドックスの――中心地なのだ、と[7]。

水銀、重金属、ジクロロエタン、塩素化ダイオキシンなど、バイユーを汚染した物質の大半は川底に沈んだ。だから当初は、おもにそこに危険が存在した。ハロルドによれば、米国陸軍工兵隊が近くの船舶運河を二度浚渫《しゅんせつ》して、商船が航行しやすいようにした際に、「川底から毒性物質のまじったヘドロをすくい上げて、左右の岸になすりつけた」という。しかも「どこにそれを塗りつけたか、目印もつけなかった」らしい。だからいまアレノ夫妻は、川岸にも不安を感じている。それが連邦政府の、米国陸軍工兵隊の決定だったのだ。

汚染の規制強化については、どう思いますかと、わたしは尋ねた。アレノ夫妻は、環境浄化を推し進める候補者に投票したのか、それともリー・シャーマンのように、投票しなかったのだろうか。

「規制を強化できればいいと思う」と、ハロルドは答えた。そのそばからアネットが「わたしたちは企業に反対しているわけではないのよ」ときっぱり言った。「工場が次々にできたときにはうれしかったわ。働き口が増えたんだもの。でもこの何十年かのあいだに、企業はバイユーを浄化する対策をいっさいしてこなかったし、わたしたちが引っ越せるような補償もしてくれなかった」

ほかの友人や家族と同様、アレノ夫妻も共和党支持者で、二〇一二年の大統領選ではミット・ロムニーに投票した。「むろん、彼は実業界の大物だよ」と、ハロルドは説明した。「もしロムニーがここに来たら、この近辺の企業のCEOを表敬訪問してまわることだろう。環境浄化なんかしないさ」

だがそう語るハロルドとアネットの表情は穏やかで、声も淡々としている。わたしは、彼らが多かれ少なかれ、関心を持つことを放棄してしまった領域に、自分が踏み込もうとしていることを感じた。「わたしたちは、聖書をちゃんと尊重する候補者に投票するんだ」ハロルドは付け加えた。「わたしたちは、清く正しく生きる人間になろうとしている。だから指導者にもそういう生き方をしてほしい。それがあるべき道だと信じていてほしいとも思っている」二〇一二年の大統領選でロムニーに投票すると決める前は、元ペンシルベニア州選出上院議員のリック・サントラムに好感を持っていた。アレノ夫妻は「強欲な企業」が寄ってたかって弱者を踏みつけにしていると批判する。アネットは、「石油会社が電気自動車の開発を妨害したのよ」と指摘した。ハロルドも同意し、「共和党は大企業の味方なんだ。この土地で起きている問題を解決して、わたしたちを助けてやろうなんて気持ちはみじんもない」と言った。

しかし共和党員は神と家族をたいせつに考える。アネットは、「わたしたちはそこが気に入っているのよ」と言う。「聖書にも書いてあるわ。イエスさまはわたしたちが〝主の仕事〟を重んじることを望んでおられるって」ふたりは信仰に導かれ、家族や友や隣人、カエル、カメ、たいせつな木を失った悲しみを乗り越えてきたのだ。苦難に立ち向かう勇気を神が与えてくださったと感じ、神に感謝していた。「神を知らずに、生きていける人がいるとは思えない」と、アネットは付け加える。ふたりの場合は、政治が独自に重要な役目を果たせたかもしれない文化的空間に、信仰が入ってきたのだ。政治は助けてくれなかったが、聖書は確かに救いを与えてくれた。ふたりはそう感じていたのだった。

ルイジアナの州知事選挙では、アレノ夫妻は信仰と家族の価値を根拠に[8]、二度にわたってボビー・ジンダルに投票した。しかしジンダルには環境を浄化するつもりなど、さらさらなかったのだ。彼は保守系シンクタンクのヘリテージ財団に向けたコメントの中で、排ガス規制や環境保護は、オバマ大統領が「わが国の経済を過激な思想にゆだねる」ためにひねり出した政策だと非難した。二〇一四年には、ルイジアナでの投資を刺激するために、産業界に一六億ドルを――州民ひとりあたり三九四ドルを――与え、同じ額の州予算を削減し、公共セクターの職員三万人を一時解雇《レイオフ》処分にした。その中には、看護師、看護助手、医療技術者、公立学校の教師[9]、安全検査官などもふくまれる。

右派の人々を強く動かす関心事は、税金、信仰、名誉の三つであるらしい。リー・シャーマンは減税を望んでいた。アレノ夫妻はキリスト教の信仰を守ってもらいたがっている。これらの根本的な動機に、個人的な希望がある程度加わるのだ。公共水域を汚染した罪を負い、不実な税務職員にだまされたリーは、名誉の回復を望んでいた。徴税事務所は堕落していて、税金自体が不実につながっていると、彼は思っている。どこでなんのために使われているのか、わからないからだという。アレノ夫妻もリーと同じことに関心を寄せていたが、もうひとつ、個人的な願いを持っていた。苦難が長引き、それを乗り越えるなかで神と教会の重要性を痛感したふたりは、精神的に正しく導かれた手に自分をゆだねたいと思うようになっていた。リーにとってもアレノ夫妻にとっても、政治に関して問題となるのは、信頼だった。すぐそばにいる人でも容易には信頼できないのに、遠くにいる人をそう簡単に信頼できるわけがない。地域に根をおろして暮らす人々にとって、ワシントンDCは想像もつかないほど遠いのだ。わたしが話をすることになっていた人々と同様、三人とも、自分は恐るべき喪失を経験した犠牲者だと感じていた。文化のふるさとと、この世界での居場所と、名誉を失った――あるいは盗まれた？――のだから。

彼らが最も信頼していた政治家は、環境浄化に向けた支援策を何も示さなかった。示した候補者はいたが、その人物が何者なのか、何を推し進めようとしているのか、さっぱりわからなかった。そこにジレンマがあった。リーもアレノ夫妻も、共和党のデイヴィッド・ヴィッター候補に投票した。ヴィッターは上院議員で、二〇一一年には、議会で環境保護庁廃止案に賛成票を投じている。海と沿岸地域と五大湖の生態系を守ることを目的とした国立海洋保全基金の設立にも反対した。環境保護庁がホルムアルデヒドと発がんとの因果関係に関わる報告書を出したときには、激しく反発してみせ、〝自然保護のための有権者行動連盟〟の議員採点表で零点をつけられた[10]。

気候変動の影響により、ルイジアナ州の海岸地域は危機に瀕しているが、彼らが投票した候補は誰ひとりとしてそれを現実のものとは認識していなかった。共和党のジンダル州知事は、気候変動は「トロイの木馬」であり、そんなものを受け入れれば、中から新たに続々と政府の取締官が出てくることになると決めつけた。リー・シャーマンは気候変動などという考えは、「とほうもないでっちあげ」だと思っている。それは大きな政府が考えそうなことだ。リベラル派は不安になるだろうが、保守派は動揺したり、虚勢を張って平静を装ったりはしない。しかしハロルドとアネットとマイク・トリティコは、時折、アレノ家の居間で聖書の上にかがみ込み、ヨハネの黙示録の第一一章第一八節を読み返す。そこには、地を滅ぼす者は神に滅ぼされるであろうと書かれている。マルコによる福音書第一三章第一九節にも、「それらの日には、神が天地を造られた創造の初めから今までなく、今後も決してないほどの苦難が来る」と記されている。彼らはこうした言葉を通じて気候変動問題に信仰の光をあてた。海洋生物学者として研鑽を積んできたマイクが科学的な知識を提供し、三人でこの問題について考えた。その結果、確かに気候変動は、近い未来にさまざまな影響が出るはずの人災であり、強力な対策が必要だという結論に達した。彼らを取り巻く空気の中で、それを認めるのは勇気のいることだった。しかしこのような懸念と同時に、疑問も生まれた。いったい、どうすれば修復できるのだろうか……。これについては、政治よりも聖書のほうがより明確な答えを与えてくれたのだった。

忘れない人々

「みんな、このあたりには〝釣り遊泳を禁ず〟っていう看板すら立ててほしくないんです」ダーウィンは言う。「少し前に看板が立ったんですが、誰かが引き倒してしまいました。誰がやったかって？さあね。でも、たぶんやった者は、このあたりが汚染されているってことを知られたくなかったんでしょう。あるいは、もう知られてしまったとしたら、忘れてほしかったんですよ。テレビでは、シェル・

オイル社のCMが流れてます。音楽がかかって、緑の湿地の上をきれいなシラサギが飛んでいく映像がね。シェル・オイル社は何を忘れさせようとしているんだろうって、思ってしまいます」テーブルには、コーヒーとデザートが出されていた。ダーウィンの言葉に、両親がうなずいた。

アレノ家の人々は、ただ、バイユーディンドの水が澄んでいた古きよき時代をなつかしんでいたわけではない。産業界と州政府の重度の健忘症にさからうようなことを覚えていた。こうした大きな規模の組織ぐるみの記憶喪失が、個人の哀悼の形を変えてしまったのだ。それだけではなく、アレノ家の人々のアイデンティティそのものを変えたのだった。彼らはバイユーディンドを離れなかった。この地に残った。離れたくなかったし、たとえ引っ越したくても、そんな経済的余裕はなかった。汚染を招いた企業からは、転居費用に充てられるような賠償金はいっさい支払われなかった。しかも自宅の価値が下がってしまった。こんなにきれいに手入れしてきた家なのに、もはや誰もバイユーディンド・パス・ロードに暮らしたがらなくなってしまったからだ。アレノ一家は自宅にいながら、移住者になった。彼らは踏みとどまったが、環境のほうが去っていったからだ。

ノスタルジア〔望郷、郷愁〕という言葉は、〝家に帰る〟という意味のギリシア語、ノストス(nostos)と、〝憧れ〟を意味するアルジア(algia)を語源とする。一七世紀のヨーロッパの医師は、ノスタルジアはインフルエンザのような病気だと考えていた。遠い故郷から移り住んだ家事使用人、兵士、求職者などがかかる場合が多く、治療にはアヘンやヒルが使われた。裕福な患者なら、スイス・アルプスへの転地療法を勧められた[11]。どの時代にも、この心情は広く認知されていた。ポルトガル語では、サウダージ(saudade)と呼ばれ、ロシア語ではトスカ(toska)、チェコ語ではリートスト(litost)と名付けられている。ルーマニア語ではドル(dor)、ドイツ語ではハイムヴェー(heimweh)、ウェールズ語では、ヒライス

(hiraeth)、スペイン語では、マル・デ・コラソン（mal de corazon）という。この心の病の患者の多くは、愛する故郷を――いまも存在するその場所を――離れざるをえなかった人々だ。しかしハロルドとアネットは、環境がなくなってしまった故郷で暮らしているのだった。

わたしはほかにも、〝忘れない〟人々に出会った。ある男性は、そびえ立つヌマスギの森を覚えている。これらの木々は一九二〇年代に皆伐されたが、現在は〔伐採を免れた十数本が〕州内のアチャファラヤ国家遺産地域で、米国森林局の銘板を幹に付けて記念されている。この由緒ある樹木を「ルイジアナ・パーチェスツリー」と呼ぶという名案を考えついたのは、連邦職員の誰かだろう。一八〇三年に米国がフランスからルイジアナを買収《パーチェス》した当時に生きていた木という意味だ。一八一二年にルイジアナ州が成立したときに生きていた木にも名前が付けられている〔州成立二〇〇周年の二〇一二年に〝バイセンテニアルツリー〟と命名された〕。州を愛した人はこれらの木を愛することができた。それは州の祖先だった。

リバーキーパーという名の非営利環境保護団体のメンバー、ポール・リンゴは、そんなアイデアに頼らなくても、記憶を新たにし続けることはできるという。彼はサビーン川のほとりに小屋を建てて、電気もガスも使わず自給自足の生活を送っている。この川の水は、上流の製紙工場によって汚染されていた。ポールは毎晩、サビーン川のごぼごぼと泡立つ音、ゴーッと流れる音を聞いている。彼は汚染源を突き止め、川に祈りを捧げる〝祈りの戦士《プレイヤーウォリア》〔他者のために祈ることで、サタンに霊的な闘いを挑む人々〕〟というグループの案内役を務めてきた。ほんとうは、ポール自身がそのような戦士なのだ。彼はかつてこの川の流域に暮らしていたアタカパ族先住民の記憶を尊重し、州との交渉で落胆を味わってきたその末裔たちに支援の手をさしのべている。「サビーン川は住民みんなの川です」わたしがポールを訪ねたとき、彼はそう言った。「でも、その川の水が飲めない、川で泳げない、釣りもできない、わが子の洗礼もできないとなれば、それはもう自分たちの川ではありません。製紙工場の川ですよ」アレノ家の人々と同様、ポール・リンゴもまた、〝忘れない〟人なのだ。

しかしこのような考え方は、ふたつの理由から、町の人々とはあまり広く共有されていない。ひとつは、新しいビジネスが町へやってくるとなると、新たな雇用、新たな収入、新たな製品を過剰なまでに歓迎し、賞揚する空気が支配的になることだ。〝経済成長〟への期待がささやかれだすと、ノスタルジアは邪魔になってくる。「経済成長が見込めるとは思わないのかい？」と誰もがきくようになる。それに、環境保護は、大きな政府を志向する左寄りの人々や、何もしない地元の高官たちに任せておけばよい、と住民たちは感じている。[12]

ノスタルジアにいたる道の一本が閉ざされてしまったので、州観光局は、レイクチャールズ市を中心に開催される七五の年中行事――祭りや見本市などの特別なイベント――をしきりにＰＲして、別の道を開こうとしている。ニューオーリンズに次いで二番目の規模で催される盛大な祝祭、マルディグラ、ケイジャン＝ザイディコ音楽祭のほか、レイクチャールズ・コントラバンド・デイズ――伝説の海賊を記念する二週間の祭り――が有名だ〔一九世紀にニューオーリンズを拠点にメキシコ湾で活動したフランス人の海賊ジャン・ラフィットが強奪品をレイクチャールズ付近に埋めたと伝えられる〕。少し東のブローブリッジ市にはザリガニ祭、レイン市にはカエル祭があり、アビヴィル市では巨大オムレツ大会が開かれる。こうして楽しい思い出を作ろうとしているのだ。[13]

石油化学工場で働く人々の多くは共和党保守派を支持していて、熱心なハンターであり釣り師だった。そして、自分たちはたいへんなジレンマに陥っていると感じていた。彼らは故郷のすばらしい大自然を愛していた。子供のころの思い出もある。スポーツマンとして、ルイジアナの自然をよく知っていたし、敬意も寄せていた。しかし彼らは、まさにその自然を——しばしば法的に——汚染する産業で働いていたのだ。養うべき子供もいるし、環境保護運動や自分たちを窮地に追い込みかねない連邦政府の措置を支持することには慎重だった。町では、いたるところで、環境と仕事のどちらを取るかということが話題になっていた。ＦＯＸニュースや地元の新聞、友人との会話では、そのくり返しだ。カエルの声やきれいな川をあまりになつかしむのは考えものだ。ノスタルジアに傾きすぎるのはよくない、と。町の人々は基本的には、環境にこだわりすぎるべきではない、環境が汚染される前をなつかしみすぎてはいけない、懐古趣味に浸るべきではない、と思っている。ここの住民はそんなふうに「感じるべき」ではない、と。なぜなら、フラッキングブームが到来したからだ。破砕した岩盤から天然ガスを採取して処理する技術を持った多くの新しい産業が、これから続々とレイクチャールズにやってくるはずだったからだ。

そこで、皮肉にも、奇妙にも、そして体裁の悪いことに、南部の誇るべき自然環境の記憶の一部は、連邦政府の折り目正しい職員や、北部の環境保護活動家の手にゆだねられることになった。米国森林局は、銘板を掲示することで、住民たちに彼らの古木の歴史を思い起こさせようとしていた。ニューヨークに本拠を置くウォーターキーパー連盟——ワシントンＤＣ生まれの環境保護活動家、ロバート・Ｆ・ケネディ・ジュニアによって〔一九九九年に〕創設された組織——は、地元住民に、市民が監視を怠ると、何が失われるかを説いた。大きな喪失を味わったマイク・シャフと同様、アレノ夫妻も、自分たちの困難な闘いの同志として、こうした北部の環境保護活動家を当然のように歓迎した。

アレノ夫妻は、奇妙な「構造的忘却〔structural amnesia〕」に直面していた。これは、イギリスの社会人類学者、Ｅ・Ｅ・エヴァンズ＝プリチャードが、まったく異なるものを研究していたときに気づいた現象につけた名前だ。(14) エヴァンズ＝プリチャードは、スーダンのヌアー族という牧畜民族を研究していた。ヌアー族の人々は、あることについては驚くほどよく記憶しているのに、あることについては、すっかり忘れていた。たとえば、男女ともに、男性の祖先については、一一代前までさかのぼって、その名をそらんじることができたが、女性の祖先については、ほとんど覚えていなかった。エヴァンズ＝プリチャードは、彼らが何を記憶し、何を忘れるかには、社会の成り立ちが関係していることに気づいた。その規則性を生み出しているのは、ヌアー族における支配的な制度――血縁システム――だ。そのシステムで支配的立場にあったのは男性だった。エヴァンズ＝プリチャードはこのことから、記憶は、権力による間接的な発言であるとの結論を下した。

アレノ夫妻が直面していた構造的忘却はこれとは異なるものに関わっていて、異なる権力者に関連していた――ルイジアナ化学協会、プラスチック工業協会、ビニル協会、シェル・オイル社、PPGインダストリーズ社〔PPG社の後身〕、それに政府のリーダーたちだ。これらの権力者のスポークスマンは、大衆の想像力を、心躍る経済の未来へと引きつけた。アレノ夫妻は、自分たちの静かなバイユーと、埋葬された親族、枯れた木々が忘れられたように感じていた。ヌアー族の女性たちのように。

弱いものいじめ

ハロルドは、エヴァンズ＝プリチャードの考え方に、重要な観点を付け加えた。「州はいつだって弱者に厳しい」と、彼は指摘する。「このバイユーがいい例だ。一般人のモーターボートが少しでもガソリン漏れを起こしたら、すぐに罰せられる。だが企業が何トンもの石油を流出させて川の生き物を皆殺しにしてしまった場合はどうだ？　州は見て見ぬふりをするだろう。階層のトップを取り締まるのはむずかしいから、いちばん下にいる者を過剰に取り締まるんだよ」権力構造は、集団の記憶を左右するだけではない。ルールの適用にまで影響をおよぼすのだ。階層の上へ行くほど、処罰を免れる確率が高くなり、下へ行くほど低くなる。環境規制はそのようにできているらしい。

もしパワーエリートが環境汚染のことを忘れたいと思い、住民たちのコミュニティに構造的忘却を強いたとすれば、元の状態を記憶しておくには、全能の知性が必要になる。アレノ夫妻は、それは神にしかできないことだと感じた。神は過去を記憶しておられる。神は何が失われたかをご存じだ。もし連邦政府が、多様な文化をかかえるアメリカに忠誠を誓い、キリスト教会の地位を貶めたそのようなアメリカを第一に考えるのなら、政府はまさに教会の行く手を遮り、神を軽んじようとしていることになる。人々が苦しい試練を切り抜けてこられたのは、その神のお導きがあったからこそなのに。

お昼を買って両親を訪ねてきたダーウィンは、後片付けをして帰ろうとしていた。彼にとってバイユーディンドの解決策は、権力や政治や科学をはるかに超えた向こうにあった。両親と同様、携挙《けいきょ》〔キリストが地上に再臨し、信者を天国に運び去ること〕の到来を信じていて、「終末のとき」のことを話した。黙示録の言葉を引用し、「大地がすさまじい熱に焼かれるんですよ」と説明する。火には浄化する力がある。だから千年後に、地球は浄化される。それまではサタンが暴れまわるのだそうだ。エデンの園には、「環境を傷つけるものは何もありません。神がご自分の手で修復なさるまでは、神が最初に創造なさったとおりのバイユーを見ることはできないでしょう。でもその日はもうすぐやってきます。だから人がどんなに破壊しようとかまわないんですよ」

ハロルドとアネットも、その歓喜のときを心待ちにしているが、ふたりはその前に人の手で修復されることを願っている。すでに十分長いあいだ待ったし、政治にはほぼ絶望している。産業界と「連携して」環境汚染を研究する委員会も設立されて、この数十年のあいだに、時折、会合を開いてきた。[15] レイクチャールズに新たに引っ越してくる人は、この環境汚染の歴史を知ったうえで転入してくる。州の観光局は、そうした記憶を呼びさますことには関心がない。損害の記憶とともに、ハロルドとアネットが何年ものあいだ、信じがたいほどの忍耐を求められてきたことに対する敬意もどこかに葬り去られてしまった。しかし少なくとも神だけは、彼らがどんなことに耐えたか、そのためにどれほどの勇気が必要であったかを覚えていてくれるのだという。

アレノ家を辞去する前に、わたしは彼らがバイユーディインドを汚染した企業を相手取って起こした訴訟のことをきいてみた。バイユー流域で暮らす住民と付近の会社の従業員、合わせて六三人の原告が、二二の企業を訴えたのだ。「われわれはまだ待っている」と、ハロルドは答えた。何をもってしても、彼らの愛するバイユーから樹木や鳥や魚が失われた償いにはならないが、アレノ夫妻は、裁判を起こすことにより、せめて転居費用が支払われることを強く望んでいる。この土地への愛着はあるが、水も土手も空気も信頼できない状況では、自宅にいながら、難民になったような気がするからだという。勝訴すれば、それは倫理的な勝利となり、事実として記憶されることになるだろう。わたしは、訴訟を手がけた法律事務所のある弁護士(弁護団長はすでに故人となった)に話を聞いた。すると彼はため息をつき、こういう場合、企業は常套手段に打って出るんですよと言った。州の各機関と手を組んで、できるだけ訴訟を長引かせ、賠償金が支払われる前に原告が死ぬのを待つ、というのだ。それでも、すでにかなりの時間が経っている。[16]

驚いたことに、この原告団には、わたしが会ったことのある人が加わっていた。リー・シャーマンだ。

バイユーディンドの汚染に関しては、リーとアレノ夫妻は異なる立場にあるが、おたがいに相手を犠牲者だと思っていた。そして仲のよい友人になった。二〇一二年には、三人とも、共和党大統領候補のミット・ロムニーが演説するようすを見ていた。ロムニーは、国が汚れた川をきれいにするよう働きかけてはくれないだろうが、人工妊娠中絶の権利に反対しているので、「すべての赤ちゃんを救う」ことには賛成しているわけだ——三人が最終的な判断を下すにあたっては、そのほうが重要な問題だと思えるようだった。

車へ向かうわたしを、ハロルドは歩いて送ってきた。わたしは運転席に乗り込むと、窓をあけてシートベルトを締めた。「われわれがこの地球で生きられる時間は限られている」と、彼は言い、窓のへりに寄りかかって、こう付け加えた。「だがもし魂の救いが得られれば、天国へ行ける。天国は永遠だ。そこへ行けばもう、環境のことを悩まなくてもよくなる。それがいちばんたいせつなことだ。わたしは長い目で見ようと思っている」

第4章　候補者たち

ルイジアナ州ラファイエット市に復元されたアケイディアン・ヴィレッジでは、大きなテントの下で、アコーディオンに導かれて、バイオリン、ギター、洗濯板が、軽快なテンポで魅力あふれるザイディコ＝ケイジャンのスワンプポップを奏でている。トレーナーにバーミューダショーツ、スニーカー姿の中年女性たちが、ピクニックテーブルについているパートナーをダンスフロアに引っ張り出す。カウボーイハットの男たちがツーステップを踊り、数人の十代の女の子たちがポニーテールを揺らして、母親や祖母といっしょに、十分に練習を積んだジルバを踊っている。背の高い白い帽子をかぶったふたりの料理人も少しのあいだ参加する。よちよち歩きの子供が、野外ステージに上げられ、わけがわからないままに、首からぶら下げた小さな洗濯板をスティックでこすりだすと、ピクニック客――大半が白人――から笑い声が上がった。ほかの場所でも、フェイスペインティングのコーナーや、風船売り、かき氷スタンドのあいだを、子供たちが駆けまわっていた。テントのわきの長いテーブルには、豚肉や豆、コメを使った料理の皿とガンボが並べられ、クラックリン〔豚の皮をカリカリに揚げたもの〕を盛りつけた大きな籠がテーブルからテーブルへとまわされていた。

うららかな土曜日だった。バイユーディンドから車で一時間、わたしは、共和党下院議員選挙で再選をめざすチャールズ・ボウスタニーの演説集会を兼ねた豚の丸焼きパーティーにやってきたのだった。二〇一二年のこの選挙戦では、同じ下院議員で、ティーパーティー議員連盟のメンバーであるジェフ・ランドリーと闘うことになり、接戦をくり広げていた。最近までは、ランドリーが第三区、ボウスタニーが第七区の代表議員だったが、二〇一〇年の国勢調査の結果、人口が減少していることが明らかになり――一議席あたりの人口はほぼ同数と決められているため――ルイジアナ州は議席をひとつ失った〔第七区が廃止されて第三区に統合された〕。ふたりの候補者は、同じ選挙区内でイベントを次々に開催しては、ヒットチャートの順位を争うように、ひとつの議席をめぐって闘っていたのだ。

パーティーが開かれた場所は、一九世紀中ごろのアカディア人移民――のちにケイジャンと呼ばれるようになった人々――の暮らしをいまに伝える、ルイジアナ南西部のテーマパークだ。この〝村〟の芝地には、土壁とトタン屋根を備えた簡素な木造家屋が復元されて建っている。池と堂々たるライブオークの巨木のまわりには、鍛冶店、紡織場、〝ラ・シャペル・デュ・ヌベル・エスポワ〔新しい希望のチャペル〕1850〟と書かれた木の看板を掲げる小さなカトリック教会がある。近くの草地には、錆びついて動かなくなった古い砕土機と犂が置かれ、木造の小屋には、ハロルド・アレノの父親がバイユーディンドの漁師のために造っていたような、長さ八メートルほどの丸木舟が一艘、格納されていた。

わたしはピクニックテーブルを前にして座っていた。ボウスタニーやランドリーなどの政治家は、マイク・トリティコが紙ナプキンの地図に描き入れたバイユーディンドのような土地をどう扱うのだろう。そもそも彼らは、何が起きたか覚えているのだろうか。リー・シャーマンやアレノ夫妻のような人々を助けてくれるのか。小さな政府を提唱するのなら、わたしをルイジアナに惹きつけた大きなパラドックスを作り出している問題に、どのような解決策を提案するのだろう。そしてわたしはまたもや自問した。

アメリカで最悪の健康問題をかかえた貧しい州が、なぜ予算の四四パーセントを給付している連邦政府に非難がましい視線を向けることができるのだろう。このように汚染された州がなぜ、環境汚染を招いた張本人を政府が規制すべきではないと批判できるのだろうか。選挙運動は、選挙区民の文化的生活にとってきわめて重要である。力を持った人々が、どのような問題なら聞く価値があると考えているかがわかるからだ。

わたしは、見えないものに気づくことにより、自分が見たい状況に深く切り込もうとしていた。それはネガを調べて、写真を理解しようとするのに似ていた。わたしは、人が覚えていることや関心を示すこと、言葉にしたことではなく、彼らが忘れたことや無視していること、口にしないことに焦点を置いた。わたしは自分が〝ディープストーリー〟と呼ぶ物語へと手を伸ばし、人の意識の中にしまい込まれたものに光をあてようとしていた。

わたしが沈黙に注目するようになったのは、勇気を出して共感の壁を乗り越えたからではない。わたしはまだ壁のずっとこちら側にいて、こうつぶやいていた。ルイジアナの環境がこんなに深刻なのだから、政治家たちには、解決策について話をしてほしい、と。もし話さないとすれば、それはなぜなのだろう、と。あたりまえのことが、謎めいて見えはじめていた。わたしが出会ったティーパーティーのメンバーの多くは、あたたかくて、知的で、心の広い人に見えた。アイン・ランドの小説に出てくるぞっとするような人々ではない。彼らはコミュニティや教会を持ち、自分の知っている人に対しては厚意を示す。リー・シャーマンやアレノ夫妻のように、環境について深い懸念をいだいている人も多い。しかしひとりひとりは、ほかにも、さらに重要な関心事をかかえている。わたしはそのことに気づきはじめていた。税金？　教会？　それもあるだろう。だがそれがすべてだろうか。ボウスタニー下院議員は、共和党主流派で、有権者に人気があり、誠実な人柄で知られている。本職は外科医だが、好人物で、石油産業を擁護する立場をとっていた。ワシントンから資金を引っ張ってくる力も持っていたが、「ワシントンのエリート」を批判もする。ワシントンが無関心すぎると文句も言えるが、ワシントンとのパイプ役を務めることもできた。パーティーの入場時に渡されたくじの当選賞品は、連邦政府を表すシンボルだった――議員夫人クラブのクックブック〔議員夫人によるオリジナルレシピの本。売上はクラブ運営費に充てられる〕に、ボウスタニー夫人手作りのクリスマス・オーナメントを小さな星条旗で包んだものが添えられていた（わたしは運よく当選した）。人々は、自分の災いをワシントンのせいにするが、政府との結びつきもたいせつに考えていた。二〇一一年のある世論調査(1)によれば、ティーパーティーに所属する共和党員のジェフ・ランドリーも、ルイジアナ州の有権者の半数近くの支持を集めていた。だからわたしは、ふたりの候補者のちがいがどんなふうに浮かび上がるのか、興味を持っていた。

しばらくすると、バンドが演奏をやめた。踊っていた人たちが席に戻った。眼鏡をかけ、髪が薄くなりかけたボウスタニー下院議員が演壇に上がり、口を開いた。「わたしたちは、何度となく、ともにハリケーンを乗り越えてきました。雇用に悪影響をおよぼす原油掘削の一時停止措置にも耐えました。財政・経済危機も乗り切りました」いまやルイジアナは「信頼の置ける保守のリーダー」を必要としているのだという。後日、ボウスタニーはラジオのインタビューで得々として、自分は石油・ガス会社に六〇〇億ドルの税金を課すことになる法案の可決を阻止し、ＢＰ社の原油流出事故のあとの原油掘削の一時停止に反対し、キーストーン・パイプライン〔カナダから米メキシコ湾岸の製油所に原油を送るシステム〕の建設に賛成票を投じたと述べていた(2)。

数日後、レイン市にある労働組合会館《ユニオンホール》でライス&ビーンズがふるまわれる夕食会に、もうひとりの候補者、ランドリー下院議員が姿を見せた。サトウキビ農場の労働者として働いたことがあり、警察官としての職歴も持つ。彼は語尾を引っ張る強いケイジャン訛りで、対立候補のボウスタニーと驚くほど似たような内容の演説をした。唯一ちがっていたのは、時折、「もしみんなにとってよくないことだったら、賛成はしません」[3]と付け加えていたことだ。

「高卒でも――わたしの知っているケースでは高校中退でも――石油・ガス会社で一所懸命に働けば、この国に暮らすたいていの人よりもたくさん金を稼ぐことができるんです」と、彼は言う。「わたしは、自分の生活に政府がくちばしを容れてくることにうんざりしてるんです……生活に困っていて、助けが必要なときでも、わたしは一度も政府に支援を求めませんでした。どこを頼ったと思いますか。わたしは教会にすがりました。自分のコミュニティを頼りました。何が言いたいかというと……この国に病院を建てたのは誰ですか。原点に戻って考えてみてください。ルルドの聖母〔一九世紀半ばにフランスのルルドの町に聖母マリアが現れ、泉の水で病を癒やしたと言われる〕ですよ。政府じゃない。そうでしょう? 中西部一帯にあるバプテスト教会の病院は? 東海岸のカトリック教会の病院はどうです? 政府が建てたんじゃありません。人々がたがいに助けあったんです。〔われわれの〕問題の解決策は、まさにここ、レインのような地域にあるのです」

しかし、年配の人が多い聴衆からは、どうすれば、よりよい連邦政府のサービスをもっと多く受けられるかという質問が出た。ある男性は「なぜ六五歳以上の社会保障給付金に、物価の上昇分が反映されていないんですか」と疑問を投げかけた〔ランドリーは、引退する時期を遅らせればいいと答えた〕。メディケア〔高齢者向け医療保険制度〕について質問した人もいた。ある年配の女性は、通院のつど、ハイヤー代が二八ドルもかかると訴え、「なぜ高齢者のための無料送迎サービスができないんでしょう」ときいた。

ランドリーはどの質問にも答えられなかった。

その後、ランドリーはクロウリー市の労働組合会館で開かれた交流会に出席し、さらに数日後、ニューアイビーリア市の船のパレードで演説をした。聴衆の中には、チリソースと辛子と砂糖の入ったデビル・ホットドッグと、フライドチキン、ダブルチョコレート・ウイスキーキャラメル・ブラウニーをほおばっている人もいた。「わたしたちは、この国を政府から取り戻さなければなりません。政府は憲法を無視し、われわれの保守的な価値観を軽んじて、酔っ払った船乗りのように、われわれの税金を無駄遣いしてきました。もちろん、そういう言い方は船員のみなさんに失礼ですが」ランドリーは、うなずく聴衆に向かってきっぱりと言ってのけた。

集まった人々の三分の一ほどが黒人だった。人種の入り交じった家族や友人たちでピクニックにやってきたグループもいたし、ふたりの白人係員によると、政治よりも食べ物と音楽が目的でやってきたと思われる人もいるらしい。ひとりの黒人女性がこっそり打ち明けてくれた。「あら、わたしはオバマ側に投票するわよ。ここには、ほんとうに貧しい人たちがいるんですもの。二一歳の息子は共和党候補に投票すると言ってるけど、本気なのか、ただわたしの血圧を上げようとして言ってるだけなのか、わからないわね」

どの演説会も、アメリカ合衆国への忠誠の誓いではじまり、ガンボ料理コンテストへの招待で終わる。わたしはどちらの候補者も、ある事実への言及を避けていることに気づき、またもや愕然とした。それは、ルイジアナ州が人間開発指数のランキングで、全五〇州中、四九位であること、アメリカで二番目に貧しい州であること、州の予算の四四パーセントを連邦政府が負担していることだ。ふたりとも、この大きなパラドックスには触れなかったのだ。

しかしその一方で、ふたりは揃って、この大きなパラドックスを生んだ文化については語り、賞賛する。「ワシントンのインサイダー」を軽蔑してみせておきながら、ルイジアナ州のためには、ワシントンからできるだけたくさんのお金をせしめようとする。ふたりの候補者は、どれだけ多くの政府機関を廃止できるかを競おうと――だが同時に競うまいとも――しているように見える。これまで、南部共和党のほかの著名な政治家たちがとってきた戦略とまったく変わらない。二〇一二年の大統領選では、テキサス州知事のリック・ペリーが連邦政府の三つの部局を廃止することを求めたが、よく知られているように、全国ネットで放映されたテレビ討論会では三つ目を取り下げた（その三つとは、商務省、教育省、エネルギー省である）（彼は二〇一八年八月現在、トランプ政権内でエネルギー省長官を務めている）。共和党のロン・ポールは、内国歳入庁と、大規模災害に対応する連邦緊急事態管理庁、それに保健福祉省の廃止を訴えた。前述したように、二〇一五年の州知事選に出馬したデイヴィッド・ヴィッター上院議員は、環境保護庁を廃止すべきだと主張していた。

わたしが鍵穴《キーホール》と考える問題には、次のようなストーリーがあった。ふたりの候補者が争っている第三区ラファイエット郡の議席は、アメリカで汚染が最も深刻な郡を代表する。この地域には、マイク・トリティコが紙ナプキンの地図に描き入れた企業と、半ば忘れられたバイユーディンドがふくまれる（二〇一五年、環境保護庁は郡内の主要河川のうち八本を「問題あり」とし、もう一本を「未調査」としてリストアップしている）[4]。また、環境保護庁によれば、二〇一五年、ラファイエット郡では一〇〇の施設が法に違反しており、八九カ所が「過去五年間に正式な強制措置」[5]を受けている。

わたしがインタビューした人の大半がボウスタニーに投票し、彼が当選を果たした。しかし選挙運動中、わたしはボウスタニーがウォール街への規制を撤廃させるよう尽力するという話はひとことも聞かなかった。規制が撤廃されれば、独占企業の力が強化され、ティーパーティーのメンバーに多い中小企業の経営者たちが傷つく結果となるのだ。[6] 連邦政府、州政府から石油企業に助成金が支払われている事実や、法人税が低く抑えられていること、ルイジアナ州の海岸の浸食や河川の水質汚染に原油がひと役買っていることについても、ふたりの候補者はいっさい言及しなかった。議会での彼らの投票記録が、それぞれの立場を明白に示している。ボウスタニーは、環境保護庁の予算削減案に賛成票を投じ、自動車の燃費基準の導入を阻止し、フラッキング規制措置を撤廃させ、水質浄化法の核心──国により設定された、各州が満たすべき水質基準の〝下限〟──を取り払う案を支持した。彼はまた、「健康的な空気」の定義を、人の健康ではなく、汚染企業の実行可能性とコストに基づいて見直す議案に賛成している。ランドリー下院議員も同じようにした。[7] 自然保護のための有権者行動連盟の議員採点表では、ボウスタニーもランドリーも一〇〇点満点で六点という生涯評価をつけられている。[8] 二〇一二年、ルイジアナは、水、空気、土の中に、州民ひとりあたりおよそ一四キログラムの有毒物質を排出した。米国全体では、国民ひとりあたりおよそ五キログラムだったのだが、どちらの候補者も、そうした事実にはひとことも触れなかった。[9]

この選挙戦では、泡沫候補にいたるまで、環境問題に口をつぐむ傾向が広まっていた。クロウリー市で開かれた〝投票所で会いましょう〟集会では、あるリバタリアン候補者が数百人の聴衆を前に、「政府を追い出して」ルイジアナが「稲田に大麻を植えられるようにする」と誓った。ある民主党候補は、「わたしは民主党や大統領の意見のすべてに賛成するわけではありません」とことわってから、自分は中絶の合法化にも銃規制にも、石油企業への規制強化にも反対だと宣言した。「ルイジアナの海岸を守る」ために出馬した候補者はたったひとりだけだったが、ひとつには、それが「州内のエネルギー産業を守る」ことにもなるからだと述べていた。

ランドリー候補がある労働組合会館で開いた演説会では、すでに退職した元工場労働者およそ三〇人が集まった。会食の時間には、みんなで木製のピクニックテーブルを囲み、紙皿に盛られたライス&ビーンズを食べていた。民主党のことが話題になると、苦い思い出が披露された。ある男性は、父親が亡くなるのを待ってからようやく共和党に投票したと告白した。すると、テーブルの周囲から、共感のこもった笑い声が上がった。別の男性が「うちの家族で、いまだに民主党を支持しているのは妻だけだが、彼女はランドリーに投票するらしい」と付け加えて、さらに笑いをとった。ルイジアナは、以前は保守民主党支持者《ブルードッグ》が多数を占める州だったが、一九七〇年以降は、一〇回の大統領選挙のうち、七回で共和党が勝利をおさめてきた。このような年齢の高い白人たちのあいだでは、右派への移行が今後も続くようだ。ある男性は、「おれたちの多くはうまくやってきたが、手に入れたものは失いたくない、それを誰かにただでくれてやるのはいやなんだ」と説明する。何を「ただでくれてやる」と思うのですかときいてみると、それは公害を垂れ流す企業に公共の水を奪われることや、煙突から吐き出される煙にきれいな空気を汚されることではないのだという。健康が損なわれることでも、何年分もの人生が台無しにされることでもない。公共セクターの仕事を失うことでもない。その男性は、働かない者――何ももらう資格のない者――にただで税金をくれてやるのはいやだと感じていたのだった。税金だけではなく、名誉もだ。その税金が国民に返還されるとしたら――三〇年の長きにわたる経済停滞のさなかに、〝昇給〟があるようなものだ。そうすればいいじゃないか。

マイク・シャフ、リー・シャーマン、アレノ夫妻と話をしたときと同じように、会話は、報われてしかるべき納税者と、報われるべきではない税金泥棒――ひとつ下の階層の人々――とのあいだの亀裂へと話題が移っていく。わたしはその後、この亀裂が感情の引火点であることに、何度も気づかされることになった。とりわけ、石油産業など、民間セクターの男性の多い職場で働く人々のあいだでは、その兆候が顕著だった。しかし、狩猟や釣りも男の趣味だし、近ごろでは、もし彼らが仕留めたカモがバイユーディンドの魚を食べていたら、狩猟の楽しみも半減するはずだろう。それでも、労働組合会館のテーブルを囲んでいた男たちは、動物と人間とでは、人間のほうがだいじだと断言する。「最近じゃ、アメリカの男も絶滅危惧種になってきたからな」と。

中将と心理操作と「仕事の話ばかり」

この選挙運動では終始、環境については沈黙が守られた形となったが、やがてそれが破られるときが来た。ルイジアナ州知事候補として有望視されている人物が口火を切ったのだ。わたしがバトンルージュのホテルにその人を訪ねていくと、陸軍の迷彩服を着た身長一九五センチほどの男性が朝食のテーブルから立ち上がって挨拶をした。会議室へ場所を移し、椅子に座ると、彼は三つの大きな星〔中将の階章〕がついたベレーを脱いでテーブルの上に置いた。ラッセル・オノレ中将は、多くの勲章を授与された米国陸軍の将官だ。二〇〇五年九月には、ハリケーン・カトリーナに襲われて混乱に陥ったニューオーリンズで、統合任務部隊〔緊急時に複数の軍にまたがって編成される特別な部隊〕と一〇〇〇〇人の州兵を率いて救援活動にあたり、取り残されて途方に暮れていた市民の救出に力を尽くした。このときには、連邦緊急事態管理庁のマイケル・ブラウン長官――ブッシュの選挙運動に献金したオクラホマ州出身の弁護士で、国際アラブ馬協会の審判・理事を務めた〔そして解雇された〕経歴を持つ――が、有名な失態を演じた〔対応が遅れて多くの犠牲者を出した〕ため、あとを引き受けたのだった。ラッセル・オノレ中将はハリケーンの等級にちなみ、〝カテゴリー5将軍〟と呼ばれるようになった。彼は、州兵たちがライフルの銃口を上に向けているのを見て、「われわれは救援活動に来てるんだぞ、ばか野郎」と怒鳴りつけ、つねに下に向けておくよう指示したという。救出された何千人もの被災者の敬愛を集め、オノレ中将は、州内で広く知られるレジェンドになった。

ニューオーリンズ市の南にあるポイント・クーピー郡で、一二人きょうだいの末っ子として生まれた中将は、黒人の血を引くクレオールだが、のしのしと大股で歩き、明確に主張を述べ、威厳を感じさせる低い声でしゃべることから、人々は親しみを込めて〝怒れるケイジャン〟と呼んでいる。ニューオーリンズ市長は〝ジョン・ウェインのような〟と形容した。しかしそんな呼び名では、とても言い表せないほどの人だった。鷲鼻で、白髪交じりの薄い口ひげをたくわえたオノレ中将は、その面長の顔に、同情、ユーモア、思いやり、憤りと、さまざまな表情をよぎらせた。彼は共感の壁を飛び越えられる人だったのだ。

「わたしは石油・ガス産業がルイジアナ州で金儲けをすることについては、異存はありません」中将は冷静に話しはじめた。「しかし石油会社は、汚染を招いたのだから後始末をするべきです。彼らは何もしていません。自分たちが壊したものは直さなければならないのに、それをしていない。しかもわれわれの耳に入ってくるのは、ほとんど彼らの声だけです」

わたしは尋ねた。「なぜ住民たちは政治家に環境を浄化するよう求めないのですか」中将は少しのあいだ黙っていてから答えた。「ルイジアナの人たちが耳にするのは、仕事の話ばかりです。それがすべてだと思ってしまうのには、それなりの理由があるんです。なんらかの心理操作に取り込まれているからですよ」

オノレ中将は、汚染された河川の浄化と、使われなくなった油井の清掃、封鎖を要求し、飛行機のコックピットに搭載されているようなモニターを工場内に設置して、災害を引き起こした原因がわかるようにすることを求めている。ここ数年は、彼が〝グリーンアーミー〟と名付けた組織――小規模の環境保護団体を統括する組織――のリーダーを務めている。「ハリケーン・カトリーナのあと、ヘリコプターでニューオーリンズへ向かう途中に窓から外を見てはじめて、われわれのかかえている問題の大きさに気づいたのです」と、中将は言う。「何キロにもわたって瓦礫が散らばっていました。パイロットにこう言ったのを覚えています。「嵐のせいでいろんなものが散らばったんだな」と。すると、「ちがいますよ。あれは使われなくなって放置された油井やぐらです。何年も前からあそこにあるんです」と答えが返ってきました」

一時間後、オノレ中将は、トラックでリバーロードを案内しましょうと申し出た。バトンルージュとニューオーリンズのあいだを、ミシシッピ川と並行して走る道路だ。その一帯はいまでは一般に、〝がん回廊《カンサーアレー》〟として知られている。「川が見えるでしょう?」中将が窓の外へ腕を伸ばして、ミシシッピ川を指し示した。わたしはマーク・トウェインの『ミシシッピの生活』(邦訳:吉田映子訳、彩流社)を思い出した。地図を眺めて、岸辺の町の名前に興味をそそられたものだった。コンヴェント、セントゲイブリエル、セントローズ、セントジェイムズ。米国の穀物の半分と、ほかの輸入品の五分の一が、ここから船でメキシコ湾へ、世界各地へ運ばれていくのだ。

「いまあなたが何を目にしておられるか、わかりますか」オノレ中将がきいた。わたしは理解しているつもりだった。「あれはミシシッピ川の水じゃありません。モンサント社の水です。エクソンモービル社やシェル・オイル社の水です。公共の水路だが、水は民間企業のものです。いまでは産業がミシシッピを専有しています。岸には公設の桟橋さえありません」

この大河はもうかなり以前から汚染されていたのだ。わたしはある人からこんな話を聞いた。「一九五〇年代のことだ。あるとき、一隻の蒸気船がニューオーリンズを出発した。外輪に赤い塗料を塗ったばかりだった。ところが船が上流のナチェズに着いたころには、その塗料がすっかり剝げ落ちていたんだ[10]」

マイク・シャフのトラックでサトウキビ農園を走ったときと同じように、わたしは、目に見えないものに気づきはじめた。シャフに案内してもらったときには、歴史だった。中将のトラックに乗せてもらっていたそのときには、環境汚染だった。実際、ルイジアナ州の環境汚染の大半は、肉眼ではまったく見えない。わたしたちは、がん回廊にある小さな町、ゴンザレスを通った。ルイジアナ観光局はここを、ジャンバラヤの本場として宣伝している。春のフェスティバルが盛んに催される町で、料理人たちは巨大な鍋で総量三〇〇キログラムを超えるコメを調理する。近くには、観光局のホームページが〝ハイキングや自然観察に最適〟と薦めるスポットがあり、その付近には〝釣り人の天国〟とやらもあるらしい。さらにこのサイトでは、〝ケイジャンが誇る湿地のツアー〟も提供している[11]。ゴンザレスは、年がら年中、町をあげて――地上で――パーティーをしているようだ。

しかしこのジャンバラヤの本場は、残念なことに、世界で環境が最も汚染された工業地帯[12]――ミシシッピ川の両岸に、およそ一三五キロメートルにわたって一五〇の施設が並ぶ地域――に位置している。どの工場の周囲にも金網フェンスがめぐらされ、なかには、入口の掲示で、事故のため数日のあいだ操業を停止しますと、臆面もなく堂々と告知しているところもあった。多くの工場は、棉花農園やサトウキビ農園の跡地に建てられている。リバーロード沿いのほかの町――プラークミン、セントゲイブリエル、ガイズマー、ドナルドソンヴィル――をかかえるふたつの郡は、環境保護庁によれば、二〇一三年の米国内の全郡を対象とした有毒物質排出量ランキングで、上位三パーセントに入っている。[13] ルイジアナは、州別有害廃棄物の排出量では第六位、他州からの有害廃棄物引き受け量では第三位にランクインした。「われわれはアーカンソー州から有害廃棄物を輸入しているのです」オノレ中将は信じられないというように、目を大きく見はってみせた。「理由は、向こうのほうがうちよりも規制が厳しいからですよ」州の全域で多くの注入井《ちゅうにゅうせい》が地中深く掘られて、そこに鋼管《ケーシング》が埋め込まれ、ポンプを使って有害廃棄物が〔地下の最終処分場へ〕送り込まれている。[14] それについては、たびたび、心配な調査結果が新聞等で取り上げられていた。[15]

「ルイジアナには石油がたくさん埋蔵されています」と、中将は続ける。「多くの人はそれを幸運なことだと思っています。うまくやれば、幸運な結果につながるかもしれません。しかし、うまくいっていないのです」企業は二二万カ所以上の油井を掘り、六〇〇カ所の油田を発見して、総計約一万三〇〇〇キロメートルにおよぶパイプラインと運河を州内に建設した。海底にも合計四万キロメートル以上もの海底パイプラインが敷設され、洋上の石油プラットフォームと、ルイジアナ、テキサス沿岸の製油所とを結んでいる。[16] しかし企業は州政府を抱き込んで、州民にその費用を支払わせている、と、中将は指摘する。

オノレ中将はサザン大学のキャンパスにトラックを乗り入れ、ミシシッピ川の堤防のわきに停めた。彼の母校で、元は黒人だけが通う大学だった〔一八八〇年創立〕。わたしたちはトラックを降りて、芝生を突っ切っていき、川を眺めた。中将が遠くに見える島を指さした。「島の突端が見えますか。

あれはフリー・ニガー岬と呼ばれているんです。川を泳いであそこにたどり着ければ、〝地下鉄道〔一九世紀に、黒人奴隷を南部の州から奴隷制度が廃止された北部の州へ逃亡させる手助けをした市民組織〕〟の支援を得ることができて、自由の身になれたからですよ。多くの者が泳ぎ切れずに溺れてしまいました。だがいまは、ここの水を飲んだら、徐々に具合が悪くなって死んでしまうでしょう。汚染物質のせいでね」

「事故が起きたことは悲しいけれど、停止措置には腹が立つ」

ボウスタニー下院議員、ランドリー下院議員の演説で聞けなかったことと、オノレ中将のトラックの窓からは見えなかったもののことを考え合わせると、ルイジアナ州の環境にまつわる問題が、なぜいとも簡単に忘れられたり無視されたりするのかがわかってきた。だがもし環境破壊が無視できないほど規模が大きく、何キロメートルにもわたって目につくようなものだったらどうだろう。長年続いていて、広く喧伝され、〝いまだかつてない〟と言える域に達していたら、どうなのだろうか。ティーパーティーの支持者たちはなんと言うだろう。

もちろん、そのような目につく事件は、二〇一〇年に起きている。ルイジアナ沖のメキシコ湾で、BP社の海底油田掘削施設、ディープウォーター・ホライズンが爆発したのだった。オバマ大統領はこれを「米国史上最悪の環境災害(17)」と呼んだ。この爆発により、作業員一一人が死亡し、一七人が負傷、水深一五〇〇メートルの海底でオイルパイプが破断して、そこからメキシコ湾に原油が噴き出し、三カ月にわたって流出し続けたのだ。一九八九年にエクソンモービル社のタンカー、バルディーズ号が爆発したときと同量の原油が三〜四日単位で流出するという状況が、八七日間も続いたのだった。

高度な訓練を受けたエンジニアたちも、なす術《すべ》がなかった。テレビでは、不安そうな顔をした専門家たちが次々と証言した。ルイジアナ州の全長六四〇キロメートルにおよぶ沿岸水域が、メキシコ湾全体に生息する魚類の九〇パーセント以上、商用種の九八パーセントのライフルサイクルにとって危機的な影響をおよぼしているという。[18] 眼球のないエビや子イルカが浜に打ち上げられ、推定一〇〇〇キロメートルにわたる海岸にオイルボールが漂着した。カニ籠は汚れ、エビの捕獲高が大幅に減った。原油はカキの養殖場にも入り込んだ。爆発後、鳥六〇〇〇羽、ウミガメ六〇〇匹、バンドウイルカ、クジラなどの海洋哺乳動物一〇〇頭以上の死骸が海岸に流れ着いた。[19] のちの調査で、BP社の流出原油にさらされた魚の――それもとくにマグロの――胚を調べた結果、体の形、心臓、眼球に変形が見られることがわかった。[20]

よくない知らせはさらに続いた。九万人の漁業関係者が生計の道を断たれた。〝機会の船〟という名の雇用プログラムが〔BP社によって〕用意され、流出した原油を処理する仕事が提供された。[21] 自分の持ち船を使うことが条件だったが、漁師たちの防護服では原油やコレキシットという分散剤の毒性から完全に身を守ることはできなかった。皮膚疾患、視力障害、呼吸困難を発症する者や頭痛を訴える者が出てきた。[22]

オバマ大統領は、新たな安全対策が決まるまで、深海掘削を六カ月間停止することを命じた。第二、第三の災害を防ぐためだという。この事故の原因については、誰も確かなところがわからなかった。当時BP社が講じた爆発防止策は、それまで水深一五〇〇メートルの深海では使われたことのないものだった。[23] 爆発地点を探索するロボットでさえ、過去に使用された例はなく、問題なく機能するかどうか、知る者はいなかった。ほかの三二基の石油プラットフォームでも、同じような技術を使って、こうした深海で掘削を続けていた。ＢＰ社自体は掘削禁止措置には異議を唱えなかった。全体的に見て、多くの人々には、賢明な対策に思えたのだ。

しかし数カ月後、ルイジアナ州立大学の研究者チームが、破壊的な被害に見舞われた沿岸部の住人およそ二〇〇〇人を対象にアンケート調査をし、「新たな安全基準を満たすまで、海洋掘削を停止するという措置に賛成ですか、反対ですか」と尋ねると、半数が反対だと答え、賛成すると回答した人は三分の一にとどまった。[24]「今回の原油流出事故をきっかけに、地球温暖化や野生生物保護など、ほかの環境問題に対する考え方が変わりましたか」という問いには、七割の人が「いいえ」と答えた。そのほかの人――興味深いことに、教育程度がいくらか低い女性たちだった――は「はい」と回答した。ボウスタニーやランドリーなど、わたしが話を聞いたルイジアナ内陸部の人たちも、オバマ大統領の掘削停止措置には断固として反対していた。

なぜなのか？　掘削停止で収入が得られないのは仕方がない。しかし連邦政府の「過剰な規制」にはがまんならないのだ。ある女性は、「会社は流出や事故を起こしても、なんの得にもならないでしょう。彼らは一所懸命やってるのよ」と言った。「だから原油を流出させてしまったら、会社としてはもう、あれ以上のことはできないの」と。別の女性は、わたしたちが日常使っている製品のほとんどが石油を原料としていることを指摘した。ある男性は、「過剰規制が流出事故を引き起こしたんだ。政府が監視なんかしていなければ、ＢＰ社はちゃんと自主的に規制をかけていたはずだ。流出事故なんか起きなかっただろうよ」とまで言い切った。

ある女性がひとことで締めくくった。「事故が起きたことは悲しいけど、掘削停止措置には腹が立つんです」と[25]。州知事と州選出の上院議員たちは、掘削停止措置の解除を求めた。オバマ大統領はこれに部分的に応じる形で、解除の時期を一カ月早めたが、わたしが話を聞いた人々からは評価されなかった。「ワシントンにいるオバマに何がわかる?」と、彼らは言っていた。その二年後、選挙演説に立ったふたりの下院議員は、この流出事故にはひとことも触れなかった。

わたしは思った。掘削禁止に反対したルイジアナ州沿岸地域の住民たちは、石油産業と民間セクターへの忠誠心を示そうとして、連邦政府に反対するという伝統的な行動パターンをとっているのではないか、と。しかし喪失や汚染に対して、彼らがいかに弱い立場にあるかを考えると、すでに知っているものへの不安や恐怖、怒りなどの激しい感情をなんとかして抑え込もうとしていたとも思えてくる[26]。彼らは自分にこう言い聞かせていたのかもしれない。「心配している余裕はない。あれこれ考えるのはとりあえずやめて、不安を抑え込み、自分がそうしていることを認めないようにしなければならない」と。

これを念頭に置いて、わたしは大きなパラドックスへと戻った。最初の印象では、ルイジアナはほかの赤い州と同様、きわめて多くの難題と闘っているように思えた。おそらく、極右派の裕福な人々の目には、貧困や、教育や医療のレベルの低さは、自分たちに直結していないので、たいした問題とは映らないのだろうと思っていた。環境汚染は富裕層をも直撃するが、彼らは強固な意志で耐え抜く決意を固めているように見えた。責任については、父さんがとんでもない失敗をやらかしたので、母さんのせいにしておこう、とでもいうような感じだった。これまでだって、何かうまくいかないことがあればいつも母さんが責めを負って、尻ぬぐいをし、それでも愛想づかしをせずにそばにいてくれたから。少なくとも、当初はそんなふうに見えていた。

誰への、誰からの、誰のための自由か

ルイジアナ州民は、政府からなんらかの規制を受けることをどう思っていたのだろう。その答えが見つかれば、流出事故は悲しいが政府には腹が立つと言った沿岸部住民を理解する一助になるかもしれない。彼らが憎んでいるのは、政府の規制全般なのかもしれない。一見すると、ルイジアナ州の政策は、規制するという考え方そのものに、あからさまに反対しているように見える。アルコールに関しても、ルイジアナは全国で最も寛容な州のひとつだ[27]。ドライブスルー形式のフローズンダイキリ・スタンドがあって、紙コップ入りのダイキリを持ち帰れるのだ。法律上の条件は、プラスチックのふたをぴったりかぶせておくことと、ストローを突っ込んだ状態で売らないことだけだ。レイクチャールズ市の料理店、〈カリビアンハット〉を利用した客は、アルコール多めのロングアイランド・アイスティー〔ウォッカベースのカクテル〕を注文し、九五〇ミリリットル容器のストロー穴をセロハンテープでふさいで——つまり〝密閉〟して——もらって、そのまま車を運転していったと、満足げに報告していた。密閉していない容器に入った酒を車内に持ち込んで運転することが法律で禁止されたのは、ようやく二〇〇四年になってからのことだ。ニューオーリンズでは、七月末に、ダイキリを守れ《ディフェンド・ザ・ダイキリ》運動の一環として、〝ダイキリ祭り〟なるものが開かれる。これを後援するのは当然ながら、アルコール業界のロビー団体だ[28]。

銃砲取引の免許を持っていない人でも、拳銃、ショットガン、ライフルなどの攻撃用武器や、大容量の弾倉を販売できる。ひとりの人間が拳銃以外の銃なら何挺でも買うことができ、それらの登録も義務づけられていない。盗まれても報告する必要はないし、駐車場や州立公園に持ち込むこともためらう必

要はない。ルイジアナ州には正当防衛法があり、自宅にいて身の危険を感じた場合には、先に発砲することが認められている。[29] ニューオーリンズでは、バーボン・ストリートのバーに装塡ずみの銃を持って入ることができる。

それどころか、ルイジアナの銃販売業者は、販売記録もつけず、経歴照会もせずに、他州で銃の所持を禁じられている顧客にいくらでも銃を売ることができるのだ。暴力や銃に関わる微罪を犯した者や、テロ監視リストや航空機搭乗拒否リストに名前が載っている者にも、薬物やアルコールの乱用者、未成年の犯罪者、重度精神疾患の既往歴のある犯罪者、ドメスティック・バイオレンスの前歴のある犯罪者などにも……。二〇一〇年、州知事は、銃を隠し持った者が〔隠し持つ許可証を取得したうえで〕教会やシナゴーグ、モスクに入ることを認める法律を発効させた。米国の州のなかでは、ルイジアナは銃撃による死亡率が最も高く、全国平均の二倍にも達している。[30]

それでも、わたしが話をした人々の多くは、銃を持つ権利を熱心に擁護していた。マイク・シャフは銃を四挺所持していた。「二二口径ライフルに、おやじの遺品の二二口径ピストル、四〇口径のスミス&ウェッソンのオートマチック、それに一二番ゲージのショットガンだ。害獣や鹿を殺すのに使ったよ」と説明し、「スミス&ウェッソンは護身用に持ってるんだ」と言い添えた。以前はこのほかにも、最初の妻が置いていったライフルと、もう一挺、銃身の長いケンタッキーライフル――キットから組み立てて部屋に飾っていたという――があったらしい。だがいま持っているのは四挺で、「南部じゃ、どうってことはない。たいていが七、八挺は持っているよ」と付け加えた。銃を隠して携行する許可証は持っていないが、そのうち「状況が悪くなったら」取得するつもりだという。

詳しく見ていくと、州の規制の全体的な特徴が浮かび上がってきて、はじめに思ったより、パラドックスがずっと込み入っていることに気づかされた。酒、銃、オートバイのヘルメット(これについては法律が二転三転したが)など、おもに白人男性の好むものについては、規制がかなりゆるい。しかし女性や黒人男性に対する規制はもっと厳しい。連邦政府は、一定の限度を設けたうえで、女性が人工妊娠中絶をするか否かを決める権利を認めている。だがルイジアナ州では、中絶手術を手がける医療機関に厳しい制限を課している。[31] そのうえ、今後、最高裁判所で認められれば、ニューオーリンズの一カ所を除くすべてのクリニックで中絶処置ができなくなるかもしれない。中絶を目的として、成人が十代の少女を親に無断で州外へ連れ出した場合は、実刑判決を受ける可能性もある。

若い黒人男性への締め付けも強い。ジェファーソン・デイヴィス郡では、「ウエストラインよりも下の素肌または下着」を公の場で見せてはならないとする法案が可決され、それを報じた新聞記事に、十代の黒人少年ふたりの腰パン姿を後ろから撮った写真が掲載された。郡はこれを最初の違法行為と見なして、ひとりに罰金五〇ドルを、もうひとりに一〇〇ドルを科した。[32] ヴィル・プラット市(人口の五四パーセントが黒人)の条例では、日没後に戸外を歩くときには、上着に、どの方向から見ても「光を反射するもの」を付けるよう求めている。[33]

死刑を除けば、収監は究極の規制手段と言える。世界の国々の中で、アメリカは人口に占める収監者の比率が、アフリカ東部のセーシェル共和国に次いで二番目に高い。ロシアやキューバにもまさるのだ。[34] そのアメリカでもルイジアナは、州人口に占める収監者の割合が最も高い州で、しかも圧倒的に黒人の受刑者が多い。州立のアンゴラ刑務所は、国内最大規模の重警備刑務所で、規則が厳しいことでも有名だ。ここの受刑者には、アメリカで最も長い期間を独房に閉じ込められて過ごした黒人男性がいる。アルバート・ウッドフォックスだ。彼は、四三年ものあいだ、毎日二三時間を独房に閉じ込められて過ごし、ようやく二〇一六年二月一九日に釈放された。この州は、カウボーイ流と言ってもよい「束縛をきらう」自由の気風を自慢にしているが、おそらく、レイプ被害に遭って中絶を望む女性やジェファーソン・デイヴィス郡の黒人少年、アルバート・ウッドフォックスは、そうは思っていないだろう。

だがここの人々が規制について腹立たしげに語るときには、中絶クリニックや刑務所のことを思い浮かべているのではないのだ。彼らの頭にあるのは、政府が買えと言っているもののことだ。ルイジアナ南西部共和党婦人会の例会で、テーブルを囲んで規制について話し合われたときには、蛍光電球やLED電球の普及を進める動きが話題になった。「政府に、わたしたちが買う電球を規制する権利はありません」と、ある女性が宣言した。「わたしは主人に頼んで、うちにある電球を全部、古いのに戻してもらいました」ファーストフード店が、「〔政府からメニューに加えるよう〕強制された」サラダを提供していることに不満を述べる人もいた。「自分の食べるものまで政府に指図されたくないわ」と。「「料理人が太っていなかったら、そいつの料理は食べない」って書いたエプロンがあったでしょう？」あるメンバーがそう尋ねると、楽しげな笑い声があがった。歩道を車で走ることを禁じた条例や、二台以上のキャンピングカーを持つことを禁じた条例、子供の安全を守るための措置を義務づける法律に、いらだちをあらわにする意見も出た。ある女性は、薬の瓶のふたや車のシートベルトにチャイルドロック機能がついていなかった時代のことを振り返り、「わたしたちは、子供たちにローンダーツ〔芝生に置いた輪に向かってダーツを投げて遊ぶもの。事故で多くの死傷者が出たため、アメリカでは何年も前に禁止されている〕をさせながら、そばでタバコを吸っていたものよ」と言った。「でもうちの子たちは無事に育ったわ。いまじゃ、滑り台を滑るのにもヘルメットと膝パッドと肘パッドが必要になったみたいだけどね」テーブルのまわりでさざ波のように笑いがわき起こった。

自主規制

カブスカウトの組《デン》リーダーを務めるルイーズは、簿記の仕事をしている心のあたたかい女性だ。三人の子供を持つ母親で、石油化学工場の近くに住んでいる。ルイーズは工場には規制をかけるべきだと考えていて、「ほかのことは何もかも、規制されているんだから当然」だと思っているが、いくつかのできごとがきっかけで、実際にはどれほど細かく規制されているのだろうかと疑問に思いはじめた。そこで、付近の工場を個人的に監視する活動を続けている。「まったくなんの不安もなく何カ月も過ぎることもあります」と、彼女は言う。「でもそのうち、ときどき音がしたり、窓ガラスが揺れたりすることがあるんです。そんなときははっと息を詰めます。それで電話をかけるんです。『お父さん、だいじょうぶですか』って［夫の父親が工場で働いているのだ］。すると『ああ、何も問題ないよ』って言ってくれます。ファイアストン社で何かあったら、わたしは娘婿の電話を使い倒して、工場に知り合いのいる人に連絡してまわります[35]」別のときには、こんなことを言っていた。「夜にあの橋を渡ると、空に靄《もや》がかかっているのが見えますよ。レイクチャールズでは、空気が湿気をふくんでいて重たいんです。誰かが上からカバーを掛けてるみたいなものですよ。においもこもってる。いったいここには、何が溜まってるんだろうと思います」ルイーズはさらに続ける。「うちの家はシットゴー社に近くて、直線距離で五キロメートルほどしか離れていないんです。きょうは漏出事故があったんですが、工場側は、敷地から外には出ていないと主張するんです」ルイーズは笑って付け加えた。「だから近所の人とこう言ってたんです。「つまり、フェンスのところで止まったのね。まあ、ありがたいこと」って」

別の女性は、近所の工場の煙突から上がるガスフレアの色を監視している。「変な色だったら、親戚か友だちに電話をかけて「どうしてきょうは青なの？」とか「赤なの？」とかきくんです。何か音が聞こえたときやにおいがしたときにはラジオかテレビをつけて、画面に何かテロップでニュースが流れていないか、確認します。工場の周辺では、汚染は個人の問題なんですよ」

「州はできるかぎりのことをして安全確保に努めているんでしょう？」ニューイベリアの船のパレードを見にいったとき、わたしは隣に座っていた男性に尋ねた。「さあ、どうだかな。連中は住民を驚かせまいとして、何が起きているのか、ほんとうのところを言わないことがあるからね」と、彼は答えた。「それにもちろん、こっちも驚かされるのはごめんなんだよ」

二〇一三年、アクシオール社――元のピッツバーグ板ガラス社――の工場で爆発事故が起きた。一三カ月前に続き、二度目のことだった[36]。上空に巨大な黒い雲がもくもくとわき上がり、レイクチャールズ市だけではなく、ウエストレイク市、東のサルファー市にまで、塩酸、ジクロロエタン、塩化ビニルが運ばれていった。車を運転していた人たちがこの事故のようすを携帯電話で撮影し、真っ暗になった空の写真や動画を、YouTubeやフェイスブックに投稿した。二七人が呼吸困難に陥り、最寄りの病院の救急外来で手当を受けた。そのほとんどは州間高速道路一〇号線で被害に遭ったドライバーだった。このフリーウェイは三時間閉鎖され、近隣の住民には、〝屋内退避〟命令が出された。しかしルイジアナ州環境基準局の検出機器では、こうした有害物質は「未検出」であったと報告された。住民は、自分たちのスマートフォンやパソコンの画面が「誰の目にも明らかな、恐ろしい」事故が起きたと告げているのに、州政府が「見なかった、わからない」と主張している事実と、なんとか折り合いをつけることを期待されたのだった。

　オノレ中将はトラックをUターンさせ、がん回廊を突っ切るリバーロードを、バトンルージュに向かって引き返しはじめた。わたしは、たびたび耳にした疑問についてどう思うか、彼にきいてみた。「企業が事故を起こしたくないと思っているのなら、なぜ政府が必要なのですか」と。中将はこう答えた。「規制がゆるやかな産業ほど事故が多く、規制が厳しい産業ほど事故が少ないからですよ。規制には効力があるのです」それから、苦笑いをして続けた。「だがここには〝自主規制〟というものがあります。そして企業は自主規制をします。それはいわば、このトラックを運転して、時速一六〇キロメートルでリバーロードを走ろうとするようなものです（ハイウェイの制限速度は時速一〇〇キロメートル）。ハイウェイパトロールに電話をかけて「悪いけど、ちょっといま急いでるんだ」とことわっておけばすむと思っているんですよ」

　ボウスタニーとランドリーの演説会でも、ルイジアナ南西部共和党婦人会の会合でも、わたしは自由という言葉を頻繁に耳にした。車を運転しながら携帯電話で通話をする自由とか、ストロー付きのダイキリをドライブスルーで買う自由とか、装塡した銃を携行して出かける自由といった意味で言及される〝自由〟だ。しかし、銃暴力や、自動車事故や有毒物質による環境汚染からの〝自由〟はまったく話題にのぼらなかった。オノレ中将は決して臆病な人ではないが、〝自主規制〟を続ける工場の周辺の、弱い立場にあるコミュニティへの気遣いを見せ、「心理操作によって、みんなが自由ではないのに自由だと思わされている一面があると思います」と言った。「会社は自由に汚染を引き起こすことができるかもしれませんが、それはつまり、人々が自由に泳げなくなることを意味するのです」

その心理操作はどんなふうに効力を発揮したのだろう。わたしは最も明白な答えを見逃していた。それは、仕事だ。石油は雇用を生み出す。雇用は収入につながる。収入はよりよい生活を――学校を、家を、健康を、アメリカンドリームのかけらを――もたらしてくれるのだ。演説会場でわたしといっしょに座っていた人たちは、連邦政府を憎んでいたのではなく、むしろ民間セクターを、とりわけ、ルイジアナでその女王の座に君臨していたものを愛していたのかもしれない――つまり、石油を。わたしは、汚染浄化を訴える〝声なき声〟を聞き取ろうとしすぎていて、仕事が第一だとはっきり叫んでいる大きな声を聞いていなかった。いまにして思えば、ジェフ・ランドリーは議会でオバマ大統領が演説をしているあいだ、「石油＝仕事」と書いたプラカードを掲げていたではないか。政府による規制は、彼らを苦しめていたのだ。

オノレ中将によれば、どこでも、人々の口から出てくるのは、仕事という言葉ばかりで、みんながそう考えるには「十分な理由がある」のだという。〝心理操作〟には、仕事か、きれいな水や大気か、どちらかひとつを選ぶ苦渋の道しかないのだと思わせる効果があった。しかし石油に依存する仕事はどのくらいあるのだろうか。二者択一しか道はないのか。わたしは、政府を理解する前に、まず民間セクターのことを理解する必要があると思った。わたしの目には見えないむずかしい選択があるのかもしれない。

第5章 「抵抗する可能性が最も低い住民特性」

わたしは、化学物理学博士のポール・テンプレットに会っていた。最近、ルイジアナ州立大学を退職し、ルイジアナ州環境基準局長を四年間務めて、そのあいだにあらゆる種類の環境汚染を半分に減らした人だ。テンプレットは、仕事と環境とそのかねあいについてよく知っていた。わたしたちは、バトンルージュの友人の家でテーブルを囲んで座り、コーヒーとケーキを楽しみながら、このことについて話をした。気さくで、エネルギッシュで、てきぱきとした物腰の人だ。鼻の下とあごにひげを生やし、黒っぽい色の眼鏡をかけて、赤茶色のTシャツに、カーキ色のパンツを合わせた姿は、とても七三歳には見えない。カップを口元へ運ぶときには、コーヒーよりも眼前の話題のほうをたいせつに思っているかのように、深く考え込むような表情をしていた。ルイジアナ州ポートアレン〔ミシシッピ川をはさんでバトンルージュの西隣にある都市〕に生まれたケイジャンで、十代のころには、ダウ・ケミカル社で鉄道車両から砂袋を降ろす仕事をしていたという。

ボウスタニー、ランドリー両下院議員、ヴィッター上院議員、ジンダル州知事の演説では、あるひとつのロジックが展開されていた。彼らは、ティーパーティーを支持するわたしの友人たちが、喜んでリーダーに選んだ人々だった。だからわたしはそのロジックを理解したいと思った。筋の通ったものとしてわたしが納得できるかどうか、なぜ彼らが納得できたのか、確かめたくなったのだ。

そのロジックとはこうだ。石油〔会社〕が増えれば、仕事が増える。仕事が増えれば景気がよくなり、政府の支援に頼る必要がなくなっていく。市や町や州、そして連邦の政府に頼る必要がなくなれば、人々の暮らし向きはよくなるだろう。だから石油関連の仕事を増やすため、州は〝優遇策〟を用意して、石油会社の誘致に努めるべきだというのだ。そのような優遇策に関わるお金は、州の予算から支出せざるをえないので、公共セクターの従業員が失業するかもしれない。気の毒なことだが、そうすれば政府への依存が減り、減税にもつながるにちがいない。これは赤い州のロジックだ。多くの問題をかかえる貧しい州につきもののパラドックスでもある。

わたしはまず手はじめとして、テンプレットにこう尋ねた。「ルイジアナ州では、製油所と石油化学工場で、どのくらいの雇用があるのですか」と。「いまは州全体の一〇パーセント以下です」という答えが返ってきた。わたしはショックを受けた。あれほど雇用の話ばかり聞いてきたのに、それでは、いくらなんでも少なすぎる。オノレ中将は、みんなが仕事の話ばかりして〝環境〟という語に怯え、〝規制〟という語にいらだたしげなため息を漏らすのには、「それなりの理由がある」と言っていた。こんなに低率では、割に合わない。しかしのちにテンプレットが教えてくれた数値の裏取り調査をしたところ、最も高い推定値――ルイジアナ大陸中部石油ガス協会によるもの――でさえ、ルイジアナ州全体の一五パーセントにすぎないことがわかった(1)。最も低い推計値は米国労働統計局によるもので、三・三パーセントだった〔二〇一四年の統計。これには、石油・天然ガスの採掘だけではなく、採掘支援業務、石油・石炭製品の製造、パイプラインによる輸送業務もふくまれる(2)〕。

ボウスタニーやランドリーがあれほど仕事についてしゃべっていたのに、なぜそんなに少ないのだろうか。この産業では自動化が進んでいるからだ。石油化学工場を建設するには、一時的に多くの建設作業員が必要になるが、建物が完成してしまえば仕事は終わる。石油化学工場で操業するには、少人数の高度な訓練を受けたエンジニアと化学者、それに、計器盤を監視していて、トラブルが起きた場合に対応できるオペレーターがいれば十分だ。あとは、リー・シャーマンのような修理工が何人かいれば事足りる。

しかしフラッキングブームの到来とともに、雇用が増える可能性が高まってきた。二〇一四年にサソール社が資金提供をしておこなわれた〝ルイジアナ州南西部における地域的影響の研究〟[3]によれば、二〇一八年までにおよそ一万八〇〇〇人分の雇用が生まれ、その一部は永久的な正規雇用になる見込みだという。しかしこの報告書では、これらの働き口の七割は、地域外から転入してくる人々で占められると予測している。多くの企業は世界各国で採用した専門家を送り込んでくるからだ。地元の人々の話によると、〝マンキャンプ〟と呼ばれる作業員宿舎も、メキシコ人の建設作業員の手で専用の敷地内に建てられるそうだ。マンキャンプには、五〇〇〇人の配管工を収容する予定だというが、そのなかには、短期滞在ビザで入国してくるフィリピン人が——人数は明らかにされていないが——ふくまれるらしい。メキシコ湾の石油掘削施設では、一〇年以上前からフィリピン人作業員が働くようになっている。[4]

一方で、州内の正規雇用の仕事のほとんど——八五パーセント——は、石油関連の業務ではない。たとえば、教師や看護師、移動住宅《モービルホーム》〔牽引して移動できる安価なプレハブ住宅〕や運動場の設備の建設、ヨットの建造、航空機の修理、〝南部のハリウッド〟とやらが制作する映画の裏方、大農園主の邸宅見学ツアーのガイド、漁業、農業などだ。[5]

政府高官の頭の中では、石油が州の増収につながるという考えから、石油関連の仕事が優先されていた。しかし、石油に関わる鉱産税《こうさん》――石油やガスの採掘に対して課される税金――が州の歳入に占める割合は、一九八二年には四二パーセントだったが、いまはわずか一四パーセントにまで減っている[6]。だがひとつの収入源としては最大なので、石油や石油化学に関連した事業をもっとルイジアナに誘致しようというボビー・ジンダル州知事の計画の論拠になっている（わたしがインタビューしたティーパーティーのメンバーもよく知っているように、石油会社は、知事にも何百万ドルもの選挙資金を献金している。批判派は、こうした石油会社は誘致などしなくても、進出してくるのだと主張する。なぜなら、ここにはすでに石油があり、パイプラインや石油化学工場や港湾設備など、必要なものがすべて揃っているからだ）。

ジンダル知事は、〝優遇策〟として、法人税を引き下げた。二〇〇八年にはこうした企業からの税収が七億三〇〇〇万ドルにのぼっていたが、二〇一二年には、二億九〇〇〇万ドルにまで落ち込んだ[7]。石油採取に関わる鉱産税も引き下げたため、ここからの税収は、二〇〇八年には一〇億ドルだったのに対し、二〇一二年には八億八六〇〇万ドル以下にとどまった[8]。このほかにも、二〇〇〇年から二〇一四年までのあいだに、ルイジアナ州はさらに二四億ドルの損失をこうむっている。鉱産税を全額免除された石油会社があったからだ（新規の企業は最初の十年間は非課税とされているので、社名を替えさえすれば、さらに十年間、免税措置を受けられるのだ）。それどころか、ルイジアナ経済発展・税基金（現在は存在しない）によれば、ルイジアナ州では「新規製造事業に対し、全米で最も少ない法人税を課している」[9]という。しかも三年のあいだ、このような石油会社が納税しているかどうかを確認することもできなかったらしい。なぜなら、石油会社の納入状況を監査する業務は、こうした産業との結びつきが強いルイジアナ州の（天然資源局の管轄下にある）鉱物資源課にまかされていて、しかもこの部署が二〇一〇年から二〇一三年までまったく監査をしていなかったからだ[10]。つまり、ルイジアナの働き口の一五パーセントを供給していることを別にすれば、石油産業が州にもたらす財政面の利益は減少の一途をたどっているのだ。誘致のコストはかさむ一方だったのに、誘致後のメリットは小さくなる一方だったのだ。そのつけを払うため、公務員が解雇された。そして州の債務――二〇一二年には八三〇億ドルで、その大半は積み立て不足による公的年金債務――が残ってしまったのである。

ポール・テンプレット博士は、二杯目のコーヒーを飲みながら、さらに先へと話を進めていった。「石油はいくらか雇用を生んでくれましたが、ほかの職を奪ったり、ほかの業種の――たとえば水産業や観光業の――成長を妨げたりしました」二〇一〇年にBP社のディープウォーター・ホライズンが起こしたような石油掘削施設の爆発事故は、水産業と観光業に深刻なダメージを与える。カキ漁、深海漁、卸売業、飲食業、それにホテル業が大きな打撃を受けた。油に汚染されたエビなど、誰も食べたくないだろうし、タール状の油の塊が散らばる浜辺で休暇を過ごしたいと思う人もいないだろう。モーガンシティでは毎年、〝エビと石油のフェスティバル〟と銘打った催しが盛大におこなわれるが、その名前とは裏腹に、水産物と石油との相性はよくないのだ。石油は別の形で職を奪いもする。ジンダル知事が〝優遇策〟として石油企業に給付した補助金は、看護師や医療技術者、教師など、三万人もの公務員を解雇することで工面したものだった。

石油関係の仕事を擁護する主張のなかには、そうした職業に就く人は高給を得ているので、地域に徐々にお金がまわって消費が拡大し、ほかの業種の雇用も増えて、賃金も上がるとする意見があった。だが、実際はどうだったのか。「あまり効果はありませんでした」と、テンプレットは言う。なぜなら石油企業の賃金は、徐々に地域にまわるどころか、外へ出ていくからだ。[11]「ほとんどの工場は海外の企業のものです。サソール社は南アフリカ共和国のヨハネスブルクに本社があります。ロイヤル・ダッチ・シェル社はオランダのハーグ、BP社はロンドン、シットゴー社はベネズエラ国営石油公社の一〇〇パーセント出資子会社で、マグノリア液化天然ガス（NPG）社の本拠地はオーストラリアのパースです。二〇一二年にコノコフィリップス社から分離独立したフィリップス66はアメリカの会社ですが、本社の所在地はレイクチャールズではありません。ですから、これらの企業の最高経営幹部はまず、レイクチャールズやサルファーやウエストレイクにプール付きの豪邸を建てたりはしません。株主もここではなく、自分たちが暮らすコネティカット州のグリニッジや、カリフォルニア州のミルバレーでお金を使うのです[12]」

短期ビザで働きにくるフィリピン人配管工や、永住権を持つメキシコ人労働者もまた、地元にお金を落としてはくれない。たいていは母国に暮らす貧しい家族にきちんと送金するからだ。現に近隣の住民のあいだでは、フィリピン人労働者が地元の店で買い物をしてくれないという不満の声があがっている。テンプレットは、ルイジアナ州の総生産──州により生産されたすべての商品、サービスの価値の総計──の三分の一が〝漏出〟しているとみている[13]。

またもや、大きなパラドックスのことが頭に浮かび、わたしはテンプレットにきいてみた。石油の発見（一九〇一年）が、ルイジアナ州の貧困を招いたのでしょうか、と。「いいえ」と、彼は答えた。「ルイジアナはそれ以前から貧しい州でした。いまも貧しいです。全米で二番目にね」一九七九年のルイジアナ州では、貧困ライン（生活に必要な物を購入できる最低限の収入）に満たない所得で暮らしている人の割合が一九パーセントに達していた[14]。二〇一四年でもその比率は一八パーセントだ。加えて石油業界では、十分な教育を受けていない貧しい人々は、人種に関係なく、高度な技能の要求される正規雇用の仕事に就くことがむずかしい。しかも石油は学校教育の向上には貢献していない。学校の運営費は、各自治体の固定資産税でまかなわれているので、裕福な地域と貧しい地域では予算に格差が出てくる。

それでも、州民の一五パーセントは確かに、いい仕事に就くことができた。彼らの給料の三分の二は州外に出ていかなかった。それは喜ぶべきことだ。しかし全体像はどうだったろうか。おそらく、ルイジアナ州の石油は、保守派が牽引してきた経済成長戦略——社会学者のキャロライン・ヘインリーとマイケル・T・ダグラスが「邪道」の戦略と呼んだもの(15)——の象徴だったのだろう。労働組合の結成禁止、よそよりも低い賃金、法人税の還付、ゆるやかな環境規制を餌にして、ほかの地域の産業を自分たちの州に誘致しようという作戦だ。五〇年前には、このような戦略によってニューイングランド地方の繊維産業が南部に移り、最近では、メルセデス・ベンツ社をニュージャージー州からジョージア州へ、トヨタをカリフォルニア州からテキサス州へ、日産をカリフォルニア州からテネシー州へ引っ張ってこようという動きがある〔二〇一八年現在、三社ともすでに本社機能を移転ずみである〕。ルイジアナは、州内で新しい事業を育てたのではなく、よその州から仕事をかっぱらってくることで、雇用をもたらしたのだ。社会学者のヘインリーとダグラスが「王道」と呼んだ戦略は、カリフォルニア州がシリコンバレーで、ワシントン州がシアトルで成功させたように、魅力ある公共セクターを創設することで新しい雇用の創出を刺激することだ。わたしはふと思った。おそらく、このふたつの経済成長戦略はそれぞれ、異なる政党の支持を得たのだ、と。ルイジアナの例ではティーパーティーの、そしてカリフォルニアの例では民主党の(16)。

三杯目のコーヒーを前にするころには、わたしは、オノレ中将が言っていた「心理操作」の中心にある、アメリカでは仕事かきれいな環境か、どちらかひとつしか選べないという考え方——よい仕事に恵まれるかどうか不安に思う右派の無理からぬ気持ちにつけ込むような刷り込み――に話を戻したいと思いはじめていた。わたしがルイジアナで話を聞いた住民の多くは、環境規制は、意図的に、あるいは結果的に、仕事を奪うものだと言っていた。これは〝環境汚染恐怖症〟という批判の根拠となっている考え方だ。しかしテンプレットは、マサチューセッツ工科大学の政治学者、スティーヴン・M・マイヤーが一九九二年に手がけた研究について話してくれた。マイヤーは、全米五〇州について、各州がどれだけ厳しい規制を設けて環境保護に取り組んでいるかを評価した。そして、過去二五年の経済成長と規制の厳格さとをつきあわせてみた。すると、規制の厳しい経済圏ほど、多くの就職口があることがわかったのだ。世界の主要な経済大国を対象にした二〇一六年のある調査でも、厳しい環境政策は、国際市場における競争力を損なうどころか、むしろ強めることがわかっている。もしこれが経済協力開発機構(OECD)のエコノミストたちの一致した見解になりつつあるとしたら、なぜティーパーティーの支持者たちはそれを耳にしていないのだろうか。

おそらくその理由は、テンプレットが描いてみせた図式の最後のふたつの要素だろう。それは、石油業界の肥大化と、これみよがしの企業優遇策だ。企業が州から搾り取れば搾り取るほど、質のよい教育や医療の確保がむずかしくなり、貧しい人々がわずかな機会を利用できなくなり、経済のほかのセクターが萎縮していく。すると、さらに石油業界に力が集中していくのだ。

皮肉なことに、企業は善意のしるしと称して、しばしば地元のコミュニティに利益を還元してみせる。だがそもそも、その資金の出所は、財政難に苦しむ州政府が彼らを誘致するために工面した補助金なのだ。ダウ・ケミカル社は、ニューオーリンズにあるオーデュボン自然研究所(広大な敷地内に公園や動物園や昆虫館、水族館、ゴルフ場などを備えている)に寄付をし、シェル・オイル社は国立魚類野生生物財団(本部はワシントンDCにある）に寄付をした。ピッツバーグ板ガラス社は、レイクチャールズの近くの自然観察園（子供たちに生態系保護のたいせつさなどを教える目的で、自社の隣接地に設立した）[19]の運営費用を負担している。サソール社は、会社の拡大のために消失した黒人集落、モスヴィルの歴史を記録するプロジェクトに資金を提供している。ルイジアナ化学協会はルイジアナ腫瘍登録事務局（がん患者のデータを登録・蓄積し、予防や治療に役立てることをめざしている）に寄付をしている。いまやルイジアナの人々は……と、テンプレットはここでひと息ついてから、悲しい皮肉を口にした。「仕事だけではなく、贈り物までもらっていると感謝しているのです」と。

汚染の赤と青

車でレイクチャールズへと戻る道すがら、わたしは落胆するような可能性について考えていた。もしかしたらルイジアナは、産油州としては変わり種なのかもしれない。〝赤い州〟のなかでも異色の存在なのではないか。ここにあるのは、石油にまつわる物語だけかもしれない。わたしは右派の心から遠ざかろうとしているのか。わたしは、南部は右派の中心地であり、ルイジアナはその南部の中心地だと思っていた。だがルイジアナは離れ島だったのだろうか。それとも、ここにあるのは、米国全体に共通する物語の一例なのか。

家に帰ると、答えが見つかった。それは、社会学者のアーサー・オコーナーが二〇一二年に発表した驚くような研究結果だった。青い州よりも赤い州のほうが、高レベルの公害に苦しんでいる実態が明らかになっていたのだ。さらに、一九九二年から二〇〇八年までにおこなわれた五回の大統領選挙で、共和党候補が勝利した二二の州では、一般に、政府は経済活動に対する規制を緩和すべきだと考えられていること、そして、住民がより汚染の進んだ環境で生活していることがわかった。一方、民主党候補者が選ばれた[20]二二の州では、一般に、より厳しい規制が好まれていて、住民は、より良好な環境で暮らしていることが判明した。ティーパーティーを支持する友人たちがこれを知ったら、さぞがっかりするだろうと思った。

わたしと、バークレーを拠点としてわたしの研究助手を務めているレベッカ・エリオットは、さらにもうひとつ、疑問をいだくにいたった。高レベルの環境汚染と相関関係があるのは赤い州だけだろうか。あるいは、州に関わりなく保守寄りの人が多い郡なのだろうか。わたしたちは、政治的見解と公害との関連性を調べることにした。まず手はじめに、環境保護庁のウェブサイトに公開されているデータを閲覧してみた。そこには、国内の各郡ごとに、環境汚染の被害に遭うリスクを数値で示したもの（環境リスク評価指標）が掲載されていた。基準に使われるのは、放出される化学物質の量、毒性の程度、それにさらされる住民の人口だ。環境汚染による住民の被害を測る方法としては、いまのところ、これが最も有効だ。わたしたちはこのデータと、もうひとつの情報源――信頼性では定評のある総合的社会調査（GSS）（シカゴ大学の全国世論調査センターが直接面接方式により実施している社会学的調査）に記録された個人の見解――を照らし合わせてみた。人々が環境と政治について、こうだと信じていることと、彼らが暮らしている郡で実際に環境汚染にさらされるリスクとの関連を調べたのだった。

二〇一〇年のデータでは、有毒物質による汚染が深刻な郡に暮らす人ほど、アメリカ人は環境汚染を「心配しすぎている」と考え、国は「十分すぎるほどの」対策をとっていると信じる傾向が顕著だった。そして、自分は共和党を強く支持すると答えた人の比率が高かった。またしても、ここに大きなパラドックスがあった。わたしが全体像をのぞき見るための鍵穴《キーホール》としたテーマ——全国の環境汚染問題——でも、それが立ち現れた。米国全体のストーリーを見ても、ルイジアナ州は決して変わり種などではなかったのだ(付記Bを参照)。

抵抗する可能性が最も低い住民特性

わたしはバイユーディィンドのアレノ家のことを思い返した。なぜピッツバーグ板ガラス社などの企業は、ほかの土地ではなく、あそこに工場を建てることにしたのだろう。もちろん、油田に近いことが第一の理由だろう。[21] しかし、ほかにも理由があったのだろうか。調査では、貧しい州ほど、規制がゆるやかな傾向にあることがわかっている。貧しい州の貧しい人々は、利益が州外に「漏出」していることや州が産業に補助金を出していることをあまり気にしないのだろうか。あるいは、無理からぬことだが、彼らはただ仕事がほしいがために、耐えがたきを耐えようとしているだけなのか。

わたしが話を聞いたルイジアナ州民は、誰ひとり、汚染を好んではいなかった。しかしなかには、ほかの人より我慢強くて、いやなことに耐える覚悟ができている人もいるのではないか。バトンルージュから戻ったあと、わたしは、企業が自社工場の建設を歓迎しない近隣住民にどう対応しているかという問題について、啓発的な報告書を見つけた。書いたのは、ロサンゼルスに本拠を置くコンサルティング会社、セレル・アソシエイツ社のJ・スティーヴン・パウエルという人で、報告書には「廃棄物発電施設用地確保に関わる政治的課題[22]」という表題が付されていた。五七ページにわたる部外秘の文書が、なんらかの経緯で外部に流出したものらしい。誰がリークしたのかは突き止められなかった。一九八四年にロサンゼルスで作成されたものなので、時代も場所も異なるが、現在でも意味を持つ内容だ。カリフォルニア州廃棄物管理評議会がセレル・アソシエイツ社に五〇万ドルを支払って、「住民にとって望ましくない土地利用」にあまり抵抗を示さない地域を見つけ出すよう依頼したのだ。「望ましくない」というのは、アレノ夫妻がバイユーディンドのピッツバーグ板ガラス社に対していだいていた感情そのものだ。

廃棄物管理評議会がこのような発電施設を建設したら、近くには住みづらくなるだろう。悪臭がするだろうし、騒音の問題もあるだろう。「廃棄物発電施設は、大気汚染による健康被害を引き起こすリスクがある」と、パウエルは書いている。「施設から放出される物質には、窒素酸化物、一酸化炭素、亜硫酸ガス、炭化水素のほか、健康基準がいまだ確立されていない物質がふくまれている」と。会社のトラックが交通渋滞を引き起こす可能性もある。また、施設の建設は、土地価格の下落を招き、雇用の創出にもあまり貢献できないと指摘している。

そのような企業が地域住民に受け入れてもらうには、どうすればよいか。パウエルは、施設管理者がとりうる最良策は、すでに抵抗を感じている住民の気持ちを変えようとすることではない、との結論を下している。抵抗しそうにない住民を見つけ出すことだ、と。

パウエルは、インタビューとアンケートにもとづいて、「抵抗する可能性が最も低い住民特性」を次のように描き出した。

- 南部か中西部の小さな町に古くから暮らしている。
- 学歴は高卒まで。

- カトリック。
- 社会問題に関心がなく、直接行動に訴える文化を持たない。
- 採鉱、農耕、牧畜に従事（報告書では「天然資源を利用する職業」と呼ばれている）。
- 保守的。
- 共和党を支持。
- 自由市場を擁護。

一九四〇年代にはじめて大手石油会社がルイジアナに進出してきたときには、州内の成人住民の四〇パーセントが小学五年生までしか教育を受けておらず、ほかのどの州に比べても、住民が州外に移住する可能性が低いと考えられていた。一九七〇年代以降は、たいていの人が自由市場と小さな政府を望む共和党支持者になっていた。わたしが出会った住民もほとんどが、多かれ少なかれこうした条件を満たしている。長期にわたってひとつの地域で暮らし、学歴は（半数が）高卒、保守派で共和党支持者だった。「抵抗する可能性が最も低い特性」を持つ人は、オノレ中将が「心理操作」と呼んだもの——「仕事の話ばかり」するのには「それなりの理由がある」という理屈——にも影響されやすいだろうか。そう考えるのは、安易に過ぎるだろうか。わたしが共感の壁のこちら側にいるから、そのように思ってしまうのか。

わたしは、右派の中心地に暮らす人々が話すこと、口をつぐんでいることを理解しようとし、ティーパーティーのメンバーである友人たちがどんなことに耐えているかを見てきた。しかし共感の壁は、思っていたよりも高かった。わたしには、彼らに見えないものが見えた。しかし、自分の目に見えないものは見えなかったのだ。わたしは、彼らの目に映っているもの、彼らがたいせつに思っているものを自分がまだ見ていないと感じていた。彼らを取り囲み、彼らに影響を与えている社会的地勢に、何かほかの方法で身を置いてみる必要があった。そうした地勢を形づくっている要素には、産業、州政府、教会、報道機関が含まれる。これらの基本的な機関は彼らの人生観にどのような影響を与えているのだろう。

わたしはまず、産業からはじめようと考え、レイクチャールズから州間高速道路一〇号線の橋を渡って、ウエストレイク市の市役所庁舎へ行き、ボブ・ハーディー市長の執務室を訪れた。

第2部

社会的地勢

第6章　産　業――「米国エネルギーベルトのバックル」

ウエストレイク市長の執務室で、わたしはボブ・ハーディーといっしょに、サソール社の事業拡大を祝うある起工式典のビデオを観ていた。サソール社は、南アフリカ共和国に本社を置く石油化学大手で、バイユーディンドのアレノ家から一〇キロメートルほど北東にある。ハーディー市長は六〇歳。活力にあふれたスポーツマンで、頭は禿げているが、物腰には少年のようなところがあり、うれしくてたまらないといったようすで、映像に観入っていた。画面には、マイクの向こう側に、背広を着込んだお偉方が二〇〇人座っている姿が映っている。サソール社は二一〇億ドルを投じて、およそ一二平方キロメートルの土地に、エネルギー・コンビナートを建設する計画を立てていた。海外の一企業の直接投資による製造プロジェクトとしては、米国史上最大規模のものだ。しかも五年のうちには、複数の企業がこれに関連した六六の事業をルイジアナ南西部で始動させる計画で、その投資額は総計八四〇億ドルにのぼるという。(1) ウォールストリート・ジャーナル紙はこれを「バイユーにカタール」が建設されるようなものだと表現した。このコンビナート建設のため、「八八三カ所の公有地が買い上げられ、二六本の公道が姿を消す」ことになり、その跡地には、「まるで新しい都市が次々に誕生するようにして、化学肥料工場、ホウ素製造工場、メタノール貯蔵ターミナル、ポリマー工場、アンモニア工場、紙の仕上げ加工施設などが建設されていく」[2]のだ。

　ハーディー市長は七番目に挨拶をした。「わたしは原稿を用意していませんでしたが、そのように見せなければならないと思っていました」市長に立候補する以前は、フィリップス66社で計測制御システムの管理責任者を務めていた。公の場でスピーチをした経験はさほど豊富ではないという。「だからiPadを手にして立ち上がりました。妻の画像をホーム画面に設定していたので、わたしは妻の顔を見ていたんです」ハーディーはiPadを見せてくれた。そこには、腰掛けてにこやかに微笑む黒髪の女性が写っていた。

　ハーディーはiPadを前に、それを半ば盾に、半ば支えにして、お偉方に語りかけた。わたしの家族は、四代にわたってウエストレイク市で暮らしてきました。市内にはわれわれ一族の名を冠した道路もあります。父親もわたしも、息子も、地元の工場で働いてきました。孫もそうしてくれることを願っています。しかし、これからはいろいろなことが変わっていかなければならないとも思います……。「息子夫婦は長年、自分たちの家を建てることを目標にしていました。二〇一五年にようやく念願がかない、ここウエストレイクでうちの近くに、家を建てはじめたんです。わたしは配管の取り付けを手伝っていました。ところがある日、サソール社から息子に、土地を譲ってほしいとの打診がありました。土地を売って立ち退いてもらえないか、と。その話を聞いたわたしは、配管工事の手を休めて立ち上がり、息子にこう言いました。「じゃあ、わたしは次の家の配管を引き受けることにしよう」」

　聴衆がどっと笑った。

　ウエストレイクでは灰色の景色が四方八方に広がっている。鋼鉄をまとってうずくまる巨大な要塞群から、何本もの煙突が伸び上がり、円柱形の大きな白い貯蔵タンクが列を成す。夜に照明を浴びると、町は奇妙に美しいエメラルドの都のように見える。しかしここにはしばしば、化学薬品のにおいが漂う。「人は言います。「ああ、ウエストレイクって、あのにおいのする街でしょう」と」ハーディーはスピーチを続ける。「わたしはこう答えます。「いや、あれがコメとグレービーソースのにおいに思えてくるんですよ」」聴衆は訳知り顔で笑い、ほかの人がスピーチをしたときより盛大な拍手を送った。

わたしがハーディー市長に会うことにしたのは、彼の視点から大きなパラドックスを見てみたかったからだ。わたしが親しくなりつつあった人たちは、テンプレット博士の分析には強い抵抗を示しただろう。石油産業がほかの職業を圧迫しているとか、州の歳入の三分の一を横取りしたうえ、公害を引き起こし、この州を苦しめている問題の解決に向けた努力をまったくしていないといった指摘は、彼らには受け入れがたいものだろう。石油への過剰依存やフラッキングの有害な影響への批判が見当違いなものに感じられ、ほかの問題のほうが重要に思えているようだ。わたしはそうした心理状態の内側を探りたいと思ったのだ。ティーパーティーを支持するわたしの友人たちのあいだでは、サソール社の話が出ると、必ず一〇億《ビリオン》単位の数値が添えられる。たとえば、エタンクラッカー〔天然ガスにふくまれるエタンからエチレンなどの化学材料を生産する装置〕に七〇億ドルが投じられるとか、GTL工場に一四〇億ドルの資金が投入されるというように。〝ビリオン〟という言葉は力と重要性と繁栄を強く印象づける。(3)

こうした巨額の投資は、テンプレット博士が描いてみせた化石燃料関係の仕事の、希望の持てない現状を覆しただろうか。それとも、例証となったのか。新たなフラッキングブームがゴールドラッシュを引き起こしたのを機に、人々がなんとかして連邦政府から逃れたいと思うようになったのかもしれない。こんな好機が目の前にあるのに、誰が連邦政府を必要とするだろうか。ハーディー市長を訪ねることは、マイク・シャフやリー・シャーマンなど、右派の人々の世界観の構築を助けた制度上の文脈を理解する第一歩になるはずだった。

ウエストレイクとレイクチャールズは、近年、天然ガスをめざす驚異的な新しいゴールドラッシュの中心地となった。天然ガスは地中から採取され、パイプで工場へ送られて、さまざまな化学工業原料に姿を変え、パイプを通じてさらに別の工場に送られる。そしてフリスビーやプラスチックのヘアブラシ、園芸用ホース、車のハンドル、ＰＣケース、風船ガム、トラックの荷台マット、医療用検査衣、ジェット燃料、殺虫剤スプレー、レジ袋や、ハーシーのチョコレートバーの原料となるのだ。

話をしたあと、ハーディー市長は、車でウエストレイク市内を案内してくれた。そうすれば、サソール社の事業拡大がどんな意味を持つのか、肌で感じることができるだろうとの配慮からだった。広さは三キロメートル四方ほどで、〝重工業地域〟に指定された土地に囲まれている。正真正銘、工業の町だった。週刊新聞が発行されていて、高校がひとつ、中等学校《ミドルスクール》〔六年生から八年生までの生徒が在籍する学校〕がひとつ、小学校がふたつあり、銀行が四つ、教会は一八カ所を数える。わたしたちは、大型量販店のファミリーダラー、自動車修理工場、ハンバーガーの店、カジノホテルの前を通った。このように、町に人の暮らしがあることを示すシンボルは〝重工業地域〟らしくないと思えるかもしれないが、だからといってまったく目につかないわけではない。ハーディー市長はすでに、どの建物が姿を消し、どんな建物が新たに誕生するか、見当がついているという。

「あそこにアッセンブリー・オブ・ゴッド教会が見えるでしょう？　サソール社はあれを二五〇〇万ドルで買いました。取り壊して跡地に工場を建てるんですよ。ファースト・バプテスト教会も四〇〇〇万ドルで買い取りました。金に糸目をつけない気です。重機を運んでくるために道路を拡張する必要があるらしいので」

「ほら、あそこ……見えますか？」ハーディー市長が窓の外を指さした。「メソジスト教会です。教会の執事が高値をつけましてね、一〇〇万三〇〇ドルを要求しました。サソール社は交渉から降りてしまいました。今後は州が土地収用権の行使を宣言して、サソール社に土地を与えるかもしれません。そうなればサソール社が教会を取り壊すでしょう。教会は一セントも受け取れない可能性があります。いま、評議員会のメンバーがひとり、わたしの執務室で待っているんです」ハーディー市長は言った。「サソール社に働きかけて、彼らに立ち退き料を支払うよう、説得してもらいたがっているんですよ。さて、どうなることか……」

わたしたちは、霊園の前を通りかかった。墓地を二分して突っ切る道路の片側では、芝生が刈られたばかりだった。ハーディー市長がみずから刈ったという(反対側のほうは、別のところからお金が支払われている。埋葬されているのは黒人で、芝生が最近刈られた形跡はなかった)。ハーディーは、フィリップ66社を退職したあと、パートタイムで公共地の芝を刈る仕事を続けてきた。姉に「市長になっても、変わらずにいてね」と言われた言葉が胸に響いたのだという。芝刈りのおかげで、彼はふつうの一住民として、自分が深く愛する地域とつながっていられるのだという。息子とふたりの娘もみんなウエストレイク市を離れることなく、彼の家から数ブロックのところにある生け垣に囲まれた大きな郊外型住宅で暮らしている。弟も近くに住んでいたが、最近サソール社から立ち退き料を受け取って引っ越していった。ハーディーは近所で暮らす両親の家を建てるのも手伝った。彼の両親はともに八〇歳を超えている。サソール社が進出してきて、周囲を重工業地域に取り囲まれてしまっても、ふたりはここに住み続けるつもりだという。

ハーディー市長は変化を歓迎していた。市の人口が二五〜三〇パーセント増加する見込みらしい。そのウエストレイクの未来をどうみているか、彼は話してくれた。「あそこに公園があるでしょう? わたしはあれを二倍に拡張するつもりです。それから、ゴルフ場も見えるでしょう? ウエストレイクに引っ越してくる経営幹部や専門家のために、しゃれた家の並ぶ住宅街を造ることもできるでしょう」

しかし市長の壮大なビジョンのなかには、いま市民を不安がらせている問題を見えなくしてしまうものもある。ハーディーは車の速度を落とし、窓から見える二〇〇メートル四方ほどの草地を指さした。

「あそこに衝立のように木をたくさん植えて、その向こうに〝マンキャンプ〟を建設します」

「マンキャンプ?」

「臨時雇用の建設作業員が五〇〇〇人、専門技術を持った正規雇用の作業員が五〇〇人やってくることになっています。建設作業員には、専用の宿舎に寝泊まりしてもらうんですよ」と、ハーディーは淡々と事務的に説明した。ルイジアナ州で発行されている新聞、アメリカンプレス紙によると、産業が誘致されれば、溶接工、足場工、配管工、機械操作員、鉄骨工、熱絶縁工、計装士、電気工などの需要が生まれる。ルイジアナ南西部経済発展連盟の労働力開発部のR・B・スミス副部長は、これらの求人に応じられる可能性のある地元の労働者に「自分に投資」をして、訓練を受けるよう奨励している。しかし、求職者たちのほうは、〝実績〟がないと採用してもらえないことを知っているので、前向きではないという。現場で訓練を積む必要があるのだが、企業側はそうした機会を提供しない。アメリカンプレス紙によれば、「建設業者も労働開発担当者も、失業率一四・六パーセントのアイルランドや、フィリピンの出稼ぎ労働者を雇用することで、サービス業、建設作業の求人を埋めようとしている(4)」という。

つまり、木を植えた向こう側には、外国人労働者を住まわせる宿舎が建つわけだ。

ハーディー市長によると、住民たちは、マンキャンプが近くに建設されることを快く思っていないらしい。もし外国人労働者にレイプ犯や強盗犯がまじっていたらどうするのかと、彼らは市長に質《ただ》した。「市民のみなさんには言いたくないことですが、すでに近くのトレーラーパークには、性犯罪者として登録された人が何人か暮らしているんですよ。誰も知らないだけです」

ハーディー市長はさらに頭痛の種となっているジレンマを口にした。「前市長から財政赤字を引き継いだんです。つまり、ウエストレイク市は破産しているんです。それなのにサソール社はまだなんの支払いもしていない。われわれはサソール社の事業拡大のまっただ中に置かれていますが、彼らは実際には市の土地を必要としているわけじゃありません。ただ、重機を運ぶ専用道路を何本か通したいだけです。それでもわれわれは、ここにマンキャンプを建設するとか、ゴルフ場に経営幹部の住宅を建てるとか、いくらかお金を使うこともできます。わたしはサソール社の犬をかわいがってきました。彼らが期待どおりに動いてくれるかどうか、黙って見ているんです。もし向こうが動かなかったら、わたしは奥の手を使います」

ハーディーはくすくす笑って車を停め、なんの変哲もない雑草に覆われた細長い土地を指さした。「長さが九〇メートルほどあります。あの土地はわたしのものなんですよ。あの土地の上にも下にも、サソール社は何も建てられません。でも彼らはあそこを必要としている。だから奥の手と言ったんです。弁護士に電話をしてそれを引っ張り出さざるをえなくなるような事態は望んでいません。だが、わたしにはできるんです。いざとなったら、この町のために使いますよ」

フラッキングブームの裏には、発見と発明の歴史がある。肥沃な沖積平野が棉花やコメ、そして、マイク・シャフがアーメリーズ農園の跡地で見せてくれたようなサトウキビの栽培への道を開いた。しかし一九〇一年、ある農民が水田の中で石油を発見した[5]。一九二〇年代、一九三〇年代には、ルイジアナ沿岸の沼沢地でテクノロジーを使った原油掘削が進められ、一九四〇年代には、外縁大陸棚にもその範囲が広がった[6]。その過程で、地上に、地下に、水中にパイプラインが敷設され、巨大な迷宮のようにめぐらされた。二〇〇三年以降は、新しい技術により、地中深くにある頁岩《シェール》層を水平に掘って破砕することが可能になった。ドリルの刃で、地下三〇〇〜一五〇〇メートルほどの深さまで縦に掘り進めてから、横に向かって穴を掘れるようになったのだ。水、塩、化学薬品――正確な配合比率は専有機密情報とされる――を圧力ポンプでパイプに注入してシェール層を破砕し、放出された天然ガスを別のポンプで吸い上げる。

多くの人の目には、環境を損なうものと映ったが、フラッキングブームはハーディー市長や、わたしが話を聞いた人のほとんどに、お金とプライドをもたらしてくれた。南部で停滞していた米国最貧州のルイジアナが、産業復活《ルネッサンス》の栄えある中心地――国のエネルギーベルトのぴかぴかの新しいバックル[7]――になろうとしているようだった。ルイジアナは最下位ではなく、首位に立つのだ。そうすれば大きなパラドックスに歓迎すべき終止符が打たれるはずだった。

ブームがもたらすもの

フラッキングブームは大きかった。わたしが話を聞いた人々は、誇りを持ってこのブームに乗った。トップクラスの経済学者が、ルイジアナは国内で最も成長著しい州のひとつになるだろうと予測した。二〇一四年から二〇一八年までの五年間の成長率は四・七パーセントになる見込みだという[8]。賃金も高くなるだろう。正規雇用の労働者の給与は、年額八万ドル前後となり、これに諸手当が支給されることになる。ルイジアナでは、大工なら年に三万三〇〇〇ドル、トラック運転手なら四万六〇〇〇ドル、小学校の教師なら三万四〇〇〇ドルを稼ぐことができる。工場の機械操作員として就職したければ、訓練を受ける必要があるかもしれないが、大学の学位は不要だ。

それに、恩恵は仕事だけではない。フラッキングブームがアメリカの外交的立場を強めてくれる可能性もあった。サウジアラビアやウズベキスタンといった政情の不安定な全体主義国家から石油を輸入するのではなく、自国の地中から天然ガスを抽出できるようになるからだ。幅が広くなったパナマ運河を通じて、エネルギー不足に悩む日本や、ロシアに依存しているウクライナに、天然ガスを輸出することさえできる。現に、従来はメキシコやベネズエラから石油を輸入していたルイジアナ南西部の最大級のふたつの製油所(シットゴー社とフィリップ66社)が、方針転換をして、輸出する態勢を整えている。(9)

しかし沸き立つ歓迎ムードの中で、これまでの汚染源にさらに新しい汚染源が加わることについては、誰も公式の発言をしていなかった。ハーディー市長と過ごした一時間半のあいだにも、話題にのぼらずじまいだった。レイクチャールズは過去にも投資ラッシュを経験し、その結果、バイユーディンドの汚染が招かれたのではなかったか。一九六六年、ピッツバーグ板ガラス社がはじめてバイユーディンドの上流に進出してきたときにも、同じような熱狂があった。この年、アメリカンプレス紙は、「想像を絶する」投資額について書き立てた。社説には、ピッツバーグ板ガラス社が生産する化学物質は、ゴムの摩擦抵抗を増し、ゴムの着色、裏移りしない新聞印刷用インキ顔料の製造を可能にする、と書かれている。(10)新たな投資や製品や働き口が生まれるという奇跡のような見通しに、一九六〇年代の一般市民は――アレノ夫妻もふくめ――現在のハーディー市長と同じように、胸を躍らせていたのだった。

「サソール社の工場だけでも、毎年、州が定めた上限値の八五倍のベンゼンを排出する」と、ウォールストリート・ジャーナル紙のフィナンシャル・エディター、デニス・バーマンは書いている。「大量の二酸化炭素と処理水も吐き出すことになるだろう」[11]

「夜にガスマスクを着けて寝るのはごめんだ」サソール社の事業拡大について開かれた、四時間半におよぶ公聴会で、ひとりの配管工がそう発言したという。

サソール社は、公共用水を――サビーン川の比較的きれいな水を一日におよそ四万九二〇〇キロリットル――使用する許可も求めて、承認されている。これを利用し、汚染し、カルカシュー川に投棄するわけだ[12]。そのうえ、州はサソール社に、毎年一〇〇〇万トンの温室効果ガスを排出する許可も与えた[13]。

二酸化炭素回収に向けた努力をするという申し出はなかった。門戸が開かれたことを受けて、ほかの企業も同じような認可を求めて、同じような申請をしはじめた。「公共用水使用の問題については、どうなんですか」わたしはハーディー市長にきいた。「どの企業も守るべきことは守っています」と、彼は答えた。確かにそのとおりだ。州がオーケーしたのだから。

一方、レイクチャールズ市は、独自のオゾン汚染対策プログラムを発足させた。これは市民が個人としてできることに焦点を当てたものだ。たとえば、出かけるときには、できるかぎり距離の短いルートを選ぶか、歩いていく。あるいは、車のエンジンの空ぶかしをやめる。芝刈りの頻度を落とす。この取り組みでは、〝スクールフラッグプログラム〟という方式が使われる。大気の状態が良好なら緑の旗、中程度なら黄色の旗、オゾン濃度が高ければ赤の旗を、適宜、目立つところに掲げ、「そのコミュニティに……誰かが呼吸困難になっている人がいたら、きょうは外に出ないほうがいい」[14]と知らせるシステムだ。

つるつると滑りやすい共感の壁をよじのぼろうとしているうち、ふと、わたしの頭に、何もかも根底からひっくり返すような考えが浮かんだ。そもそもわたしたちは、アメリカ化学協会が約束しているような新しいプラスチックをほんとうに必要としているのだろうか。わたしたちは、奇妙なサイクルに入ろうとしているのではないか。わたしが話をしている人の多くは、飲料水のペットボトルを持ち歩いている。便利だからだが、地元の水の質が信用できないからでもある。アメリカ化学協会は、安価な天然ガスがここで採れるので、プラスチックの製造に必要な原料油を三倍に増やすことができると述べている。しかしプラスチックの製造量が三倍に増えれば、企業はさらに多くの公共用水を汚染するだろう。そうすれば、さらに多くの人がさらにお金を出して、いっそう希少になったきれいな水の入ったペットボトルを買うようになる。さらに多くのペットボトルが捨てられて、さらに多くが買われ、プラスチック市場は拡大する。そして、さらなるプラスチックの製造により、水が汚染される[15]……。しかしわたしは本来の目標からいったん離れてみることで、問題の核心に迫ろうとしていた。

繁栄にいたるふたつの道――ヒューイ・ロングとボビー・ジンダル

フラッキングブームの熱狂は、もちろん、きわめて重要な――そしてほとんど議論されていない――政治的選択を隠している。この前のルイジアナ石油ブームは、一九二八年から一九三二年にかけての大恐慌のさなかに起きた。当時のルイジアナ州知事、ヒューイ・ロングは、〝キングフィッシュ〔当時人気のラジオドラマに登場した詐欺師の名にちなむ〕〟と呼ばれた進歩的扇動政治家《デマゴーグ》だった。石油会社に課税し、その金で「すべての鍋にチキンを」入れられるようにし、教科書の無償配布を実現、成人が読み書きを習える夜間コースを開始し、道路や橋や病院、学校を建設した。ロングはホームレスと貧困の解消にも取り組んだ。のちにはオイルマネーの誘惑に屈した（州の所有地の鉱物掘削権をリースする会社を匿名で設立して利益を得ていた）が、それまでは、貧しい人々を救い、公共の利益のために尽くす積極行動主義の政府を理想としていた[16]。

彼とは対照的にボビー・ジンダル州知事は、前述したように、二〇〇七年から二〇一五年にかけて、学校や病院から一六億ドルを引き出し、〝優遇策〟としてそれを企業に与えた。もちろん、その戦略のおかげで一部の鍋にはチキンが入ったが、ほかの鍋からはチキンが消えた。わたしがインタビューをした人の大半と同様、ハーディー市長も彼の家族も、ジンダル知事に二度、投票していた。現在ヒューイ・ロングが生きていたとしても、彼に票を投じる州民はほとんどいないだろう。

ハーディー市長に、あなたはどのような政治的立場をとっていますかと尋ねてみると——彼は中道派の共和党員だった——すぐにこんな答えが返ってきた。「〝かわいそうなわたし《プアミー》〟と、自分を哀れむ人たちには、うんざりしていますよ」そしてこう説明を加えた。「政府が未婚の母にお金をあげて、たくさん子を産ませてやるのはおかしいと思います。差別撤廃措置《アファーマティブアクション》にも賛成しかねます。ある黒人男性が、職に就けないと苦情を言ってきたことがありました。調べてみると、その人は私立の学校を出ていたんです。わたしは自分が知っている人たちと同じように、地元の公立学校に通いました。人種別に決められた採用枠のおかげで就職できるとか、働かないで暮らすために州のお金をもらうとか、そういうことは許されるべきではありません」ジンダル知事は〝かわいそうなわたし〟のせいで、州の財政難を招いた。これからは働き口がどんどん増えていくので、「職業安定所を閉鎖しなければなりません」と、ハーディー市長は断言した。「旗振り仕事（つまり、建設現場で旗を持って交通整理をする係）で一時間あたり一五ドルから一八ドルを稼げるんですから」

五人きょうだいの二番目に生まれたハーディーは、親の愛情をめぐって仲のよいライバルと競うなかで、一歩も引かない姿勢を身につけた。〝かわいそうなわたし〟を言い訳にすることはまずない。彼はみんなに愛されるリーダーとなり、コミュニティをしっかり守ってきた。しかし、自分の潜在能力に気づき、今日の自分に成長するきっかけを与えてくれたのは、産業そのものだと感じている。

「小学校や高校に通っていたころのわたしは、何者でもありませんでした」と、彼は感慨深げに言った。「何ひとつ、理解できませんでした」診断こそ受けなかったものの、学習障害の可能性があったということですか。「いいえ」と、彼は端的に答えた。「ただ理解できなかったんですよ。運動も苦手でした。得意なものが何もなかったんです」しかし、と彼は続ける。「工場に就職して、整備部門で働きはじめたら、自分にもできることがあるってことに気づいたんです。そこから、わたしは昇進していきました。退職したときには、計測制御システムの責任者として、たくさんのオペレーターを管理し、年間一八万ドルの給料をもらっていました」フィリップ66社はハーディーに、大学や陸軍並みのことをしてくれたという。持って生まれた知性を発見するのを助け、プライドを持たせてくれ、先祖代々暮らしてきた家を離れることなく、家族に不自由のない暮らしをさせてやれるだけの収入を保証してくれた。要は、アメリカンドリームを達成させてくれたのだ。

なぜ黒人や合法的移民には同じことができないのだろう、と、ハーディーは思った。一九七〇年代、彼が工場で働きたくて就職活動をしていたころには、「一定数の黒人を採用しなければならないから」という理由で門前払いを食らったことがあるという。ほんとうだろうか、と、わたしは思った。企業が白人の求職者を不採用にするときの口実としてそう言っただけではないのか。ハーディーは、自分は人種差別主義者《レイシスト》ではなく、ただ、黒人や外国人を優遇する措置を好ましいとは思えないだけだと言った。人種によって分断された世界では、人種的偏見がなくても、人種のせいで不利な立場に追いやられることはある。白人なら、工場にいいコネを持つ白人の隣人に助けを求めることができる。黒人はそのようなコネのない黒人の隣人に助けを求める。[17]たぶんそうだろう、と、ハーディーは思っていた。しかし、それは連邦政府がわざわざ首を突っ込まなくても解決できる問題だ。ハーディーは連邦に横槍を入れられたにもかかわらず、自力で出世の道を切り開いていったのだ。

わたしが話を聞いたほかの人たちも同じように感じていた。ただし、もっと強く感じていたようだ。政府主導の〝再分配〟だって？　ふざけるな！　といった具合に。ハーディーの家族はみんな成功した。しかしよその家庭では、金持ちになった者もいれば、酒に溺れて離婚をし、貧困生活に転落した者もいる。家族とは、本質的に、リスクをともなう再分配システムのようなものだ。二〇〇八年の世界金融危機〔いわゆるリーマン・ショック〕のあとも、裕福になった者もいれば、貧しくなった者もいた。このうえ、政府にえこひいきをされたのではたまらない。自由市場を、産業を、フィリップ66社やサソール社のような会社を擁護する立場を貫いてもらったほうが気分がいい。

ジンダル州知事が産業を誘致するための優遇策に一六億ドルを投じたこと[18]についてはどう思われますか。「いいアイデアだと思います」と、ハーディーは言う。確かに、相手は世界有数の企業で、ルイジアナは貧しい州だ。[19]「しかし、テキサスではなくルイジアナに来てもらうためには、好条件を提示する必要があるんです」と、彼は説明する。「そうすれば、うちの孫がここでいい仕事につけますからね！」国としては、サソール社がヒューストンにあってもレイクチャールズにあっても問題ないが、ボブ・ハーディーと彼の息子や孫にとっては、大きな違いなのだ。

汚染については、ハーディー市長は、それは過去の問題だととらえていた。「前には、煙突からいろいろな悪いものを出していました」彼は言った。「しかしいまは環境保護庁がガスフレアの排出規制をかけています」がんについては、主として遺伝性の疾患だと考えているという。「わたしの父は生涯、工場の内外で働いていました。わたしも、きょうだいも息子もそうですが、がんにかかった者はひとりもいません。結婚式でわたしの付添人を務めた男性も、やはり工場の内外で暮らしてきました。その人はがんになりました。お兄さんががんで亡くなり、いとこもがんにかかったそうです。遺伝ですよ」だが、市長はこう付け加えた。「確かに深刻な問題が起きている地域はありますよ。ここの東にね。バトンルージュとニューオーリンズのあいだです。あそこでは化学物質が原因でがんが多発しています」

りっぱな学校や公園は必要か

ウエストレイク市とレイクチャールズ市は、どうすれば新たな働き手を引きつけることができるだろうか。地域への影響を調査した三四七ページの研究報告書はそう問いかける。この研究はサソール社が大半の費用を負担して実施されたものだ。「家族ごと採用するのはむずかしいかもしれない」と、報告書は言葉を濁して書いている。「一般にルイジアナ州南部は、メディアに描かれるイメージどおりの土地と受けとめられているからだ」地域外から、化学者やエンジニア、物理学者といった専門家を採用するには、町の「生活の質を向上」させる必要がある、と。

そのためには、最高水準の公立学校、革新的な美術・音楽プログラム、りっぱな公園、舗装されたばかりの歩道、遊泳できる水のきれいな湖、開館時間の決まっている、好奇心を刺激してくれるような博物館を備えて、誰もが住みたくなるような町にしなければならない。レイクチャールズには、歴史を誇る美しい地区があるが、最近、市当局がその真ん中にモバイル通信用の大きな鉄塔を建てる許可を与えてしまった。公共用水については、二〇一四年の初夏にルイジアナ州(保健局の)住民健康課が「自己責任において遊泳」してほしいとの勧告を出したことから、住民たちは、雨が降ったときには下水道からあふれた水や汚染された雨水が地元の川や湖や沼に注ぎ込む恐れがあること、手に傷があってまだふさがっていないときには地元の水に浸さないほうがよいことを知った[20]。

前述したように、ジンダル州知事は学校や公園や公害防止に使うべき予算を削減した。二〇一五年までに、州内の二八校の公立大学に給付されていた助成金が大幅に減額された。ルイジアナは長いあいだ、学生ひとりあたりの公的教育費では、全五〇州のうちで四六位だった。ルイジアナ州高等教育調査委員会(州の大学評議会が組織した委員会)によれば、二〇〇八年以来、ジンダル知事は高等教育の予算を総計八億ドルも削減し、その結果、多くの授業科目や教育プログラムが廃止され、教員八五四名、その他の職員四七三四名が解雇されたという。学生たちは混乱の渦に投げ込まれ、多くの教員が新たな働き口を探すはめになった。突然、米国トップクラスの頭脳を迎え入れることができなくなってしまったのだ[21]。州民から、激しい抗議の声が上がり、ようやく知事は公的教育費をいくらか増額した——そして住民の保健と環境保護にかかわる費用を削減したのだった。

研究報告書は、財政難の公立学校については、「在籍生徒数を増やすため、学区の見直しをする」ことを提案している。そして、ルイジアナ州は「人種差別撤廃命令の停止を見直し、代替措置を検討」すべきであると[22]、事務的に付け加えている。私企業の費用で作成されたこの報告書は、これからサソール社が入り込もうとしている町に対し、おまえたちの公共セクターは情けないぞと言っているのだ。人種差別のない、第一級の学校を用意してもらわなければ困る。ひび割れていない歩道も。水のきれいな湖も。州外から才能ある人材を民間セクターに引っぱってくるには、公共セクターが充実していなければならないことがわかった。しかしティーパーティーの支持を受けて二期連続当選を果たした州知事は、すでにそのための予算を大幅にカットしていたのだった。

ハーディー市長は、より美しく、よりレベルアップしたウエストレイク市に新たな転入者を迎えるため、なんとかしてサソール社から資金を引き出そうと懸命に交渉していた。しかし相手のほうが何枚も上手であることがわかった。サソール社は産業用水が必要なので、ウエストレイク市に新しい井戸を掘ってほしいと要求してきた。だが資金は二五パーセントしか出さず、あとの七五パーセントはルイジアナ州が負担することになった。重機の運搬ができるよう、道路を再舗装する費用については——事実上、そのような重量車両を走らせるのはサソール社だけなのに——州と郡と市が(助成金を使って)九〇パーセントを支払い、サソール社が一〇パーセントを支払った[23]。地域への影響に関する研究報告書は、ウエストレイクとレイクチャールズに一級の公共セクターの整備を求めたが、ジンダル州知事はすでに予算を徹底的に削減していた。ウエストレイクは〝かわいそうなわたし〟に成り下がってしまった。ハーディー市長はその現実を受け入れまいとして、葛藤の日々を送っていた。

奇妙なできごと

しかし、起工式のスピーチではいっさい触れられなかった事件、わたしが話を聞いた人の大半も忘れている事件は、あの土地のすぐ近くで起きたのだ。米国史上最大規模の化学物質漏出事故である。漏出が発見されたのは一九九四年、コンデア・ヴィスタ社とコノコドックを結ぶ長さ約一・六キロメートルのパイプラインからだった。それより四〇年前に地中に埋設されたもので、バイユーディンドのほとりに暮らすアレノ家からわずか数キロメートルの場所だった。そのパイプは、ジクロロエタンの輸送だけではなく貯蔵にも使われていた。ジクロロエタンは高密度粘土など、多くの物質に浸透することが知られている。漏出は、検知されることなく、一〇年以上の歳月をかけて、徐々に進んだのだ。発見されたときには、ルイジアナ南部特有の〝ブラックジャック・クレイ〟と呼ばれる粘土質の土の中にすでに八〇〇〇～二万トンのジクロロエタンがしみ込んでいたとみられ、科学者たちはそれがシコ帯水層に向かって沈殿しつつあるのではないかとの懸念をいだいた。この帯水層は、ルイジアナ南部の住民七〇万人に飲料水を供給する唯一の水がめだったのだ。[24]

一九九四年、コンデア・ヴィスタ社は除去作業員を雇い、可能なかぎりのジクロロエタン、およそ七二五トンを取り除いた。しかし作業員は、十分な防護装備を与えられていなかった。「彼らはオーバーシューズにブルージーンズという恰好で、シャベルで土を掘っては排水ポンプを突っ込んでいた」ある男性がわたしにそう話してくれた。「防護マスクも着けずにね」ジクロロエタンが呼吸疾患や心不整脈や不妊の原因になりうることを誰も警告しなかったという。多くの作業員が体調不良に陥った。「重い呼吸困難に陥る人が続出したのです」この問題に関わった弁護士が話してくれた。「しかしコンデア・ヴィスタ社の経営幹部は彼らに、ほかの原因で病気になったのだろうと言ったのですよ」[25]

ついに、五〇〇人の除去作業員たちがコンデア・ヴィスタ社を相手取って訴訟を起こした。この問題に関する公聴会には、環境保護活動家たちの小グループが出席していた。そのなかには、あの熱血漢のリー・シャーマンと、リーの妻でグループの会計係を務めていたミス・ボビー、さらにはマイク・トリティコ、ハロルド・アレノ、彼の妻アネットも顔を揃えていたのだった。

やがて奇妙なことが次々に起こりはじめた。弁護士の事務所からファイルがなくなった。グループに新メンバーが入り、リーダーになったかと思うと、会合を開くたびに、やたらと悪事を非難して会をひっかき回しはじめた。とうとう、小グループは混乱して意気阻喪し、解散に追い込まれた。その後は二度と会合が開かれることはなかった。一連の奇妙なできごとの原因がわかったのは、ようやく二〇〇八年のことだ。しかし原因が明らかになったあとでさえ、コンデア・ヴィスタ社の汚れた記憶は消えていった。工場が新しいオーナー――このスキャンダルとは関係のないサソール社――のものとなっていたからだ。

ハーディー市長の車で市庁舎へと引き返す道すがら、わたしは右派の文脈についてさらに理解を深めつつあった。セレル・アソシエイツ社の報告書が提案していたように、企業は摩擦を避けるため、保守的、共和党支持派、カトリック、学歴は高卒以下、活動家ではない人々の多いコミュニティに移ってくるのかもしれない。ウエストレイク市の場合は、まさにそのプロフィールにぴったりの人が公共心あふれる市長だったのだ。ボブ・ハーディーは工場の仕事を通じて、自分の高い知性とリーダーとしての統率力を発見し、尊厳を持つことができた。学校では得られなかったものを手に入れたのだ。工場は管理職として彼に高給を与え、家族全員が同じ土地で豊かに暮らせるようにしてくれた。サソール社など、この地域に進出してくる企業の経営トップがどこに住んでいるかはともかく、ボブ・ハーディーの愛にあふれた大家族と、彼の教会と隣人はみんなここ、ウエストレイクで暮らしているのだ。

ハーディーは、連邦政府にいささかなりとも助けられたことがあったとは思っていない。むしろ政府の差別撤廃政策に道を閉ざされそうになったことがあるくらいだ。しかし産業はハーディーをつらい目にも遭わせた。「ハーディー家は四代にわたってウエストレイクで暮らしてきました。しかしサソール社の事業拡大で、家族の多くの者がここを出ていかざるをえなくなったんです。弟はすでに引っ越しました。息子夫婦は立ち退き先で長年の夢だった家が完成し、引っ越し準備を進めています」

ハーディーの声がやわらいだ。「うちの一族の墓地はサソール社が拡大する予定の土地の真ん中にあるんです。三角形のような形をしていて、そのまわりはいま〝重工業地域〟に指定されています。だからうちの墓地はいずれサソール社に囲まれてしまうんですよ。しかし会社は、われわれが自由に墓参りに行けるようにすると約束してくれました。八六歳で亡くなった祖母があそこに眠っているんです。それから、生後九カ月で死んでしまったうちの娘もね。わたしも同じ墓地に埋葬してもらいたいと思っています」

第7章　州——地下一二〇〇メートルの市場を支配する

そのコミュニティの住民およそ三五〇人は、古くからそこを〝楽園〟と呼んで誇りにしてきた。手入れの行き届いたこぢんまりした家々が、クローフィッシュ・ストゥー・ストリート〔crawfish stew はザリガニのシチューの意〕に面して建ち並ぶ。その裏手には運河が流れていた。バイユーへと続くその水路では、水鳥が大きな翼をはばたかせ、ヌマミズキやヌマスギをめがけて、優雅に水面を飛び立つ美しい光景を見ることができた。ほとんど誰もが舟を持っていて、とっておきの釣り場を知っている。住民同士、仲がよく、茹でたおいしいザリガニをみんなで食べるのを楽しみにしていた。マイク・シャフがバイユーコーンの隣人たちのことを話すときは、ほぼ全員が「ケイジャンで、カトリックで、保守派で、ティーパーティー寄り」だと言っていた。しかしなかでもマイク・シャフは最も熱心だった。ティーパーティーに入党し、会合に参加して、忌憚なく自分の意見を述べていた。サトウキビ畑のショットガンハウスで育ち、石油会社で生涯働いてきたマイクは、できるかぎり政府の税金や規制から遠いところで、ほぼ完全にプライベートな世界に生きていることを実感したがっていた。しかし、マイクのような人たちのコミュニティが、突然、大災害に見舞われた場合はどうするのか。政府の規制を尊重していれば一〇〇パーセント間違いなく防げたような災害に遭ったとしたら？　彼は州をどのように考えているのだろう。なぜ彼がそのように感じるのか、わたしは理解できているだろうか。そんな疑問が頭に浮かび、わたしはマイク・シャフとバイユーコーンの陥没穴《シンクホール》の問題に切り込んでみることにした。

なぜなら、二〇一二年八月に、まさにそのような大災害が起きたからだった。当初、住民たちは水面の一カ所にぷくぷくと小さな泡が立っていることに気がついた。バイユーの水底を通っているガスパイプに穴があいてガスが漏れたのだろうか。地元のガス会社の社員が点検にきて、パイプに問題はないと宣言した。そのとき同時に「石油のにおいがしたんだ」と、マイクは言う。「しかも強く」とたんに、地面がぐらぐらと激しく揺れて、住民たちは仰天した。ルイジアナのこのあたりでは過去、地震が起きたことは一度もなかった。ある女性は「ゴミ収集車から金属製の大きなゴミ収集ボックスが転がり落ちた」のかと思った。彼女はふたりの子を持つシングルマザーで、バイユーコーンから一キロ半ほど離れた場所でモービルホームに暮らしている。最初は、自宅の洗濯機のスイッチが入ったのだと思ったが、もう何カ月も前から故障していたことを思い出した。[1] ある男性は、冷凍ディナーセットを温めて食べている最中に、揺れだしたという。[2] マイクはこう振り返る。「わたしは家の中を歩いていた。すると突然、ふらっとした。一〇秒ほどのあいだ、めまいを起こしたか酔っ払ったみたいに、まったく体のバランスがとれなかった」しばらくすると、居間のカーペットの下のコンクリート床に、ぎざぎざの亀裂が入った。庭の芝生がたわんで、おかしな方向に傾きはじめた。

マイクの家からさほど遠くない場所で、バイユーの下の地面が裂けはじめていた。バスタブの栓が抜かれたように、バイユーの底にできた裂け目が、ぽっかりと〝口〟をあけ、地表の低木や松を吸い込みはじめた。樹齢一〇〇年のヌマスギの巨木がゆっくりと傾き、そのまま、泡立つ水に引きずり込まれ、大きく口をあけた穴にのみ込まれていく。茂みも草地も、舟も沈んでいった。水面に油膜が表れた。それが広がらないよう、清掃作業員がふたり呼ばれて、陥没穴の近くに浮かんだ油のまわりにオイルフェンスを張ることになった。彼らはボートを一本の木に括《くく》りつけておき、作業をするためにボートの中で立ち上がった。しかし木が傾いて流されはじめた。作業員たちは間一髪で救助されたが、ボートは陥没穴の中へと消えていった。(3)

その後数週間のうちに、汚泥が水面に浮き上がってきた。太古から息づいてきた沼沢地の森が、あってはならない奇妙な経緯をたどって、油まみれのヘドロと入れ替わったのだ。石油がじわじわと水面に広がり、そこかしこの土地や水から、天然ガスが噴き出した。「雨が降れば、水たまりがぎらぎら光って泡立つんだ。アルカセルツァー〔水に溶かして飲む発泡錠剤の頭痛薬〕を落としたみたいに」と、マイクは言う。陥没穴は大きくなった。最初は、家一軒の敷地程度の大きさだったが、のちにはフットボール場ほどの面積にまで広がった。二〇一五年には、およそ一五ヘクタールにまで拡大した。ガスをふくんだ汚泥は帯水層にもしみ込み、飲料水の安全性を脅かすようになった。

住民たちは、コミュニティの内外を結ぶ主要道路が沈下しはじめたことに気づき、いずれはここも陥没してしまうのではないかと心配している。氾濫対策としてバイユーの両岸に設けられていた堤防も沈みはじめ、汚泥がここを越えて広がる恐れが出てきていた。

原因と責任の所在

この奇妙な事故を招いた責任は、ヒューストンに本社を置く掘削会社、テキサス・ブライン社にある。名前が示唆しているように〔brine は塩水の意〕、テキサス・ブライン社は掘削によって高濃度の塩〔岩塩〕

を採取し、それを塩素のメーカーに売っている。しかもそれはフラッキングにも役に立つ。テキサス・ブライン社は、バイユーの一七〇〇メートル下の、岩塩ドームと呼ばれる巨大な地下層――目には見えないが、メキシコ湾沿岸地方ではさほどめずらしくないもの――にまで掘り進めていた。(4) 自社のコンサルティングエンジニアの助言に耳を貸さず、危険性を認識していなかった州政府高官の許可を得て、テキサス・ブライン社は、バイユーコーンの下を掘削するという、きわめてリスクの高い方法をとった。会社と州が無視した規制はきちんと法律に明記されている。

発端は、掘削ドリルがナポレオンヴィル・ドームの中にある涙の形をした空洞の壁を突き破ってしまったことだ（ナポレオンヴィル・ドームは幅およそ四・八キロメートル、深さはおよそ一・六キロメートルにおよぶ地下の岩塩層で、石油と天然ガスの層に包まれている。地域の人々にはよく知られているが、外部にはあまり知られていない。民間企業がここを奥深くまで掘って大小の――円柱状、円錐状、キノコ形など、さまざま形の――空洞をこしらえ、その中に化学物質を貯蔵してきた）。

このようなドーム内の空洞の壁を、テキサス・ブライン社の掘削ドリルが貫通し、ゆっくりと悲劇が起きていった。壁が強度を失い、周囲の頁岩《シェール》の圧力を受けて崩れてしまった。(5) そこへ水が流れ込み、木々や茂みを引きずり込んだのだ。ドームの周囲の石油が浮き上がっていった。地盤が揺れた。あちこちで、地面が傾き、沈下した。

この大災害により、たちまち、多くの関心が――わたしもそれまで知らなかった――地下の世界に集まった。そして、規制を忌みきらう文化のルイジアナ州で、地下一〇〇〇～五〇〇〇メートルのところにある一二六カ所の――沖合のものもふくめるとさらに多くの――岩塩ドームに蓄えられた有毒化学物質を、自由市場経済が思いのままにしている実態に大きな疑問が投げかけられた。(6)

ナポレオンヴィル岩塩ドームの中では、活発な商取引がおこなわれていたのだ。石油化学企業の保有する空洞が五三カ所もあり、七社ほどがそうした空洞の中のスペースを貸し出していた。こうした空洞は、石油の掘削やフラッキング、それにプラスチックの製造に使用するさまざまな化学物質を貯蔵しておく貴重な大型保管庫の役目を果たすのだ。テキサス・ブライン社は六つの空洞を貸していた。ダウ・アンド・ユニオンカーバイド社[7]は自社が保有する空洞に、およそ一九万キロリットルのジクロロエタンをポンプで注入していた。自由企業経済が地中にまでおよんでいたことには驚いたが、このような地下貯蔵システムは、メキシコ湾岸地域では、古くから容認されてきた慣行だったのだ[8]。国家石油保留地〔緊急時に備え、開発を保留している油田地域〕も長年、同じような方法で保存されてきた。

それでもわたしは疑問に思った。もしある会社がひとつの空洞に穴をあけて、地面の陥没を招き、水たまりにメタンガスの泡が噴き上がったとしたら、ほかにどんなことが起きるのだろうか。地震が進行中で、ジクロロエタンの充満した空洞が近くにいくつもあるとしたら？　規制というアイデアそのものがまったく尊重されていない文化で、そのような事故が起きたとしたら？

わたしが鍵穴《キーホール》としたテーマは、深さ一二〇〇メートルの地中まで、わたしを連れていってくれた。そして、その穴をたどっていった先にも、大きなパラドックスがあった。ティーパーティーのメンバーたちは、連邦政府を恐れ、蔑み、縮小したがっていたが、同時に、汚染のない安全な環境をも望んでいた。地震が起きて有害物質が帯水層にしみ込んだり、さらに深刻な事態に陥ったりしない環境を……。しかしそこに問題があったのだ。アメリカには、そのような事故を防ぐ仕組みを重んじる文化が必要ではないのか。政府の職員――一セントも投資していない人たち――に、そうした防止策を講じてもらうべきではないのか。マイク・シャフをはじめとする、聡明で思いやりのあるわたしのよき友人たちは、このふたつの願いをどう両立させていたのだろう。

最小限の政府による〝最小限〟の対応

ボビー・ジンダル州知事は、ブルーのシャツとカーキ色のパンツというこざっぱりした出で立ちでヘリコプターを降りてくると、待ち受ける現地当局の職員たちと、陥没事故のあった地域から避難してきた不安げな表情の住民たちのもとへ足早に歩いていった。問題の陥没穴は、いまやバイユーコーン・シンクホールと呼ばれるようになっていた。七カ月経ってもなお、多くの住民は住む家がなく、親戚のもとへ身を寄せるか、トレーラーやモーテルやキャンピングカーで生活していた。あるカップルは、二四時間営業のコインランドリーで感謝祭を祝ったという。ほかに行くところがなかったからだ。州知事の周囲には、髪を短く刈り込んでサングラスをかけた屈強な警備員が何人か、散らばって立っていた。ジンダル知事は片手を差し出して、きびきびと歩いていき、職員たちと挨拶を交わしたあと、しばし頭を傾けて両手を腰にあて、彼らの言葉を聞いていた。それから、シンクホールにほど近い緑の草原に据えられた演壇に歩み寄った。

地面に不吉な穴があいたのは、二〇一二年八月三日のことだ。四カ月後の二〇一二年一二月一六日、ひとりの住民がフェイスブックにメッセージを載せた。

どこにいるんだ、ボビー・ジンダル?????

あなたはわれわれの州のリーダーに選ばれた……バイユーコーン／グランドバイユー……に対し、

［二〇一二年］八月三日、あなたのオフィスは非常事態宣言を出した……ここではいまも小さな地震が続いていて、メタン、ベンゼン、硫化水素の放出が止まらない。このコミュニティは悲惨な体験をし、いまだに悪夢のような毎日を送っている。わたしもほかのみんなもこう思っている。あなたは……このコミュニティの役に立つことを何もしていない、と。(9)

惨事から七カ月後の二〇一三年三月一九日、ジンダル州知事がはじめてシンクホールを訪れた。六〇キロメートルほど北の州都、バトンルージュからヘリコプターで――不満を持つ住民が言うには「たった五分で」(10)――やってきて、集まった人々に言葉をかけたのだ。

背後には、白いシャツを着た職員が立ち並び、前には、疲れきった住民たちがまばらに集まって、腕を組み、知事に対峙していた。ジンダル州知事は事実をちりばめたメモを見ながら、早口で力強くスピーチをした。しゃべるペースの速さから、彼がこの場を制したがっていること、焦りを感じていること、忙しいこと、そしておそらく、深く関わりたくないと思っていることがありありと伝わってきた。ジンダル知事は、州はできるかぎりのことをしていますと、集まった人々に語りかけた。独立したブルーリボン委員会［第三者委員会にあたる機関］を組織する予定です。わたしは全力を尽くす所存です……。

ジンダル知事は準備してきたスピーチを終えると、現地当局の職員にも話をさせ、最後に、落ち着かないようすの住民たちに、何か質問があればどうぞと言った。ある住民は、こんなに州都から近いところなのに、なぜ知事は七カ月も訪ねてこなかったのかときいた。別の人は、知事が現地を訪問すると発表したのは当日の朝九時であったこと、しかもわずか数時間後の午後二時に到着の予定だと知らせてきたことに触れ、知事は七カ月ものあいだ来なかったのに、なぜこんな性急な方法で訪ねてこられたのですかときいた。そもそも、なぜ住民の大半が仕事に出かけている平日の二時に集会を開くと決められたのですか。知事はシンクホールをご覧になったことがありますか[11]。

このころには、住民三五〇人の自宅の敷地が、公式に指定された〝犠牲《サクリファイス》ゾーン〟〔環境破壊や経済破綻などで永久に人が住めなくなった地域〕にふくまれていた。テキサス・ブライン社はもっと早い時期に地質学者を差し向けて、ショックを受けた住民たちに対し、「みなさんは、前代未聞の事態に直面されたのです」と説明させていた。いまも付近の空洞では掘削が続けられている。それが崩壊する恐れはないのでしょうか。ガスの漏出や地震はいつになったらやむのですか。ブルーリボン委員会が調査することになります、と、州知事は答えた。

手を貸しあって堤防修理

わたしはマイク・シャフの家へ向かった。〔ハイウェイ七〇号線を西から東へ走って〕ガンボ・ストリートで右折し、ジャンバラヤ・ストリートを左に見て直進し、ソース・ピクアンテ・レーンで左に曲がり、クローフィッシュ・ストゥー・ストリートに入ってから、二階建ての黄色い木造家屋の向かい側に車を停めた。通りはがらんとしていて、草が高く伸びていた。庭には、温州みかん、グレープフルーツ、マンゴー、イチジクなどの果樹が植えられているが、枝には収穫されないままの実が下がっていた。

「草が伸び放題ですまないね」マイクはそう言って挨拶をした。オレンジと赤の縞模様のTシャツにジーンズ、ブーツを着けている。筋肉のついた腕をさっと上げて、剪定していないバラのアーチを指さした。「庭の手入れをしていないもんだから」マイクはコーヒーとクリームと砂糖を用意し、お土産にと言って、瓶詰めの桃をテーブルに置いた。

「わたしの人生では、いちばん長い六カ月間だったよ。正直言って、すっかり気が滅入ってしまった」と、彼は言う。「わたしは五年前にバトンルージュから引っ越してきたんだ。新しい妻と暮らすためにね」マイクはコーヒーを注いだ。「いまはそこらじゅうでメタンガスが噴き出していて、安全じゃなくなった。だから妻はアレクサンドリアに戻って、そこから通勤している。わたしたちは週末に会うんだ。孫も来ない。誰かがマッチを擦りでもしたら困るからな。この家が吹っ飛んでしまう」

夜はよく眠れないという。ガレージにガス検知器を取り付けて、ときどきチェックしている。「会社はうちのガレージに穴をあけて、下にガスが溜まっていないか確認しようとした。案の定、溜まってた。通常より二〇パーセントも高い値が出たんだ」マイクはマッチを使うのをやめた。積み上がった段ボール箱のあいだで毎日を暮らし、隣家の敷地を絶えず見張っていて、野良猫が迷い込まないか監視しているという。

州知事はバイユーコーンの住民全員に避難指示を出したが、マイクはここを離れる気になれなかった。「わたしがここにいるのは、空き巣から家を守るためだ。かなりたくさんの家がやられてる。それに、残っているほかの人たちとつながっていたいんだ」そう言ってからしばらく黙り込み、マイクはこう付け加えた。「ほんとうはここを離れたくないんだよ」

「あれを見てくれ」彼が指さした先を見ると、丸めたカーペットのそばのセメント床にぎざぎざの亀裂が入っていた。「地震のせいだよ。陥没事故の前には地震が起きたことなど、一度もなかった。庭の芝生からメタンガスが出てくるなんてこともね」

コーヒーを飲んだあと、マイクはわたしを裏庭の端へと案内し、いまも自分の生活が変わりなく続いているかのように、現在時制で話を続けた。「ここは近所の人を招《よ》んでザリガニ・パーティーをする場所なんだ」運河の対岸に建ち並んだ家でも、パティオに網焼きグリルが置かれているのが見えた。ここから声をかければ聞こえる距離だ。しかしいまでは、と、彼は言う。「あそこにはもう、ジャネットとジェリーは暮らしていない。トミーもニッキー夫婦もいなくなった。ミスター・ジムも」マイクはあたりを指し示した。「どっちを向いても、テキサス・ブライン、テキサス・ブライン、テキサス・ブライン……。今度の月曜で八八週になる。いまここに残ってるのは、わたしとトミーと、ビクター、ブレンダの四人だけだ」テキサス・ブライン社が近隣の家を買い取ろうとして、価格交渉を続けているのだという。

結束の固いコミュニティだった。誰もが釣りと狩猟と野生生物を愛し、保守の政治を好んでいた。美しい妻とは、結婚して五年になる。マイクにとっては三度目、妻にとっては二度目の結婚だった。まさかこんな目に遭うとは、夢にも思っていなかった。「ここには結びつきの強いコミュニティがある」彼は姿の見えない友人たちをわたしに紹介するかのように、腕で弧を描いて周囲を示してみせた。「マルディグラだって自分たちで祝うんだ。〝ミス・エディのバードハウス〟でパーティーを開いてね」ミス・エディの夫は愛鳥家で、野鳥のために小屋を建てたが、近所の人たちは鳥の声がやかましいと思っていた。彼が亡くなったあと、夫人がその小屋を改装して、ジェットバスとストロボライトを備えたパーティーハウスにしたのだという。「洪水のときには、おたがいに手を貸しあって堤防を修繕する。ビールを二、三本飲んでるあいだに片付くんだよ」彼は笑う。「それが楽しいんだ」

バイユーコーンから避難したほかの住民たちにインタビューしたときも、みんなが同じことを言っていた。ニックという名の男性は、バイユーコーンでおこなわれたマルディグラ・パレードの写真を見せてくれた。飾り立てた自転車に乗る子供たちや、華やかな飾り付けをしたゴルフカートやボートトレーラーに乗った隣人たちがパレードをするようす、通りで――年によってはバンドの生演奏に合わせて――踊る参加者たちの姿が写っている。「釣りコンテストも開催したものさ。獲物の総重量がいちばん重かった人が優勝だ。最後はフィッシュフライ・パーティーで盛り上がる」

マイクは、たとえ政府が人々を助けるとしても――彼はあまり期待できないと思っているが――コミュニティの心を傷つけるべきではないと感じている。彼は緊密な血縁関係の中で育った。おば、おじ、いとこ、祖父母がみんなアーメリーズ農園に住み、たがいに歩いて行き来できるところで暮らしていた。六〇歳を過ぎて、自分が子供のころに知っていたような、住民が仲よく助けあって生活しているコミュニティで暮らすことができ、マイクは幸せだと感じていた。

ガレージに何時間も閉じこもり、二座席の小型飛行機、ゼニス701をキットから組み立てる作業に没頭できる男、自分を〝引きこもり〟と称する男は、このようなコミュニティに元気づけられた。バイユーコーンの社交性が、殻にこもりがちなマイクを引っ張り出してくれたのだ。マイクが望んでいたのは、単なる政府の不在だけではない。あたたかくて、助け合いの精神に満ちあふれた集団の中にいるという感覚だったのだ。(12) マイクは政府にそれを取り上げられたと感じていた。

この土地への愛着もあった。ハーディー市長がウエストレイクを愛しているように、マイク・シャフもバイユーコーンを愛していた。サソール社の拡大がハーディー家の土地に食い込んだように、テキサス・ブライン社はマイクの家を奪った。しかし、違いがひとつある。ハーディーの家族は十分な立ち退き料をもらったし、彼の自宅は損害を受けていない。それにハーディー自身は産業を隣人として暮らすことに異存はない。だがマイクの自宅は目に見えない形で破壊され、彼が愛したコミュニティはちりぢりになり、住民たちはミシシッピ州やテキサス州、ルイジアナ州内のよその土地へ引っ越していった。

マイクはボート小屋の中へ姿を消し、すぐにボートを後退させて運河へ出してきた。わたしは中に乗り込んだ。ボートがエンジン音を立てて息を吹き返し、運河からより広いバイユーへと出ていった。枯れたヌマスギの黒っぽい幹をよけ、ヌマミズキやベニカエデの枝から垂れ下がる、ずたずたに裂けた古い毛皮のコートのようなサルオガセモドキの葉の下をくぐっていった。やがて低い橋の下を抜けると、速度を上げ、広々とした川面へと出ていった。「このあたりでは、バスやナマズ、ホワイトパーチや、ホワイトクラッピーなんかの小魚が釣れる――少なくとも、前は釣れたんだ。いまかい？　メタン風呂の中を泳ぎまわってるよ」

遠くのほうに、ヌマミズキの灰色の幹に釘で留めた赤、白、黒、黄色の看板が見えた。「危険。立入禁止。可燃性ガスあり」と書かれている。波立つ水面に警告板が映って揺れていた。泡が小さな同心円を描いて噴き上がっては、小さな虫のように外側へと消えていく。マイクはそれを指さした。「メタンだ」

噂、パニック、非難

シンクホールが出現したあとには、犯人探しがはじまり、次から次へとめまぐるしく責任転嫁がくり返された。まず、テキサス・ブライン社が母なる自然のせいにした。州政府関係者も、この地域はもともと地震が起きやすかったのだと言ったが、それは真実ではなかった。するとテキサス・ブライン社は、ナポレオンヴィル岩塩ドーム内のスペースを借りていたオクシデンタル・ケミカル社の責任であるとして、訴訟を起こした。やがてテキサス・ブライン社と契約していた保険会社が、非はテキサス・ブライン社にあると言い出し、保険金の給付を拒否した。すると今度は、テキサス・ブライン社がその保険会社を訴えた。訴訟合戦はさらに拡大した。クロステック・エナジー・サービシーズ社は、陥没穴からわずか五〇〇メートルほどのところにある隣のスペースを貸し出し、ここに九四万バレルに相当するブタンガスを貯蔵していた。これまでどおりにビジネスを続けたかったクロステック社は、陥没事故によって事業の拡大が妨げられ、賃貸を希望していた企業との保管契約が結べなくなったとして、テキサス・ブライン社を訴えた。二〇一五年、テキサス・ブライン社はさらに別の企業、オクシデンタル・ペトロリウム社を相手取って、一億ドルの損害賠償を求める訴訟を起こした。オクシデンタル・ペトロリウム社が一九八六年に、問題の空洞のすぐ近くで掘削工事をしたために空洞の壁の強度が損なわれ、二〇一二年の大惨事につながったというのだ。[13] そんなふうに責任のなすりつけあいが続いた。

その間も、疲れきった避難者たちは、いまだに親戚の家の空き部屋に寝泊まりさせてもらったり、トレーラーやモーテルで暮らしたりしながら、仮住まいから通勤し、メール交換やインターネットやテレビのニュースを通じてつねに新しい情報を入手しようとしていた。気がかりな噂も飛び交った。貯蔵されているガスに引火すれば、火災旋風が起きるのではないか。地震のせいで、危険な化学物質が貯蔵されているほかの空洞の壁が崩れはしないか……。デンバーに拠点を置くエグザミナー・コムというウェブサイトでは、危機感をいだいたライターが、「広島や長崎に投下された原爆一〇〇発分以上に相当する威力の」爆発が起きるのではないかと書いた。[14] 冷静かつ合理的な対応を求める声もあがった。不安をかき立てるような話題から少しのあいだ距離を置きたいと思ったのだろう、バイユーコーンの自宅にとどまっていたある男性がフェイスブックにこう書いた。「パティオの家具にペンキを塗る作業中、ちょっと手を休めた一時間ほどのあいだに、うちの桟橋からこんなかわいらしいのが八匹も釣れた〔魚の写真入り〕」

〝シンクホール・ビューグル〟という名のウェブサイトには、会社と政府の両方を非難する投稿がいくつか寄せられたが、最も深い憤りは政府に向けられていた。〈ケイジャン・キャビンズ・オブ・バイユーコーン〉という宿泊施設を経営するデニス・ランドリーは、州の天然資源局がテキサス・ブライン社の貯蔵スペースに問題があることを「何カ月も前から」認識しながら、地元当局に通知していなかったと、事実を正確に指摘した。「わたしは猛烈に腹を立てている……ルイジアナ州天然資源局に裏切られた気分だ」[15]と。ある男性はテキサス・ブライン社のほうが「責任を押しつけられた」のだとまで言ってのけた。

倫理にもとる仕事

なぜエネルギー災害の避難者たちが州政府にそれほどの憤りを感じるのか、次第によく理解できるようになってきた。まず、二〇〇四年から二〇一四年にかけて天然資源局長を務めたスコット・アンジェルが、空洞の壁が弱くなっていたことを知っていながら、テキサス・ブライン社に掘削許可を与えていたことがわかった。アンジェルは事故後まもなく別の部署に異動になり〔事故の五日後、公共事業委員に立候補するため辞任〕、いまは州知事選に立候補しようとしている。マイクにとってはぞっとするような話だった〔アンジェルはのちに落選した〕。

確かに、空洞に関する規制はゆるかった。似たような事故が過去に何度か起きていたが、アレノ夫妻が直面した構造的忘却のように、誰もがそれを忘れていたか、記憶していても重要視してこなかったのだ。エネルギー会社がこれらの空洞やその中の貯蔵物の価値を過少申告し、過少課税を受けていたことも発覚した。問題は、州政府が大きすぎることでも介入しすぎることでも、支配しすぎることでもなかったのだ。わたしには、州政府はかろうじて存在している程度にしか見えなかった。

それよりも、産業界、政府、それぞれに対して期待するものが異なっていたのだ。わたしが話を聞いた人たちは、企業は金を儲けるのが仕事で、株主に恩義があるので、彼らが非難を受けないよう事前に手を打とうとするのはわからなくもない、と言っていた。しかし州政府は州民を守るために給料をもらっているのだから、さらに多くを期待されて当然だという。それでも、被害者たちはテキサス・ブライン社に驚くほど傷つけられたと感じていた。ひとりひとりの痛みにもっと寄り添ってほしかったのに、裏切られたと感じていたのだ。「陥没事故のあと、わたしたちがどうしているか、会社の幹部がようすを見にきたことはありませんでした。賠償金を払って、一カ月以内に立ち退くようにとだけ言ってきたんです」不当な扱いを不満に思う避難住民のひとりはそう語った。「持病を持つ八三歳のお年寄りが、もう少し立ち退きの期限を先延べしてもらえないかときいたら、テキサス・ブライン社は「いいですよ、じゃあ一週間延ばします」と答えたんです」テキサス・ブライン社にとって、そんなことはどうでもいいのだ。お金のことしか頭にないのだ。マイク自身もテキサス・ブライン社に対する複雑な気持ちを吐露していた。コミュニティで会合が開かれたとき、彼ははじめに、テキサス・ブライン社からやってきた責任者に温州みかんの入った袋を差し出し、「中に剃刀が入ってたりはしませんから」と冗談を言った。「わたしは笑ったが、その男はにこりともしなかった」被害者たちは、テキサス・ブライン社の担当者には「ハートがない」と言って腹を立てた。しかし彼らに軽蔑されたとは感じなかった。これに対し、州政府の職員たちのほうは、腐りきった上層部に追随する無気力な輩《やから》としか見えず、彼らが乗ってきた誰もがうらやむSUV車は、「わたしの税金で買ったものだ」と思われていた。

全般的に、ルイジアナ州政府は、州民を守る義務をどこまで果たしてきたのだろうか。環境保護庁の監察総監による二〇〇三年の驚くべき報告書がその答えを提供してくれる。この報告書では、米国を六つの管区に分け、各管区内の州ごとに、連邦政府の政策施行を評価している。ルイジアナ州は、第六管区のすべての州の中で最下位にランクされていたのだ。ルイジアナでは、企業に報告書の提出を義務づけていなかった。危険廃棄物処理施設のデータベースも間違いだらけだった。ルイジアナ州環境基準局(この名称にはもともと〝保護〟という語がついていない)は、多くの企業が〝法令を遵守〟しているかいないか、把握していなかった。対策が後手後手にまわった結果、一六の施設に、正式な認可を得ずに原料物質をルイジアナの河川に投棄することを許した。また、多くの工場について、検査の実施を怠っていた。企業が法令を遵守していないことを知った場合も、罰金を科さず、科した場合も徴収していなかった[16]。監察総監は、「現状では、ルイジアナが人々の健康と環境を効果的に守るプログラムを進めていると、確信をもって国民に報告することはむずかしい[17]」と結んでいる。

なぜこれほど低い評価になったのか。理由は三つだと、監察総監は書いている。自然災害、低予算、それから、「産業が州当局に守られてしかるべきだと考える文化[18]」である、と。資金不足の原因は、環境保護費が減額されたことにある。二〇一一年には州予算の三・五パーセントがこれに充当されていたが、二〇一二年には二・二パーセントに削減されていた。鋭敏な監察総監は、州が過失により、徴収ずみの税から一三〇〇万ドルほどを石油・ガス会社に「還付」していた事実を突き止めた[19]。産業びいきの「文化」については、何かにつけて許可がたやすく下りる傾向が見られた。州政府のウェブサイトによれば、一九六七年から二〇一五年七月までのあいだに、廃棄物の投棄など、環境に影響する行為に関わる許可申請が八万九七八七件も提出されていた。このうち、却下されたのはわずか六〇件――〇・〇七パーセント――だった[20]。

州の報告書のなかにも、奇妙な科学を反映したものがある。地域別の環境汚染の程度を比較するのに、検出基準が場所によって高めに、あるいは低めに設定されていたのだ[21]。二〇〇五年にカルカシュー河口域でおこなわれた調査では、科学者たちが、六歳から一七歳までの子供がこの水域で泳ぐのは危険だが、〝六歳以下の子供〟にとっては危険ではない[22]という、わけのわからない結論を出している。このような報告書は文意がわからず、ほぼ判読不能でもある。ある報告書の一文は、その典型例だ。「非検出と報告された分析は、スクリーニングツールとして利用された比較値よりも高い検出下限を使って分析された[23]」

州はしばしば、単純に保護基準を下げていた。その驚愕すべき一例を挙げておこう。ルイジアナ州保健局は、他局の職員に対し、食べても安全とする魚について、公にどのように発言すべきか助言をしていた。二〇一二年二月に発表され、二〇一六年五月現在もオンラインで公開されているこの報告書は、州のひとつの部局者が、べつの部局者のために書いたものだ[24]。「発がんスロープファクター〔体重一キログラムあたり一ミリグラムの化学物質を生涯にわたって毎日経口摂取した場合の過剰発がんリスク推定値〕」なるものについて背筋が寒くなるような説明をしたあと、報告書は淡々と、釣りを楽しむ人向けに、汚染された魚の調理方法を助言する。「ベンテンウオは、脂身と皮をこそげ取る。カニの場合は中腸腺〔いわゆるカニみそ〕を取り除く。そうすれば、汚染物質の量が減る」のだそうだ。オーブンで焼く、茹でる、網焼きにするといった調理法もよい。なぜなら「脂を落とす」ことができるからだ。「脂をふくむ肉汁は

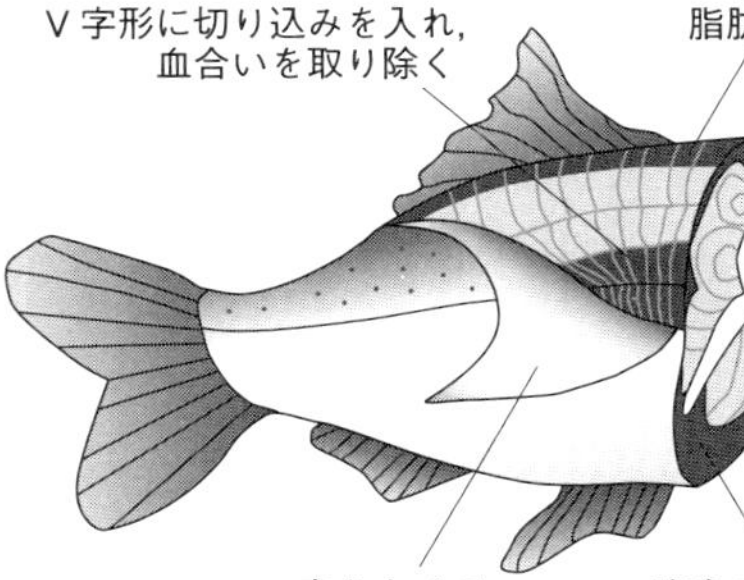
背中側の
脂肪を取る
皮をすべて
取り除く
腹身の脂肪を
そぎ取る

レクリエーションとして釣った魚介類にふくまれる汚染化学物質に関わる公衆衛生上の助言をおこなうにあたっての手順書

……曝露を減少させるために(25)」捨てること。「しかし水銀などの重金属は、魚介類の可食部組織に浸透するので、火を通したのちも残留する」と、報告書は科学文書らしい無表情な文体で説明する。

報告書の内容はショッキングだが、ある意味、厳然として筋が通っていた。もし企業が汚染した水を浄化する費用を負担せず、州政府も企業にそうした償いをさせず、貧困が永遠に解消されないのであれば――なかには魚を釣って毎日の食卓に載せざるをえない人たちもいるので――しようがない、水銀漬けの魚の皮を剝いで脂身を取り除き、網焼きにして食べてください、というわけだ。少なくともこの文書を書いた人は率直に、大きなパラドックスに対するおぞましい解決策を示したのだ。「お困りのことがあるんですか。慣れてください」と。

マイク・シャフはこの助言については何も聞いていなかったが、わたしが説明すると、首を振った。「まただ。政府はひどいことをする。なぜ給料を上げてやるんだ？ 天然資源局のスティーヴ・シュルツ局長がいい例だ。シュルツが州の職員になり、われわれルイジアナの納税者のために働きだしたころの年収は三万ドルくらいだった。たぶん、どうにか家族で暮らせる広さのモービルホームか、家具付きの小さなアパートが買えたくらいだろう。そのうち昇給があって、どこかのしゃれた分譲地へ引っ越した。たとえば、環境保護のための予算を増やしたとしよう。するとシュルツの年俸が一五万ドルから一

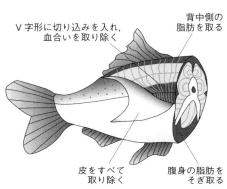

九万ドルに上がるんだ。シュルツに金をやればそれだけ、あいつはジンダルと石油会社に楯突けなくなる。わたしの目には、収入の高くない公務員のほうが、献身的に仕事をしているように見えるね」

マイクの考える〝献身〟のお手本は教会にあるようだ。別の日に訪ねたときには、彼はわたしを赤いトラックに乗せて自分が通ったカトリック教会の小学校へ連れていってくれた。通りをはさんで向かい側には、マイクが堅信を受けたカトリック教会があり、隣には、彼の両親と母方の祖父母が眠る墓地があった。マイクは、シスターに黒板消しを歩道に打ちつけてはたきなさい（そうすれば神が報いてくださるでしょう）と言われたことを覚えていた。しかしついでにこうも言い添えた。「シスターたちは、すばらしい教師で、慎ましい暮らしをしていた。公務員はみんなああいうシスターのようでなきゃいけないと、わたしは思う」多額の報酬を税金から得るべきではない、と。しかし公務員の仕事にはほとんどなんの魅力もなく、優秀な人材を引きつけるのがむずかしいことは、彼もわかっている。別の日に訪ねたときには、「わたしだったら、とてもあんなふうには生きられない」と告白していた。

バイユーコーンの惨事のことを考えながら、わたしはなおも首をかしげていた。マイクはコミュニティを維持したいから、自由市場の世界を歓迎するという。しかし、市場の自由が完全に保証された世界と、地元のコミュニティとがうまく共存できるものだろうか。そもそもルイジアナは、すでにほぼ純粋な自由市場を基盤とする社会になっているのではないか。ジンダル州知事は、自由市場と小さな政府を擁護する。マイクもまさにそれを決め手にして、彼に一票を投じたのだ。ジンダルは公共サービスを削減し、環境保護費を減額して、産業びいきの〝保護策〟を打ち立てた。州政府は、バイユーコーンの住民を守る機能をまったく果たさなかった。そして一部の住民の頭の中では、州政府が陥没事故の責任の大半を引き受けることになった。ちょうどリーがバイユーディンドを汚染したピッツバーグ板ガラス社の責任を引き受けたように。

地下一二〇〇メートルのナポレオンヴィル岩塩ドーム内の貯蔵スペースから、州当局が推奨する水銀漬けの魚の調理法にいたるまで、大きなパラドックスを追いかけて、さまざまな側面を探索したわたしは、よい政府のあるべき姿がはっきり見えたと思った。しかしわたしの新しい友人、マイクは、汚染された魚の処理方法を助言したところに、より小さい政府のあるべき姿をはっきりと見ていた。

わたし自身にも、連邦政府のすることに批判はある。たとえば、過剰な監視をしていること、イラクでの開戦を宣言したこと、二〇〇八年の世界金融危機の裏でウォール街の投機家にしたい放題をさせていたことなど。しかしわたしの批判は、よい政府とはこうあるべきとの信念に根ざしたものだ。

マイクが桟橋にボートを横付けにし、わたしたちは彼の自宅に戻ってダイニングルームのテーブルについた。マイクは、社会保障制度《ソーシャルセキュリティ》やメディケアは必要ないと言っていた。「たとえば、ソーシャルセキュリティの保険料を支払わずにすんだとしてごらん」と、彼は言う。「きみもわたしもその金を自分のために投資して——二〇〇八年の景気後退のときにでもね——いまごろは大金持ちになっていたかもしれないんだ」

国の教育省だっていらない（各州にまかせておけばいい）、とマイクは思っている。内務省も不要だ（公有地は民有化してしまえばいい）と。しかし、テキサス・ブライン社は、バイユーコーンの公共用水域を、まるで会社が保有しているかのように扱ったのではないのか。マイクはそんな事態がさらに進むことを望んでいるのか。わたしは自分が共感の壁のこちら側で立ちすくんでいるのを感じた。そこで、異なる角度から質問を試みることにした。

「連邦政府がしてくれたことで、何かありがたいと思ったことはある？」

彼はしばらく黙っていた。

「ハリケーン復興支援」また黙り込む。

「I-10（連邦が建設した州間高速道路）」と言い、また長い間があいた。

「うん、あとは失業保険だな」一時、世話になったことがあったのだ。

食品医薬局の監察官が食品の安全性をチェックしてくれることは？　とわたしはきいた。

「ああ、それもだ」

「郵便局は？　ゼニス701の部品を配達してくれたわね？　あなたはあれに乗ってバイユーコーン・シンクホールの上を飛んで動画を撮影した。それでYouTubeに投稿したのよね？」

「あれを届けてきたのはフェデックスだ」

予備役将校として服務した軍隊は？

「ああ、そうだな」また沈黙。

そんなふうに確認していった。これは必要だ、あれは必要ない。ほかの人へのインタビューも同じように進み、同じように長い沈黙をともなった。

州予算の四四パーセントをワシントンDCが負担していることについては、どう考えているのだろうか。マイクは自分の心の中を探っていた。「大半はメディケイドに使うんだ。受給者の少なくとも半分か、それ以上の人が仕事を探していない」

「そういう人を何人か知ってるの？」

「もちろんだ」と、彼は答える。「責めはしないよ。わたしが知っている人のほとんどは、利用できるかぎりの政府のプログラムを使っている。そのうちのいくらかは自分の払った税金でまかなわれてるんだからね。制度があるんなら、使わない手はないさ」別の日に訪ねたときには、マイクは事故に遭いかけて助かった話をしてくれた。新妻とそのふたりの娘といっしょにボート乗りを楽しんでいたとき、ものすごい嵐に遭った。モーターが動かなくなり、ボートが激しく揺れた。「はじめ、娘たちは大喜びできゃあきゃあ騒いでいた。だがそのうち、静かになった。転覆しかけたんだ。運よく、沿岸警備隊が見つけてくれて、岸まで引いていってくれた。隊員の姿を見たときにはほっとしたよ」マイクは言い、「ちゃんと救命ベストを持っているか確認もしていった。あれはよかったな」

効率よく機能しているときの政府は、どんなイメージだろう。詮索がましい兄か（救命ベストを備えているか点検してくれた沿岸警備隊）？　遠隔操作をしてくる兄か（州教育局ではなく連邦教育省）？　えこひいきをする悪い親か（差別撤廃措置）？　玄関前でしつこく金をせびる物乞い（税金）？　そのすべてだろうが、ほかにもある。一九六〇年代のバークレーのヒッピーたちが「消費主義を超越」し——たとえ親の財力に依存したうえでの「超越」であったとしても——愛や世界の調和という高い理想を体現したことを誇りに思ったように、マイク・シャフやティーパーティーの支持者たちは、「わたしは政府とそのサービスを超越」し——たとえそのサービスをたくさん利用していようとも——自分たちの高い理想を世界に示したのだ、と言っているように思える。つまり、いろいろな一面のある政府だが、妙なステータスシンボルとしても機能するのだ。政府に依存する度合いが少なければ少ないほど、社会的地位は高くなる。その昔、社会学者のソースタイン・ヴェブレン（一八五七—一九二九）も、貧困からの距離は名誉につながると述べている。(26)

マイクが政府を蔑む理由をすべて書き出してみよう。コミュニティを追い出したこと。個人の自由を剝奪したこと。住民を守らなかったこと。職員がシスターのような生活をしていないこと。連邦政府が州政府に輪をかけて強大で、遠くて、信頼に値しない存在であること。マイクの住む地域には、忍耐強くて適応力に富む文化があった。魚が水銀に汚染されているなら、血合いを切り取って、白い身だけ食べればいい、と考えるような土地柄だ。後述するように、のちにマイク自身がこの適応の文化に異を唱えるようになる。

しかしこのほかにも、マイクの政府ぎらいを助長しているものがあった。やがてわたしは行く先々でそれに遭遇することになった。政府について話をする人は、怒りをあらわにする。気持ちを前面に出してくる場合もあれば、それとなくほのめかす程度のこともある。だが連邦政府は、われわれを差しおいて、労働者から搾り取った金を怠け者に与えている、という点では共通していた。善人から奪ったものを悪人に与えている、といわんばかりなのだ。社会階層には言及せず、黒人のことをできるだけ遠まわしにぼかして話そうという細やかな気遣いはするが、不安をまじえてイスラム教徒の話をするときには、あからさまにずけずけとものを言う。これらのグループのあいだで危険な火花が散る場所があるとすれば、それは、地元の社会福祉事務所かもしれない。公的扶助の受給対象者に、連邦政府の給付金が支払われる場だからだ。こうした制度には、ルイジアナ・ヘッドスタート〔低所得者層の未就学児を対象にした教育支援〕、ルイジアナ家庭自立一時扶助制度〔日本の生活保護制度にあたる〕、メディケイド、国のスクールランチ・プログラム〔昼食を持参しない低所得者層の児童に食堂でランチを無料または割引価格で提供する〕、国のスクールブレックファスト・プログラム〔遠距離通学をする児童や低所得者層の児童のための朝食サービス〕、州の母子特別補助的栄養プログラム〔出産前後の低所得者層の女性と、栄養状態に問題のある五歳までの乳幼児を支援する〕などがある。リベラル派は、受給者を「気の毒」だと思ってあげようと呼びかけるが、それは、東西海岸の都会に暮らすリベラリストが自分たちの感情ルールを、より古い考え方をする南部や中西部の白人キリスト教徒に押し付けようとしているにすぎないというのだ。わたしには彼らが壁の向こう側にいるように感じられた。わたしが目にしている不満は、ある程度は、社会階層間の争いから来るものなのだろうか。誰もがまさかと思うようなところ(政府の領域)で、リベラル派には思いもよらないグループ間(中間/ブルーカラー層と、貧困層とのあいだ)にそのような軋轢が生じているのだろうか。それが右派の怒りの炎に油を注ぐ役目を果たしているのか。そうした闘いでは、右派の目には、連邦政府が一丸となって、誤った――裏切り者の――側に加勢しているように見えるのだろうか。マイクはそう感じているらしく、のちに二〇一六年の大統領選挙の話が出たときには、冗談めかして、自分はどうしてもメンシェビキ(ヒラリー・クリントン)やボルシェビキ(バーニー・サンダーズ)に投票する気になれないのだと言っていた。

別れ際、マイクはテーブルの上に置いてあった桃の瓶詰めを持たせてくれた。わたしはクローフィッシュ・ストゥー・ストリートを車で引き返していった。通りに面した家々の庭は傾いている。道路も徐々に地盤沈下しているのだろう。域外に通じる唯一のルートを走りながら、わたしは思った。マイクはバイユーコーンや連邦政府の規制、給付金などについて、教会やお気に入りのテレビ局――FOXニュース――からどんな情報を得ているのだろう。

第8章　説教壇とメディア――「その話題は出てこない」

　マドンナ・マッシーとコーヒーを飲むことになり、レイクチャールズのスターバックスで落ち合ってから一〇分のあいだに、わたしは驚くほどたくさんの人が彼女の姿を見てうれしそうな顔をすることに気がついた。

「ようマドンナ、きょうはきれいだね」

「あら、ありがとう。ゴーデットさんもお元気そうね」

「ハイ、マドンナ。このあいだの夜の歌、すばらしかったよ」

「ありがとう、ジョーイ。お嬢さんはどうしていらっしゃる？」

　マドンナは花柄のロングスカートをはき、レースをあしらったジャケットの片側に、豊かなブロンドの巻き毛を垂らしている。気さくで人なつっこく、陽気な笑い声と屈託のない笑顔で周囲の空気をあたたかくするような女性だ。

　わたしは、ルイジアナ南西部共和党婦人会の会合でマドンナと出会い、彼女が保守系ラジオ局のトーク番組のホスト、ラッシュ・リンボーの大ファンだという話を聞いた。「わたしはラッシュの教えを信奉してるの」と、彼女は言った。「とくにフェミ・ナチについての意見をね」この人と話をしたらおもしろいだろうと思い、わたしはどこかでお会いしてコーヒーでも飲みませんかと誘ったのだった。

いま、わたしを取り巻く右寄りの文化を支えているのは、ひとつの社会的地勢だった。わたしは産業と州を探索した。しかし、教会や報道機関はどうだろうか。マイク・シャフは彼の愛するコミュニティを、政府による侵害から守った。ほかの人も教会について、同じように感じているだろうか。わたしの新しいルイジアナの友人たちも、何か誇るべき領域を守っているのだろうか。あるいはそれとは別に、わたしが探求しているパラドックスを解決できるような個人的価値観が、教会によって育まれてきたのだろうか。

わたしがルイジアナで出会った人のほぼ全員が教会に通っていた。ハロルド・アレノと妻のアネットは、ライトハウス・タバナクル・ペンテコステ教会に通っている。ハロルドの姪のジャニースは、毎週日曜日に、特定の宗派に所属しないキリスト教信徒の小グループで集まり、神のお導きを待って次の司祭を選ぼうとしている。バイユーディンドの近くの沼までタール・バギーを押していったリー・シャーマンは、モルモン教徒だ。ウエストレイクのボブ・ハーディー市長は、カトリック教会に通っている。マイク・トリティコはある宗派をやめて、別の宗派を試し、いまはロングヴィルにある彼のみすぼらしい小屋でアレノ夫妻といっしょに、あるいはひとりで聖書を勉強しながら、近くのバプテスト教会の歌の集いに参加し、アコーディオンの陽気な伴奏に合わせて、ゴスペルソングを歌っている。彼らと同じように、レイクチャールズで貧しい子供時代を送ったある女性は、日曜日が「お気に入りの日」だったと教えてくれた。クロウリーでは、バプテスト教会の黒人司祭が、全員黒人の熱心な信徒たちに向かって、給料日ローンを利用しないようにとやんわり注意していた。二度の離婚歴があるカトリック教徒、マイク・シャフは、日曜日の礼拝には出ないが、二十代のころから、毎年イエズス会の黙想会に参加している。二日のあいだ――時折、スマートフォンの画面に目を走らせながら――完全な沈黙を守って過ごすのだという。週に二度、教会に行く人、聖書の勉強会に参加する人もいる。誰もが子供たちの信仰について話すときには、彼らが教会に「行っている」とは言わず、「加入している」と言う。この表現は、「教育程度が高い」「マナーがいい」と言うときと同じプライドをもって使われる。ルイジアナでは、教会――たいていバプテストか、カトリック、メソジスト、ペンテコステ――が、ひとりひとりの社会生活を支える柱の一本なのだ。

人口七〇〇〇人のドナルドソンヴィル市――マイク・シャフの生まれ故郷に最も近い大きな町――では、Churchfinder.com というサイトに、バプテスト教会が一一軒、メソジスト教会が四軒、カトリック教会が四軒、それに「霊に満たされた」と説明される教会が一軒、掲載されている。そこからおよそ一七五キロメートル西、人口七万人を擁するレイクチャールズ市には、約一〇〇軒の教会がある。バプテスト教会と「霊に満たされた」教会が多数を占める(五七)が、ペンテコステ派教会(一二)やカトリック教会(一三)もある。人口七〇〇人につき、一軒の教会が存在する計算だ。これに比べ、わたしの故郷であるカリフォルニア州のバークレー市では、人口が約一一万七〇〇〇人、教会の数は八二軒。一四二三人につき一軒の計算になる。[1] バークレーには八〇軒のシナゴーグがあるが、レイクチャールズには一軒しかなく、ドナルドソンヴィルにいたってはまったくない。

レイクチャールズ付近では、どこにでも神がいるようだった。私的な場でも食前に祈るし、公の会合ではたいてい、国旗掲揚の前に祈りが捧げられる。教会は子供時代の一部でもあった。ハロルド・アレノは、「子供のころには、週に二回教会に通ったもんだ。伝道集会が開かれた期間には毎日行っていた」と、バイユーディンドで過ごした幼年期を振り返っていた。ビジネスにも入り込んでいる。たとえば、レイクチャールズ商工会議所が〈ゴールデン・ナゲット・カジノ〉で開いた晩餐会は、誰が見ても世俗的な場だった。しかし挨拶に立った会頭のグレン・バートランドが、地域に八四〇億ドルの巨額投資がおこなわれることに触れたときには、「われわれの経済的成功が天の賜《たまもの》であることを忘れないようにしたいものです」(2)と語った。

感情的世界としての教会

木曜日の夜七時五分、マドンナの夫、グレン・マッシーはリビングウェイ・ペンテコステ教会の通路を歩きまわって、ほかの信徒と言葉を交わしつつ、工場で働く男性たちがシフトを終えてやってくるのを待っていた。わたしは会衆席の最前列の右に、マドンナと並んで座っている。マドンナはいつもそこに座り、彼女の母親はひとつ後ろの列に座る。ふたりとも、すばらしいゴスペル歌手だった。外では、教区の信徒たちが自家用のSUV車を次々に駐めていく。男たちはシャツをズボンの中にたくし込んで、髪を梳《と》かしてから、駐車場から教会へと歩いていき、入口で迎えてくれた人と握手や抱擁を交わす。

「会えてよかった……きみがここに来られたこと、うれしいよ」

午後七時一九分には、およそ七〇〇人の信徒が席についた。グレン・マッシー牧師が口を開き、やわらかいピアノの音色に乗せて、主が「わたしの霊を煙のように立ちのぼらせた」と語りだす。彼は目を閉じている。両腕を上げ、両手をぐるぐるまわしたり振ったりして、神に近づこうとした。そして何か意味のわからない言葉を口にした(ペンテコステ派の信徒は神と直接対話をしたのだと信じている)。すると信徒たちがいっせいに前に出ていった。そこでは、副牧師たちが待っていて、彼らを受けとめる。ある女性は絶望したようにうなだれていた。また、ある女性は、何か恐ろしいものから両手を振りほどこうとするように、手をひらひらさせていた。軍服を着たある男性は、説教壇の前まで行って、ゆっくり左右に行き来していた。悩める信徒たちを守ろうとしているようにも、自分の内なる不安を鎮めようとしているようにも見えた。そこでは、ありとあらゆる人間の感情が噴き出していた。

副牧師たちは信徒に向き合い、その頭や肩や片方の腕にしっかりと手をあて、しばらくのあいだそのままでいてから、霊を解放するかのように、そっと揺すった。ほかの信徒たちも前に出てきて誰かの背中や腕に手を置き、その信徒の体に、さらに別の人々が手を置いた。人と人が重なり合い、束の間、人のつながった静止画像が出現した。礼拝の最後には、グレン牧師が信徒たちに向かって、許したい人、許されたい人は前に進み出てください、と告げた。ある程度の時間が過ぎると、ため息が漏れ、涙が流れ、手の甲がやさしくたたかれて、解放される。工場の労働者たちはゆっくりと立ち上がって握手をし、抱きしめ合い、少しのあいだ言葉を交わしてから、ピックアップトラックやSUV車に戻り、家へ帰っていく。

リビングウェイ・ペンテコステ教会は人間を中心にしている。この教会が応えているニーズは、信仰とさほど強い結びつきのない文化では、心理療法や瞑想、家族や友情によって満たされているものだ。レイクチャールズ市のメガチャーチ〔信徒数二〇〇〇人を超える教会〕、トリニティ・バプテスト教会では、より恵まれない人に手をさしのべることも重視する。教区の信徒たちは、食料品の寄付を募って貯蔵する組織を起ち上げ、地元の生活困窮者のために食糧配給所《フードパントリー》と無料食堂《スープキッチン》を運営する〈アブラハムのテント〉[3]に届ける活動をしている。

別の教会の玄関ホールでは、掲示板に、アフリカの子供たちの写真が何枚か貼られていた。その子たちは、日曜日用のよそいきの服を着て外国の教会伝道所の前に並んで微笑んでいた。トリニティ・バプテスト教会は、エクアドルとペルー、ホンジュラス、アフリカで伝道活動をしていて、毎年、医師、看護師、歯科医を二〇名派遣し、子供たちのためにバケーション・バイブルスクール（夏休み中などに一週間程度、集中的に聖書について学ぶプログラム）を開いている。ジンバブエでは、トリニティ・バプテスト教会のグループが一軒一軒、家をまわって福音を説くという。ある女性は、自分の教会を通じて、〝ワンタッチピロー〟運動を組織し、イラクとアフガニスタンで任務に就く兵士たちにやわらかい枕を数百個送り届けた。「兵士たちは若くて、故郷を遠く離れたところにいて、さぞ恐ろしい思いをしていることでしょう」と、その女性はわたしに語った。「でもこの枕に頭を休めれば、神に触れられていることがわかります」また別のいくつかの教会では、〝祈りの戦士《プレイヤー・ウォリア》〟団を組織し、困難に陥った人々のために集まり、祈りを捧げている。

バプテスト、ペンテコステ、カトリックなど、わたしが訪れた教会では、どの宗派でも精神面以上のニーズに応えていた。しかも、わたしのティーパーティー支持派の友人たちが公的なものと結びつけて感じる屈辱感を与えない形をとっている。トリニティ・バプテスト教会は、エアロバイクや筋力トレーニングマシンを備えた広大なフィットネスセンター（バレーボールやバスケットボールなどのコートもある）を敷地内に持っている。レイクチャールズに住む信徒の義母は、このフィットネスセンターで二二キログラムの減量に成功した。彼女のふたりの子供たちは幼いころ、ふたつの階にまたがる巨大な滑り台がお気に入りだった。上階から下の階まで一気に滑り下りると、色とりどりのやわらかいフォームラバーのタコやクジラやサメ、それにワニの操縦士付き飛行機、大きなカモメなどに迎えられた。もう少し大きな子供たちのためにも、日曜日ごとにスナックバー付きラウンジが開かれ、夏には教会のキャンプが催される。元薬物依存症者のための〝回復を祝う会〟を開催し、八年生から一二年生までの子供たちを対象とするスポーツチームを創設してスポンサーとなり、年配の信徒たちのためにゴルフトーナメントを主催していた。ほとんどの教会は、信徒に十一献金――収入の一〇パーセントを納めること――を求めている。多くの人々にとって、これは大金だが、献金は名誉なことだと考えられている。彼らにとって税金は支払うものだが、献金は捧げるものなのだ。

トリニティ・バプテスト教会の巨大な滑り台を見て、わたしはサンフランシスコ市ミッション地区の、独創的な設計のドロレス公園や、サンフランシスコ市公園レクリエーション課が提供するさまざまな公的プログラムを思い出した。共感の壁のわたしの側では、〝公的な〟サービスやプログラムは、ほぼ完全に好ましいものだ。わたしは、サンフランシスコ少女聖歌隊や、「屋根の上のバイオリン弾き」を上演する十代のミュージカル劇団のことを考えた。どちらも、ミドルスクールの生徒に無料の演劇指導やボイストレーニングをしている。また、サンフランシスコは市内在住の画家たちに資金を提供して、高架下や地下道の壁に絵を描いてもらっている。エクササイズの教室も運営していて、アクロヨガ〔アクロバットを取り入れたヨガ〕、フラフープ、逆立ち、パートナーフリップ〔ふたりひと組でたがいに補助しあって宙返りや側転などをする〕を教えている。ソフトボール、バスケットボール、テニスには、市のスポーツリーグがある。料理やハイキング、詩の朗読コンテスト、スクエアダンス、湖畔のサマーキャンプなどは人気が高いので、かなり早くから申し込まなければ参加できない。こうしたレッスンやキャンプにはある程度の費用がかかるが、市がニーズに応じた奨学金を用意している。市の支援を受けたボランティア活動もさかんだ。彼らは落書きを消し、ハイキング道のメンテナンスを引き受け、木を植えたり、植物園で子供たちのウォークガイドを務めたりしている。〝移動《モバイル》レク〟と呼ばれるプログラムでは、移動可能なロッククライミング・ウォールを市内のどこにでも届けてくれる。また、〝グリーンエイジャー〟というプログラムでは、九年生と一〇年生の子供に、地域の緑地改善に取り組んでもらっている。このようなプログラムは、人種や宗教に関係なくすべての人に門戸を開き、文化的空間を満たしているが、レイクチャールズでそれを満たしているのは、教会のプログラムなのだ。わたしはそのことに気づいた。

シリコンバレーのグーグル、フェイスブック、ツイッターや米国の多くの企業では、従業員を職場に引きつけるため、現場《オンサイト》サービスを提供している。グーグルでは週末もふくめて、朝食、昼食、夕食を用意しているほか、社内でフィットネスセンター、マッサージ、仮眠用のカプセル椅子、医療ケア、カーディテーリング〔車の清掃や装飾、ワックスがけなどをするサービス〕を利用できるようにしている。このようなサービスは、民間セクターとして理想的な――仕事という別種の信仰に一部根ざした――社会的世界を提供するのだ。

倫理的世界としての教会

マドンナ・マッシーは、ミシシッピ河畔の町からレイチャールズに最近引っ越してきたので、バイユーディンドのアレノ夫妻が直面している試練のことも、ふたりが訴訟を起こして勝利をめざしていることも知らない。バイユーコーンのシンクホールのことは聞いていて、それについては同情するように首を振った。I-10ブリッジに「構造的な問題」がある〔カルカシュー川に架かる鉄橋で、州間高速道路一〇号線が走っている。老朽化が指摘されているが、州当局は安全だとしていまだに架け替え工事を予定していない〕ことを報じた地元のアメリカンプレス紙の記事も読んでいた。「気味が悪いわ」彼女は言う。「あの橋はなんとなく好きじゃない」しかしマドンナは、パイプラインから漏出したジクロロエタンがI‐10ブリッジに近づきつつあることは、新聞でも読んでいないし、FOXニュースでも何も聞いていなかった。

「わたしは資本主義と自由企業を支持しているの」カフェでアイスティーを飲みながら、マドンナはそう言った。「〝規制〟という言葉は大きらい。自分が飲むコカ・コーラのボトルの大きさや電球の種類なんか規制されたくないもの。アメリカンドリームは、社会主義や環境保護庁のおかげで実現できるわけじゃない。もちろん、空気や水はきれいであってほしいわ」と、マドンナは付け加える。「でも、わたしたちのシステムがそれを保証してくれると信じてるの」その仕事は政府の職員がするのよ、と、わたしの心の中で小さな声がした。それでもマドンナの世界観では、財産は警察が守ってくれて、プライドはラッシュ・リンボーが守ってくれ、そのほかのことは神さまがまとめて面倒を見てくれるらしい。

「環境保護活動家は、絶滅危惧種のカメを守るために、アメリカンドリームを止めたがっている」と、彼女は言う。「でももし、アメリカンドリームとカメのどちらかを選ばなくちゃならないとしたら、むろん、わたしはアメリカンドリームをとるわ」わたしが話を聞いたほかの人たちも、同じような二者択一のシナリオを描いてみせた。それこそ、ポール・テンプレットが異議申し立てをした考え方だった。

マドンナはミシシッピ川西岸の、夢の持てない町、レイクプロヴィデンス（Providence は神の摂理の意）で生まれた。タイム誌がアメリカで最も貧しい町と呼んだところだ。[4] しかし彼女は、みずからの夢をすべて超えるほどの成功をおさめ、夫を助けて、多くの人に愛されるメガチャーチの建設をめざしている。才能に恵まれたゴスペル歌手にして二児の母で、制作・発売したCDは人気を博し、iTunes《アイチューンズ》 のダウンロードも膨大な数にのぼる。彼女はいま、美しい家に住み、白のメルセデス・ベンツを運転している。

教会は、マドンナやほかの多くの信徒たちがアメリカンドリームを実現する手助けをしてくれたようだ。しかし裕福な教会もあれば、貧しい教会もあった。リビングウェイ教会の信徒のうち、一〇～一五パーセントが黒人だと、マドンナは胸を張って教えてくれたが、レイクチャールズ教会では五〇パーセントが黒人だ。このふたつの数値は、不平等とは言わないまでも、少なくとも分断が存在することを示唆している。レイクチャールズではほぼ例外なく、白人が多数を占める教会のほうが裕福で、黒人信徒の多い教会のほうが貧しい。もしこの地域から政府が取り除かれ、教会が代わりを務めることになったとしたら、教会が主導する世界には、著しい不平等が残るのではないだろうか。それはマドンナの知ったことではない。彼女は神の手助けにより、誰もが自分と同じように高みにのぼることができると信じている。一度にひとりずつ。ほんとうに完璧に、神の力を借りて自分の意志を強くすることができれば。

わたしの知るかぎりでは、宗教的なコミュニティは自然の恵みに感謝しているようだが、そうした戸外の環境の汚染防止については、どう考えているのだろう。レイクチャールズにあるファースト・ペンテコステ教会のジェフリー・ラルストン牧師は、教会のウェブサイトに次のように書いている。「わたしは田舎で育ちました。毎日、兄と馬で遠乗りに出かけ、釣りをしていました」ジェロッド・グリッソム副牧師は、自分の趣味は「ルイジアナ州内やその近辺で狩猟や……釣り、カエル捕りを楽しむこと」[5]だと明かしている。しかし、こうした魚や動物やカエルの生息地の健康についてはひとことも触れていない。レイクチャールズ市内にある一〇軒の大きな教会のウェブサイトを閲覧してみたが、周辺地域の環境汚染に関わる活動について記載しているものは皆無だった[6]。

米国福音派教会は、アメリカの有権者の四分の一を占めるキリスト教徒三〇〇〇万人の声を代表する。政治的な主張を持った宗教右派の主導組織だ[7]〔特定の教派ではなく、保守派のプロテスタントによって構成される〕。これは、三六名の上院議員と一四三名の下院議員を支持しているクリスチャン連合についても言

える ことだ。これらの議員の半数は、自然保護のための有権者行動連盟の議員採点表で一〇〇点満点中、一〇点以下の評価を受けている。(8)

二〇〇六年、公共放送サービス(PBS)が、『神は環境保護主義か』というタイトルの衝撃的な番組を放送した。その中で、ジャーナリストのビル・モイヤーズが福音派教会のトップリーダーたち——パット・ロバートソン牧師、ジェリー・ファルウェル牧師、活動家、ラルフ・リード(クリスチャン連合の元事務局長)など——にインタビューしようとした。ところが全員が、自分たちの共通のスポークスマン、キャルヴィン・バイスナー博士(神学者)を紹介した。彼はミシガン州グランド・ラピッズに本拠を置くシンクタンク、アクトン宗教・自由研究所の非常勤研究員だ。バイスナーは、旧約聖書の創世記第一章第二八節を引用した。「神は彼らを祝福して言われた。「産めよ、増えよ、地に満ちて地を従わせよ。海の魚、空の鳥、地の上を這う生き物をすべて支配せよ」」と。

バイスナー博士は、聖書は——おそらく石炭会社による——山頂除去(到達しにくい炭層を露出させるために山頂を爆破して取り除く採炭法)も認めていると言った。彼はモイヤーズに、「貴重な金属や化石燃料などを採掘するのに、羽根ぼうきを使うわけにはいかないでしょう」と説明した。「現に聖書には、金属を使ってどれほどすばらしいことができるかが書かれているのだと思います。金や銀といったものについて書いてありますからね。どれも採鉱を必要とします。〝力〟とは、物体にエネルギーを加えて変化をもたらすことを指す科学的な用語にすぎません……つまり、わたしが創世記一の二八について言いたいのは、ヘブライ語の〝従わせる〟という言葉に含まれる〝力〟は避けて通れないということです。」

アクトン研究所のウェブサイトによると、この機関は「自由市場の考えかたを教え、支持する」ことを目的に創設され、エクソンモービル社など、さまざまな企業からの資金援助を受けているらしい。(9)

しかし福音派教会の内部でも、少数ながら環境保護を訴える声が上がりはじめている。〝被造物《クリエーション》ケア〟と呼ばれる運動だ(10)。二〇〇六年、八六名ほどの宗教指導者たちが「気候変動――福音派による行動喚起」と題した声明書に署名した。ウエストバージニア州を本拠地とするある連合が石炭採掘を目的とする発破作業に反対し、〝山を守るクリスチャン〟という名の団体を起ち上げた。いまや国内各地で若い人たちを中心に、環境をめぐる議論がはじまっているのだ。

けれども、わたしが出会った福音派の信徒たちのあいだで、このような議論がおこなわれている気配はみじんも感じられなかった。レイクチャールズ市内の教会の説教壇で語られる言葉は、個人の忍耐力に重きを置いていて、そうした忍耐を強いる環境を変える意思のほうはさほど重視していないように思われた。礼拝は、みんなで支え合う場を提供しているようだった。そこにいるかぎりは心置きなく無力感や悲しみに浸ったり、途方に暮れたりしていられるのだ。一時間のセラピーを受けるようにして、信徒はめいめい、自分が耐えるべきことを耐えるのに必要な支えを得て、力をもらうのである。教会は、ハロルド・アレノとアネットに慰めを与えてくれた。夫妻と同じ教区の信徒で、重度の汚染にさらされたモスヴィルの町で病気の子を育てている女性は、悲しみに沈みながらも、「教会がなければ、とても切り抜けてこられなかったと思います」と話していた。多くの人は、環境汚染や貧困、健康障害など、耐えなければならないものを変えるのは、教会の役目ではないと考えていた。

アレノ夫妻やそのほかの人々と同様、マドンナも携挙を信じていた。聖書によれば、そのときには「大地がうめく」のだと、彼女は言う。「竜巻、洪水、雨、吹雪、争いが起こって、大地がうめくのよ」と。ヨハネの黙示録と旧約聖書のダニエル書の言葉から、マドンナは今後千年のうちに、信心する者が重力から解き放たれて天国へのぼり、不信心者が「地獄」と化した地上に取り残される日が来ると信じているのだ（黙示録二〇：四-二〇／ダニエル書九：二三-二七）。彼女の説明によると、携挙ののち、世界は滅びるが、やがてキリストが新たな世界を作り、また平和な時代が千年続くのだという。

では、いまうめいているこの地球をどうすればいい？　と、わたしはマドンナにきいた。すると彼女は、「わたしは一〇人のひ孫たちには、すばらしい星に住んでいてもらいたいわ。でも、地球はもうなくなっているかもね」マドンナは、わたしも疑問に思っていることを口にした。「ＢＰ社の事故なんかがあったから……。どうだろう。「もうあきらめろ」と言う人もいるでしょうね」それからこう付け加えた。「わたしは聖書に書いてある答えをあなたに言ってるだけ。十分な教育を受けていないから」マドンナはミシシッピ州のバイブルカレッジに二年通った。「大学では教わらないだろうけど、わたしはほんものの信仰を身につけたわ」その信仰により、彼女は、大地が七日間で創造されるさまをありありと思い描くことができるようになった。そしてその大地が誕生したのは六〇〇〇年前のことだったと教えられた。天上の都市は、一辺がおよそ二四〇〇キロメートルの立方体で、宝石をちりばめた一二の階に分かれているという。どの階も門がついていて、二〇〇キロメートル近い高さがあり、いちばん大きなものは真珠でできているそうだ。

米国の全土では、多くの人々がマドンナと同じことを信じている。[11] 二〇一〇年にピュー研究所が作成したある報告書[12]によれば、米国民の四一パーセントが、二〇五〇年までにキリストの再臨が「おそらく」あるいは「必ず」起こると信じているという。信徒がインターネット上に公開している携挙のイメージ画像は、天国へのぼる者と地上に残る者とのあいだの溝が広がりつつあることを示唆している。ある画像では、身なりのよいほっそりとした成人が青空に向かってのぼっていく姿が描かれている。たぶん携挙は、現世の経済について、誰もが感じている無理もない不安を反映しているのだろう。多くの信徒がみるところ、給料がよくて組合に守ってもらえて、妻が働かなくても食べていけるような職にありつけるのは、ごく一部のエリートだけだ。オートメーションと企業による自社業務の海外移管が進んだことにより、高卒のアメリカ人男性の実質賃金は、一九七〇年に比べて四〇パーセントも減少している。労働者の九〇パーセントに関しては、平均賃金が一九八〇年以降横ばいのままだ。年配の白人男性の多くは希望を失っている。実際、このような男性がアルコールやドラッグ、自殺により死亡する割合は、平均より高い[13]。平均寿命はどの年齢層でも延びているものの、一九九〇年から二〇〇八年にかけては、高校を出ていない年配の白人男性の平均寿命が三年短くなっていた——絶望が関係していることは間違いないだろう[14]。苛酷な日常を送る彼らにとって、人生が〝終末期〟のように思えるのは無理からぬことかもしれない。

しかし説教壇から語られる言葉は、人々の関心を、ルイジアナの社会問題である貧困や教育水準の低さ、公害病からも、政府の支援からも、大きなパラドックスからもそらしているように見える。

不安を作り出すメディア

わたしたちはまだカフェでアイスティーを飲んでいた。マドンナがスマホの画面をつついて、ツイッターのタイムラインを見せてくれた。そこからは、彼女がどのような情報源を頼みとしているかがうかがえた。共和党全国委員会、ジェブ・ブッシュ〔政治家。ジョージ・W・ブッシュ元大統領の弟〕、マイケル・レーガン〔政治評論家。ロナルド・レーガン元大統領の息子〕、ミシェル・マルキン〔政治評論家。FOXニュースのコメンテーター〕、ナショナル・レビュー誌〔保守派主流の声を代表する雑誌〕、ドラッジ・リポート

〔保守系のニュース収集サービスサイト〕、ドナルド・トランプ。そのあとには、やる気を引き出してくれるような名言が並ぶ。そして、FOXニュース、デビー・フェルプス〔水泳のオリンピック選手、マイケル・フェルプスの母親〕、さまざまなクリスチャンの指導者たち。マドンナのカーラジオからは、彼女の〝英雄〟、ラッシュ・リンボーの声が流れてくる。

わたしが知り合いになった人たちの考え方に強い影響力を持つ存在として、FOXニュースは、産業、州政府、教会、通常メディアと肩を並べ、独自の政治文化を支えるもう一本の柱として機能している。マドンナはラジオ、テレビ、インターネットで始終FOXの情報をチェックする。マイク・トリティコの話によると、ロングヴィルではケーブル局の利用者がきわめて少ない〔町の人口自体が少なく、二〇一七年現在で六七三人〕ので、屋根に取り付けられたアンテナの傾き具合から、誰がFOXニュースを視聴しているのかがわかるという。「ほぼ全員がFOXだよ」と彼は言う。FOXがマドンナたちにニュースを提供している。ここに問題があるようだ。FOXニュースはマドンナに、何を恐れ、怒り、不安に思うべきかを教えているのだ。

FOXニュースを家族のように思っている人もいる。熱心な読書家で世界情勢に詳しいある女性は、一日中FOXニュースを聴いている。愛車に乗ってエンジンキーをまわせば、すぐにFOXニュースが流れだす。自宅書斎のコンピュータの前に座るときにも、モニターの右にある小さなテレビをFOXのチャンネルに合わせておく。一日の終わりには、夫とふたりでやわらかいソファに並んで座り、大型画面のテレビで、五時のFOXニュースを観る。「FOXニュースの司会者はわたしにとっては家族のようなものよ」と彼女は言う。「ビル・オライリーは、恋人か、頼りになるパパ。ショーン・ハニティは怒りっぽくて気むずかしいおじさん。メーガン・ケリーは頭のいい妹。グレタ・ヴァン・サステレンもそうね。米国公共ラジオ局〔NPR〕から移籍してきたファン・ウィリアムズは、さしずめ養子ってところ。NPRがあまりに左寄りすぎたんでしょう〔実際は政治的に中立ではない発言をくり返したため解雇された〕。家族のように、みんなひとりひとり違っているのよ」

FOXニュースはもちろん、政治的な問題をめぐる情報や見解を放送しているのだが、しばしば、政治とは直接関係のない、病気や株の急落といった問題についても警鐘を鳴らす。むろん、ニュース番組とは、わたしたちの心の警報装置に向かって語りかけてくるものだ。しかしFOXニュースは、グラウンドゼロの近くに「テロリストのモスク」〔実際は穏健派イスラム教徒の施設〕が建設されると言ってみたり、地球上から伝統的なアメリカを消し去る目的で「左派が極秘の移民計画」を立てているとか、オバマ大統領が過激派組織IS〔自称イスラミック・ステート〕の指導者、アブー・バクル・アル＝バグダーディーを解放したとか、二〇〇九年にテキサス州のフォート・フッド陸軍基地で起きた銃乱射事件〔一三人を殺害した少佐がイスラム教徒だったため、動機について憶測が飛び交った〕は、オバマが主導したものだとか、言いがかりをつけて人々の恐怖を煽るのだ。しかもその恐怖は、FOXニュースの大半のリスナー――白人中間層と白人労働者層――の恐怖を反映しているようなのだ。警官が若い黒人男性を殺害する事件が相次いだとき、FOXニュースの記者たちは、白人の警官を擁護して、抗議の暴動を起こした黒人を非難する傾向にあった。また、銃を所持する権利、有権者登録を規制する権利を擁護し、連邦政府を愚弄し続けてきた。多くの人は、いろいろなラジオ局の番組を聴いている――ある自動車修理工はシリウスXMラジオ〔おもに自動車などの移動体向けに、有料会員向け衛星放送とインターネット放送をおこなっている放送会社〕を通じてブリガム・ヤング大学〔モルモン教の名門私立大学〕のラジオ放送を聴いていた――が、夜にはみんな、FOX放送のテレビ番組を観る。そして夕食といっしょに、FOXニュースを消化することが多い。

マイク・シャフも、シンクホールの近くの家で段ボール箱のあいだに座って、ビル・オライリーなど、〝FOXファミリー〟の番組を観て、主要な情報を得るが、とくに興味のあるテーマについては、CNNやMSNBC、CBSなども観て、南部の白人保守派について、レイチェル・マドウ〔政治評論家、ニュースキャスター〕など、リベラル派のコメンテーターの意見も聴いている。「リベラル派のコメンテーターは、わたしのような人間を見下している。われわれは〝N〟ではじまる言葉〔ニガーなど、黒人を侮辱する言葉〕を言っちゃいけないことになっている。言いたいとも思わないよ。自分を貶めることになるからね。なのに、なぜリベラル派のコメンテーターは、〝R〟のつく言葉〔レッドネック。貧しい白人に対する蔑称〕を平気で口にするんだ?」

わたしが五年ほどのあいだに、折にふれて一対一で話をしてきた人たちは、誰ひとりとして、FOXの番組で耳にするような極端に偏向した表現を使ったことがない。FOXのコメンテーター、ジョージ・ラッセルは「再生可能《グリーン》エネルギー暴政[15]」について意見を述べたことがある。ビジネス番組のアンカーだったエリック・ボリングは環境保護庁のことを「ジョブ・テロリスト」と呼び、「アメリカの首を絞めようとしている」と非難した。FOXニュース・ビジネスネットワークのコメンテーター、ルウ・ドブズは、二〇一一年に、「〔環境保護庁の〕あのやりかたは、ソ連共産党の機関を思わせる[16]」と発言した。ある女性のお気に入りのコメンテーター、チャールズ・クラウトハマーは、環境保護庁が大気の環境基準値を厳しくしたことを、アメリカに対する「敵の攻撃」と断じた[17]。FOXは、CNNやCNBCなどのニュース専門チャンネルと同等に、環境に関するニュースを流しているが、その論調は扇動的だ[18]。しかしわたしが話をしたルイジアナのティーパーティー支持者の口から〝暴政〟〝ソ連の機関〟〝テロリスト〟〝絞殺魔〟などといった言葉が出てきたことは一度もなかった。

わたしたちは誰もが直観的にニュースをふるいにかけている。ある教養の高い熱心なティーパーティー支持者は、テレビはおもにＦＯＸニュースを観て、オンラインではドラッジリポートの記事を読んでいるという。しかしその女性はリベラル派のメディアに手を伸ばすこともあり、時折、「芸術のページを読むだけ」の目的で、ニューヨークタイムズ紙の日曜版を買い求める。ほかのページは「捨ててしまう」のだそうだ。「あまりにリベラルで読む気になれない」からだという。彼女はＦＯＸニュースの大ファンだが、航空会社の客室乗務員として働いているので、外国の都市を訪れたときには、ホテルのテレビをつけて、ＢＢＣやＣＮＮ、ＭＳＮＢＣなど、ほかの局の番組を観ることもある。「ＣＮＮは客観性がまったくないのね」と、彼女は不満を漏らす。「ニュースを観たくてチャンネルを合わせるのに、意見しか聞けないんだもの」

「純粋なニュースと意見の見分け方は？」と、わたしが尋ねると、「声の調子でわかるわ」という答えが返ってきた。「クリスティアン・アーマンプール〔ＣＮＮの国際特派員を務めるイラン系イギリス人ジャーナリスト〕がいい例よ。あの人はアフリカの病気の子や、薄汚い服を着たインド人のそばにひざまずいて、カメラをのぞき込む。その声はこう言うの。『こんなことはまちがっています。わたしたちは手を打つ必要があります』って。もっとひどいときには、わたしたちがこの問題を引き起こしたのですって言うわね。その子供を利用して『何かしなさい、アメリカ』と訴えてるんだわ。でもその子の問題は、わたしたちのせいじゃないのよ」そのティーパーティー支持者には、クリスティアン・アーマンプールが暗に自分を責めているように感じられたのだ。どんな人を気の毒に思うべきか、リベラルの感情ルールを押し付けようとしている、と。子供の悲運に同情すべきだとか責任を感じるべきだとか、他人に言われたくない。アーマンプールはコメンテーターとしての役割を逸脱して、どのように感じるべきかを提案しているのだ……。その女性は、努めて自分の感情を乱されまいとしている。「ノー」と、彼女はいろいろな言葉で自分に言い聞かせていた。「リベラル派はそれが政治的に正しいんだって、わたしのようなリスナーに感じさせたいの。そこが好きじゃないのよ。それに、その子をかわいそうだと思わないのなら、あなたは悪い人だなんて言われたくない」この女性を取り巻く社会的地勢——産業、政府、教会、メディア——は、そのような子供の窮状には注目しておらず[19]、彼女がその子の苦難に冷淡だという事実を覆い隠している。彼女のディープストーリーは何を閉め出しているのか。それを探ろうとしているうちに、わたしはまたもや、ディープストーリーに首を突っ込もうとしていた。だがどんなディープストーリーにも、そういう一面がある。しかもわたしたちは誰もが、自分のディープストーリーを持っているのだ。

秘密のニュース

リー・シャーマンがバイユーディンドを汚染し、病気になって〝常習的欠勤〟を理由に解雇されてから何年ものち、バートン・コロシアムに乗り込んで、怒れる漁業関係者の前で「バイユーにそれを投棄したのはわたしです」と書いたプラカードを掲げたころ、彼はリストア〔RESTORE は修復するの意〕という名の小さな環境保護活動グループに入った。一九九四年、敷設されて四〇年以上になる、コンデア・ヴィスタ社とコノコドックを結ぶパイプラインから、ジクロロエタンが——ゆっくりと何年もかけて——土中に漏れ出していたことが明らかになった。十分な防護策を講じられずに除去作業にあたった人々が体調不良に陥った。五〇〇人が会社を相手取って訴訟を起こし、一九九七年に勝訴して、ささやかながら賠償金が支払われた。

おかしなことが起きはじめたのは、そのころだった。リー・シャーマンはこう振り返る。「グループの会合はわが家の書斎で開かれていた。メンバーは八人ほどで、アレノ夫婦もマイク・トリティコもその中にいた。だがしばらくすると、学校の先生とその奥さんが加わった。最初は何かと助けてくれたが、そのうち、ちょっとした事件が起きるようになった。ある日その先生とおれが、グループのために買い物を頼まれた。買ってくるものを先生が書き留めた。そのリストに、なぜかGPS発信機二個が入っていた。われわれがそれを持ち帰ると、みんながなぜそんなものを買ってきたときいた。先生は、おれがグループの金で自分のためにそれを買ったように見せかけたんだ。おれは何も言わなかったが、いやな気分だった」別の日には、「その先生が早めにやってきて、うちのミス・ボビーのパソコンを使わせてほしいと言った。それはミス・ボビーがグループの会計に使ってたコンピュータだった」ミス・ボビーが少しのあいだ部屋を離れた隙に、すばやくその男性が画面上のページを変えたことに気づいた。あとでミス・ボビーは、彼がスパイウェアをダウンロードして、彼女のメールを自分のコンピュータにコピーしていたことを発見した。次の会合のとき、ミス・ボビーは彼を問い詰めた。激しい口論の末にグループは空中分解し、二度と集まることはなかった。男性が何をもくろんでいたのか、なぜこんな小さなグループの活動にゆがみが生じたのか、誰にもわからなかった。

一〇年後、〝レイクチャールズ・プロジェクト〟なるものの存在がニュースで伝えられた。コンデア・ヴィスタ社がひそかにスパイを雇ってチームを作り[20]、トラブルメーカーが労働者を焚きつけて訴訟を起こしたりしないよう、リストアを監視させていたことが明らかになったのだ。コンデア・ヴィスタ社で当時サプライチェーンの責任者をしていたピーター・マーキーという男が宣誓証言をし、会社が二五万ドルでスパイを雇ってリストアに潜入させていたことを認めた。これらのスパイは、特殊部隊（シークレットサービス）の元隊員で、メリーランド州に本拠を置く警備会社の社員だったという。[21]

この警備会社に投資していた人が、会社の役員が書類を焼却処分していることを知り、何か不正行為がおこなわれているのではないかと疑った。燃やされていなかった書類を持ち帰ってみると、その中から〝レイクチャールズ・プロジェクト〟と題したファイルが見つかった。

それはいったいなんだったのか。[22]

マーキーは宣誓証言の際、そのチームはなんのために雇われたのかときかれ、「調査業務のためでした……」と答えている。

ペリー・サンダーズ検事は、「何が調査対象とされていましたか」と尋ねた。

「環境保護活動グループです」と、マーキーは答えた。

サンダーズ検事「調査業務の具体的な内容は？」

マーキー「会合に行くとか、そういったたぐいのことです」

サンダーズ検事「どのような人が会合に行きましたか。秘密捜査員のようなことをしたという意味ですか」

マーキー「はい……」

サンダーズ検事「誰がそのことを知っていましたか」

マーキー「社長です。おそらく主任顧問も」

スパイたちは納税記録を集め、電話を盗聴し、レイクチャールズでマイク・トリティコの母親の家の写真を――彼が泊まりにいったときに――撮っていた。

二〇〇八年にレイクチャールズ・プロジェクトのニュースが流れたのは、わたしの右寄りの友人たちが聞いたこともない左寄りの雑誌、マザージョーンズ誌に、ジャーナリストのジェイムズ・リッジウェイが調査報道記事を発表したことがきっかけだった。二〇〇八年の夏、ＡＢＣ系列の地元テレビ局、ＫＰＬＣは、四本の番組を放送した。それぞれが数分の長さで、『コンデア・ヴィスタ社に雇われたスパイ』ではじまるシリーズになっていた。[23] しかしレイクチャールズ市に本社を置く地元の主力新聞、アメリカンプレス紙のアーカイブには、この事件について書かれた記事が一本もない。ニューオーリンズを本拠地とするタイムズ・ピカユーン紙は、二〇一一年にグリーンピースが起こした訴訟について報じ、ほんのついでに二〇〇八年の暴露記事に触れている。[24] しかしわたしが町の人々にインタビューをはじめた二〇一一年には、もはや誰もこのスパイ事件のことを覚えていなかった。問題の環境保護活動グループはすでに消滅し、コンデア・ヴィスタ社もサソール社と名を変えていた。

わたしは知り合いになった右寄りの人々の社会的地勢――産業、州政府、教会、ＦＯＸニュース――を見直しつつ、自分が全体像をのぞき見る鍵穴《キーホール》とした問題について、改めて考えをめぐらしてみた。わたしが話を聞いている人たちはみんな、深刻な環境汚染に耐えている。企業も政治家も州政府高官も沈黙しているが、ほとんど誰もがそのことを知っている。リー・シャーマンや、アレノ夫妻のような一部の人々にとって、公然と告発することは、自分の人生に区切りをつける経験となった。ほかの人々にとっては、一過性のできごとでしかない。マドンナ・マッシーのような人々の多くは、いかに自分が資本主義を愛しているかを語るが、彼らの経済を支配している産業は、明らかに矛盾した物語を提示しているのだ。石油産業は、高度にオートメーション化を進めていて、雇用は州全体のおよそ一五パーセントを産み出したにすぎない——それでさえ、いくらかはより低い賃金で働く外国人労働者に奪われてしまう。州は企業誘致の費用を捻出するため、公務員の雇用と社会事業を大幅にカットしたが、お金は上から下へと流れるどころか、三分の一が外へ出ていっている。ここのコミュニティは、現地生産者の拠点でなく、現地生産の拠点になっている。彼らは犠牲者としての言葉を持たない犠牲者なのだ。

新しい友人たちの考え方に真摯に耳を傾けつつ、共感の壁を越えては戻る毎日を送るうち、わたしは自分が徐々に、大きなパラドックスの答えに戻ろうとしているのを感じていた。わたしはさまざまな問題(パラドックスの一方の面)から出発した。多くの住民たちは、そうした問題を直視することを拒んだ。ルイジアナの美しさが目に入らないのですか。レイクチャールズのマルディグラに参加しましたか。なぜそんな陰気なことばかり考えるの? でもわたしはそうした問題をでっちあげようとしていたわけではない。そこにあったのだ。環境汚染が。健康問題が。そして教育問題と貧困が。

一歩後ろへ下がって問題を認めたなら、自分がそれを解決したいと望んでいることを認めざるをえなくなる。だが、誰が環境問題を解決してくれるのだろう。企業がそうしようと申し出るはずがない。社会的支援に関しても、教会にはそんな使命も資金もない。驚いたことに、誰もが、問題を解決するとなれば、連邦政府が関わるべきだと思っている。しかし連邦政府が関われば、必ず右派が旗を立てて反発することだろう。連邦政府は大きすぎる、無能すぎる、悪意の塊だと主張して。

つまるところ、すべての根っこは、構造的忘却にあるのかもしれない。なぜ騒ぐ? 大問題とはなんだ? もっと重要なことがほかにもあるだろう。ISとか、移民とか、生活保護を受けるに値しない受給者とか。彼らにそれを期待してもいいと思わせたのは、いったい誰だ? ——マイク・シャフは、給付金を受けているルイジアナ州民の半数以上は、その資格がないと思っていた。リー・シャーマンは、失業保険で「夜な夜な遊び歩く若い娘」をイメージし、ボブ・ハーディー市長は、「かわいそうな」自分を哀れむ市民を念頭に置いていた。確かに、政府をだます人もいるだろうし、それはまちがっている。わたしもそう思う。しかし、嘘つきがいることに憤りを感じるからといって、連邦政府のほぼすべてを激しくきらうというのは、いくらなんでも短絡的すぎる。どうしてそんな飛躍が起きるのだろう。その答えを知る最良の道は、彼らのディープストーリーを探ることだと、わたしは思った。

第3部　ディープストーリーを生きる

第9章　ディープストーリー

知り合いになった人たちから、バイユーと工場のそばで過ごした子供時代のことや、その人生を支えてきたより大きな文脈――産業、州政府、教会、定番メディアであるＦＯＸニュース――のことを聞かせてもらううちに、わたしはその背後に、ひとつのディープストーリーがあることに気づくようになった。

ディープストーリーとは、〝あたかもそのように感じられる〟物語のことだ。シンボルという言語を使って、感情が語るストーリーなのだ。そこからは良識に基づく判断は取り除かれている。事実も省かれている。物事がどのように感じられるかのみが語られる。そのような物語は、政治的対極にある者同士が一歩後ろに引いて、たがいに相手がどのような主観のプリズムを通して世界を見ているかを探索する機会を与えてくれる。わたしは、そのような探索を経なければ、左だろうが右だろうが、他人の政治観は理解できないと考えている。(1) なぜなら、わたしたちは誰もがみんななんらかのディープストーリーを持っているからだ。

もちろん、この物語には多くの種類がある。恋をした人は、相手の気持ちをわかるようになりたくて、たがいの子供時代のことを知るようになる。個人的なディープストーリーを学ぶのである。各国の指導者や外交官は、世界のリーダーたちとよりよい関係を築くために、他国のディープストーリーを理解しようと努める。国際的なディープストーリーを収集するのだ。ここで主題とするティーパーティーのディープストーリーは、米国内の社会的集団間の関係に根ざしている。わたしは話を聞いた人々の希望、恐怖、プライド、屈辱、怒り、不安を――暗喩として――あぶり出すために、このディープストーリーを描いてみた。そしてその物語を本人たちに語り聞かせ、彼らの経験にぴったり合っているかどうか、尋ねてみた。答えはイエスだった。

それは戯曲のように、シーンによって展開していく。

列に並ぶ

あなたは巡礼の途上のように、山の上へと続く長い列に辛抱強く並んでいる。いま立っているのはその列のちょうど真ん中で、前後に並んでいるのも、あなたと同じような人たちだ。年配の白人で、クリスチャン、ほとんどが男性。大卒の人もいれば、そうではない人もいる。(2)

山頂を越えたところに、アメリカンドリームがある。みんなが列に並んで待っているのは、それを達成するためなのだ。列の後ろのほうにいる人の多くは有色人種だ。貧しくて、若い者も年老いた者も、ほとんどが大学を出ていない。振り返るのはこわい。あなたの後ろにはあまりにたくさんの人がいて、原則として、あなたは彼らの幸運を祈っているからだ。それでも、一所懸命働いて長いあいだ待っているのに、列はほとんど動いていない。自分にはもう少し早く前に進める資格があると思う。あなたは辛抱強いが疲れている。あなたはずっと前方を見つめている。とくに、山頂の一点を。

アメリカンドリームは、進歩の夢だ。それは、親が前の世代に取って代わったように、自分も親よりも裕福な暮らしができるという考え方で、お金などより広い範囲におよんでいく。あなたは長時間労働やレイオフに耐え、職場で危険な化学物質に身をさらしたあげくに、減額された年金を受け取った。苛酷な試練を徳の高さで乗り切った。繁栄と安全というアメリカンドリームは、そのすべてに対する見返りであり、あなたがどのような人間であったか、どのような人間であるのかを示す名誉のあかしなのだ。

アメリカンドリームを与えてくれるものは、山の向こう側に隠れていて、こちらからは見えない。経済は奇妙な停滞に入ってしまったのか。わたしの会社はうまくいっているのか。今年は昇給があるだろうか。みんなにいい仕事があるだろうか。あるいは、ほとんどないのだろうか。わたしたちは永遠に列に並んでいることになるのか。山の向こう側を見るのはむずかしい。

日射しは熱く、列は動かない。それどころか、後ろ向きに動いているようにすら思われる。もう何年も昇給がないし、その話も出ない。実際、高校を――いや、大学でさえ――出ていない者は、過去二〇年で収入が激減している。あなたの同僚も同じことを経験している。自分のような人間にはいい働き口などないのだとあきらめて、職探しをやめてしまった者さえいる。

あなたはそうした悪いニュースをさっさと聞き流す。前向きな人だからだ。不平を述べ立てる性分ではない。いつか恩寵があるものと信じている。もっと家族や教会を助けたいと思っている。なぜなら、あなたの心はそこにあるからだ。家族や教会に尽くし、感謝されたいと思っている。しかしこの列はちっとも動いていない。こんなに粉骨砕身し、自分を犠牲にしてきたのに、行き詰まりを感じはじめている。

あなたは、誇るべきものについて考える。キリスト教徒としての徳性もそのひとつだ。あなたはつねに清く正しい生き方や、一夫一婦制の異性間結婚を支持してきた。それはたやすいことではなかった。あなた自身、別居を経験し、離婚寸前までいった――あるいは実際に離婚した――ことさえある。リベラル派は、あなたの考えは時代遅れだとか、性差別やホモフォビア〔同性愛に対する拒否感や偏見など、否定的な価値観を持つこと〕の表れだとか非難するが、彼らの価値観自体がはっきりしない。それに、長期にわたって耐え忍ぶ風土で暮らしてきたあなたは、よりよい時代のことを記憶している。公立の学校で毎朝、祈りを捧げて国旗に忠誠を誓った子供のころ――その誓いに「神のもとに」という言葉が追加される〔一九四五年〕以前の時代――のことを。

列に割り込む人々

あれを見て！　前方で列に割り込もうとしている人たちがいる！　あなたはルールを守っているのに、彼らは守っていない。割り込みをされて、あなたは後ろへ押しやられているような気分になる。どうしてあんなことができるのだ？　いったい誰だ？　黒人もまじっている。連邦政府が推し進める差別撤廃措置を通じて、あの人たちには、大学やカレッジでも、職業訓練や雇用でも、福祉給付金の支給、無料の昼食サービスでも優先枠が与えられていて、人々の心の中にも、以下に述べるように、何か秘密の場所を占めている。女性、移民、難民、公共セクターの職員たち――まったく、きりがない。あなたのお金はあなたが管理も同意もしていないリベラルの同情というざるに注がれて、湯水のように使われている。あなたが若いころにめぐり会いたかったと思うような機会に、彼らは恵まれている。あなたが若いころに手に入れてしかるべきだったものを、いまの若者に与えるべきではないと思う。それはフェアではない。

それに、オバマ大統領はどうだ？　なぜあんな高い地位にのぼりつめることができたのか。貧しいシングルマザーに育てられた混血の息子が世界最強の国の大統領になるなんて。まさかこんなことになるとは思ってもみなかった。立身出世を遂げたオバマに比べ、あなたはなんとみじめな能なしに見えることか。もっと特権を享受していてしかるべきなのに。そもそも、オバマは公明正大な方法であの地位を手に入れたのか。コロンビア大学のような学費のかかる学校にどうやって入学できたのだ？　ミシェル・オバマは？　どんなふうにしてプリンストン大学の学費を工面したのだろう。しかも卒業後はハーバード法科大学院に進学したという。市の水道局職員の娘が！　そんな例は見たことがない――身近には。連邦政府が彼らにお金をやったにちがいない。ミシェルは、これだけのものを与えられたことに感謝すべきだ。でも彼女はときどき、怒ったような顔をしている。腹を立てる権利などないのに。

女性たちもまた、あなたの前に割り込もうとしている。あなたが男性なら、そう思うだろう。彼女たちは、男の仕事を寄越せと、権利を主張している。あなたの父親の世代は、会社で数少ないポストをめぐって女性と競い合う必要がなかった。また別のグループもどんどん列に割り込んでくる。分不相応な給料をもらっている公務員たちだ。しかもその大半を女性と社会的少数者が占めている。彼らはあなたのように長時間働かずにすむ安定した職業に就いていて、過剰な給料をもらい、しかもあなたより年金をたくさん受け取るのだ。あなたの目にはそう見える。規制当局のあの女性副局長は楽な仕事をしているのに、将来は多額の年金と終身在職権を手にする。おおかた、勤務中はパソコンの前に座って、オンラインショッピングでもしているのだろうに……。あなたが享受できない役得にありつけた理由はなんだ？　彼女は何をしたのか。

移民——特別なビザやグリーンカード〔永住権〕を取得したフィリピン人、メキシコ人、アラビア人、インド人、中国人——もまた、あなたの前に並んでいる。いや、こっそり割り込んだのかもしれない。あなたは、サソール社が雇ったフィリピン人配管工のための作業員宿舎を、メキシコ人らしい風貌の男たちが建設しているのを目にする。あなたはメキシコ人が懸命に働いているのを見る——そして感心する——が、彼らは少ない賃金で働き、白人のアメリカ人の給料を引き下げているのだ。

それから、難民。シリアからは、四〇〇万人が戦争と混乱から逃げ出している。一日に何千もの人たちがボートに乗ってギリシアの海岸に続々と姿を見せる。オバマ大統領はそのうち一万人を受け入れ、アメリカ合衆国に永住することを認めた。三分の二が女性と子供だという。しかし噂によれば、難民の九割は若い男性で、ＩＳのテロリストの可能性があるらしい。そんな輩が列に割り込んで、あなたの税金に手を伸ばそうとしている。一方のあなたはどうだろう。洪水に遭い、原油流出、化学物質漏出の被害に苦しんできた。自分自身が難民のように感じられることもある。

褐色ペリカン——信じられないことに、あなたの前方には、褐色ペリカンまで並んでいて、油まみれの長い翼をはばたかせている。ルイジアナの州鳥で、州旗にもその姿が描かれている鳥だ。海岸を縁取る砂浜に棲み、マングローブの木に巣を作る。化学物質による環境汚染のため、一時は絶滅の危機に瀕したが、二〇〇九年に絶滅危惧種のリストから外された。ただしそれは二〇一〇年にＢＰ社が原油流出事故を起こす前の年のことだ。生き延びるため、この鳥がいま必要としているのは、汚染されていない魚ときれいな水、原油にまみれていない沼地、それから、海岸の浸食からの保護だ。だから褐色ペリカンはあなたの前に並んでいる。しかし実際、あれは動物にすぎない。あなたは人間なのだ。

黒人、女性、移民、難民、褐色ペリカン。そのすべてがみんな、あなたよりも前に並んでいる。けれども、この国を偉大にしたのは、あなたのような人々なのだ。あなたは不安を感じている。声を大にして言いたい。列に割り込むやつには、いらいらする、と。彼らは正当性に関わるルールを破っている。あなたは彼らに腹を立てている。当然だと思う。あなたの友人たちも同意見だ。ＦＯＸのコメンテーターがその気持ちを代弁してくれる。なぜなら、あなたがたのディープストーリーは、ＦＯＸニュースのディープストーリーでもあるからだ。

あなたは情け深い人だ。しかしいまあなたは、その情けを、列の前に割り込んだ人たちにかけるよう求められている。だからその要求に対し、ガードを固める姿勢をとっているのだ。連中は不平を言う。人種差別だ、偏見だ、性差別だ、と。あなたは、これまでいろいろな話を聞いてきた。だから黒人が虐げられてきたこと、女性が抑圧されてきたこと、移民が疲れ果てていること、ゲイがほんとうの自分を隠さざるをえなかったこと、難民が命を賭して逃げてきたことはよくわかっている。しかし――と、あなたは自問する――どこかで人情に線引きをして、扉を閉じるべきではないか。とりわけ、そうした人々の中に、害をおよぼす者がまぎれている場合は。あなた自身もさんざんに辛酸をなめてきたが、泣き言を言ったりはしていない。

裏切り

やがてあなたは疑いだす。列の前方に割り込む者がいるということは、誰かが手を貸しているにちがいない。誰だ？　ひとりの男性が列のわきを行き来し、みんなが秩序正しく並んで、公平にアメリカンドリームをめざせるよう監視している。彼の名前はバラク・フセイン・オバマ大統領だ。しかし――待てよ――彼は列に割り込む連中に手を振っている。あいつらを助けているのか。大統領は、あなたに対しては感じないほどの特別な同情を彼らに寄せている。あいつらの味方なのだ。大統領はあなたに、こうして列に割り込む人々には特別な待遇を受ける資格がある、あなたよりも辛い体験をしてきたのだから、と訴える。あなたは列に割り込む人々の近くで暮らしたこともなければ、彼らとほぼ同じカテゴリーに分類される人とさえ親しくつきあったこともない。大統領は列に割り込んできた多数の黒人、女性、移民を褒め称えているが、FOXニュースで見聞きしたかぎりでは、その話は現実と食い違っている[3]。大統領はあなたがこうした人々に同情することを期待するが、あなたはしたくない。フェアじゃないからだ。それに、ほかでもない大統領夫妻が列に割り込んだ人々なのだから。

あなたは裏切られたと感じている。大統領はあいつらの大統領であって、あなたの大統領ではない。あなたはさらにガードを固くする。嘘に気をつけなくては。大統領や政府高官は、よくアメリカ国旗をかたどった小さなピンを着けている――フラッグピンというやつだ。きょう大統領が、どんなに小さなフラッグピンを着けていたか、気づいただろうか。あれは彼がアメリカを誇りに思っていない証拠だ。つまり、あなたがアメリカ人であることを誇りに思う気持ちを、彼は伝えていないわけだ。アメリカンドリームに向かう列の動きが鈍っているいま、白人や男性や、聖書を信じるキリスト教徒を軽視する風潮が強まっているいま、誇りの根拠として、アメリカ人であることがかつてないほど重要になっている。

オバマの話は「うさんくさい」と思う。あなたは妄想に取り憑かれるタイプではないが、連邦政府がオバマの教育費を出したか、あるいは最悪、誰かが陰で糸を引いたように思えてならない。あなたは友人から、断食月《ラマダン》のときにオバマが腕時計を外したことに気づいたかと尋ねられる（彼女は、イスラム教の聖なる月に宝石類を外す習慣に言及したのだ）。「あの人はコーランの教えに従って育てられたのよ」と、近所の人も言っている。

あなたはまだ、大邸宅を手に入れていないかもしれないが、アメリカ人であることには誇りを持っている。アメリカを批判する者は——もちろん、あなたを批判したも同然だ。大統領を通して、アメリカ合衆国に誇りを持てなくなったとしたら、あなたは何か新しい方法で自分はアメリカ人だと感じる必要がある——たとえばあなたと同じように、自国にいながら異邦人のような気分を味わっている人々と結束することで。

行き詰まり

しかし、わたしがルイジアナで知り合いになった右派の年配の白人キリスト教徒にしてみれば、このディープストーリーは、現実の締めつけに対する反応なのだ。山の頂上には、国の理念にして約束であるアメリカンドリーム——つまり、進歩——が掲げられている。しかし実際には、進歩するのはむずかしくなってしまった。

アメリカンドリームという理念は、米国民として理想的な心のありようを示してみせた。希望と活力と目的意識を持ち、意欲的でいるべきだ、と。この理念の核となる〝進歩〟というアイデアは、動揺や悲しみといった感情とは相容れない。いくつかの目標は達成できたが、できていないものもある状態——つまり、あなたがすでに手にしたものを本能的に守ろうとしてしまう状況——で、どのような感情を持つべきか、理念としてのアメリカンドリームはなんの指針も示してくれなかったようだ。

進歩はより困難になった。達成できるか否かが不透明になり、少数のエリートにしか望めないものになったのだ。二〇〇八年の大不況は、多くの人から家や貯蓄や職を奪い、あっというまに去っていったが、そのせいで人々は目が醒めた。しかしアメリカ人の上層部一〇パーセントを除いた残りの九〇パーセントの人々に関して言えば、山の向こうに隠れて見えないドリームマシンは止まったままなのだ。それは、オートメーション化や業務の海外移管、台頭する多国籍企業とその従業員のせいで動かなくなってしまった。しかもこの九〇パーセントの層では、就職や昇進、政府の給付金をめぐって、白人男性とその他のグループとの競争が激化した。ドリームマシンがこの九〇パーセントのために動くのをやめた年は一九五〇年だ。もしあなたが一九五〇年以前に生まれていたなら、ほとんどの場合、年齢を重ねるほどに、収入が上がっていったはずだ。一九五〇年以降に生まれた人は、そうはいかなかった。それどころか、経済学者のフィリップ・ロングマンが言うように、彼らはアメリカ史上はじめて、生涯にわたって下降移動を続けた世代となった。「成人後、人生のすべてのステージで、十歳上の世代より収入や資産が低かった[4]」のである。すっかり意気阻喪して、職探しをやめてしまう人もいる。二五歳から五四歳までの男性では、無職の人の割合が一九六〇年代の三倍にも増加しているのだ[5]。

このアメリカンドリームの行き詰まりは、とりわけ痛手を被りやすい年代――五〇代、六〇代、七〇代――の右派の人々を直撃した。この年ごろになると、多くの人が生きているうちにやっておきたいことをリストにし、よく吟味して、場合によっては若いころの夢をいくつかあきらめざるをえないことを悟る。「来るべきものが来た」と自分に言い聞かせる時期でもあるのだ。ある男性はこんなことを言っていた。「わたしは、いつか理想の女性に出会える日が来ると思っていた。まだそれは実現していないが、もうそんな女性が現れるとはとても思えない」別の男性は、沼沢地ツアーの運営会社を作りたいと思っていたが、起業にはいたらなかった。また別の男性は、南部のロデオショーを見てまわりたかったが、病気になった。誰のせいだ？　もちろん、自分の責任だ(6)。しかし、そう思うからこそ、列の中の自分の位置がいっそう強く意識されてくる。

年齢は、年齢差別をも意味する。いま六〇歳代の男性たちは、はじめてアメリカンドリームの陰りを実感した年代だ。原因は、本人が最新技術を身につけられなかったせいか、あるいは、会社が年功序列型の給与体系を見直すようになったせいだ。しかし、連邦政府が運営する訓練センターは、どこにあったのか。いい職に就くのがなぜこれほどむずかしいのだろう。

わたしがレイクチャールズで出会った六三歳の男性――仮にビル・ビーティフォとでもしておこう――は、白髪交じりのふさふさした髪と、屈託のない笑顔が印象的な人だった。彼の身の上話を聞かせてもらい、わたしはへこたれまいとするその気概に深い感銘を受けた。

ビルが熱心に取り組んだのはセールスの仕事だ。「飛び込みセールスからはじめたんですよ。トラックのレンタルをやってるライダー社を通してトラックを売り、カービー社の掃除機から、エイミッシュ・シェッズ社の納屋、短期健康保険、なんでも売りました。セールスマンとして、セールス・マネジャーとして一六年、ほんとうによくやったと思います」だが一九九二年、転換点が訪れた。「何人かの部下を解雇してくれと言われたんです。そのうち、わたしも標的になりました。わたしの年収は六万ドルでしたが、会社はそれを四万ドルにすると通告してきたんです。差額の二万ドルは歩合で稼げばいいだろうってね。しかし実質的には、二万ドルの減給です。だからわたしは会社を辞めました。会社は年配の社員の給料が高かったので、どんどんクビを切っていったんですよ。わたしは裏切られたような気持ちになりました。とくに、会社の方針を知ってたのに教えてくれなかった同僚にね」

その後、ビルは再就職をめざした。

電話をかけ……

メールを送り……

電話をし……

メールをして……

待った……。

「しかし返事が来ることはまずありませんでした。履歴書を読めば年齢がわかるからでしょう」セールスの仕事から離れている期間が長引くにつれて、再就職はさらにむずかしくなった。失業状態が続いた。「わたしは、九九週組《ナイティナイン・ウィーカー》でした」失業保険を受給できる最長期間に言及し、彼は悲しげな声で笑った。「とてつもなく長く感じられました。実際は、毎日職探しをするわけじゃありませんから」ビルはスーパーマーケットで品出しをするフルタイムの仕事に応募したが、自分の年齢では、八時間立ちっ放しで働くのは無理だと気がついた。


彼は近所のトラック整備工場で非常勤の簿記の仕事を見つけた。時給は一〇ドル。大学生だった四〇年前、夏休みに労働組合に守られた工場でアルバイトをしたときと同じ賃金だ。ゲーテッド・コミュニティ（防犯などのため、ゲートを設けて周囲に塀をめぐらした住宅地）の非常勤警備員の口にも応募したが、採用されなかった。長年、副業と考えていた仕事にも多くの時間を割き、国の食品医薬局（FDA）の認可を受けていない、「足の痛みをとる」マグネット入りの靴の中敷きを仕入れて売った。そのメーカーは近々、ある医療機器を「製造する予定」で、ビルはそれを病院に販売したいと思っている。友人や知人に、オルガノゴールド社の（政府が〝有機栽培《オーガニック》〟と証明していない）コーヒーも売ったが、彼の娘は詐欺ではないかと疑っている（売る前にまず買わなければならないからだ）。しかしビルはあきらめない。苦難に耐える力を持っている。「わたしは資本家です」と、彼は言う。「その医療機器を市場に出すことができれば、われわれ夫婦はたちまち億万長者ですよ」ほかの男性と話したときもそうだったが、〝億万長者〟という言葉が、幽霊のように会話につきまとっていた。(7)

しかしビルのような男性は、オートメーションやアウトソーシング、多国籍企業の台頭に苦しめられるだけではなく、奪われていく一方の文化的な尊厳をめぐっても、ほかの集団と苦しい闘いを強いられている。これから見ていくように、一九六〇年代と一九七〇年代には、それまで黒人や女性たちには閉ざされていた文化の扉が開かれる一方で、移民や難民が自由の女神像の前をどんどん駆け抜け、ただでさえ少なくなりはじめた就職先に向かって突進していくように感じられた。

しかも連邦政府がその流れを助けたのだ。一九九〇年代にクリントン大統領が、「これまでわれわれが知っていた社会福祉に終止符を打つ」と宣言して以来、貧困者への経済的支援が減少した。二〇〇八年の大不況をきっかけに――おもにメディケイドとフードスタンプを通じて――社会福祉費は増大したものの、その後ピークを迎えて、いまは減少に転じている(これについては、付記Cを参照)。経済の動向や、開かれた文化の扉を考えれば、「政府のサービス」が増えるという情報には警戒しなければならなかった。それがまさに苦境をもたらすからだ。

もちろん、こうした苦しい状況にある中間層・労働者層の白人男性が全員、右派に移行したわけではない。しかし、率先して物事に取り組む人々、給料以上の成果を出してきた男たち、右寄りの南部地方文化圏の福音派教会の信徒たち、耐えがたきを耐えてきた男性たち――そして彼らと同じ境遇にあるか、彼らに頼っている女性たち――の多くは、右へ右へと傾いていったのだ。

声をあげたい

「頭のいかれた《クレージー》貧乏白人《レッドネック》」「白いごみ野郎《ホワイト・トラッシュ》」「南部の聖書ばか」。そんな言葉を耳にすると、あなたは自分のことを言われていると思う。あなたはこうした言葉をラジオやテレビで聞いたり、ブログで読んだりする。なんと失礼な。あなたはむっとする。腹が立つ。あなたは、文句を垂れる連中を心の底から憎んでいる。この国にはびこってしまったかに見える一九六〇年代の文化がそういう風潮を作り出したのだ。

　そのうえ、ハリウッド映画や人気のテレビ番組は、あなたのような人を無視するか、主役にして、好意的とは言えない取り上げかたをする。『バックランド』〔二〇一三年に放送されたＭＴＶの密着ドキュメンタリー番組。ウエストバージニア州の小さな町で暮らす若者九人の日常をありのままに見せた〕はその一例だ。「前歯が二本欠けていて、薄汚いなりをしているとか、われわれはそんなふうに見せられる」と、ある男性は不満を口にする。ジャーナリストのバーバラ・エーレンライクが指摘するように、南部イコール〝黒人〟歌手、頭の悪い田舎者といった二〇世紀初頭の固定的なイメージは少し改善され、きれいにされて、『ダック・ダイナスティ』〔二〇一二年から五年間放送されたケーブル局の番組。猟に使うカモ笛で財を成したルイジアナの一家を密着取材、人気を博した〕や『ハニー・ブーブーがやってくる』〔二〇一二年から二〇一四年まで放送された密着ドキュメンタリー番組。美少女コンテスト出場をめざすジョージア州在住のぽっちゃりした女の子とその家族の愉快な奮闘ぶりを追ったもの〕といったテレビ番組の中で生き続けている。「労働者階級の白人はいまでも決まって頭の弱い人間のように描かれるが、黒人は、はっきり自己主張をし、都会で生き抜く

術も心得ていて……しかも裕福な人物として登場することが多い」(8)

あなたは、〝自国に暮らす異邦人〟なのだ。ほかの人たちが自分に対して持っているイメージには違和感がある。人に見られている、敬意を払われていると感じるには、相当な努力がいる。敬意を払われていると感じるには、前進していると——傍目にもそう見えると——感じられなければならない。しかし自分に落ち度があったからではなく、何か目に見えないものによって、あなたはどんどん列の後ろへ追いやられていく。

あなたは尊厳を取り戻そうと、職場に目を向ける。しかし賃金は横ばいで、雇用は不安定だ。だからあなたは、ほかのものをさがす。白人であることは、加点の理由にはならない。性別《ジェンダー》はどうだろう。もしあなたが男性なら、やはり加点は期待できない。ゲイでなければ、異性間結婚をした男として誇りが持てそうに思うが、いまはそんなプライドはホモフォビアのあかしと見なされる時代だから、軽蔑されるのが落ちだろう。では、住んでいる地域はどうだ？　それもだめだ。あなたは自分が故郷と呼ぶ土地のために、たびたびばかにされている。教会はどうかと言えば、多くの人がそれを見下していて、特定の教派に属さないアメリカ人が増えている。あなたは年をとっているが、アメリカでは、若い人に注目が集まっている。あなたのような人——労働者層・中間層のキリスト教徒の白人——は、人口に占める比率自体が減っているので、ひとつのグループとしても、尊厳が薄れつつあるような感覚に苦しんでいる。

あなたはこう叫びたい衝動に駆られている。「わたしだって社会的少数派《マイノリティ》だ！」と。しかし、ほかの人たちが似たような理由で同情を惹こうと声をあげたときには、あなたは批判したのだった。ほんとうの自分、ほんとうに自分がしてきたことを知ってもらいたいと強く願う一方で、「かわいそうな自分」

を哀れむ人々のパレードには加わりたくない。あなたはふたつの思いの狭間で身動きできなくなっている。上から押さえつけてくる力を、下から押し上げて跳ね返したい。あなたと同じディープストーリーを共有する人々が政治運動を進めている。それはティーパーティーと呼ばれている。

友人たちのディープストーリー

わたしはルイジアナの新たな友人や知人に、このディープストーリーを聞いてもらい、共感できるかどうか、尋ねてみた。マイク・シャフは、わたしの話を聞いたあと、メールをくれた。「わたしはまさにそのストーリーどおりの人生を送っている。州の環境基準局や国の環境保護庁の役人に仕事をしてもらうため、こっちは何億ドルもの血税を納めたのに、やつらは何もしていない。おまけに、あの怠け者連中は、自分たちの給料を払ってくれた労働者がまだ引退できずにいるうちに、さっさと列の前に割り込んでいって退職する。こっちは傷口に塩でもすり込まれた心境だ。ようやく納税者が退職にこぎ着けたころには、すでにワシントンの官僚が基金を使い込んだあとだ。われわれは列に並んで待ってるんだ」

リー・シャーマンに語って聞かせたときには、彼はこう言った。「きみはおれの心を読んだな」ハロルドの姪のジャニース・アレノは、「そのとおりだわ。でもあなたはひとつ、言い忘れてる。列に割り込む人に使われてる税金は、割り込まれている人が払ったものだっていう事実をね」別の人はこうコメントした。「話はそこで終わっちゃいない。しばらくすると、待っていた人たちがしびれを切らして、自分も列に割り込もうとするんだよ」別の人はこう付け加えた。「そのとおり。だがアメリカンドリームはただ金を手に入れる以上のものなんだ。それは、アメリカ人であることを誇りに思えること、国旗に敬礼するときに「神のもとで」と言って心地よく感じることなんだ。穢れのないふつうの家庭生活をよしとする社会で生きることだ。だが、それを付け加えるとしたら……もちろん、わたしのストーリーになるだろうな」

社会学者のニルス・クムカーは、ニューヨークと、ニュージャージー州のジャージーシティ、ニューアークなどの都市でティーパーティーのメンバーにインタビューをしたときに、こちらから尋ねたわけでもないのに、列に割り込む者への不快感を口にする人がいることに気がついた[9]。社会学者のシーダ・スコチポルとヴァネッサ・ウィリアムソンも、マサチューセッツ、バージニア、アリゾナの各州でティーパーティー支持者をインタビューし、二〇一一年にティーパーティー関連のウェブサイト一〇〇〇件を調査した結果、彼らが黒人、移民、公務員などに対して、ここルイジアナの右派と似たような見解を持っていることを発見した[10]。

多くが〝同情疲れ〟を口にする。「リベラルはわたしたちに、黒人や女性や貧しい人に同情してもらいたがります。もちろん、わたしも気の毒だと思いますよ、ある程度はね」ある温厚そうなレストラン経営者は、わたしにそう言った。「話を聞くと、胸が痛みます。しかしときたま、自分はだまされてるんじゃないかと思うんです。応募してきたから採用したのに、出勤してこないやつがいたりするとね。続けて失業保険がもらえるように、就職活動をしたっていう実績を作りたかっただけじゃないのかと勘ぐりたくなるわけですよ。このあいだも〈ウェンディーズ〉にひとりの女がやってきて、こう言うんです。自分にはふたりの子供がいるんだけど、ホームレスだから、ホテル住まいができるだけの給料がほしいってね。わたしは、子供たちはどこにいるんだときました。すると女は「母にあずけてきました」と言いました。じゃあ、きみはお母さんといっしょに暮らしていないのかい? って話ですよ。あるときには、赤十字の男性職員が日曜日にホームレスに食事を提供するので、食べ物を寄付してほしいと言ってきました。わたしは寄付しましたよ。食べ物ですからね。だが、実際にその場所へ見にいきたいとは思いません。そのホームレスの連中は自立に向けた努力をしていないかもしれませんから。食べ物を寄付することについては、気持ちを変えたくないんです。寄付はしたいんですよ」しかし、受け取る人が自助努力をしているものという前提で、そうしたいのだという。リベラルはその要件を課し忘れているのではないかと、彼は心配していた。

ディープストーリーの裏側――人種

〝あたかもそのように感じられる〟という右派のディープストーリーは、真の構造的圧迫と符号する。誰もがアメリカンドリームを実現したいと思っているが、いろいろな理由が重なり合って、足を引っ張られているような気がしてくる。そうなると、右派の人々は不満や怒りを感じ、政府に裏切られたと思うのだ。このストーリーでは、人種が何より重要なポイントである。

興味深いことに、わたしが知り合った右派の人々は、なんの屈託もなく、メキシコ人(二〇一一年には州の人口の四パーセントを占めていた)やイスラム教徒(一パーセント)のことを話していたが、二六パーセントを構成する州内最大のマイノリティ集団、[11]黒人については、たいていが何も言わなかった。黒人のことが話題にのぼると、多くの人は、「北部」から人種差別主義者だと非難されているような気持ちになるのだと説明した――自分たちの定義では、明らかにそうじゃないのに。彼らの考える人種差別主義者とは、〝N〟ではじまる言葉を使ったり、黒人を「憎んでいる」者のことだ。マイク・シャフはそのどちらでもない。アーメリーズ農園で、サトウキビ栽培の作業監督の孫として生まれたマイクは、「元は筋金入りの偏見野郎だった」という。「〝N〟のつく言葉を使ったし、いっしょに遊んだ黒人の子たちも多くが使ってた。だが一九六八年にそれをやめたんだ。その年には、カレッジのフットボール・スタジアムの観客席から、「走れ！ ニガー！ 行け！」と叫んで、うちのスター選手を応援していた。だが翌年は「走れ！ ジョー！ 行け！」と言っていた。それ以降はもう、あんな言葉は使っていない。肌の色がまったく問題にならない日が来るのを心待ちにしてるよ。もう道半ばまで来たと思う」

しかし、わたしたちリベラル派が人種差別主義という言葉を使うときは、黒人が生まれながらに最下位に置かれてしまうような階層制《ヒエラルキー》を肯定する考え方、その最下層からの距離によって自分の価値を測ろうとする白人たちの性癖を指す。その定義を使えば、北部でも南部でも、多くのアメリカ人が人種差別主義者となる。人種差別主義は、個人の態度だけではなく、構造的な配置にも表れる。たとえば、環境汚染を引き起こす産業は、白人の居住区域より、黒人の暮らす区域に近い場所へ移ってくる。

わたしが知り合った年配の右派の白人たちの場合は、黒人は生身の隣人や同僚としてではなく、テレビや新聞で伝えられたさまざまなイメージとして彼らの人生に入り込んできた。たとえば、ビヨンセや、ジェイミー・フォックス、マイケル・ジョーダン、セリーナ・ウィリアムズなど、音楽や映画やスポーツの分野で活躍するリッチな大スターのイメージだ。プロバスケットボール界のレジェンド、レブロン・ジェイムズは、商品のエンドースメント契約だけで、九〇〇〇万ドルを手にしたという。だったら、何も問題ないじゃないか、と彼らは思うのだ。また、黒人はほかの人種より犯罪者の比率が高いというイメージもある。いかがわしいラップでそれを礼賛して、銃や〝売春婦《ホス》〟や〝ビッチ〟のことを歌っていると思われている。それからもうひとつ、黒人は福祉給付金をあてにして暮らしているというイメージもある(でも、付記Cを参照してほしい)。わたしが知り合った白人たちの心の中には、彼らの横で列に並び、当然もらう権利のある報酬を辛抱強く待っている黒人男女のイメージはないようだ。

ディープストーリーの裏側——ジェンダー

ディープストーリーが引き起こす混乱と恐怖と怒りの裏には、男女差《ジェンダーギャップ》の問題もひそんでいる。わたしが話を聞いた女性は全員が働いているか、その経験があるか、これから仕事を再開しようとしていた。しかし彼女たちの政治的な感情は、妻や母親としての役割に根ざしているようだった。ある女性が言ったように、みんな、しっかり稼いでくれる夫の妻として、主婦でいられる贅沢を楽しみたいと思っているのだ。全国世論調査によれば、共和党とティーパーティーの党員は、男性のほうが女性より多い。ティーパーティーのメンバーか支持者にかぎってみても、男性(一二パーセント)が女性(九パーセント)を上まわっている。こうした保守派グループの中でさえ、女性のほうが男性よりも政府の役割を評価しているようだった。なんといっても、政府は恵まれない人々を支援し、避妊に関わる費用を医療保険の適用対象と定め、同等の仕事に対しては誰もが同等の賃金を受け取れるようにしたのだから。(12)「まえがき」でも触れたように、わたしはそもそもこのカテゴリの問題——とりわけ、育児休暇の必要性——がきっかけで、この旅に出ようと思い立ったのだった。わたしがインタビューをした女性たちは、政府の介入を大幅に削ってしまったら、女性は男性よりも失うものが多いと感じていた。なぜなら、政府機関の職員も福祉給付金の受給者も、女性のほうがはるかに人数が多いからだ。

わたしは、右派の内部でも興味深い男女差があることに気づいた。「列」のはるか後ろに並ぶ労働者が払った「給付金」を、働かずに受け取っている人々に話がおよぶと、こうした差異が鮮明になる。ある夫婦に、生活保護を受けているケースのうち、不正受給はどのくらいの率だと思うかときいてみたところ、妻は三〇パーセントと見積もったが、夫のほうは八〇パーセントと答えた。つまり、ティーパーティーの内部でも、このような男女差があるということだ。こうした相違があるにもかかわらず、右派の男女は投票パターンが似通っていて、男女ともに、ジェンダーの問題、つまり差別撤廃措置の対象となった女性たちが列の前方に割り込んでいる現実よりも、人種や階級の問題に目を向けていたのである。

ディープストーリーの裏側——盟友としての階級、連邦政府、自由市場

次から次へと、別の集団が列に割り込んでくる経験は、〝階級闘争〟の表れとみることができる。たぶん、ここで持ち出すには奇妙な用語だと思う。少なくとも右派は避けるだろうし、左派なら別のことに使うだろう。しかしアメリカでは古くから、人生のさまざまなステージでこのような闘いが表面化し、そのつど、異なる役者が登場して、さまざまな言葉でモラルを語ってきたはずだ。どの闘争も、正当性にまつわる深い感情を呼び覚ましてきた。産業革命が進んだ一九世紀には、工場のフロアで、労働に対する正当な報酬をめぐり、雇い主と労働者のあいだに古典的な形の階級闘争が生じた。一八九二年にはニューオーリンズでゼネラル・ストライキが起きた。まず路面電車の車掌たちが、一〇時間勤務、残業手当、労働組合の組織権を争点としてストライキをはじめた。すぐにほかの組合も同調し、白人労働者と黒人労働者を分裂させようとする動きがあったにもかかわらず、両者が一致団結して立ち上がった。

一九一〇年にシカゴの衣料品工場の労働者が、出来高《できだか》の引き下げに抗議して起こしたストライキ、あるいは一九三四年にサンフランシスコの船員が起こしたウエストコースト・ロングショア・ストライキ（西海岸のすべての港湾で労働組合が組織されるきっかけとなった）などは、いずれも経営者側と労働者が、賃金や勤務時間や労働条件をめぐって職場で争ったものだ。

今日でも、たとえば二〇一二年のウォールマートのストライキのように、そうした衝突がたびたび繰り返されているが、工業界の職場の多くはメキシコや中国、ベトナムなど、海外に移転してしまった。その結果、これまでとは異なる形の社会的闘争が、さまざまな場で生まれるようになった。なかでも、ある闘争の場が左派の政治活動を活発化させている。それは、民間セクター内の、上位一パーセントの最富裕層と残り九九パーセントとの闘いに焦点を置く。〝オキュパイ・ウォールストリート（ウォール街を占拠せよ）〟と名付けられた抗議行動もその一例だ（二〇一一年に、経済格差の解消や雇用の改善を求めてニューヨークのウォール街で半年にわたって続けられた）。それは賃上げや労働時間の短縮をめぐって労使が争うものではない。持てる者と持たざる者、[13]どんどん裕福になっていく上位一パーセントと、その他のアメリカ人との闘いだ。この〝オキュパイ〟の活動家にとって不当と思えたのは、単に労働に対する正当な報酬が支払われていない（たとえば、ウォールマートの事務員の時給が八ドル二五セントなのに、ヘッジファンドの運用担当者は何百万ドルもの成功報酬を手にしている）ことだけではなかった。彼らは、中間層社会としてのアメリカを再建する税務政策が存在しないことを憤っていたのだ。

今日の右派にとって、主たる戦場は、工場のフロアでも、オキュパイの抗議活動でもない。ディープストーリーの中では、地元の社会福祉事務所や、受け取るに値しない者に障害年金やフードスタンプが届けられる郵便受けがそうした闘いの場なのだ。やる気のない怠け者に政府が給付金を支給している。

これほど不当なことはないと思う。オキュパイの活動家たちにとって〝不当〟とは、財源が〝正当に分配〟されず、適正に配分された社会が実現していないという、モラルの問題だ。しかし右派の人々のディープストーリーの中では、税金を〝払う者〟とそれを〝奪う者〟という文脈で〝不当〟が語られる。つまり、左派の怒りの発火点は、社会階層の上部(最富裕層とその他の層とのあいだ)にあるが、右派の場合はもっと下の、中間層と貧困層のあいだにあるわけだ。左派の怒りの矛先は民間セクターに向けられるが、右派の場合は公共セクターである。皮肉なことに、双方とも、まじめに働いたぶんの報酬をきちんともらいたい、と訴えている。

左派と右派は、それぞれに社会の異なるセクターと手を結んでもいるようだ。わたしが話を聞いた人たちは、政府と市場をふたつの国のように考えているふしがあった。海外の戦争では、さまざまな国が紛争当事国に味方をして〝代理〟戦争をすることがある。わたしがインタビューした人々は、それと同じような感覚で、政府と自由市場について語っているように見えた。彼らにとって自由市場は、アメリカンドリームに通じる列に並んでいる善良な市民の揺るぎない同盟国であり、連邦政府は、不当に「割り込んでくる」連中に加勢する敵国だったのである。

連邦政府に裏切られたと感じて、自由市場に全幅の信頼を寄せることにした右派はいま、ディープストーリーのせいで見えなくなったり、焦点がぼやけたりしていた現実に直面している。大企業がとてつもなく巨大化し、オートメーション化やグローバル化を進めて、力をつけていたのだ。こうした会社は、生産性を高める基盤として、米国内の労働力よりも、海外拠点の工場の安価な労働力や、海外から連れてきた外国人の安価な労働力、オートメーションを重視する傾向にある。企業が力をつけたことで、労働組合や政府の抵抗も少なくなった。そこで彼らは、誰はばかることなく、最高幹部や大株主に利益を多く還元し、労働者に少なく配分することができるようになったのだ⒁。しかし、テキサス・ブライン社のような企業がバイユーコーンで陥没事故を引き起こした場合は別として、右派をのみ込んだ闘争の場はそこではない。そこに着目するのは〝まちがっている〟のだ。

だから右派の多くは、大企業と中小企業の利益が連動していないことに無頓着なのかもしれない。ティーパーティーのメンバーの多くは、石油企業のサプライヤー〔原材料や中間材の供給元〕や、トレーラーパーク、飲食店、小銀行、商店など、小規模事業の経営者や従業員だ。小規模事業は、大手独占企業の成長による痛手を受けやすい。経済学者のロバート・ライシュはその著書、『最後の資本主義』〔邦訳：雨宮寛、今井章子訳、東洋経済新報社〕の中でこう述べている。今日では、大手独占企業が中小企業に対抗しやすくなる政策を支援し、財産法、破産法、契約法を、大企業に有利になるよう改正させていることが明らかになりつつある、と。最近改正された破産法では、億万長者のドナルド・トランプが、投資リスクから身を守りつつ、自由に破産を宣言できるようになった。小規模事業には、それはできないのに。ライシュは、管理市場と非管理市場のどちらを選択するかという問題ではなく、独占企業に有利な法律に規制された市場と、中小企業に有利な法律に規制された市場のどちらを選ぶかという問題だと指摘している。皮肉なことに、大手独占企業のために苦境に陥る可能性が最も高い経済セクターは、中小企業なのだ。しかもその多くは、ティーパーティーを支持する人々によって経営されている。家族経営の小さな店の経営者が最も裕福な一パーセントを支持するのは、天然の種子を使っている小規模農場の経営者がモンサント社を賞賛するようなものだと言っても過言ではない。街角の食料雑貨店がウォールマートをひいきにし、町の書店主がアマゾンを気に入っているようなものだろう。〝自由市場〟という同じ旗印のもと、大手企業は中小企業に対し、自由に圧倒的優位に立てるのだ。

しかし、味方のことは批判しにくい。右派の人々は、自由市場を自分たちの同盟軍と考え、ともに強大な敵——連邦政府と〝奪う者〟との連合軍——に立ち向かうのだと思っている。リー・シャーマンでさえ、あれほどの苦汁を飲まされたピッツバーグ板ガラス社の株を保有していて、解雇されたことをどう思うかとわたしが尋ねたときには、誇らしげにこう答えたものだ。「そりゃあショックだったし腹も立ったさ。だが何もかも失ったわけじゃない。五〇〇〇ドルの株を持ってたからね！」

この宣戦布告のない階級闘争は、当事者が疲れていらだち、しまいには猛烈に腹を立てながらアメリカンドリームの実現を待つ、という形で展開した。わたしが知り合った人々は、そうした状況下で、列に割り込む〝敵〟——連邦政府——に対し、生理的とも言える憎しみを募らせていった。そして連邦政府を必要とする人たちを憎んだ。自分たちも政府の支援を必要としているのに、それを拒んだ。自分の暮らす地域の汚染の解決さえ助けてもらおうとしなかったのだ。

しかしこのように並外れた決意の裏には、ある種の人格——ディープストーリーを生きる自己イメージ——の存在がある。

第10章　チームプレイヤー――忠誠第一

「わたしが共和党員だってこと、すぐわかるでしょう」わたしをオフィスに迎えたジャニース・アレノは、座るように勧めて、そう言った。ジャニースの机の向かい側の壁際に置かれた三つの棚には、ゾウが所狭しと飾られていた（ゾウは共和党のシンボル）。青と白の陶製のゾウや、金のゾウ、赤、白、青のゾウ。そのそばには、幼い子供が描いた黄色のゾウの絵。ティーポットをかたどったものもあれば、米国旗を掲げたものもある。大きなゾウに、小さなゾウ、木製のゾウにガラス製のゾウ。立っているゾウに、走っているゾウ。バザーやパーティーの福引きや共和党の集会などで、長年かかって集めたゾウの置き物が、コミュニティへの多大な貢献を讃える表彰状のそばに並んでいるのだ。「ゾウを見ると、この国が誇らしく思えてくるの」

広々としたオフィスで、わたしはジャニース（Janiceを彼女はこのように発音した）と向かい合って座った。彼女はここ、レイクチャールズの不動産管理会社、ラカセーン社で長年、会計士として働いてきた。ハロルド・アレノの長兄の娘で、彼女自身もバイユーディンドにほど近い場所で育った。生き生きとした表情の小柄な女性で、力を込めて握手をする。かっちりとしたグレーのパンツスーツに、実用本位の靴を履いていた。宝石類も身に着けていないし、お化粧もしていない。それが「ペンテコステ風の装い」

なのだと、彼女は言う。しかし少々男っぽい服を着て、白髪のまじる栗色の髪をベリーショートにしているのは、「ある意味、ペンテコステ風ではない」のだそうだ。ジャニースはいつも明るく率直で、説得力のある物言いをする。机をはさんで話をする機会を何度も作ってくれた。はじめのころは、広範にわたるさまざまな問題について、はっきりと意見を述べたかと思うと、小声でわきぜりふのように、「あなたのせいで、〝いらいらの種〟だと思ってることをしゃべるはめになっちゃったわ」と冗談を言い、「そのうち、バークレーへ訪ねていくから、裸のヒッピーに紹介してちょうだい」と軽口をたたくのだ。

ジャニースの大きな木の机は、大量の書類の山に覆われている。「確定申告のシーズンだからね」と彼女は説明する。「ハウスクリーニングやコンピュータ関係の仕事をしている人に、無料で申告書を作成してあげてるの。ちょうど同僚の娘さんのを仕上げたところよ」ジャニースは片っ端から知り合いに電話をかけ、友人の親戚の男性に、食べ物や家具を寄付してあげてほしいと頼んだりもしていた。その男性は、イラクへの二度目の出征を終えて帰国したら、妻が三人の幼い子供たちを置いて家を出てしまっていて、いちばん上の子が下のふたりに、湿気たシリアルの残りを食べさせていた。ジャニースはその男性を支援する教会の特別プロジェクトに参加しているのだった。

わたしたちはジョークを楽しんだ。のちにわたしがレイクチャールズを訪れたときには、ジャニースへのお土産として、サンフランシスコ・フォーティナイナーズ〔NFLに加盟するアメリカンフットボール・チーム〕のロゴ入りキャップを持っていった。彼女はダラス・カウボーイズの大ファンだった。ジャニースは、鹿狩りのときにかぶらせてもらうけど、フォーティナイナーズを応援する約束はできないと言った。でも彼女のほんとうのホームチームは、右翼《ライトウイング》の共和党なのだ。党への忠誠心がジャニースの世界を形作っている。

六一歳で独身のジャニースは、大人数の拡大家族を心から愛していて、「わたしは姉妹の子供たちをわが子のように育てたのよ」と誇らしげに言う。成人した甥っ子のひとりは、ジャニースが保有している土地にトレーラーを駐めて、その中に住み、彼女が新築の大きな家に姉妹や友人知人を泊められるようにするため、部屋をいくつか作る手伝いをしていた。ラカセーン社ではたいてい、ジャニースがいちばん遅くまで社内に残っている。彼女は約八五平方キロメートルにおよぶ土地の管理をまかされていた。その昔、コメと大豆を栽培していた農園の跡地だ。長年、この土地は狩猟用に、また、石油とガスの掘削用地としてリースされてきた。ラカセーン社はジェッズ・キャビンという名のハンティングロッジの経営も手がけ、天然ガスの地下パイプライン敷設用地の認可手続きや、森林の管理もしている。

わたしはジャニースに、彼女が通った学校や、教会、レイクチャールズの西隣にあるサルファー市の自宅を訪ねてみたいと頼んでみた。わたしたちは彼女のオフィスを出て、駐車場に行き、彼女の銀色のSUV車に乗り込んだ。車の後部には釣り竿が数本と、友だちにあげるつもりで「ひびは入れてあるけど殻をむいていない」ペカンを一キログラム半ほど詰めた袋が積んであり、カタカタ、がさがさと音を立てていた。サルファー市は一八七〇年代に建設された人口二万人ほどの工業の町だ。車の窓からは、ほかの業種の看板がたくさん見えた。リチャーズ・ブーダン&シーフード・マーケット〔海鮮料理店〕、サルファー・ポーン&ディスカウント・センター〔質店〕、ビーボップス・アイスハウス〔レストラン〕、材木置き場、理髪店、ファミリーダラー、ウォルグリーン〔薬局〕、JCペニー〔百貨店〕、それにペイデイ・ローンズ・オブ・サルファーとEZキャッシュ〔消費者金融〕の看板も目にした。

ジャニースの母校へと向かう道すがら、彼女は子供時代のことを話しはじめた。「わたしは六人きょうだいの真ん中、四番目に生まれたの。父は一〇人きょうだいのいちばん上で、母は七人きょうだいの末っ子だった。みんな結婚して子供が生まれたから、わたしには、父方だけでもいとこが四六人いるの。母方のいとこも同じくらいいるわ。母の姉妹のひとりは、一一人も子供を産んだのよ」わたしが話をした多くの人と同様、ジャニースも子供時代は「貧しかったが幸せ」だったと言った。「母は専業主婦だったけど、朝晩、ものすごい量の食事を作って、洗濯小屋で八人分の洗濯をしていたわ」

「わたしは子供のころから一所懸命働いてきた。八歳のときからずっとよ。休んだことがないの」ジャニースはそう切り出した。働きづめの人生の中で、強い意志で困難を切り抜けること、耐えることを学んだ。忍耐は単なる道徳的な価値ではなく、実践であり、感情的な作業だった。自分は犠牲者だなどと主張せず、自由企業への忠誠心から、ゆるやかな規制がもたらす負の側面と折り合いをつける。それは、詮索しないリベラルの目には見えない、暗黙のヒロイズムだ。ジャニースは、ときには悪いニュースにも耐える必要があると感じている。石油関係の仕事に就くというような、より高次元の目標を達成するために。

わたしはレイクチャールズ内外のさまざまな人に会い、この〝耐える自分〟の表れ方に三つの明確なパターンがあることを発見しつつあった。わたしはそれぞれのタイプを、〝チームプレイヤー〟〝信奉者〟〝カウボーイ〟と名付けようと思う。どのタイプの人も、忍耐の価値を口にし、耐える力について話をする。どのタイプの人も、このヒロイズムと自己の一面を結びつける。チームプレイヤーは、共和党を支持しつつ、チームとしての目標達成に力を尽くす。信奉者は、強い願望を犠牲にする。カウボーイは、恐れを知らない自分を肯定する。ジャニースは、チームプレイヤーだった。

ジャニースは、田舎の暮らしを愛する気持ちを忘れなかった。「わたしは六歳のときにショットガンの扱い方を習ったの。ボートの上から、マムシやヌママムシを仕留めたものよ」と言う。「いまは猟期になると、シカやカモや、イノシシを撃つの。週末には釣りをする。父はよくこう言っていた。撃つかぎりは、自分でさばいて食べるんだぞって。わたしが四〇歳になるころまでは、きょうだいもみんなそうしてたわ。いまは、肉をお店へ持っていって、挽いてソーセージにしてもらってるけど」

わたしたちは、ジャニースが卒業したフラッシュ小学校の前を通った。校名は、この地で硫黄《サルファー》の採掘方法を開発したドイツ人科学者、ヘルマン・フラッシュにちなむ。彼女の高校の校章には、坑内作業員のヘルメットと、交差したツルハシ、シャベルがデザインされている。スクールカラーは赤、白、青だ。ジャニースはオーナー・ソサエティ〔学業成績優秀者の会〕と4Hクラブ〔青少年の生活向上と農業技術習得をめざす教育機関〕のメンバーになり、ディベートチームのリーダーも務めた。卒業後は近くの州立マクニーズ大学で文学士の学位をとり、会計士としての道を歩んだ。ジャニースの父親は、娘ほどには幸運に恵まれなかった。一〇人きょうだいの長子として生まれ、早々に学校を辞めるはめになった。一家一二人の食い扶持を稼ぐため、父親の果樹園の手伝いをしなければならなかったのだ。

わたしたちは、ジャニースの教会の前で車を駐め、トランクをあけて、カップや皿や紙ナプキンの入った箱を運び込んだ。それは教会で開かれるチャリティー夕食会で使うものだった。収益は、イラクとアフガニスタンに派遣された米軍兵士に贈られる。「みんな、若い兵士にお金をあげなくなってしまったけど、あの子たちはまだ現地にいるのよ」と、彼女は言う。「まだケアが必要なの」わたしたちはSUV車に戻り、また出発した。

ジャニースが家族の話をするときは、父親のことが中心になった。「父は小学校三年生までしか教育を受けていない身で、家族八人を養ったのよ。たくさんのことができる人だったわ。誰も見たことがないような方法で、漁網の穴を修繕するとか」彼は一九歳で配管技能を学んで、地元の組合に加入し、三〇年以上、シティーズ・サービス社(現在のシットゴー社)で働いた。「父は一度も、就業不能給付金や失業保険のお世話になったことがないのよ」と、彼女は誇らしげに言う。「製油所で働くチャンスがもらえなかったら、家族みんなを食べさせていくことはできなかったでしょう」退職後、彼女の両親はキャンピングカーでユタ州やコロラド州へ行っては、果樹園で収穫作業員として働いて、「たくさん果物を食べたんですって。父が亡くなる前に、夫婦で旅行ができてよかったと思ってる」

ＳＵＶ車がスピードを落とし、わたしたちは、一軒の小さな建物の前を通り過ぎた。生け垣を隔てて両側に建つ住宅と比べてもなんら目立った特徴はない。そこは、ジャニースが子供のころに所属していた純福音教会(異言、預言、癒しの賜を重んじる)があったところだ。日曜の朝と夜と、水曜の夜には〝欠かさず〟ここに通ったという。現在は別の場所に移転している。ジャニースの祖父は、この教会の創設役員会のメンバーだった。父は会計係をしていた。いまジャニースはその役員会の会長を務めている。

勤勉、産業、党

教会は、ジャニースが生まれてはじめて、働くことの誇らしさを学んだ場所だった。「八歳のとき、わたしは日曜と水曜の礼拝のあと、教会の隅々にまで箒をかけて、芝刈りをしていたの。建物の奥にあったトイレも、男子用のも女子用のも、きれいに掃除してたわ。両親が車で送ってくれて、あとで迎えにきてくれた」ジャニースは大きくなってもその仕事を続けていたが、やがてこれに加えて、ソフトクリーム店のアルバイトもはじめた。高校卒業後は「電話の交換手として週に四〇時間働いて、なんとかマクニーズ大学を卒業したの。午後一時半から一〇時、三時から一一時、四時から一二時のシフトだった。長い時間働いた翌朝は、起きて学校へ行くのがつらかったわ。合間に急いで勉強するのもたいへんだった。一カ月のうち、休める週末は一回だけ。夏のあいだはそれもなかったのよ。きつかったわ」その後、ジャニースはいまも勤務する会社に就職したのだった。

ジャニースは父親同様、「政府から一セントも受け取ったことがない」のを、何よりの自慢にしている。「電話会社で五年、この会社で四三年」働いたが、「一度も失業保険のお世話にならなかったし、政府の支援を頼ったこともない」という。「大学時代に少額の学生ローンは利用したけどね。あのころは給付型の奨学金じゃなかったの。だから全額、政府に返したわよ」

連邦政府からほとんど、あるいは何も受け取らなかったという話はよく耳にした。それは名誉なことなのであり、政府からお金をもらうのは恥ずかしいことだった——あるいは、そう思うべきだと、ジャニースは感じていた。彼女にとっていちばんの〝いらいらの種〟は、「政府のお金を取って、自分は働かない人たち」だという。

「わたしの知ってる建設作業員はね、狩猟シーズンになると、ハンティングに行く費用に充てるために、仕事を辞めて失業保険をもらってるのよ」就業不能給付金についても、まったく同じことをしている人がいるという。「友だちの娘婿は、わざと長時間働いて怪我をして、就業不能給付金を申請するらしいわ。わたしのいとこやおじやきょうだいもやったことがある。確かに、仕事がないときには、生活保護が受けられると助かるわね」それは認めた。「でも仕事があるのに働かないなら、教会の庭の芝を刈るとか、ケアセンターで服をたたむとか、学校のトイレを掃除するとか、そういうことをしたらどうなの？　なぜできないのかしら。わたしたちは、何もしない人のためにお金を払っているのよ。まずは、貧困家族一時扶助（TANF）を通じてね。それから、高齢者、障害者の〔低所得者に生活費と医療費を給付する）補足的保障所得（SSI）を通じて。それはおかしいわよ。彼らも、何か役に立つことをすべきだわ」（これについては、付記Cを参照）

彼女の父親の年代の人にとって仕事は、不安や貧困、屈辱から抜け出すためのパスポートだった。しかしジャニースは、自尊心を支えてくれるのはお金だけではないと思っている。自分が仕事にどれだけ向いているかということでもない。自分の仕事がよりよい社会の実現につながるかどうか、といったことでもない。少なくとも、そうしたことはいっさい頭に浮かばない。誰もが彼女のように懸命に働くのが、よりよい社会なのだと思っている。

ジャニースの仕事観は、より大きな道徳的規範に根ざしている。その道徳律は、アメリカンドリームをめざす列の前後に並ぶ人々に対する彼女の感情を形づくっていた。「懸命に」というのが重要だ。適性や報償、成果以上に、勤勉は自尊感情をもたらしてくれる。それは、清く正しい生き方を貫いて教会に通っていれば、おのずと備わるものだ。列の前に割り込む者は、こうした信条を持たないのだと、ジャニースは感じている。リベラル派――列に割り込む者を産み出した社会運動に関わる人々――は、よりルーズで不明瞭な道徳規範を共有しているにちがいない。リベラル派は、たぶん、教会に所属していないから、個人の倫理観そのものをきちんと認めないのだ。ジャニースは、特殊な事情がないかぎり、中絶はすべきではないと考えているが、「一年あたりの中絶件数は、五五〇〇万件にのぼる」と想像している。「きっとみんな民主党支持者よ」（ジャニースは一瞬、言葉を切ってからブラックユーモアを口にした。「……というのは言いすぎでしょうね」）最高裁判所が同性結婚を認め、連邦政府が怠け者に福祉給付金を支給し、教会に通うアメリカ人が減り、南北戦争で南部のために（たとえ南部側の大儀が誤っていたにせよ）死んでいった若い兵士のヒロイズムが、政治的に正しくないという理由で黙殺されたいま、ジャニースがたいせつにしているアメリカの一部は、いまや国家という荒波に勇敢に抗う小さな防波堤のようにしか見えない。アメリカンドリームそのものが、奇妙で、非聖書的で、過度に具体的で、尊厳に欠けたものになってしまった。辛抱強く列に並んでいるジャニースは、自分の国にいながら異邦人のような気持ちを味わわされている。古きよきアメリカを守る唯一の砦は共和党なのである。

職に就いている人は、たとえわずかなリスクに直面したとしても、仕事に打ち込むべきだとジャニースは感じている。「わたしの男きょうだいのうち、ふたりが配管溶接工なんだけど、同僚がつまらないことで辞めていくらしいわ」と、彼女は不満げに言う。「その人たちは、アルミニウムを溶接する仕事をしていたの。粉塵を吸い込んでも、牛乳を飲んだら健康被害が防げるというので、会社は朝一〇時に牛乳を配ることにしていてね、組合の契約書にもそう書いてあるのよ。でも会社が一〇時に牛乳を配らなかったら、三〇人の溶接工が働くのをやめちゃうんですって。ばかげていると思わない？　一日くらい飲まなくたって、死なないわよ。自分で牛乳を持ってきてもいいんだし」ジャニースは会社側の観点からものを言っている。一時期、彼女はレイクエリア工業連盟（企業と地域住民との対話を深めるために組織されたNGO）から各校に派遣されて、産業が地域にどのような恩恵をもたらしているかを説明していた。生徒たちが、家庭やリベラル系のメディアから、異なった話を聞いている可能性があったからだ。

仕事には矯正効果もある。「働き口がなかったら、ハイウェイの工事現場で働かせればいいのよ。ダンプカーを使わずに、手押し車やシャベルを使ってね」と、ジャニースは言う。「そうすれば、夜、家に帰ったときにはくたくたに疲れていて、出かけてお酒を飲んだりドラッグをやったりする元気は残っていないでしょう」

ジャニースはアメリカに雇用を取り戻すための構想まで練っていた。第二次世界大戦中に、「わたしたちとはあまり仲がよくなかった」フランスで戦死して埋葬された兵士の墓石を掘り出すのだという。「それをアメリカに持ち帰って墓地を作る。そして米国人労働者が、米国製の芝刈り機を使って墓地の芝刈りをするのよ」

もしダンプカーの代わりに手押し車を使ったり、墓地を移設したりして怠け者を矯正できないとしたら、戦争という手もある、とジャニースは考える。「みんなが働けるように戦争をするべきだと言ってるわけじゃないのよ」と、彼女は急いで付け加えた。「でも、戦争にはプラスの面もあると思う[1]。ミサイルや汎用輸送車両を製造するとか、軍服を仕立てるとか、そういう仕事がついてくるから」

サルファー市では、何もかもが仕事に直結するわけではない、と彼女は言う。わたしたちは、広大な催事場《フェアグラウンド》施設に近づこうとしていた。サルファー市が新たに建設した競技場兼イベントセンターで、マルディグラで使う一三〇〇平方メートルのダンス場や、ロデオ競技場を備えている。ロデオ競技場では、有名ロデオクラブの後援によるバレル・コンテスト〔馬に乗って所定のコースを走って広場の三カ所に置かれたドラム缶をまわり、そのタイムを競う女性向けの競技〕やスティア・ローピング・コンテスト〔馬上から投げ縄で子牛をとらえる速さを競う〕が開催される。「ロデオが開かれる日には、親は子供を車でここへ送ってきて、あとで迎えにくるの」と、ジャニースが説明してくれた。「家族で楽しめるイベントなのよ」

ジャニースは、働かない人々のジレンマも理解しているという。手近な職に就くよりも、福祉給付金をもらったほうが、得なのだ。「時給八ドルの仕事をすれば、週に二五〇ドル稼げるわ。でも、いまの福祉給付金の金額だと、きちんと就職するのは損だってことになる」それでも、ジャニースや彼女のような考え方をする人々は、政府が運営するヘッドスタート・プログラムの教室へ、親がレクサスで子供たちを送り届ける姿を「この目で」見たと主張する。ジャニースは政府から、あのような人々に同情することを期待されていると感じている。でも、そうはいかない。彼らは就職すべきだ。

ジャニースは束の間、運転席からこちらに顔を向け、目を大きく開いてわたしを見た。わたしにショックを与える気だったのだ。「わたしのことを厳しすぎると思う人もいるわ。でも、働くのがいやなら、飢え死にすればいいのよ。ホームレスになったらいい」連邦政府がおもに貧困者救済用として、ルイジアナ州の予算の四四パーセントを負担していることについては、むしろ返してしまいたいくらいだと言う。なんの見返りも求めずにお金をくれるなんて！　それは彼女の道徳律に反する。報酬は働きに対して与えられるものだ。つまり彼女にとっては、ルイジアナが人間開発指数では五〇州中の四九位、健康全般では五〇位にランクされることと、右派が連邦政府の支援に抵抗を感じることのあいだには、なんの矛盾もないのだ。働かない者は、それなりのランクに甘んじればいいのだから。

わたしたちは、ドライブスルーのバーガーキングに寄って、ハンバーガーを二個買った。座ってそれを食べ、Lサイズのアイスティーを飲んでから、ジャニースの夢の家に向かった。シットゴー社から数ブロックのところで育ったジャニースは、工場群から遠く離れた地区に住みたいと思い、サルファー市の北部に土地を買った。彼女はそこを〝隠居邸宅《リタイアメントバーン》〟と呼ぶ。いま彼女は甥に手伝ってもらいながら、ひと部屋ずつ建築しているところで、完成したあかつきには、その甥も家族といっしょに移り住むことになっている。車を走らせていると、ジャニースの携帯電話に、すさまじい音量で着信があった。甥が配管設備について連絡してきたのだった。

大きなパラドックスについていろいろ尋ねるので、わたし自身がジャニースのいらだちの種になっているような気もしたが、ここで最も重要な質問を投げかけてみた。生まれながらにして貧しい子供たちについては、どう思っているのかと。怠け者の親に憤慨しているから、子供たちのことも放っておくの？　ヘッドスタート・プログラムや昼食費補助にも反対なの？「わたしはその子がこう言うのを期待したいわ。「ぼくは一所懸命働いて自分の力で教育を受けて、いい仕事を見つけて、この環境から抜け出すんだ」ってね」と、ジャニースは答えた。それ以上の解決策としては、子供たちを〝教会に通わせる〟こと、貧しい女性の妊娠を制限することを挙げた。「わたしのことを厳しすぎると思う人もいるわ」と、また言う。「でも子供をひとりかふたり産んだら、卵管結紮《けっさつ》手術を受けてもらえばいいのよ」

しかしそれでは、連邦政府が国家権力をふるうことにならないのかと、わたしはついてみた。いいえ、と彼女は答えた。「いやなら手術をことわればいいでしょう。そして連邦政府のお金もことわればいい」

ジャニースの論法の裏には、不平等に対する彼女なりの見方がある。アメリカンドリームをめざす列には、最後尾に留まる運命の人もいるのだ。だから彼女は、富裕層から取り立てた税金を貧困層に再分配することに反対している。こんなその場しのぎの対策が長続きするはずがない。「人口の一〇パーセントが、九〇パーセントのお金を持っているのよ」と彼女は言う。「でも、それを均《なら》したとしても、一年のうちには――いいえ、半年でも――やっぱり一〇パーセントの人が九〇パーセントのお金を手にすることになるの。宝くじで億単位の賞金を引き当てた人の多くは、十年後には破産してるって話よ。物乞いや詐欺師を追っ払う方法も、投資の方法も知らないからだわ。わたしたちは、ひとりひとりが分相応の居場所を見つけて、そこで満足することを学ぶべきなの」

連邦政府はたくさん与えすぎているだけではなく、あまりに多くのことをしすぎ、あまりに多くのものを持ちすぎていると、ジャニースは感じている。「政府は、軍事と外交、道路の建設、水路の浚渫を引き受けてくれれば十分」だという。公用地を政府が保有している件については、「グランドキャニオンとか、イエローストーンの一部とか、国有地にしておくべき土地はいくつかあるけど、そのほかの国立公園は売り払えばいい。開発と雇用創出のためにね」政府は規制もしすぎている――たとえば、銃とか。自分の考えがわたしを驚かせるとは思っていなかったらしく、ジャニースは、中東に民主主義を根付かせる最良の方法は、銃を配布することだと言い出した。「誰もが銃と弾薬を持っていれば、意見の違いを解決できる。中東で独裁体制が続くのは、独裁者が銃を全部持っていて、国民が一挺も持っていないから。自分たちの力で蜂起できないからよ。アメリカでも、政府が国民から銃を取り上げたら、同じことが起きるでしょう」ジャニースは表情を曇らせて、推測を口にした。そんなふうに思っているのは彼女だけではない。オバマがはじめて大統領に就任したとき、彼が国民から銃を取り上げるという噂が流れ、リー・シャーマンによれば、デリッダー市内の店で弾薬の売り切れが続出したという。別の男性からは、ある牧師が信徒たちを連れてウォールマートへ買いだめに走ったという話さえ聞かされた。

連邦政府職員の数が多いことも、ジャニースの目には「失策中の失策」に見えるらしい。どのくらいの人数なのか、彼女は推測していないが、わたしが話を聞いた人の多くは、米国の労働人口の三分の一から半分――中をとれば四〇パーセント――が連邦政府に雇われていると考えていた(わたしは比率を知らなかったので、調べてみた。二〇一三年の統計によると、連邦政府で働く文民職員は、米国人労働者の一・九パーセントで、その比率は過去一〇年のあいだに減少してきたとのことだった。さらに詳しくは、付記Cを参照)。多くの政府職員が、くだらないことに納税者のお金を使っていると、ジャニースは感じている。ここでもFOXニュースが〝これ以上はない〟という例をあり余るほど豊富に、提供してきたのだ。まずは、ソリンドラ社の例がある。太陽電池のメーカーで、連邦政府から五億三五〇〇万ドルの融資を受け、それをすべて無駄にしてしまった(二〇一一年に倒産)。二〇一四年には、環境保護庁の職員が政府のパソコンで〝サディズムは美しい〟という名のサイトにアクセスし、〔二年間、毎日〕四時間にわたってポルノ映画を観ていたことが発覚した。また、国立芸術基金から助成金を受けていた画家のクリス・オファイリが、牛〔正しくはゾウ〕の糞を塗りつけた聖母マリア像を描いて物議をかもしたこともあった。

わたしたちは、ジャニースのSUV車に戻って帰途についた。後部のトランクでは相変わらず、釣り竿がカタカタと音を立てていた。「確かに、ここは自由の国よ」と、ジャニースが言う。「でも、それほど自由じゃないわ。牛の糞でキリスト像を描きたかったら、描けるかもしれない。望むなら、ムハンマドの絵だって、ブッダの絵だって、牛糞で描くことができる。でも、わたしが納めた税金を、その費用に使わないでほしいわ。自腹を切って現地に行って、シャベルで糞をすくってくるべきよ」ジャニースの目には、経営破綻したソリンドラ社や、環境保護庁のサディズム礼賛職員、牛糞芸術家の陰には、〝相手チーム〟の存在があると見えるらしい。わたしのチームならあんなことは許さない――絶対に――というわけだ。

列に並んだ顔ぶれ

ジャニースをいらだたせているのは、民主党のモラルのゆるみだけではない。そのようなゆるみを、自分に押し付けられることがたまらないのだ。同情することを強要され、受け入れなければ、罪悪感を感じさせられる。性的指向と性同一性がいい例だ。「誰かがゲイだとしたら、ゲイでいればいいじゃない。でも、それをわたしに押し付けないでほしい」わたしは彼女に、ゲイの人たちはべつに他人にゲイのライフスタイルを押し付けようとしているわけではないと言ってみた。すると、「いいえ、押し付けてるわよ」と反論してきて、ポップシンガーだったソニー&シェール〔一九六〇年代から七〇年代に活躍した夫婦デュオ」の子、チャズ・ボノ[2]を例に挙げた。チャズは女の子として生まれたが、のちに性転換して男性になった。ジャニースはそのいきさつを詳しく知っていた。「わたしの少女時代、チャズは番組の出演者の中でいちばんかわいい女の子だった。その彼か彼女がね、もし偏見を経験していなければ、もっと楽に成長期を過ごせただろうと言ったときに、わたしは、チャズに自分の生き方を押し付けられたと思ったのよ。彼は自分が成長しやすいように、世界中が変わることを望んでいる。だからわたしはこう思うわけ。「あなたが男でいたいなら、いなさいよ。ゲイでいたいなら、そうしなさい」って。ゲイでいたい人がゲイでいることについては、わたしはなんとも思わない。ふつうの人として、働きにいって、芝を刈ったり釣りをしたりすればいい。山のてっぺんにのぼって叫ぶようなこと、しなくてもいいと思う。わたしを変えないでほしいし、変わらないからといって、わたしを偏屈者呼ばわりしないでもらいたい。わたしたちはそんなふうに思われてるのよ。シェール・ボノは、ジェイ・レノの番組〔コメディアンのレノが司会を務めたNBCのトークショー〕で、「ティーパーティーの連中はみんな頭がいかれてるのよ」と言ったわ。リベラルなハリウッドでは、それが一致した見方なの」

わたしはジャニースの家に近い土地の問題に話を戻した。彼女のおじのハロルド・アレノとその妻アネットが暮らすバイユーディンドの公害問題に。「祖父は、製油所がどういうものか、まだ誰も知らなかったころに、あの一六ヘクタールの土地を手に入れたのよ」と、彼女は考え込みながら言った。「いまではすべて台無しになってしまった。バイユーディンドにはもう住みたくない。そう考えたら悲しくなるわ」産業はサルファーに四カ所の有毒廃棄物集積所をもたらした[3]。そのひとつは、ジャニースの現在の住まいからほんの一ブロックのところにある。しかし「メーカーはわたしたちが必要とするものを作ってる。ソーダのボトルや、ゴム底の靴や、歯磨き粉なんかを。歯磨き粉は必需品よ」

チームの一員であるからには、どんな問題も耐え忍ばなければならない。そのために、ジャニースは自分が仕事のうちだと思っていない仕事をしている。それは、近所に有毒廃棄物集積所があることを受容するというような、感情的な作業だ。心のずっと奥では、そんなものをがまんしたくないに決まっている。チームの一員たるもの、ときにはすべてを胸に納めて、対処する必要があるのだ。

ゴムに覆われた馬

わたしたちは、ジャニースの甥のディッキーに会うため、彼女のいとこの家に立ち寄った。ジャニースの姉も来ていた。わたしはジャニースから、ある親戚の馬にまつわるショッキングな話を聞き、本人に会って、直接、もう一度話を聞いてみたいと思ったのだ。わたしはディッキーとジャニース、ジャニースの姉、それにいとこといっしょにキッチンテーブルを囲んで座り、何度も語られてきた話を聞かせてもらった。それは、いまだに悲しみと驚愕を引き起こさずにはおかない物語だった。

ディッキーは元教員で、すでに退職している。一九五〇年代に子供時代を過ごした。

「わたしはテッドという名前の月毛《つきげ》の馬に乗っていました」と、彼は振り返る。「テッドはたいてい、幅一メートル半くらいの溝なら楽に跳び越せました。だがそのときは、水の中に落ちて、沈んでしまったんです。這い上がろうとしましたが、できませんでした。わたしたちは手綱を引っ張ろうとしましたが、どうしても引き上げられません。最終的にはおじがトラクターで引っ張り出してくれたんです。けれども、テッドがようやく這い上がってくると、全身が妙な膜に覆われていたんです。ホースで水をかけて、剝がしてやろうとしましたが、逆に膜が硬くなってしまいました。接着剤でウェットスーツを貼りつけたような、ひどいありさまでした。ゴムのようだったんです。獣医が助けようとしてくれましたが、だめでした。二日後、テッドは死んでしまいました」その溝は、ファイアストン社のポリマー工場の下流にあったのだ。

当時、ディッキーはすっかり打ちひしがれていたというが、話をしながらも、いまだその悲しみが癒えていないことがうかがえた。しかしジャニースは、このエピソードを少し異なって記憶していた。彼女も悲しくなるが、そのために、産業への忠誠心を揺るがすわけにはいかないと考えている。ジャニースは首を振る。あたかもこう言いたげだ。確かにあのころのわたしたちは、たくさんのことを辛抱した。でも、環境保護活動家のように、悪いニュースのことをくよくよ考えすぎるのはやめましょう、と。彼女は子供のころ、突然、耳をつんざくような轟音がして、真昼の空が黒く染まった日のことを覚えている。シティーズ・サービス社の工場で爆発事故が起きたのだ。「わたしたちはみんな、世界の終わりが来たのだと思ったわ」と、彼女は言う。でもあのときはあのときだ、と彼女は思う。今日では「産業は州の認可を受けている」ので、なんら問題ないという。

わたしたちは、ディッキーとジャニースの姉に別れを告げて、出発した。しばらくすると、車は舗装された道路から土の道へと曲がり込み、ふたつの大きな池のあいだを、くねくねと進んでいった。わたしたちは、ジャニースの夢の〝隠居邸宅〟に向かっていた。敷地面積は一六ヘクタール、元の製材会社の跡地で、サソール社が大規模拡張工事を進めている地点から一〇キロメートル離れた場所にある。「左側の池には、ザリガニを放したの。いまは右の池を掘削しているところ。釣りをしたいと思ってね」と、彼女は誇らしげに言った。ほどなく、長くて平たい金属屋根のついた巨大な建物の前で停まった。まだ完成していないものの、家の前のロックガーデンのまわりには、すでに小さな噴水と陶製のクジャクの像、それに、ゾウの彫像がふたつ――黒と白で、そのうちの一頭は鼻を持ち上げている――配置されていた。それを眺められる位置に、デッキチェアが二脚置かれている。「妹たちがデザインしたのよ」とジャニースは言い、くすくす笑った。

ジャニースは独身で子供もいないが、寝室を六部屋とバスルームを四つ、それに、親族みんなが集まれる、広々としたオープンキッチン付きのリビングルームを備えた家を建てた。冷蔵庫にはソーダが常備されている。この〝隠居邸宅〟には、ふたりの姉妹もいっしょに住むことができる。そのうちのひとり、ジョイスは腰の手術をして快復期にあり、いつでも引っ越してこられるそうだ。テキサスで暮らすジュディも、もし夫に先立たれるようなことがあれば、ここに来てもらうつもりだという。敷地内のトレーラーで暮らしながら家の建築を手伝っている甥のケリーが、籠いっぱいの新鮮な卵を持ってやってきて、ニワトリが一羽死んだことを報告した。彼もいつかは恋人と、自分の娘のマティ――彼が親権を半分持っていて、みんなに愛されている子――とともに、トレーラーからこの家に移り住むかもしれないという。家の裏へまわると、キャンピングカー専用の車庫と、園芸小屋（「ジョイスは植物が好きなの」）、鶏舎、二頭のヤギの飼育場に、一二頭の馬のための放牧場があった。「犬もいるのよ」と、ジャニースは付け加えた。さらに、マティが大きくなったら、投げ縄やバレル競技の練習ができるよう、広大なロデオ競技場まで設けてあった。「わたしは瀟洒《しょうしゃ》な家には興味がなかったの」と、ジャニースは説明した。「ただ、役に立つ家にしたかったのよ。みんなが訪ねてこられるようにね」週末には、彼女が乗用式芝刈り機に乗って、一六ヘクタールの敷地のうちの三ヘクタール分の草を刈っている姿が見られることだろう。

ジャニースのアメリカンドリームの家を案内してもらっているうちに、わたしは、いかにディープストーリーが彼女にとって理にかなっているかがわかってきた。ジャニースは、構造的な苦境からなんとかして抜け出したのだ――高い目標を持つ一方で、いっこうに上がらない給料や不安、競争相手、政府の支援を横目に見てきた。飛躍的な昇給はなかったかもしれないが、ともあれ列の先頭にたどり着いたのだ。どれほどたいへんなことだっただろう。いつも目立たず控えめにしているわけにはいかなかったはずだ。ここにいたるまでには、突然の爆発事故や、機械の騒音、異臭にも耐えてきた。それはたやすいことではなかっただろう。こうしたことを受け入れるため、ジャニースは、自分自身に対してさえ、おおむね不安を隠してきた。不安は身にしみついて、もはや意識にのぼらないほどになった。そのおかげで、ジャニースは少々のことでは動じず、いつも気丈にふるまうことができるのだ。父親のためにシットゴー社の、そして自分のためにラカセーン社の――つまり、「エネルギーベルトのバックル」と自由市場に関する――よいニュースだけを聞く。ジャニースは資本主義に忠誠心を持っている。ルイジアナ州サルファー市の石油化学工場では、それがうまくいき、父親と彼女の収入に奇跡が起こったからだ。ジャニースは、ほかの人たちにも資本主義を信奉してほしいと思っている。だって、当然じゃない？ 家族と教会は別として、ほかに忠誠を捧げる価値のあるものなんて、ないでしょう。

彼女は、このような傾倒ぶりは尊敬されないと感じている。それどころか、リベラル派に批判されたら、反論しなければならないと思っていた。信仰心が薄く、道徳的規範に欠ける東西海岸文化に毒された彼らにとやかく言われたくはない。ある種の人々が列に割り込んでくることはまだしも、善や真実に関する誤った考え方が人気を得て、まっとうな考え方を駆逐することにはがまんがならない。異性間結婚が家庭生活の中心となるのが自然であるとする彼女のコミュニティの見解に国が同意していないため、自分たちは性差別主義的でホモフォビアで、時代遅れの後進的な考えの持ち主だと見なされている。ジャニースは、そのような見方に抵抗する必要性を感じている。列そのものについてどう考えているかも、きちんと主張しなければならない。貧しい人々や移民やシリア難民に冷たい人間だと、批判勢力には思われたくはない。ただ、彼らは列の前に割り込むべきではないと言いたいだけだ。

　そうした価値観だけではなく、彼女が誇らしげに表現している自己——試練に耐える自分の生き方——も、擁護する必要があるように思う。なぜなら、ブルーカラーの仕事と同様、それもまた、時代遅れのようだからだ。「工場のみんなは、父がいつもどっしり構えていて頼りになるって自慢に思ってくれてたの」と、ジャニースは胸を張る。しかし、いまはもう、そういうことが重視されなくなった。彼女の父親やおじのハロルド・アレノと同様、ジャニースは、きちんとしたルーツのある自分、親戚や教区信徒の仲間や友人たちから成る、忙しくて濃密で、安定したコミュニティに根を張った自分を誇りに思っている。最近増えてきたコスモポリタンな人々は、住み慣れた土地を離れて根なし草になり、手近なコミュニティとゆるやかにつながって、たくさんの人をほんの少しだけ知れば十分だと思っているようだ。流動的で、つねに漂流しているようにさえ見える。そんな生き方が流行になりつつあるらしい。そういう人は、さまざまな道徳規範を知っていることを自慢にしているが、それでは結局〝なんでもあり〟になってしまうのではないか。[4] 恐ろしい。そんなのはまちがっている。ジャニースには断じて許せないことだった。

　ジャニースはさらにもうひとつ、感情的な作業をこなしていた。それは、エネルギーベルトのバックルにあたるこの地域が持つ負の側面に目をつぶり、プラス面だけを見ることだ。ジャニースにとって産業は、自分を裏切らない友であり、彼女もまた、産業にとって、決して彼らを裏切らない友だった。環境汚染については、「会社にはやるべき仕事があるの。みんながほしがるもの、必要とするものを作っているのよ。わたしたちがトイレに行く必要があるのと同じで、会社も仕事をしなければならない。単純に「そんなことはやめろ」とは言えないわ」しかしジャニースは、シットゴーやサソール、モンサントなど、州内に進出してきた企業の味方をする以上、いろいろな問題には目をつぶる必要があると感じている。問題があることを知りながら、それを受け入れる決意を固めていたのだった。

知り合って何年か経ったころ、わたしはジャニースから、姉妹のひとり、ジョイス——心のあたたかな女性だ——が新居に引っ越してくる予定であることを聞いた。ジョイスは、オリン・ケミカル社で出荷責任者として、ホスゲン〔殺虫剤の材料。室温で有毒ガスを発生させる〕を積み込んだ貨物車両を、防毒マスクを着用せずに点検する仕事をしていた。ジョイスは、消耗性の自己免疫疾患にかかり、勤務時間を短縮して、プレドニゾン〔免疫抑制作用のある合成副腎皮質ホルモン剤〕と自然療法を併用して快復をめざした。当のジャニースも、「たぶん工場の近くで育ったことに関係のある」体調不良に悩まされていた。一度、血液検査を受けようかと思っているそうだ。しかし「不安に負ける」つもりはないという。

ジャニースはすでに、月に一度、アレノ一族を集めてクックアウト〔野外で料理をして食べるパーティー〕を開いている。「聖金曜日〔復活祭前の金曜日。ルイジアナ州では祝日に定められている〕のクックアウトには六七人が集まったの」と、彼女は誇らしげに言う。「月に一度は大きなクックアウトを開くの。ちょっと言っただけでも二五人、みんなに伝えたら、もっと集まるわね。料理が十分にあれば、食べられるけど、来るのが遅いと、鍋という鍋が空っぽになってるわ」

松の森は、広大な工場地帯に姿を変え、南部の有権者たちは右傾化したけれど、ジャニース・アレノは、文学士の学位の賜と忍耐力によって、みずからのルーツに関わるものを可能なかぎり残していこうとしている。愛情深い家族と、投げ縄やバレリング、ザリガニ釣り、鹿狩り、それから〝みんながやってくる〟クックアウトを。ジャニースは、自分のチーム――支持政党と、それが象徴する産業――は、生涯で得た最大の財産だと思っている。彼女はチームプレイヤーだ。もともとは、工場から逃れるためにサルファー市北部に引っ越した。しかしまもなく、その新居からわずか一〇キロメートルほどのところに、サソール社の新しいエタンクラッカーが建設される予定だ。「もしサソール社が大きな火事か爆発事故を起こしたら、わたしたちも影響を受けるかもしれないわね」と、彼女は達観したように言う。水圧破砕法のブームとともに、将来は、さらに新しい工場が近くへ進出してくるかもしれない。「でも、あなたはカリフォルニア州のバークレーで地震に遭ったのでしょう。事が起きるときは起きるのよ」それでも、ジャニースの新しい家の前では、誰でも小さな噴水のそばのデッキチェアにゆったり座って、崇高な忠誠心のあかしを見ることができる。持ち上げられた太く白い足と牙と、高く掲げられた長い鼻を。

第11章 信奉者——黙ってあきらめる

「日曜日は、わたしの好きな日なんです」ジャッキー・テイバーは、彼女の人生の鍵でも差し出すようにして、わたしにそう言った。ジャッキーを三度目に訪ねた日のことで、わたしたちはトリニティ・バプテスト教会の日曜礼拝から戻ったところだった。彼女の夫、ヒースがベージュのSUV車をカーポートに乗り入れた。その横には、アークティックキャット社製の四輪バギーが駐めてある。深い溝のついた大きなタイヤには、最近、狩猟に出かけてくっつけてきた泥がついていた。

ジャッキーは四五歳。小柄でほっそりとしていて、若々しい。黒い髪を肩まで伸ばし、金のイヤリングに、ピンクの木綿のシャツ、フラットシューズというカジュアルな装いをしているが、その黒い瞳は情熱的な輝きを宿していた。ジャッキーはわたしを案内して、広い自宅の廊下を歩いていく。興奮しやすいジャーマンシェパードを落ち着かせ、ほかの犬たちをなだめつつ、子供たちの遊び部屋に置いてあるハムスターのケージの前を通っていった。高い丸天井を備えたリビングルームに入ると、大きな石造りの暖炉の上に、枝角を生やした三頭の牡鹿の頭部が飾られていた。その目はまっすぐ前を見つめている。この壁の石膏ボードは？　「ヒースが自分で取り付けました。牡鹿も彼が仕留めたものですよ」ジャッキーはそう言い、誇らしげにあたりを見まわした。「この家も全部、彼が設計したんです」それがほんとうに自分のものであることが奇跡のように思えるようだ。

ヒースがメキシコ湾で釣ってきたマグロを網焼きにして、ピリリと辛いサルサで味付けをしてくれた。わたしは、夫妻とふたりの子供たちといっしょに、座ってお祈りをし、おいしい魚をいただいた。ヒースは二〇一〇年、メキシコ湾の外海で釣りをしているときに、BP社のディープウォーター・ホライズンの爆発を目撃したという。原油と分散剤で獲物が汚染された可能性は考えたが、たぶん、ごくわずかだろうと思ったそうだ。ジャッキーがテーブルを離れて、子供向けのスポーツ雑誌を取ってきた。そこには、夫妻の一〇歳の息子、クリスチャンが笑顔で、大きなキハダマグロをぶら下げて見せている写真が掲載されていた。家族みんなが釣りと狩りと自然を愛しているのだと、ジャッキーは言う。

昼食後、ジャッキーとわたしはリビングルームに移った。ほどなく、彼女がいかにキリストに感謝しているかということが話題になった。ジャッキーは、自分がたいせつにしているものは、すべて主に賜ったと感じている。愛情深い夫、ふたりのかわいらしい子供たち、元気いっぱいの犬たち、それに、ローンを完済した美しい家で、専業主婦として子供たちとの時間を過ごせる幸運も。まさにアメリカンドリームがかなったのだった。レイクチャールズ郊外の新興高級住宅街、〈コートランド・プレイス〉に建つその家は、二本の煉瓦造りの柱に守られた門がついている。アーストーンの壁はアザレアやデイジーの花に縁取られ、ドライブウェイの隣家側に置かれた大きな庭石の上には、アメリカ国旗が掲げられている。平日の午後には、このあたり一帯は空っぽになる。姿を見せるのは、近所の主婦と、時折、電動剪定機《ヘッジトリマー》で生け垣の刈り込みをしている黒人の庭師だけだ。

ヒースは建設請負業を営み、成功していた。ハリケーン・カトリーナ、リタ〔いずれも二〇〇五年〕、グスタフ〔二〇〇八年〕、アイバン〔二〇〇四年〕、熱帯暴風雨《トロピカルストーム》のマシュー〔二〇〇四年〕とバーサ〔二〇〇二年〕がこの地域を襲ったあとに、住宅の建築、補修を手がけてきた。ルイジアナ州民がハリケーンを節目として時の流れを測っているとすれば、ヒースは、吹き飛んだ屋根や割れた窓ガラス、水浸しの地下室と、自分が依頼された仕事の内容で、それを測っている。ただしどんな仕事も、町で腕のいい建設作業員が見つかるかどうかにかかっていた。

「何もないところから来た」

わたしがジャッキーにはじめて会ったのは、フォーカスグループとしていたレイクチャールズのティーパーティーの集まりに参加させてもらったときのことだ。彼女は開口一番、わたしにこう言った。「わたしは何もないところから来たんです！」成長期には、ほしいものがたくさんあったのに、手にすることができたのは、ほんの少しだけだった。愛情もそうだ。やがてジャッキーは、強い願望を抑える術と、そうした対処法がもたらす結果について、深遠な教訓を学んだ。喉から手が出るほどほしいものでも、あきらめたほうが賢明な場合がある、と。いつの日か、主が神秘的な形で、願いをかなえてくださることがあるかもしれないからだ。

わたしがルイジアナで話を聞いた人たちと同様、ジャッキーもアメリカンドリームをつかんだと感じていたが、もしかすると、いっときだけのことかもしれないと思っていた。リビングルームを手振りで示しながら、彼女はこう言った。「これがみんな、あしたになったら消えてしまうかもしれません！」ジャッキーは懸命に働いてきた。そして列に並んでいた。ほかの人が「前に割り込む」のを見て、腹が立ち、政府と距離を置くようになった。ジャニース・アレノと同じように、ジャッキーにも彼女なりのディープストーリーがある。彼女もまた、自由市場の負の側面と折り合いをつけてきた。こうしたマイナス面には、悲しいことに、企業による環境汚染というよくないニュースもふくまれるが、ジャッキーは自分のやり方でそれに対処してきた。

ジャッキーがコーヒーを運んできて、わたしたちは、リビングルームにふたりきりで座って話をした。彼女は自然を愛しているという。自然を身近に感じて育ったジャニース・アレノが、自分の釣る魚や銃で仕留める鹿に強い愛着を感じていたのに対し、ジャッキーはシカゴ育ちで、釣りや狩猟はおろか、動物園へ行ったことさえなかった。皮肉なことに、わたしが環境汚染の問題を持ち出すと、ジャッキーは公害の存在を認めただけで、すぐにはぐらかしてしまった。しかしジャッキー自身がこのことを話題にしたときには、自分の不安を口にした。「先週、小さな男の子がチャールズ湖で泳いでいるのを見かけました。あそこには警告の看板を立てるべきです。あの子がうっかり湖の水を飲み込んでしまったら、たいへんでしょう？　水の中に潜っていましたから、知らないうちに飲んでいるかもしれない。そう考えたら、胸がつぶれそうになります」　大気や土にふくまれる化学物質についても同じことを感じていて、すべての条件が同じなら、家族の健康のためによそへ引っ越したいと思っているそうだ。だが、自然を心からたいせつに思う人々がなぜ、自然が傷つけられた過程を知ろうとせず、産業やその製品がなんの規制も受けずに消費される事態を賞賛するのだろう。ジャッキーはどのようにして、ディープストーリーを生きてきたのだろうか。

その答えの多くは、わたしたちみんなと同じように、彼女の子供時代にあった。転機が訪れたのは、ジャッキーが一九歳のときの、一九九〇年三月の雪の日のことだった。彼女は仕事も住む家もなく、妹のアパートにいて、掃除機をかけていないリビングルームの床の片隅で、犬といっしょに横たわっていた。「わたしには住所がありませんでした。ダラスでホテルのフロント係の仕事を見つけて、そのあとには、ある建設請負業者のもとで、土地所有権調査員の仕事をしました。いくつかの職を経験して、どこでもがんばっていたのに……わたしは途方に暮れていました。追い出されたような気がして、怒りを感じていました。わたしには、スーツケース一個におさまる程度の身の回り品しかなかったんです。継父に家を追い出され、妹だけが頼りでした。妹はわたしを受け入れてくれました。妹のアパートに六週間居候させてもらいましたが、彼女には申しわけないことをしてしまいました。わたしはふたつの仕事を掛け持ちしていたんですけれども、休みの日はパジャマを着たままで過ごし、タバコを吸ったりお酒を飲んだりしていたんです。妹が働いているあいだ、わたしは食器を洗いもせずに流しに積み上げたきりにしていました。妹の電話を使いたいだけ使って、家の中も散らかし放題。嘘もつきました。毎日、「わたしは嘘をつかない。お金を貯める。お酒をやめる」と書いたリストを作り、どこへ行くときも、その個条書きをポケットに入れていました。書いたことについて考えながら過ごそうとしたんですが、半日しか保たない。生きていることさえ実感できませんでした。ずたずたになって、壊れていて……。わたしは何もないところからやってきて、何もないところへ向かっていたんです」

ジャッキーの母親はアイルランド系でカトリック教徒の専業主婦、父親はアルコール依存症で虐待癖があった。ジャッキーはそんな夫婦のもとに、五人きょうだいの三番目の子として生まれた。父はジャッキーが八歳のときに家を出ていった。母は子供たちを養うため、生活保護を受けざるをえなかったという(ジャッキーはこのような状況では、母親たちを対象とする福祉給付金を擁護するが、自分の家庭のようなケースは稀なのだと思っている)。「母は働きはじめ、仕事を転々としました。わたしたちは何か問題があっても決して母には相談しませんでした。母は自分のことで手一杯でしたから」やがてジャッキーの母親は再婚し、新しい夫に付き従ってルイジアナへ移り住んだ。母親が外で働いているあいだに、娘たちは継父が「下ネタ好きの」いやらしい男であることを知った。しかしジャッキーは継父に刃向かった。口論になり、継父は、ジャッキーが出ていったら、二度と家には入れないと言い渡した。一九歳だったジャッキーは、高校の卒業証書とスーツケースを手にして玄関扉をあけ、いっさいの感情が抜けたように感じられる世界へと足を踏み出した。やがて、途方に暮れていたところを妹に救われ、自分の人生を変える体験をした。

妹が出勤したあとのことだった。窓の外の世界は「きれいに晴れ渡って」いた。犬といっしょに床に寝そべっていたジャッキーは、ふいに転機を迎えた。「わたしは空を見上げてこう言いました。「イエスさま、もしあなたがほんとうに人々をお救いになるのなら、わたしをお救いください。わたしは自分を救えないのです」って。それから、立ち上がりました。自分が何をしようとしているのかわかりませんでした。浴室に行って鏡を見ると、まったくの別人が映っていました。それが決定的瞬間でした」

「その女性はどんな顔をしていましたか」わたしはきいた。

「清楚な美しい人でした。その鏡の中に、わたしははじめて、主の目に映る自分の姿を見たんです。主は、わたしが彼にとってどんな人なのかを見せてくださったんです」

何もかも――ヒースとの結婚も、子供たちも、この広い家のリビングルームも、あの優雅な石造りの暖炉も、すべてがあの瞬間のあかしだと、彼女は感じている。「エイブラハム・リンカーンはとてもりっぱな人でした。わたしは彼を尊敬しています。でも、もしリンカーンがそこの通りを歩いてきても、わたしの姿は見えないでしょう。イエスさまには見えるのです」大統領たちはどうですかって？　あなたの目には彼らが見えないし、彼らにもあなたが見えない。けれども主はつねにそばにいてくださる。

ジャッキーは、主が必ずよいことをもたらしてくださると信じる術を、主から学んだという。あまりに強く望むことは、逆効果ですらあるのだ。

「わたしは聖書を学びはじめました。聖書には、「主に望みをおく人は新たな力を得／鷲のように翼を張って上《のぼ》る。走っても弱ることなく、歩いても疲れない〔イザヤ書四〇：三一〕」と書いてあります」ジャッキーは言葉を切った。「望みをおく。つまり、すべてが正しければ、事は成るんです。必ずしも成し遂げようとしなくてもいいんですよ」

しかし奇妙なことに、ジャッキーは、事を成し遂げた自分の母親を心から尊敬している。夫に捨てられ、五人の子供たちをかかえて、生活保護を受けながら、最初はシカゴの生花店で低賃金の職を見つけた。「でもそのうち、医療秘書として働きだしたんです。それがはじめてのいい仕事でした。どうやって就職できたと思います？　母は図書館で医療秘書とはどういう仕事か調べてから、大卒だと嘘をついて求人に応募し、きちんとした服装で面接を受けたんです。それで採用されました。母はがんばりました。その結果、数年後には、大きな広告代理店で顧客担当責任者を務めるまでになったんですよ」ジャッキーはうれしそうに笑った。そういう行動力は、大学では教えてもらえませんからね、と。ジャッキー自身も進取の気性に富む人だが、母親とは異なる道を歩んでいる。少なくともいまのところは。ときには、強い願望を抑えなければならない。そうすれば、いいことがある――自分を守ってくれる夫に恵まれ、ローンを完済した家で楽しく暮らせるのだ。

断念と引き替えに得たもの

この話をしたところで、ジャッキーが突然、わたしにきいた。「冒険の旅にお連れしてもいいですか」と。わたしたちは、彼女のベージュのSUV車に乗り込むと、子供たちのジャケットやテニスシューズを後部座席に移して、〈コートランド・プレイス〉の二本の煉瓦の柱のあいだを走り抜けて出ていった。何もない原っぱを突っ切って、大通りへ出て、ショッピングセンターの前を通り過ぎ、なんの変哲もない住宅団地に入っていった。ジャッキーは車の速度をゆるめ、こぢんまりとした平屋のタウンハウスの前で停止した。団地内には、同じような背の低い家ばかりが建ち並ぶ。どの家も手入れの行き届いたささやかな芝地に囲まれていた。そこはジャッキー夫婦が最初に暮らした家なのだという。ヒースと彼女は、子供たちがまだ小さかったころ、ここに八年住んでいた。近所に住む人には、製油所の機器オペレーター、バーテンダー、機械修理工のほか、レイクチャールズの三つの大きなカジノのレジ係もいた。長時間働く人が多かったので、顔を合わせて言葉を交わす相手もなく、団地の中はいつもがらんとしていたという。「近所づきあいはなかったんですけど、子供たちが自転車に乗ることはできました」ジャッキーはそう言って、近くの袋小路を指さした。

ジャッキーはさらに一〇分ほど車を走らせた。低い生け垣に囲まれた煉瓦作りの家が並ぶ別の区域に入り、また一軒の家の前で停止した。「わたしたちは、この〈パインミスト・エステート〉という住宅団地に、二軒目の家を建てて、三年でローンを完済したんです」ジャッキーが説明する。わたしは車の窓ごしに家の写真を撮った。すてきな赤い煉瓦壁のランチハウス〔勾配のゆるやかな屋根とたくさんの窓を備えた平屋建ての住宅様式〕で、窓や扉に白い枠がついている。家の前に、中くらいの背丈の椰子の木が三本植わっていて、玄関口に葉を差し掛け、優雅なアーチを形作っている。

前に住んでいた家を、これで二軒見せてもらった。なんの冒険なのだろう。

ジャッキーはさらに続ける。「〈パインミスト・エステート〉に住んでいたころは、わたしはずっと〈オータム・ラン〉で暮らしたいと思っていました」さらに別の中規模の住宅団地の中に入り、また一軒の家の前にやってきた。ジャッキーが〈パインミスト・エステート〉で暮らしていたころに夢見ていた家だ。これも平屋のランチハウスだった。木が生えていない角地にあり、最初の家よりは大きいが、現在の住まいよりは小さい。三軒目は二軒目よりも大きかった。けれども、彼女にとっては望むことさえかなわない家だった。

ジャッキーはクリスチャンらしい従順な妻として、自分の希望よりもヒースの希望を優先することを学んでいた。母親の二度の悲惨な結婚を目の当たりにした彼女は、ヒースとは幸福な結婚生活を送りたいと願っていた。そのためには、イブがアダムにしたようにするのがよいと思った。ヒースの〝あばら骨〟、つまり助け手《ヘルプメイト》〔創世記二：一八〕になることにしたのだ。しかし葛藤もあった。「わたしはこの家がものすごくほしかったんです」ジャッキーはまた言い、かつての強い憧れの的を見つめた。「でも、ヒースにはひと言も言いませんでした。わたしたちにはそんな資力はなかったんです。彼は一所懸命働いていました。プレッシャーをかけたくありませんでした。無理とわかっていることを望んだ自分を恥じました。ヒースは、わたしがそこまで〈オータム・ラン〉に住みたがっていたとは知りもしませんでした」

「でも、あれを見てください」家の屋根が壊れていた。壁のペンキが剥がれ、フェンスがたわんでいる。猛威をふるったハリケーン・リタの爪痕だ。「いまでは子供たちはここを〝オータム全壊団地《ランダウン》〟と呼んでいます」わたしたちは、ジャッキーの家その一（最初の家）、その二（ほんの少し大きな家）、その三（かつて夢見た家）を見て、その四（現在の美しい家）への帰路についた。ジャッキーは、かつての夢の家と自分との関係について、わたしに知ってもらいたいことがあったようだ。彼女はその家を「あまりに強く」望んでいた。「わたしはずっと、〈オータム・ラン〉に住むことを夢見ていました」と、また言った。ジャッキーはこの欲求の象徴をわたしに見せたかったのだ。何かをあまりに強く望むのは賢明ではない、という証拠を。いま彼女は、以前あれほどほしかった家とは比べものにならない邸宅で暮らしている。それは「どんなに突飛な夢も超えるほどの家でした。しかも、ローンの返済には三〇年以上かかると覚悟していたのに、三年で完済できたんです」と、彼女は言う。

「わたしは娘にこう尋ねました。もしわたしがどうしても〈オータム・ラン〉に引っ越したいと言い張ったら、どうなっていたと思う？　ほんとうはここ［いまの家］で暮らす運命にあったのに、あの家で終わっていたかもしれないのよってね。わたしは娘に、必ずしも事を成し遂げようとしなくてもいいっていう聖書の言葉を教えてやりました」

ひとつひとつの家が、アメリカンドリームへとのぼる梯子の一段だったのだ。ある段に立っていたとき、ジャッキーは次の段にあまりに強い憧れをいだいてしまった。それが教訓だった。ある意味、ジャッキーの教訓はディープストーリーに反している。人は、アメリカンドリームに向かう次のステップを強く望みすぎてはいけない。それでは横取りをすることになる。ジャッキーはそれをつかみにいかないよう、必死に感情を抑えた。冒険の旅の目的は、その教訓を理解することだったのだ。

家に戻る途中、ジャッキーは手振りで窓の外を示した。「あそこ、見えます？〈クレストビュー〉です」その住宅団地には、夢の家その五、その六、その七もあるかもしれない、と彼女は言う。「あそこには〝スーパーリッチ〟と呼ばれる人たちが住んでいるんです。わたしは一度も行ってみたことがありません。行きたくもないし。あそこに家をほしがるような真似をしたくないんです」絶対に手に入らないものは、ほしいと思うだけでもつらいものだ。

家に向かって車を走らせながら、ジャッキーはこう振り返る。「わたしはアイルランド系の貧しい娘でした。ほかの人のように幸福な家庭に恵まれていないことに気づいたときにはショックを受けました。友だちの中には、お金持ちの子が何人かいて、アイビーリーグのりっぱな大学に進学したんです。シカゴでは、わたしたちはエリオット通り《ロード》の手前に住んでいました。住民の誰もが貧しい地区でした。見なりはきちんとしていたので、わたしたちが持たざる者だってことは傍目にはわからなかったでしょう」エリオット・ロードの向こう側に暮らす女の子たちは、幸せな家庭に恵まれ、きれいな家に住んでいる。そう思うと、ジャッキーはうらやましくてならなかった。彼女たちがなんの努力もせずに享受しているものをほしがらないようにするのは、むずかしいことだった。けれどもジャッキーは主イエスの助けにより、あきらめることができた。いま住んでいるこの美しい家は、主に与えられたご褒美なのだった。

克己の見返りは、別の形でも表れた。ジャッキーは回心《ボーンアゲイン》を体験したクリスチャンだったが、最初は夫の通うバプテスト教会についていくのは気が進まなかった。懸命に働いて手にした収入の一〇パーセントを献金することには、もっと抵抗を感じた。「三三パーセントを税金として政府に納めたうえに払うんですものね」と、ジャッキーは指摘する。住宅ローンをかかえ、子供が通うキリスト教私立校の学費、ハリケーン保険料、健康保険料、自動車保険料、ガソリン代も払ったうえに、一〇パーセントを持っていかれるのだ。とてもやっていけない。しかも、それだけではすまなかった。トリニティ教会が建物の改修・拡張工事を計画し、そのための資金調達キャンペーンと称して、教区信徒全員に、臨時に三〇〇〇ドルを寄付するよう求めてきたのだ。はじめのうち、ジャッキーは、「とても無理だ」と思った。当時のヒースは三七歳で、建設業を営む父親のもとで時給一八ドルで働き、そのほかに、事業利益の三分の一を受け取っていた。しかしヒースはトリニティ・バプテスト教会との誓約書にサインをしていた。ジャッキーは、従順なクリスチャンの妻として、借金を完済したいという願いを手放した。

ひとつの願いをあきらめれば、もっと大きな願いがかなうということに、ジャッキーは気づいた。ハリケーン・リタが家々を引き裂き、たたきつぶし、樹木をなぎ倒していくと、ヒースのもとへ次から次へと仕事の注文が舞い込み、どんどんお金が入ってきた。キャンピングトレーラーで暮らしている人たちが、自宅の再建を依頼してきた。さらに、トリニティ教会から、子供のプレイルームと体育館に、乾式壁《ドライウォール》を取り付けてほしいとの依頼があった。「教会に献金をして、三〇〇〇ドルを寄付しても、きちんとローンの返済ができたんです」

ジャッキーは、どんな仕事に就いたときも「必ず最後にはリーダーになりました。そういう職務が向いていたみたいです」しかしイエス・キリストを救い主として受け入れて、トリニティ教会に入り、クリスチャンの妻となったのを機に、リーダーになりたいという望みも捨ててしまった。「妻は夫の助け手です。イブは手助けをする人として造られました。わたしはヒースを補佐するために造られたんです」ひとつの望みを手放したことで、ジャッキーは別の願いをかなえることができた。子供たちといっしょに家にいられるようになったのだ。

ジャッキーに案内された地域を抜けて、〈コートランド・プレイス〉に帰る途中、環境問題のことが話題に出た。「わたしたちは、汚染の深刻な環境で暮らしています」と、ジャッキーが言った。「最近、息子の親友のパトリックが、めったにないケースの神経芽腫〔乳幼児期に診断されることの多いがん〕で亡くなったんです。九歳でした。九歳で――そんなに幼くして……。両親はここらを汚染している化学物質が原因だと思っていますが、証明できないんです」

わたしは、選挙遊説を取材したとき、メディアも立候補者も企業も、環境汚染について沈黙していることに気がついた。それは、E・E・エヴァンズ＝プリチャードが論じていたような〝構造的忘却〟を思い起こさせた。アレノ一家もそのせいで、バイユーディンドで起きたできごとを反骨精神とともに思い出すはめになっている。この沈黙は、ジャッキー個人の世界にも広がっていた。「環境汚染？　友だちとは、あまりそういう話をしません」ジャッキーは考え込みながら言った。「この町全体が石油で動いていますのでね。だからわたしは、工場に勤めている人の奥さんふたりと話ができるんです。ふたりとも、政府の規制は、雇用の悪化を招いたり、工場の新規進出を妨げたりすると考えています。危険のことには触れたくないです。だって、あの人たちがそういう仕事をしていることを非難したように聞こえますもの。傷つけたくないんですよ」またもや、黙して語らず。多くの工場労働者は板挟みに陥っている。地元のカルカシュー・ロッド・アンド・ガン・クラブ〔釣りと狩猟の同好会〕の熱心なメンバーであり、野生生物をこよなく愛している彼らは、環境汚染については罪悪感をいだいている。しかし工場の従業員としては、口をつぐむ義務を感じているのだ。ジャッキーもヒースも、そうした気持ちを尊重して黙っている。あるコンサルタントは、「男子用トイレの壁に貼り紙」を見つけた話をしてくれた。「アクシオール社〔元のピッツバーグ板ガラス社〕では「水を飲むな」と書いてありました……でも、その紙があそこに貼ってあった理由については、あまり取り沙汰されていないんです」

ジャッキーは〝信奉者〟だ。信仰に篤い生き方と意義ある断念をする能力を身につけた。規制に対する嫌悪感を克服しようとはせず、規制なしで暮らすことを学ぶべきだと語る。この点では、ジャニース・アレノのようなチーム第一主義者と共通している。順応すべきだ。きれいな空気や水はいいものだし、ジャッキーは美しい家と同様、それらを望んでいる。しかしときには、ほしいものなしでやっていくべきだ。石油産業ときれいな湖の両方を持つことはできないのだ。どちらかひとつを選べと言われたら、石油を選ぶしかない。「石油のおかげで、わたしたちには、けっこういいことがありましたから」と、彼女は言う。「わたしはいまより小さい家には住みたくありません。小さい車に乗りたいとも思いません」製油所で機器オペレーターの職に就ければ、〈パインミスト〉の住民になるパスポートを手に入れたも同然だ。狭き門のエンジニアになれたら、〈オータム・ラン〉に住めるだろう。上級管理職にのぼり詰めれば、〈コートランド・プレイス〉に家を買える。アークティックキャット社製の四輪バギー、SUV車、家。ジャッキーは、そのすべては石油が間接的にもたらしてくれたものだと感じている。連邦政府は、石油と快適な生活とのあいだに割り込んだだけだ。

チームプレイヤーのジャニース・アレノは、環境汚染――バイユーディンドやゴムに覆われた馬――のことをあまり深刻に考えすぎないようにしてきた。産業と共和党に忠誠を誓った身としては、公害や、褐色ペリカンと人の健康については、〝過剰に〟心配しないことにしている。ジャッキー・テイバーのほうは、そうした問題を悲しいと思うこと自体はみずからに許している。そんなことが起きたのは、とても残念だと思っている。しかし悲しく思いはするが、その解決を願うことはあきらめた。なぜなら、それを望めば、政府の忌まわしい介入をさらに招くことになるからだ。どちらも、感情が途絶する瞬間を経験していた。ジャニースは、失ったものを認めて、それを悲しんだときに。ジャッキーの場合は、たいせつな望みをあきらめたときだ。クリーンな環境？　残念ながら、わたしたちにはそんなものは持てないんです。

「わたしの名前は、ジャクリーン・ケネディからもらったんです」ジャッキーは、わたしが驚くのを期待しているような顔をした。ケネディ家をいまも尊敬しているという。しかしディープストーリーにもあったように、近ごろ彼女は、「政府がずるけて、腐って、悪意に満ちている」ように感じている。「誰のことも助けられません」と。ほかの人と同じように、彼女もオバマ大統領はほんもののクリスチャンではなく、育ちから見ても忠誠心から見ても、ほんとうのアメリカ人ではないと思っている。彼女の不信感は、大統領のみならず、連邦政府の再分配機能へ、政府のほぼすべての機能へと――環境浄化の能力にまで――広がっている。

ジャッキーはまた、喜んで税金を払う人の気が知れない、とまで言ってのけた。政府が自分のためにしてくれることをありがたいとは思わないし、ほかの人も感謝すべきではないと感じているという。そして、少しばかにしたように、投資家のウォーレン・バフェットのことを口にした。「彼はお金持ちです。そして、より高額の税金を払いたいと言います。そうすることが貧しい人たちに対して、よりフェアだからって」(バフェットは、秘書が彼よりも高い税金を払うのはフェアではないと言ったのだ)「だったらお手本を示せばいいじゃないですか」と、ジャッキーはあざけるように言う。「誰も止めはしません。納税額が少なすぎると思うのなら、小切手を切ればいい。テレビに出れば、たちまち世界中にニュースが広まって、ヒーローになれますよ。とことんやればいい。なぜ小切手を切らないんでしょう」ジャッキーはいらだちをあらわにする。彼女がもはや信用していない体制の中で、バフェットが善良な市民を演じてみせて、賞賛を求めているように思えるらしい。彼は公立の学校や図書館、公園に感謝するリベラル派のロールモデルとしての自分をアピールしているのだ。しかしそれはリベラル派の感情ルールであって、彼女のルールではない。

「もちろん、わたしは環境汚染に歯止めをかけることに反対しているわけじゃありません。汚染を引き起こす企業に規制を加えることには賛成です」ジャッキーはそう言ったあとで、すぐに発言を修正した。「政府が環境汚染を口実に、権限を拡大しようとさえしなければ、規制には全面的に賛成です」そして、環境保護活動家も信用できないという。「あの人たちは政府の拡大を推し進めて、太陽光発電や風力発電で自分たちもひと儲けしてやろうと思ってるんですよ」

ジャッキーは、こうした裏切り行為や私利私欲の追求と、憲法や米国旗を分けて考えている。別の日に、わたしはジャッキーといっしょに、彼女の息子が通う小規模のキリスト教学校の発表会を見にいった。講堂では、わたしたちの席の近くに、ジャッキーのやさしい義母とその母親が座っていた。ジャッキーの息子、クリスチャンが、集まった親たちの前に出てきた。そして、お立ちくださいと言ってから、聖書の一節を読み、お座りくださいと言った。続いて、生徒がひとりひとり出てきて、同じようにした。やがてビデオが上映され、愛国歌『アメリカ・ザ・ビューティフル』が流された。スクリーンの高い位置には、背後から美しい夕陽に照らされた大きなアメリカ国旗がはためいていた。「携帯電話で撮ってもいいですよ！」ジャッキーがささやいた。「国旗の写真を！」米国政府は裏切り者だが、米国旗は永遠に忠実だと、彼女は感じている。

ジャッキーにとって、リベラル派は問題であるらしい。なぜなら、彼らは異なることを信じていて、自分の子供たちにもそれを信じさせようとする恐れがあるからだ。SUV車の後部席に子供たちを乗せて、発表会から帰る途中、彼女はあるできごとを思い出して首を振った。「子供たちはディズニーチャンネルで『ビクトリアス』という番組を見ていました。わたしはべつに問題ないと思っていたんです」

しかしそのうち、コメンテーターが地球温暖化について語りはじめた。「わたしたちは地球温暖化が起きているなんて信じていません」そんなものがあるという思い込みもまた、政府の権限拡大の口実であり、裏切りのひとつなのだという。「コメンテーターは、FOXニュースを観ている人はばかだと言いました。幸い、わたしもいっしょに見ていたので、対応できましたけれど、「いつまで子供たちは、テレビよりわたしの意見のほうを信じてくれるかしら」と思いました。一年先？　それとも半年後？」

ジャッキーが環境浄化を望む思いもまた、信仰によって抑えられてしまった。「昔のままなら活動家になったでしょうが、いまは信仰のおかげでそれほどの気持ちはありません」と、彼女は言う。「子供のころのわたしは、どの大統領にも手紙を書いて、何をしてほしいか、伝えようとしていました。でもいまは距離を置いています。活動家の多くは自分の利益ばかり考えていると思います。ありのままを受け入れて、がまんしなくてはいけないんですよ」ジャッキー自身もまた、彼女なりのディープストーリーをかかえている。苛酷な子供時代を闘い抜き、アメリカンドリームを待つ列の先頭に出たのだ。かつては自分の家族がはじき出されてしまうのではないかと思っていた列の。ジャッキーは、庭先の石の上に掲げられた米国旗の前を通って、自宅のカーポートに車を乗り入れ、アークティックキャット社製の四輪バギーの隣に駐めると、悲しそうに首を振った。「わたしたちは資本主義のために、環境汚染という犠牲を払ったんです」

第12章 カウボーイ——平然と受けとめる

ブラザー・キャピの家のダイニングテーブルには、手を伸ばせば届くところにヴィデーリア・タマネギ〔ジョージア州の特定地域でのみ栽培されるタマネギ〕が一個置いてある。それは半ば冗談、半ば本気で、闘うなという警告を意味する。テーブルのまわりには日曜日の会食のために集まった一〇人ほどの人が座っている。そこはブラザー・キャピ・ブラントリーと、その妻シスター・フェイの自宅だった。ふたりは、レイクチャールズから北へ車で一時間ほどのロングヴィルにあるペンテコステ派教会の、尊敬を集める長老だった〔ペンテコステ派の信徒は、たがいにブラザー、シスターと呼びあう〕。マイク・トリティコがふたりの友人で、わたしも参加させてもらえないか尋ねてくれたのだった。誰もがこの教会か地元のバプテスト教会に所属していて、誰もがこのタマネギのことを知っていた。ふたりの男性のあいだで討論《ディベート》がはじまろうとしていた。彼らは昼食会の常連で、仲のよい論敵同士だった。そしてこの討論会は、肘でそっとつつき合うホームシアターであり、仲間内の愉快な催しであり、政治的見解のちがいをさらけ出す場でもあった。タマネギはブラザー・キャピのお決まりのジョークで、「礼儀正しくやろうぜ、みんな」という警告のしるしとして置かれているのだ。環境や規制、政府をめぐる討論では、議論が白熱することもある。

半月のような形の目、薄くなりかけた赤毛のブラザー・キャピは、誰からも愛されていて、みんなのお父さんのような男性だ。引退する前は電話の修理工をしていた。彼らの家を訪ねる前、わたしはブラントリー家の人々といっしょに、ロングヴィル・ペンテコステ教会の礼拝に参加してきた。教会ではブラザー・キャピが話をしたあと、ひとりの男性を紹介した。彼は出席者数(三八人の教区信徒)と献金の総額(四二ドル四五セント)を報告した。シスター・フェイは、花柄プリントの丈の長いワンピースを着て、薄い色のフレームがついた眼鏡をかけ、白髪まじりのカールした髪を頭のてっぺんでまとめている。ほかの信徒たちといっしょに、ゴスペルソングを歌ったあと、彼女は居心地のよさそうな家に、わたしたちをあたたかく迎え入れてくれた。わたしたちはひとりずつ、鳥の餌台と花壇の前を通り、玄関ポーチに続く階段をあがって、午前中に近所の人たちが集まってコーヒーを飲んでいたという木製のブランコ椅子のそばを通り、ぽっちゃりした三毛猫を追い払い、中に入った。ブラントリー家は、大人数の一族だ。「うちの家族は全員がここに暮らしてるんですよ」シスター・フェイは誇らしげに言う。「ここにいる娘一家も[と、左を指す]、そこの息子一家も[と、右を示す]。九一歳になるわたしの母は裏の家に住んでいます」現在、ブラントリー家には、ペンテコステ派教会の司祭になるため勉強中のいとこと、建築資材メーカーの検査員をしている義理の息子がいっしょに暮らしている。「そのうえ、ブラザー・キャピとシスター・フェイは、われわれを養子にしてくれたんだ!」と、マイク・トリティコが、自分ともうひとり、日曜の昼食会の常連で、鉄道線路と橋の元修理工だった男性を指して明るく言う。「だから大家族なんだよ」キャピとマイクは古くからの友だちだった。マイクは一二年来の腰痛持ちだったのだが、キャピとペンテコステ派教会のもうひとりの信徒が〝信仰療法〟によって治してくれたのだそうだ。それでさらに絆が深まったという。日曜の食事会だけではなく、友人たちはほとんど毎朝、ここのポーチに集まってコーヒーを飲み、噂話や政治談義をしているのだった。

三人の若い女性――ブラントリー夫妻の娘、息子の妻、マクニーズ大学一年生の孫――が教会からここへ戻ってきて、焼きたてのローストビーフとグレービー、ジャガイモ、オクラ、インゲン、コーンブレッドと甘いアイスティーを用意してくれた(彼女たちはその夜おこなわれるゴスペル礼拝に参加する予定だった)。テーブルはふたつ用意された。キッチンのやや小さめのテーブルが女性用、ダイニングルームの大きなテーブルは男性用だ。通常は男女が別々に座るが、マイクがブラントリー夫妻に頼んでくれ、わたしは男性のテーブルに同席して、毎週恒例の、マイクとダニー・マコーコデイルの討論を聞かせてもらえることになった。

じつはダニーこそ、わたしがぜひとも会いたかった人物だったのだ。規制を憎んでいるという、引退した元電話会社従業員。手足がひょろ長い健康そうなブロンドの男性で、六〇歳代、スラックスとブルーのシャツを着て、少し前かがみの姿勢をとって静かに椅子に座っていた。マイクによると、ダニーは、バプテスト派の祈りの戦士として名高い女性の次男なのだという。ダニーが子供のころ、母親はメリーヴィル(ロングヴィルの北西の町)のほかの信仰熱心な人と同様、長い丈のワンピースを着て、髪を切らず、ときどき、たしなみのない若い女性をむちで打ち据えて罰していたとされている。おそらくそのような厳しい規範への反発があったのだろう、ダニーは無鉄砲なやんちゃ坊主に育った(1)。いま彼はふたりめの妻とともに、若い家庭を支えている。子供はふたり。そのうちひとりは、ホンジュラスから養子に迎えた男の子だ。ダニーは誰にでもためらうことなく親切にできることで知られている。あるとき、マイク・トリティコが教会のバザーで二五ドルの木製のオルガンを見ていた。彼には手の届かない値段だった。するとダニーがそれに気づいて、売り手にお金を渡し、台車を持ってきていた便利屋《ハンディーマン》に手招きをすると、彼にもお金を払って、オルガンをトリティコの小屋まで配達してくれるよう頼んだのだった。鍵盤がひとつかふたつ欠けているし、ときどきブーンと音がするものの、そのオルガンは以来数十年にわたり、ダニーの厚意のあかしとして、トリティコの散らかった家に鎮座している。

元民主党支持派だったダニーは、二〇〇〇年の大統領選では、共和党候補のジョージ・W・ブッシュに投票した。なぜなら「ゴアが気候変動を信じるようなばかなら、とても大統領は務まらない」と思ったからだそうだ。それ以来、彼は共和党右派に鞍替えをしたのだという。

この話は、ロングヴィルで長く語り継がれていて、話題になるたび、誰もが信じられないなというように首を振るそうだ。キャピと同様、ダニーも長年電話会社に勤め、修理作業用のトラックを運転していた。ある日、キャピがこのトラックに乗って高速道路を時速九〇キロメートルで走行中、ふと窓の外を見ると、ダニーが真横に並んでトラックを走らせていて、びっくりした。まったく同じ速度で、バックで走っていたという話が伝わっている。またダニーは、職場の同僚の紙コップに、こっそりピンで穴をあけ、〝なぜか漏れる〟ようにする、というようないたずらもやってのけた。森林で伐採作業をし、アラスカのパイプラインで働き、電柱の上で電線を扱う作業をしてきた。どれも危険な仕事ばかりだ。スピード違反もするし、環境保護論者をきらってもいる。「連中は環境汚染の話ばかりする」ジャニス・アレノは、自分のチームである共和党への忠誠心をよりどころに、そしてジャッキー・テイバーは諦念という宗教的な姿勢で、耐え忍んできた。ダニーは、立ち向かう勇気を賞賛することで耐えてきた。彼はカウボーイなのだ。

料理を盛りつけた皿を前に、みんなが席に着いて祈りを捧げた。ブラザー・キャピはテーブルの上座に座っている。ダニーとマイク・トリティコがその両側に、テーブルを挟んでたがいに向き合う形で席を占めていた。ダニーもマイクも白人で、教会に通うロングヴィルの住民であり隣人であり、ひとつの問題について正反対の考えを持つ友人同士だった。どちらも名誉と誠意を重んじている。しかし、ふたりのあいだには、重要な鍵となる相違があった。マイクの母親は、精神的に不安定だったものの、大学を卒業していて、マイク自身も中退したとはいえ、医療系の学部で三年勉強し、海洋生物学の修士課程に二年学んだ。ダニーの両親は大学教育を受けていないが、ダニーはいっとき、森林科学の学位取得をめざしたことがあった。

ふたりは、一九九四年にレイクチャールズで発覚したジクロロエタン漏出問題について話しはじめた。コンデア・ヴィスタ社とコノコドックを結ぶパイプラインで起きていたもので、有害化学物質の漏出事故としては、米国史上最も規模の大きなものだった。本書で先述したとおり、コンデア・ヴィスタ社は作業員を五〇〇人雇い、設置されて四五年ほどになるパイプラインの下から、ジクロロエタンのしみ込んだ土を取り除く業務にあたらせた。総計およそ八六〇〇～二万一三〇〇トンと推定された漏出量のうち、それで除去できたのはごく一部のみだった。作業員たちは適切な防護装備を与えられず、一九九〇年代後半には、多くが呼吸困難をきたしはじめ、コンデア・ヴィスタ社を相手取って訴訟を起こしたのだった。(2)

しかし問題はそこで終わらなかった。土中に漏れたジクロロエタンは粘土層を貫いて、じわじわとI-10ブリッジの基礎に近づきつつあったのだ。レイクチャールズとウエストレイクを結ぶこの橋の上を、毎日五万台の車が行き来している。マドンナ・マッシーは、I-10ブリッジは「気味が悪い」と言っていた。ジャッキー・テイバーはその話題を避けた。ほかの人たちもジクロロエタンの漏出には触れず、「奇妙な」橋だと言った。

客たちは立ち上がって皿にお代わりを取り分け、ふたたび腰をおろすと、期待に満ちた表情を見せた。やがてダニー・マコーコデイルとマイク・トリティコのあいだで、I-10ブリッジの下で進んでいるジクロロエタン漏出をめぐる討論がはじまった。

I-10ブリッジ

「州の幹線道路管理部門がはじめて、新しい橋を建設せずにI-10ブリッジを閉鎖することを検討した」トリティコが口を開いた。「吸水性の高い粘土層にジクロロエタンがしみ込んでいるから、岩盤まで掘り進められないそうだ。つまり、彼ら［レイクチャールズ市長と市当局の工学者］は危険を理解しているということだ。橋をこわがるのも、もっと監視を徹底してほしいと思うのも、理にかなっている」トリティコは、〝予防原則〟に従う立場で、ダニーとの討論では、何度もそこに立ち返る。「これは医師も守っている原則だよ。まず第一に、害をおよぼさないことだ」それをI-10ブリッジに適用するには、しっかりした行政が必要だと彼は感じている。

「会社を非難するなよ」ダニーが反撃する。「連中は、パイプから漏れてるとは知らなかったんだ。四〇年ほど前にパイプを取り付けたときには、こんなことになるとは思いもしなかったんだよ」

マイク「一九七〇年代に知らなかったとは言わせないぞ。ジクロロエタンがこのあたりの粘土層にどういう被害をおよぼすか、わかっていたはずだ。コンデア・ヴィスタ社は、ジクロロエタンが粘土層を汚染することを知っていた。汚染された場所で企業がふたつの研究調査をしていたんだよ」

ダニー「会社は納得していないよ。なぜ連中がそういう〝専門家〟を信じるんだ？　どこかの専門家がXはほんとうだと言ったからといって、Xがほんとうだとはかぎらないさ。もしきみが何かで一日に一〇〇万ドル儲けていて、誰かがそれをやめさせたいと思ったら、きみはほんとうにそれが真実だと納得するまでは、そのとおりだとは言わないだろう。おれなら信じなかっただろうな」

マイク「会社は知らないふりをするものだ。やつらはこう言っていた。「たとえ科学的証拠を示されても、こっちは自分が信じたいことを信じるのだ」ってね。自分たちが雇った専門家の提供した情報に反応しなかったんだ」

ダニー「専門家だって間違うことがある。一九六三年にシートベルト法〔シートベルトの長さと試験に関する基準を定めた法律だが、搭載や着用は義務づけなかった〕ができたときのことを覚えてるだろう？　おれはラップベルト付きのポンティアックに乗ってたんで、運転するときにはちゃんとベルトを締めてた。シボレーとフォードにはシートベルトが付いてなかったが、GMCのトラックには付いてた。つまり、あれはいいもんだと思う者と思わない者がいたんだよ。しばらくすると、規制当局が、ラップベルトじゃだめだって結論を出した。するとおれたちはみんな、ばかげた規制に賛成した」

マイク「コンデア・ヴィスタとコノコがほっかむりを決め込んで、ジクロロエタンがI‐10ブリッジの下の粘土層を破壊する恐れがあるってことを認めずにいても、あとで彼らに責任があるとわかったら、つけを払わなくてはならないんだ」

ダニー「なんでもかんでも会社のせいにしようって構えはよくないぞ。弁護士連中みたいにな」

マイク「だがほんとうに会社に落ち度があり、あの橋がきみのものだとしたら、どうだ？　きみが車に乗っているときに、地盤がゆるんでいたせいで橋が崩れたら？　それで死んじまったらどうするんだ？　きみの家族は「ちょっと待った」と言うだろう。会社は自分たちが粘土層を破壊していることを知ってるんだよ」

ダニー「あんたは、何もかも完璧でなくちゃ気がすまないんだ。会社は間違いを犯しちゃいけないって思っている。あんたは――おれたちは――そんなふうには生きられない。完全主義をめざしてるなら、それは用心しすぎだよ。おれたちはリスクをとれるようにならなくちゃいけないんだから。そうやって原子も分裂させたんだよ――リスクをとってな。ワクチンを作るときだって、リスクをとった。勇気を出して挑戦してきたんだ。たくさんの人が勇気を出してリスクを冒したから、いいことがたくさんあるんだよ。近ごろはなんでもかんでも環境規制の対象にして、用心しすぎてるんだ。いいものを最大にするべきなのに、悪いものを避けることばかり考えてる。

文明の中で生きていくには、リスクをとらなくちゃだめだ。間違いはあるだろうさ。ただいつも完璧でいたんじゃ、成功は望めない。失敗から学ぶべきなんだ。失敗してこなかったら、おれたちは、何も発見できなかっただろう。いまみたいに、プラスチックがあふれかえった世界で暮らすこともなかっただろう。車のハンドルとか、コンピュータとか、おれが扱ってる電話線とか、プラスチック製品に囲まれた世の中でな。みんながあんたみたいにリスクを避けてたら、この国だって生まれなかっただろう。掘っ立て小屋で灯油ランプを使って本を読む暮らしに戻りたいのかい？　事故は起こるもんだよ。昔は灯油をこぼしたもんさ。だからどうだってんだ？　それを使わなければよかったとでもいうのかい？」

マイク「誰も灯油ランプの時代に戻ろうとも、絶対にミスは許されないとも言っていないよ」

ダニー「規制はセメントみたいなもんだ。いったん敷いたら、固まって永久にそこに残るんだ」

笑いの波が起こり、みんなのあいだを駆けめぐる。いまは女性たちも椅子を持ってきて、男性たちのテーブルを囲んで座っている。

ダニー（続き）「いったん規制がかかると、それを外すのはむずかしい。だから毎年毎年、最初は一度に少しずつやっていくが、しばらくすると、いまみたいに固まったセメントみたいになっちまう。何もかもが規制されてる。おれたちはセメントに足を突っ込んでるようなもんだ」

話題は、子供の喧嘩の過剰規制へと飛んだ。「子供は生まれつき支配欲ってものを持っていて、自分がほしいものを手に入れようとするんだ」と、ダニーが言う。「それをやめるのは、唇に一発お見舞いされるんじゃないかと思ったときだよ。それが自然の秩序ってもんだ。規制はそれをぶっ壊す。過剰規制がどれほどの悪影響をおよぼすか、わかったもんじゃない」

マイク「ぼくは何もかも規制しろとか、絶対に失敗しちゃいけないとは言っていない。ただ、ある種のミスは犯したくないんだ。化学物質を川に流して、めったに見られない脳腫瘍や子宮内膜症を発症させるとか、いつ崩れてもおかしくない橋を使わせて、そこを車で通った罪もない人たちや子供たちを死なせてしまうとか。防ぐ方法がわかっていながら、なぜ放っておくんだ?」

ダニー「悲しいことだが、災難に遭ったら自分で受けとめるしかない。おれたちはそれぞれ、自分の意思でものごとを決める。いまはなんでもかんでも規制がかかりすぎてて、政府がおれたちの人生を生きてるようなものだ。あんたはもうあんたじゃない。あんたはまさにそういう状態なんだ」

マイク「つまり、もしきみが自由意思で車を運転してI-10ブリッジを渡って怪我をしたら、それはきみの落ち度だというんだな?」

このとき、ダニーの養女で一六歳の美しい少女が彼の膝に座った。彼は両腕で娘を抱いて討論を続けた。「多くはそうだと思うよ。子供たちがどう言うかはわからないがね」

孫のひとりがテーブルをまわり、ひとりひとりの客に、イチゴを添えたアイスクリームを召し上がりますかと礼儀正しく尋ねていった。

「健康を害する恐れもある」マイク・トリティコがダニーに言った。「ぼくは具合が悪くなった。バイユーディンドの母なる自然も病んでいる。ほんとうは、きみのような考え方をする人たちのせいでじわじわと損なわれてきたんだ。重要なリーダーが虚勢を張ることばかり考えて決断を下していたら、誰が安心して独創的な生活を送れる場にたどり着くのはむずかしい」

部屋は静まり返った。いよいよ決戦のときが迫ったのだ。

マイクが続ける。「もしきみがぼくの立場なら、どうする？　ジクロロエタンが漏れた原因や影響を知りたいのに、会社も州政府も何も言おうとしないんだ。だからきみは情報公開法に基づいて三〇〇〇ページの公文書を手に入れる。だがそれは編集されたり、黒塗りにされたりしていて、漏出事故の真相はわからない。どうしてそれで一件落着としなくてはならないんだ？　なぜ怪我をしたり死んだりしたら、本人が悪いってことになるんだ？」

ダニー「もし少しでもリスクを減らしたいんなら、一般の人が自分で規制するべきだ。おれがウィリー・ボールドウィンのところで伐採をやってたころには、リスクを覚悟で働いた。丸木橋を何本かこしらえて、鎖で縛ってひとつの橋にして、トラックに大量の丸太を積んでその上を渡ったりしたよ。確かに危険だったし、ひとりが怪我をした。人はリスクを受け入れて生きていくしかないんだ。けど、何が危険すぎて、何がそうでもないかは、政府じゃなくて、生身の人間が決めるべきなんだ」

マイク「だが込み入ったことについては知識を持った専門家が必要だ。複雑な問題を解決するには、できるだけたくさんの情報を集めなくてはならないから」

ダニー「だが一般人にだってそのくらいのことはできるさ。どこかのアスファルトピット〔地中の瀝青が地表にしみ出して池になったもの」がにおうって、何人かの市民が苦情を言ったら、閉じられたって話だぞ」

マイク「もしピットの持ち主がうんと言わなかったら?」

ダニー「そしたら弁護士を雇えばいい」

そんなふうにして討論は続いた。みんながイチゴとアイスクリームをお代わりし、女性たちがコーヒーを配った。マイクはダニーが無意識に化学企業の代弁者になっていると感じていた。われわれの生活に関わるリスクを、当然のように彼らが冒していることをダニーは容認しているのだ、と。一方、ダニーは、この問題についてはマイクのほうが情報をたくさん持っていることは認めつつも、彼が規制当局のまわし者であるかのように感じていた。社会を巨大なセメントブロックに変えたがっているように思えてならなかったのだ。ふたりの論争は何年も前から、インターネット上で続けられてきた。一度、マイクが大学教授をレイクチャールズに招いて、講演会を開催し[3]、地球温暖化について話をしてもらったことがある。その内容がオンラインニュースの記事で配信されると、信用を傷つけるようなコメントが書き込まれた。教授が「嘘っぱち」を広めているというのだ。匿名だったが、マイクは「ああ、あれはたぶんダニーだ」と言っていた。

このころには、シスター・フェイと女性たちが男性用テーブルの一方の端の近くに陣取り、政府の福祉政策や、婚外子、依存症、生活のために働くのをいやがる人たちのことへと話題を振り向けていた。福祉給付金を受ける女性は子供を六~七人産んでいると、フェイが指摘した。テーブルを囲んだ人々は、政府が支援できる婚外子はひとりのみとすべきで、ほかの「五~六人」の面倒を見る必要はない、性懲りもなく同じ過ちをくり返す本人がいけないのだ[4]、という見解で一致した。

マイクとダニーの討論は、一九九七年に実施されたある調査の結果に通じるものがある。この調査は、ルイジアナ州で発がん性、突然変異誘発性、可燃性のある物質を処理する化学工場で働く四〇〇人の従業員を対象におこなわれた。これを手がけたブラウン大学の社会学者、ジョン・ボーアーとJ・ティモンズ・ロバーツは、従業員たちにこう質問した。「仕事で危険な化学物質に曝露する頻度はどのくらいですか」「そうした危険な化学物質に曝露することに不安を感じますか」(5)と。曝露に対する不安と、実際の曝露量との相関性はごくわずかにしか見られなかった。資格を持ち、時給で働くダニー・マコーコデイルのような技能労働者は、曝露量に比べると、一般に考えられるほどには心配していない。管理職や事務労働者のほうが大きな不安をかかえている。たとえば、時給で働く技能労働者のうち、五〇パーセントが勤務中に「常時、あるいはしばしば」危険な化学物質に曝露していると答えているが、そのことに不安を感じている人は四〇パーセントにとどまった。かなり多くの人が、心配している以上に曝露していたのだ。

管理職と専門職では、曝露していると答えた人の比率(一〇パーセント)よりも、不安だと答えた人の比率のほうが高かった(二〇パーセント)。実際の曝露量に対し、労働者はさほど不安を感じず、管理職のほうがより不安を感じている実態が明らかになった。(6)性別では、女性のほうが男性よりも警告をよく聞いて真剣に受けとめ、慎重な行動をとる傾向にあり、人種では、マイノリティのほうが白人よりもその傾向が強かった。(7)数多くのリスクについて、あまり考えない人の割合は、白人男性がほかのグループに比べ、突出して高かった。(8)ダニーはこうした白人の男性技能労働者のようなタイプで、マイク・トリティコは管理職のようなタイプだったのかもしれない。

ふたりは、曝露にどう対処すべきかという点でも意見が食いちがっている。名誉に思うことも異なっていた。これまでいくらか危険をともなう仕事をしてきたダニーは、危険に対して果敢に立ち向かう傾向があり、勇気を重んじている。危険にさらされることの少ないマイクは、そのような勇気を奮い起こす必要性が減ることを望んでいる。要するに、ダニーは「おれは強い。あんたも強い。母なる自然は強い。おれたちは危険を受け入れられる」と言っていたわけだ。そのようにまとめてみると、彼がカウボーイのように見えてくる。一方のマイクは慎重な方針を重んじていて、端的に言えば、「われわれに必要な真の強さは、企業と全治全能の〝ドル〟に立ち向かうことだ」と主張していたのだった。

マイクはマイクなりに、異なる種類のリスクを冒したことがある。彼は、ある科学者が公聴会で証言に立ち、提案されていた浚渫計画の危険性を指摘したという話を耳にした。作業員たちが、証言のせいで仕事を失うと感じて腹を立て、夜遅くに開かれた公聴会のあと、科学者の車を追いかけて、煽り運転を仕掛けて脱輪させてしまったという。数週間後、マイク自身も同じ会議場に出向き、にらみつけてくる男たちの前で、同じ浚渫計画について警告をした。結局その日は、ほかの人たちが護衛役を買って出てくれ、彼は無事に帰宅することができた。カウボーイのようにふるまわなくても、勇気ある行動はとれるのだ。

工場の生活はどのようなものなのだろう。ダニーのカウボーイ的な観点、マイク・トリティコの慎重な方針、どちらを基準に管理されているのだろう。アクシオール社——二〇一三年と二〇一四年の二度にわたって大規模な爆発事故を起こした企業——に勤務するある安全検査員は、事故のリスクを減らす努力をすることを任務としていた。その若い男性検査員は、塔にのぼったり、機械の下にもぐり込んだりして、パイプやバルブを調べ、交換の必要なパイプや締め直しが必要なバルブに小さな赤い旗をつけてまわっていた。機器オペレーターは、彼が巡回してくるのを快く思っていないという。なぜなら、赤い旗がひとつ増えるごとに仕事が増えるからだ。「いや、きょうはだめだ」と言って、追い払おうとする者もいるらしい。その検査員はこう話してくれた。「みんなで結託するんですよ。そうなったら、ぼくは先方のボスに報告せざるをえない。彼らはそれをとてもいやがります。だからぼくの姿を見ると、こう言うんです。『おい、親分《ビッグブラザー》さんのお出ましだぞ』ってね。ストレスの多い仕事でしたよ」

この話を聞いて、企業の産業衛生士として働くある男性――フォード社のバッテリー工場の充電区画で放出される酸性ミストのサンプル採取を任務としている――は、こう語った。「空気監視装置《エアモニター》を設置するときは、保護マスクを装着することになっていました。ところがスタッフにそれを外してほしいと言われたんです。そんなものを着けている姿を作業員が見たら、ここの空気は有害なんだと不安になってしまう恐れがあるからだそうです。しかし心配する必要なんかなかったんです。何人かの作業員がわたしをからかいはじめました。本社が送り込んだ意気地なしには、おれたちみたいに耐えられないってね。みんなが大声でわたしを笑いましたが、その瞬間、彼らの歯が目で見てわかるほどに、硫酸ミストに冒されていることがわかりました」

もちろん、そのようなカウボーイ・タイプの人が全員男性とはかぎらないし、職業もさまざまだ。わたしが話を聞かせてもらった人たちの中には、州の行政官と会計士がひとりずつ、それに専業主婦も数名まじっていた。もしルイジアナ州そのものが、ブラザー・キャピとシスター・フェイの家の食卓に招かれていたなら、きっとダニーの味方をしたことだろう。なぜなら、前述したようにルイジアナ州では、ドライブスルーの店でフローズンダイキリを売ることが合法的だからだ。紙コップにストローさえ突っ込んでいなければ――ふたの穴をセロハンテープで塞いで、ストローを添えておくのなら――かまわない。ギャンブルも法で認められているし、装塡ずみの銃を携行して、ニューオーリンズのバーボン・ストリートの酒場に入るのも違法ではない。ルイジアナはカウボーイ気質の州なのだ。

ダニーにとって、カウボーイは、崇高な美徳の象徴だった。虚勢を偉大な探検家や発明家、将軍、勝者の資質である独創性とはきちがえ、ダニーは、リスクを冒して恐怖に立ち向かう能力をよしとしていた。彼は男らしく苦難を受けとめることができた。そして耐えることができた。ジャニース・アレノは、仕事をくれる企業と、彼女が企業と同一視している党への忠誠心を通して、環境汚染と折り合いをつけた。ジャッキー・テイバーは、「資本主義のために払うべき犠牲」だと考えて妥協した。ダニーは、勇敢な行動に対する敬意から、それを受け入れた。三人とも、ディープストーリーそのものを体現していた。

わたしが話をした人の大半と同様、ダニーも、自分が犠牲者だとは思っていなかった。そういう言葉を使うのは、自分を「かわいそうなわたし」と哀れんで政府のお情けにすがろうとする輩だけだ。「犠牲者」という単語はしっくりこないようだった。実際、彼らは、犠牲になったというリベラル風の解釈に立ってものを言うこと自体を批判する。しかしわたしは、ルイジアナ州南西部に暮らす年配の白人保守層――チームプレイヤー、信奉者、カウボーイ――は紛れもない犠牲者だと思う。彼らは産業システムの負の部分を、精いっぱい虚勢を張って引き受けている。そしてリベラル派は、規制が行き届いたきれいな環境の遠く離れた〝青い州〟で、そのシステムの恩恵を享受しているのだ。

ブラザー・キャピとシスター・フェイの家で開かれた日曜討論では、さらなる意見の食い違いが見られた。オバマ大統領が提案したとおり、二万人のシリア難民を受け入れるべきかどうか。テーブルのまわりからは、いっせいに「ノー!」という声が上がった。マイク・トリティコだけがイエスと答えた。誰を大統領に選ぶ?「ドナルド・トランプ!」とダニーは言う。とんでもない、と、マイクが応じる。

ひとつひとつの問題がそんなふうに論じられていった。

やがてみんながデザート皿のおいしい最後のひと口をすくい取っていると――誰もイチゴはけっこうだと言わなかったし、ブラザー・キャピがヴィデーリア・タマネギに手を伸ばすこともなかった――マイクが最後にもう一度、論敵に攻撃を仕掛けた。

「ところでダニー、I-10ブリッジを渡ることについてはどう思う?」

「子供を車に乗せていなければ」と、ダニーは笑顔で答えた。「猛スピードで渡るよ」

第13章　反　乱——主張しはじめたチームプレイヤー

ぱらぱらと集まった人々の頭の上で、手作りのプラカードが揺れたり傾いたりしている。そこには「バトンルージュにきれいな水を」「ペニョーア湖の友」「安全なシーフードのために安全な水を」「石油企業よ、壊したものを元に戻せ」などと書かれていた。三人のメンバーから成るケイジャンバンドが来ていた。リーダーはまるまると太ったミュージシャンだ。紫色のゆったりしたズボンに、ストライプのシャツ、白いフェルトの中折れ帽という出で立ちで、首から洗濯板を掛け、演奏をはじめようと身構えている。ひとりの集会参加者が着ぐるみを着て、大きな褐色ペリカンに扮し、あたりを歩きまわっていた。主催者たちは関心を高めようとしたが、この晴れた土曜日、人口二三万人の都市で、集まってくれたのはわずか一五〇人だった。

バトンルージュにある州議会議事堂前の階段で開かれたこの集会で、わたしはマイク・シャフにはじめて会ったのだった。彼は胸元に〝バイユーコーン・シンクホール〟とプリントされた明るい黄色のTシャツを着ていた。マイクは片方の腕で守るようにして、ひとりの被害者をマイクロフォンのほうへ導き、聴衆に向かって話をしてもらおうとした。だが、涙声で語りかけたのは、マイクのほうだった。「五八二日間ものあいだ、この女性は自宅に戻れずにいるのです」彼はそう切り出した。「同じような被害を受けたかたは三〇〇人にのぼります」あの大惨事をきっかけに、マイク・シャフは活動家に転身した。同じ苦しみを味わう人が出ないようにしたかったのだ。かつては市場を愛し、政府を憎むティーパーティーを強く支持していた彼の感情に、こうした活動はどのような変化をもたらしたのだろうか。

マイクは自分は「水の申し子」だと言っていた。「アーメリーズ農園で暮らしていたころのことだ。三歳くらいだったわたしを、おやじはよくザリガニ捕りに連れていった。近くの沼に罠が仕掛けてあったんだ。おやじはわたしをプラスチックのたらいに乗せて引っぱりながら、水の中を歩いて、罠を空にしていった。楽しかったな」現在、六四歳になるマイクは、その美しかったバイユーに注ぎ込む運河の岸辺の、慎ましやかな家で暮らしている。引退したら住みたいと憧れていた水辺の家だ。大惨事から一年半、そして集会から少し経ったころ、彼はがらんとした家のキッチンテーブルを前に、ひとりで座っていた。荷造りを終えた段ボール箱が山と積まれ、居間の床には、最近起きた地震の爪痕を示す亀裂が入っている。ガレージにはガス検出器が取り付けてあった。野良猫に目を光らせながら、マイクはルイジアナ州議会の議員たちに宛てて、重要法案に関する手紙を書きはじめた。

二〇一四年四月二四日

わが友にして支援者である、尊敬すべき州議会上院議員のみなさまへ

わたしはマイク・シャフと申します……わたしの願いは、余生をここで過ごし、遺言状により、たいせつな宝物を家族に遺すことです……しかしながら……遺産として遺せるのは、わたしが流した数えきれないほどの涙と、テキサス・ブライン社と州政府当局の誠意のない対応、短期のうちに解決されると期待したにもかかわらず、この悲劇にほんとうに幕が下りる日が決して来ないのだと

いう残酷な現実だけなのです……

ルイジアナ州バイユーコーン、
盗まれた楽園の住人、マイク・シャフ

彼は、上院法案二〇九号への支持を訴えるスピーチをしていた。企業が事故を起こした場合、自宅を失った被害者に対して、一八〇日以内に、住居の再取得費用を賠償するよう求める内容だった[1]。法案の文言は無味乾燥だった。ルイジアナ州議会の議員の多くが石油業界に関わりを持っていた。石油企業の社主や元従業員、投資家であり、そうした企業から選挙費用の献金を受けた人々だったのだ。そのため、法案は棚上げにされてしまった。

また、こんな問題もあった。テキサス・ブライン社が州当局に、みずから陥没させた穴に有害汚染物質をふくんだ廃水を投棄する許可を求めたのだ。マイク・シャフはルイジアナ州環境基準局の局長に宛てて、反対意見を手紙にしたためて送った。「ハッチ局長……汚染水をシンクホールへ投棄するのは……BP社がメキシコ湾からすくい取った原油をもう一度、メキシコ湾に捨てるのを許可するようなものです[2]」

そんなふうにして、法案が次々に出されるたび、声をあげていった。いまやマイクは――本人はいまだにそう呼ばれたがらないが――りっぱな環境保護活動家だった。二〇一五年の八月の時点で、それまでに州や連邦政府の高官に宛てて書いた手紙は五〇通にのぼっていた。インタビューは、地元テレビ局で二〇回、新聞雑誌で一五回、全国ネットワークと国際ネットワークのテレビ局で五回受けた。「わたしにできる環境保護活動家らしいことは、それが精いっぱいだよ」彼は悲しそうに微笑んで、わたしに言った。陥没事故のあと、マイク・シャフは近隣の人々を集め、自助グループを作る手助けをした。その会議のさなか、誰かがラッセル・オノレ中将を招こうと提案した。マイクは、こんな小グループのために中将が来てくれるはずがないと思っていたが、中将はすぐに駆けつけてくれ、しかも新たな計画が持ち上がった。それが〝グリーンアーミー〟の創設だった。のちに中将はわたしのインタビューに応じて、こう語った。「あの最初のミーティングから家に帰って、マイクのことを考えていたら、ふと、あの人と協力したら何かすばらしいことができるような気がしてきました。何か大きなことをはじめようと思ったんです。グリーンアーミーは、〝バトンルージュ帯水層保護協会〟〝ルイジアナの再生を求める会〟〝ミシシッピ川下流域リバーキーパーズ〟など、たくさんの小規模グループを統括する組織になりました。環境保護庁を骨抜きにしたがっている石油企業や政治家と対決する際に、強力な後ろ盾になってもらえる当局に話を持っていくんですよ」

「環境については、多くの人が何かやわらかい、女性的な問題というイメージを持っています」と、中将は言う。「われわれには、マイクのような人が必要です」環境汚染に対しては、カウボーイのように耐えてはならない、と言いたいようだ。カウボーイのように闘え、と。

しかしマイクは聴衆の前に立ってバイユーコーンについて語ろうとするたび、手で口を覆い、ふたとみこと、かすれた声でしゃべるのが関の山だった。「いろんな感情が全部よみがえってきて、つらくなってしまったんだ。最近はずっとそうだ」ティーパーティーのあるグループにスピーチをしたときのことを、彼はそんなふうにわたしに話してくれた。「まだ傷がふさがっていないんだな」マイクはカウボーイを尊敬するように育てられた。「南部の男は泣かない。わたしもあまり泣いたことがなかった」それでも、公の場で陥没事故のことを話そうとすると、いつも感きわまって言葉が出なくなり、そんな自分に困惑する。「いつかは涙をこぼさずに、ただ怒りだけを見せて話せるようになりたいよ」③

陥没事故が起きる以前は、マイクはずっと石油産業で働いてきた。熱心な共和党保守派で、二〇〇九年以来、一度も揺らぐことなくティーパーティーを支持してきた。自分は「自由市場マン」なのだと、彼は言った。しかし、企業が一般の住宅の前庭に、自由にメタンガスを噴出させている状態で、人々にどれほどの自由があるというのだろう。ティーパーティーはこの問いにどう答えるだろう。マイクはこの疑問に直面していた。

マイクはあまりに長いあいだ、辛抱強く「列に並んで」アメリカンドリームがかなう日を待ってきたと感じていた。上司と自分の愛する会社のために懸命に働いたが、収入はいっこうに増えず、いつまでもただ待つだけのわびしい日々を送るはめになった。米国人の九〇パーセントが同じ憂き目に遭っているのだ。あるとき、マイクは、バイユーコーンに住むエクソン社の元エンジニアの奥さんで、テキサス・ブライン社を支持している女性が、聞き捨てならない言葉を口にしたと聞いて、腹を立てた。「その奥さんは、ハイウェイの向かい側に建つ三、四〇軒ほどのしゃれた家のオーナーでね。われわれが住んでいる家は標準以下だと口を滑らしたらしい。道路のこっち側では、住宅所有者の協会が家の敷地内にトレーラーを置くことを許している。あっち側では許可していないんだ」マイクは自分はしっかりやってきたと思っているが、それでも、このように悪質な侮辱を受けると傷ついてしまう。さらなる富は、手の届くところにあるように思えるのに……。マイクは地元の「億万長者」ふたりのことを話したことがあった。ひとりは、テレビのリアリティ番組、『ダック・ダイナスティ』でスターになったひげもじゃの男性で、保守派の考え方と、ケイジャンらしくフロンティアで生き延びるスキルを併せ持っている。もうひとりは、陥没事故の被害者がテキサス・ブライン社を招いて開いた集会――わたしもマイクといっしょに参加していた――で、最後列にTシャツとブルージーンズ姿で立っていた背の低い顎ひげの男性だ。彼は自分は「貧しい」男だと自己紹介したが、集まった人たちは訳知り顔で忍び笑いを漏らした。そうではなかったのだ。みすぼらしいなりをしていたが、金持ちだった。マイクによると、その集会には、彼よりも裕福な人がほかにも何人か来ていたらしい。マイクは、アーメリーズ農園のショットガンハウスから身を起こし、大学で教育を受けて、専門職につき、バイユーコーンに家を建てた。じつによくやったと自分でも思っている。しかしそれで十分だったのかどうか、確信できずにいるようだ。

マイクの楽しみは、釣り、ボート、シラサギやシロトキやベニヘラサギが翼を広げる姿を見ることだ。メールのハンドルネームは、〝沼の男《スウォンプマン》〟。だが何年ものあいだ、マイクはこうしたことをして過ごす時間がほとんどなかった。「二二歳のときから、一度も一カ月休暇をとったことがないんだ」彼は悲しそうに言う。見積もり責任者だった彼は、巨大な石油貯蔵タンクや掘削プラットフォームの建設に必要な資材の大きさや強度、耐熱性、耐圧性、コストを計算する仕事をしてきた。最初の五年間は、病欠と休暇も込みで年に一週間しか休めなかった。次の五年間には、一年あたり二週間の休みをもらい、勤続一〇年を過ぎると、これが三週間になった。働いていたあいだは、日中に自然の中でのんびり過ごす時間がほしくてたまらなかった。定年退職の日が間近に迫ったころには、待ちきれない気分だった。新しい妻と過ごす時間、釣りや狩りを楽しむ時間、孫たちと遊ぶ時間がようやく手に入る……。

その矢先、陥没事故が起きた。

バイユーコーンの教会で最後の礼拝をすませ、フランス語で『アメイジング・グレイス』を合唱したあと、近所の人や友人たちはキャンピングカーやモーテルへ移ったり、親戚の家に身を寄せたりして、散っていった。あとに残ったバイユーコーンは、面積にして一二万平方メートルもの有毒な汚泥に覆われたゴーストタウンと化した。コミュニティのみんなで楽しんだ時間――〝ミス・エディのバードハウス〟でザリガニやフィッシュフライのパーティーを開いた思い出、バイユーコーンのマルディグラのパレードに参加した日々――はもう帰ってこない。マイクは失った過去を振り返るまいとしてきた。しかしそれから三年経ったのちにも、まだこう言っていた。「バイユーコーンは永遠のふるさとだ」と。

活動家としての道を歩みはじめてみると、長年、石油産業に身を置いてきたマイクの経験が貴重な財産になった。彼はこの地域の地質をよく知っていた。経済にも地形にも詳しかった。危険な化学物質についても、実体験に基づく知識を持っていた。子供のころには、サトウキビ畑にしゃがみ込んで、殺虫剤を散布しにくる軽飛行機を眺めたものだ。飛行機は、車輪がサトウキビの先っぽに触れそうなほど、低いところを飛んでいた。操縦士がＤＤＴを噴霧し終えて、サトウキビの列の端から上昇しはじめると、マイクはあたりを覆った殺虫剤の霧の中にすっくと立ち上がり、飛行機が方向転換をして、また別の畑に向かって急降下するようすを見ていた。彼は、知らないとはどういうことかも、よくわかっていた。しかし運動に手を染めてみてはじめて、政治というものを――とりわけ、共和党員の州知事、ボビー・ジンダルの環境に対する姿勢を――間近に見ることになったのだ。

自分の家に近い場では、マイクはふたつのグループのあいだで、不安定に揺れていた。政府と税金の問題では、ルイジアナのティーパーティーに一〇〇パーセント賛成だった。ディープストーリーのシナリオどおり、州政府の腐敗した職員たちが自分の前に「割り込んで」いるように思えた。公務員はシスターのように自己犠牲を払うべきなのに、彼らはそれとは似ても似つかぬ生き方をしている。マイクはルイジアナ州の規制にかかわる職員の大半には、あまり敬意を持っていなかった。そして理屈の上では、連邦政府の職員には敬意など、ほとんど持っていなかった。しかし州の当局者が、バイユーコーンの地面からは石油が検出されなかったと、信じられない調査結果を発表したときには、より信頼の置ける「連邦の当局者」に再調査を依頼した。[4]

だが現在、マイクとともに環境問題に取り組む仲間の九九パーセントはリベラルだ。そして、のちに述べるように、彼らもまた、彼らなりのディープストーリーをかかえていたのだった。「わたしは七割がた、それでもいいと思っている」と、マイクは言う。ルイジアナが「餡でもやるようにして、掘削許可を出した」という点では、リベラル派のメンバーと意見が一致している。フラッキングについても同意見だし、沿岸部の環境は、それを破壊した企業が修復すべきだという点でも一致している。代替エネルギーの利用についても賛成だ。ルイジアナではその面でも後れをとっていて、五〇州中、四二位なのだ。しかし、ヘッドスタート・プログラムやペル奨学金(低所得層の大学生を対象とする連邦政府の給付型奨学金)、オバマケアなどの社会保障制度に資金を投入することについては、リベラル派の見解に同意できない。自分としてはそれでいい。しかし心の奥では、環境問題をティーパーティーの課題に加えたいと考えている。それを説得するのは、どれほどむずかしいことなのか。彼は確かめたいと思っていた。

シンクホール以前の大惨事

大惨事は、発生したあとで忘れられ、またくり返されることがある。マイクもいままでは、アレノ夫妻のように、〝忘れない〟人となった。彼は、いかにしてバイユーコーン・シンクホールをこの種の事故として最後のものにし、誰もが記憶する事件にするか、という難問に取り組んでいた。

じつは一九八〇年、バイユーコーンのシンクホールからおよそ一六〇キロメートル西にあるペニョーア湖で、はるかに悲惨な掘削事故が発生していたのだ。石油企業のテキサコ社が、掘削作業中に湖底に穴をあけ、湖の下にあった岩塩ドームにまで掘り進めてしまったのだ。湖水が巨大な渦を巻き、掘削プラットフォームを二基と、艀《はしけ》を一一艘、平台トラックを四台、曳き船《タグボート》を一隻、呑み込んだ。それればかりではない。膨大な量の土と、木々やトラック、駐車場一面、それに総面積二六万平方メートルの植物園がまるごと吸い込まれてしまったのだ。奇跡的に、死者はひとりも出なかった。数日後、艀が九艘、ぽっかり浮かんで戻ってきた。残りの二艘は見つからずじまいだった。運命の日に湖で釣りをしていた男性は、一本の木にモーターボートをつないでいた。だがその木が渦のほうへ向かって動きはじめた。男性はそれに気づいて、すぐにボートを木から外すと、エンジンをかけ、トップスピードでその場を離れたという。

しかし何年ものちに、ペニョーア湖の大惨事を取り上げたドキュメンタリー映画が制作されたときには、記憶をやわらげるような作品ができあがった。淡々とした口調で、遠い過去のできごとのように語り、愉快な皮肉に焦点をあてることで、観客を安心させようとしているようだった。この映画は地元の商工会議所が制作したものだった。もちろんナレーターは、死者が出なくてよかったと述べた。だが、テキサコ社を非難せずに、小さなドリルビットがひとりでに岩塩ドームに穴をあけたような言い方をした。映画は最後に、静かな水をたたえた湖の上を群れ飛ぶ鳥の姿を映し出し、「事故が起きた場所」を訪れてみませんかと勧める観光局のウェブサイトを紹介して終わった。実際、この大惨事のビデオは、ニューイベリア市にあるリップ・ヴァン・ウィンクル・ガーデンズ〔ペニョーア湖岸にほど近い自然公園を兼ねたリゾート施設。一九世紀末に活躍した俳優ジョゼフ・ジェファーソンの別荘を中心に整備、建設された〕のパンフレットに、アトラクションのひとつとして掲載されている。「岩塩鉱が湖を呑み込み、リップ・ヴァン・ウィンクル・ガーデンズの旧ジェファーソン邸の間際まで迫るようすをご覧ください。そのあとには、鳥たちの楽園でひとときをお過ごしください。ここでは毎年春になると、ベニヘラサギの巣作りが見られます(5)」

それだけでは終わらなかった。バイユーコーンの陥没事故からわずか八カ月後、州がまたもや、掘削許可を出したのだ——それも、ペニョーア湖で進められる新たな大規模プロジェクトに(6)。許可をとったのは、天然ガス事業者としては米国最大手のAGLリソーシズ社で、ペニョーア湖を浚渫して、有毒廃棄物を貯留する〝投棄専用の坑井〟を三本掘るのだという。州当局は、このほかにも、天然ガスの貯留に使う坑井を三本、塩水を汲み上げるための坑井(地下の鹹水《かんすい》は天然ガスを大量に溶存している)を一本掘ることを許可した。これらすべての掘削作業が、ペニョーア湖の真下の岩塩ドームの中でおこなわれるのだ(7)。「せめてもの救いは、岩塩ドームが放射性廃棄物の保管には向かないと判断されたことだよ!(8)」と、マイクは言う。

記憶は短命に終わったのだ。バイユーコーンの陥没事故(二〇一二年)を招いた掘削会社は、ペニョーア湖の大惨事(一九八〇年)をすっかり忘れていたのだ。いまやレイクペニョーアAGLリソーシズ社は、どちらの惨事も忘れようとして——あるいは無視して——いた。カウボーイたちは、規制組織の運営に乗り出していた。ペニョーア湖を救う会、ルイジアナ環境行動ネットワーク(LEAN)が共同で州を訴えた。州裁判所の判事は、掘削の中止を命じた。本書を執筆している時点では、それ以降、事態の進展はない。

マイク・シャフはすぐに、台無しになった家のダイニングテーブルを前にひとりで座り、ある州議会上院議員に宛てて手紙を書いた。今後一年間、より厳しい規制基準が示されるまでは地下の岩塩ドーム内の空洞に有毒廃棄物や塩水を保管する許可を与えない、とする法案に賛成してほしいという内容だった。ペニョーア湖の掘削をやめさせることが目的だった。しかしその法案は可決されなかった[9]。

マイクには、もうひとつ、大きな目標があった。ルイジアナ・ティーパーティーだ。なぜ彼らは、正当な闘いに加われないのだろうか。ルイジアナ州海岸地域の土地は、もうかなり前から、徐々にメキシコ湾へと沈みつつある。この土地は、米国全体の湿地の四〇パーセントに相当し、州の漁業は、国全体の魚介類の四分の一から三分の一を供給している。専門家たちも一致して、地盤沈下の主たる原因は石油の採取と海水の浸食だとみている。石油会社は、長年のあいだに、何百本もの運河を浚渫して、メキシコ湾から汲み上げた原油を内陸部に送るためのパイプラインを敷設してきた。運河沿いの土地に塩水がじわじわとしみ込み、かつてはたびたびルイジアナを熱帯暴風雨から守ってくれた岸辺の草を枯らしてしまった。一九三〇年以来、ルイジアナ州はすでにデラウェア州に相当する面積の土地を失ってしまった。これは、平均的なフットボール場の広さの土地が、一時間に一面ずつ消失していった計算になるのだ[10]。

海洋大気庁〔NOAA〕〔海洋と大気に関する調査、研究を専門とする商務省の機関〕に、驚くべき新しい任務が課せられた。ルイジアナ州沿岸部の地名を住所地一覧表から削除する必要が出てきたのだ[11]。たとえば、かつてプラークミンズ郡の主要な漁業集落だったイエローコーン・ベイ。このほか、リトル・パス・ド・ワーフ、スキップバック・ベイも消されてしまった。グランドバイユーでは、教会が泥地の上に建っていて、小さな墓地へはボートを使わなければ行くことができない[12]。三一ものコミュニティが、いまや歴史的記録にのみ名を残している。イール・ド・ジャン・シャルル〔メキシコ湾沿岸近くの川に浮かぶ島。塩水の浸食により土地の九八パーセントが水没した〕の住民たちは、連邦政府の支援で乾燥地に移住した米国初の「気候難民」となった[13]。

ハリケーン・カトリーナのあとには、ルイジアナ州を洪水から守る方策を探るため、州議会が南東部洪水対策委員会を発足させた。委員会は、運河を埋め立てて海岸を修復するのが最良の道であるとの結論を下した。それは、石油企業が契約書の中で自分たちがすると同意しながら、怠っていた仕事だった。そこで二〇一四年、委員会は前例のない措置に出た。責任のある石油企業九七社を相手取って訴訟を起こしたのだ。ジンダル州知事はすぐに、発足まもない委員会をつぶしにかかった。メンバーを解任し、委員会の訴権に異議を申し立てたのだ。議会は——過去にさかのぼって——この訴訟を起こした者からその権限を剥奪し、訴訟そのものを無効にする法案を可決した。これもまた前代未聞のことだった。この法案〈SB553〉では、環境修復の費用は、石油企業ではなく州の納税者が負担するものと定められていた。

マイク・シャフは好機到来と考えた。バイユーコーンの自宅でダイニングテーブルに向かうと、ニューオーリンズに本拠を置くルイジアナ・ティーパーティーに手紙を書いた。減税を！　この要求を掲げるのなら、きっと後ろ盾になってもらえるはずだと思ったので、バトンルージュのステーキハウス、〈TJリブズ〉で党員たちと会う手はずを整えた。

しかしこの提案を示すと、彼らの顔から表情が失せた。環境だって？　それはリベラル派の大義だろう。ひとりの男性は、グリーンアーミーと緑《グリーンパーティー》の党を混同していた。別のメンバーは、ルイジアナの納税者の負担を国の納税者に移してはどうかと提案して、マイクをびっくりさせた。「大失敗だったよ」と、のちに彼はわたしに言った。「オノレ中将にも来てもらったんだが、貴重なお時間を無駄にしてすみませんでしたと、あやまらなくてはならなかった」

それでもマイク・シャフはめげずに、またティーパーティーの異なるメンバーに集まってもらった。今度はルイジアナ州北部の都市、ラストンだ。このときにも、オノレ中将を招いて話をしてもらった。中将は米国旗と鷹がデザインされたネクタイを締めていた。テーマは、飲料水に塩水が混入している件で、今度はメンバーたちも耳を傾けてくれた。「なぜ環境問題を左派にまかせておくんです？」マイクは問いかけた。「われわれの問題でもあるべきです」

しかし、と、わたしは思った。そんなことがうまくいくのだろうか。環境への配慮を求める活動と、環境保護庁などの政府機関を廃止せよとは言わないまでも、こうした機関からの資金の引き揚げを求めるティーパーティーの主張とを、どう噛み合わせていくのだろうか。マイクの答えは自由市場だった。「金の流れを追ってみるといい」と、彼は言う。「正しいことをして、みんなの利益になるように金を使うようにするんだ。テキサス・ブライン社はリスクをとったが、保険をかけた。その保険会社はバックアップ保険に加入した。事故が起こらないようにすれば、こうした保険会社にとって経済的な利益になる。だから彼らに規制をやらせればいいのさ」それから、彼はこう付け加えた。「保険会社は保証「問題が起きた場合に、第三者が賠償金を払うと約束すること」を必要とする。それでいい。われわれが連邦政府に望むのは、収監、裁判、法律、それから保証だけだ。連邦政府の規制当局の介入なしに、会社を規制するんだ」

おもしろい、と、わたしは思った。でも、待って！　そもそも、その仕組みのせいで陥没事故を招いたのではなかったのか。テキサス・ブライン社は、ニューヨークに本社のあるリバティ・インシュアランス社の保険に入っていた。リバティ・インシュアランス社は保証会社と契約をしていたが、保険金の支払いを拒否して、テキサス・ブライン社を訴えた。テキサス・ブライン社と契約していたほかの保険会社も同様にし、テキサス・ブライン社は対抗措置として、これらの保険会社を提訴した。収監、裁判、法律、保証はあったものの、環境も法的手続きもめちゃくちゃになった。それに、資金力の豊富な企業がたくさんの法律家を雇って、被害者と対決しようとしたのではなかったか。わたしがそう尋ねると、マイク・シャフは、「ちがうよ」と答えた。「金持ちの石油企業と金持ちの保険会社が対決したんだ」それでも、マイクたちには、別の拮抗する――連邦の――力に支えてもらう必要があるのではないか。

わたしは、ピッツバーグ板ガラス社でリー・シャーマンが体験したことを思い返した。それから、ゴムに覆われた馬のことを。若き日のジャニース・アレノに、この世の終わりが来たと思わせた工場の爆発事故のことを。アレノ夫妻の亡くなった親戚や、死んだ動物たち、バイユーディンドから姿を消したカエルのことを。魚介類の摂取を控えるよう勧告が出される結果を招いた事件の数々を……。わたしは、環境保護庁が創設される以前に、保護すべき美しい自然に恵まれた州で起きたできごとに思いを馳せた。ダニー・マコーコデイルは、事故のなかには、起こるべくして起こったものがあると言い、わたしもその見方には一理あると思った。しかし公共の利益を基本とする国家的なビジョンなしには、わたしたちは誰ひとりとして、自然の遺産を子供たちに遺すことはできないし、中将が言ったように、「自由」にもなれない。自由市場はわたしたちを自由な民にはしなかったのだ。けれどもわたしはまた、共感の壁のはるかこちら側へ滑り落ちていた。

マイク・シャフは、ほんの少しだけ、わたしの考えに同意した――環境保護庁の職員が最低限関わるのは許してもいいかな、と。しかし彼は、環境保護庁が地球温暖化の影響を和らげるという架空の任務のために権限を握って税金をせしめようとしていると感じていた。政府と同じく、これもまた、介入を強めるための口実にすぎない、と。全般的に見て、連邦政府はマイクが暮らしていた地域のような、住民に愛されたコミュニティを徐々に崩壊させようとしている。もし連邦政府もルイジアナ州政府と同類だとすれば――彼はそう考えている――そんなものには、信頼する価値も、税金を払う価値もない(14)。マイクの心の中の、〝金銭のシンクホール〟に関わる領域は〝連邦政府〟に満たされている。わたしが知り合った右派の人々も同じような心理状態にあった。

実際、連邦政府は、二〇〇九年に破産した銀行や企業や住宅保有者を救済して以来、列に割り込む人々にいっそう肩入れするようになったと見える。いまでは、債務者までが列の前方にどんどん割り込んでいて、しかも連邦政府がそうするように勧めているありさまだ。階級では分類できない多様な集団――黒人、移民、難民――がなだれ込み、これまでになかった奇妙な社会的葛藤が、いつのまにか新たなステージで生まれていたのだ。この代理戦争における敵は連邦政府だった。

個人のレベルでは、さらにもうひとつ、問題があった。連邦政府が男らしい男の味方をしていないことだ。リベラル派はこの点では、まちがいなく敵にまわっている。男は楽じゃない。男をめがけて、目に見えない災難が次々に降りかかってくる時代になってしまったように思える。近ごろでは、男がいなくても、女は食べていけるようになり、子を産むことも結婚することさえできるようになった。トランスジェンダーが何かと話題にのぼり、そもそも男とはなんなのかがわからなくなっている。これは心穏やかではいられない。明らかにおかしい。根本的に、男というものは、死を賭して戦いに臨み、弱者を守るために進んで力を使えなくてはならない。いまは誰もがそういうことを忘れている。マイクは、結婚とは本来、男と女がするものだと思っている。その人物が何者であるかがはっきりしているのはいいことなのだ。軍隊はその明確さを提供すると同時に、恵まれない環境で育った有能な男たちが名誉ある地位を獲得できる道も用意してきた。しかし、ほぼ男ばかりで占められていた領域――警察、消防署、米軍の一部、石油掘削プラットフォーム――では、男の領分を犯す文化の浸食を防ぐ必要が出ていた。連邦政府と環境保護庁は、生物学的環境を守るためには奮闘しているが、文化的浸食のほうは放任している――いや、ときには引き起こしている――かに思える。ティーパーティーを支持するわたしの友人たちの目には、アメリカ文化こそが危険なまでに汚染されていて、不潔で、有害に見えるらしい。その汚染について、ティーパーティーは、断固として意見を変えるつもりはない。

マイクは闘士ではあるが〝カウボーイ〟ではない。篤い信仰心を持っているが〝信奉者〟ではない。〝チームプレイヤー〟ではあるが、ひとつの大きな局面では、自分のチームに批判的だ。彼が望むようなチームなら、アメリカ国内でたくさんの不正を引き起こしてきた連邦政府の権限を大幅に縮小してくれるはずだ。マイクはなおも、多くの問題は政府の関与なしで解決できるとみている。しかしバイユーコーン陥没事故に直面し、必要が生じたときには、環境保護庁に依頼して近隣地域のメタンガス濃度を測定してもらった。マイクは、街路の安全を守るには警官が必要だと思っているが、水路を守るのに、必ずしも環境保護庁が必要だとは感じていない。連中は偉そうな態度をとりたがる。大きな顔をされてはたまらない。

陥没事故被害者の大半がよそへ避難していったあとは、夜に「星を見ようと思って外に出ると、まわりの家がみんな真っ暗だ」と、マイクは言う。マイクが引っ越す前の年には、彼と同様、台無しになった家に残っている住民がちらほらといた。ひとりは隣人で親しい友人でもあるランディだ。そのときは彼の奥さんが三度目の乳がん治療に取り組んでいるさなかだった。放射線治療を受けて苦しんでいる彼女に引っ越しをさせるのは賢明ではないと判断したのだそうだ。

ある晩、マイクがふとクローフィッシュ・ストゥー・ストリートの向かい側に目をやると、ランディが家の前の芝生にひとりでたたずんでいた。タバコを吸っていて、しんとした夜気の中に、煙がらせんを描いて立ちのぼっていた。「彼はシンクホールのせいで家を失った。奥さんは病気だった。犬も死にかけていた。だがわたしは、彼が何か別のことで悩んでいるように思ったんだ。だから通りを渡ってランディのそばまで歩いていった。すると息子さんが膵臓がんにかかっていることがわかったというんだ」

マイクはランディの肩に手を置いた。ふたりの男は、長いあいだいっしょに泣いていた。

第4部　ありのままに

第14章　歴史の試練——一八六〇年代と一九六〇年代

時をさかのぼってみると、ルイジアナ・ティーパーティーのメンバーたちの心情には、三つの流れの影響が見てとれる。そのうちのひとつはよく話題にのぼるが、ふたつはめったに言及されることがない。歴史学者のリチャード・ホーフスタッターが指摘したように、(1)「アメリカの政治文化においては風土的とも言うべき大衆の衝動が高揚し表現される」現象が何度も周期的に生まれてきた。ティーパーティー運動は、そのひとつなのだ。一九世紀、二〇世紀には、政教分離論や現代性《モダニティ》、人種統合、専門家文化に抵抗して、さまざまな運動が起こった。しかしティーパーティーほど強力に、進歩的改革への反対、連邦政府の排除というふたつの目標を掲げた運動——ディープストーリーを反映した活動——はなかった。では、長い歴史の中で、なぜこの運動が出てきたのだろうか。その答えを出すには歴史上のふたつの転換点を見る必要があると思う。ひとつは、南部にとって特別な意味のある一八六〇年代。もうひとつは、いまも全国の右派に影響をおよぼしている一九六〇年代という時代だ。

今日のアメリカで見られる右傾化は、おもに南部で進んだ現象だ。わたしはそれに惹かれてここにやってきた。もちろん、南部人でなくてもティーパーティーには加入できるが、その中心的役割を果たしてきたのは、南部の白人だった。南部の歴史についても、わたしの興味を最も強く惹きつけるのは、現地で知り合った人々の〝感情に刻まれた溝〟とも言うべきものだ。大半が小規模農場の農民であった祖先の人生を通して、彼らの心には、そのような刻印が残されている。わたしは、歴史に残る思想の起源を知りたいわけではない。過去がどのようにして、わたしたちの心に階級意識のパターンを植えつけたのか、それがどのようにいまも人々を縛っているのかを知りたいのだ。人々は、どう感じたいと思うことを期待されているのだろう。どう感じるべきだと思えと要求されているのだろうか。何を感じろと求められているのか。祖先や教師や歴史の本を通じて伝えられてきた物語は、彼らの考えにどのような影響をおよぼしているのだろう。

一八六〇年代

歴史学者のC・ヴァン・ウッドワードの言葉を借りれば、南部はプランテーション制度のせいで「独自の区域」になった。この制度はもちろん、裕福な白人農園主と黒人奴隷に大きな影響を与えた。しかし同時に、わたしたちが忘れがちな別の大集団にも深い刻印を残したのだ。それは、白人の貧しい分益小作人と小規模農場主だ。わたしがルイジアナで知り合った人々の祖先もその中にまじっている。W・J・キャッシュは、その名著『南部の精神〔未訳 *The Mind of the South*〕』の中で、プランテーション制度が「壁を作り出し……白人をその中に、彼らには見えない壁の中に閉じ込めたのだ」と書いた[2]。貧しい白人は、自分が「かろうじて食べていける生活に押し込められた」とは思わず、「自分もゆくゆくは大農園主か工場の経営者になる」[3]のだと信じていた。

これらの壁の内側では、文化的な想像力はふたつのグループに対してのみ働いていた——支配する者とされる者、富める者と貧しい者、自由な者と束縛された者、羨まれる者と哀れまれる者だ。その中間に位置する者にはほとんど意識が向かなかった。裕福な農園主は、白い列柱を備えた屋敷でヨーロッパ製の椅子に座り、クリスタルガラスのシャンデリアの下で外国産のワインを飲んでいた。彼らは自分たちが極悪非道な抑圧者であるとはつゆ思わず、惜しみなく恩恵を施す経営者であると考え、貧しい白人たちも、彼らのことをそのように見ていた。[4] だが一方では、奴隷たちが心に深い傷を負い、すさまじいばかりに苛酷な短い生涯を送るさまも目の当たりにしていた。貧しい白人たちの心の中には、最も恵まれた人生と、最も不運な人生のイメージが、ひとつのセットとして植えつけられたのだ。ニューイングランド地方の農村に比べると、ここでは、上に羨むべき富がはるかにたくさんあり、下にはショックに息をのむほどの悲惨がはるかにたくさん見られた。[5] このようなシステムのもとで、アメリカンドリームを待つ列がどのようなものになるかは察しがつく。たとえいくらか幸運に恵まれても、前方には並ぶ余地がほとんどなく、後方には、忘れ去られた者が並ぶ余地がいくらでも残っていたのだ。[6]

この頂点と底辺にはさまれた貧しい白人を、キャッシュは、壁にペンキを塗っていない家で暮らしているようなものだと形容した。「柵はたわみ……納屋は傾きかけてはいるものの、中にはトウモロコシがたくさん蓄えられている」[7] と。しかし、プランテーション制度が発達するにつれ、だんだん状況は厳しくなっていった。大農園主が最も望ましい肥沃な平原を買い占め、貧しい農民たちに、土地の痩せた高地を押しつけたからだ。白人の貧しい農民たちがよりよい土地へ移ろうとしても、大農園主が「そこの最良の土地をすでに手に入れている」ことがわかった。「ミシシッピ川の向こう」の「アーカンソーやテキサスにまで手をまわし、豊富な資金と膨大な数の奴隷たちを武器にして、めぼしい土地を押さえていた」[8] のだという。貧しい白人たちは、「赤土の丘や砂地の土地、松の木しか生えないような痩せ地へ――南部の片隅の、耕作限界地へ[9]」と追い返されたのだった。棉花やサトウキビを植えつけるため、大農園主は森林を破壊し、そのために貧しい白人たちは「かつて農家の食卓に並んだ種類豊富な食材」を奪われて、「トウモロコシパンと痩せた野ブタの肉[10]」しか食べられなくなってしまった。大農園主は奴隷労働に依存していたうえ、必要な干し草やトウモロコシ、牛肉、材木のほとんどを北部か中西部から買い入れていたので、貧しい白人たちは余剰労働力となり、なんとかして自給自足の生活を送らざるをえなかった[11]。片隅に追いやられ、労働力としても必要とされず、貧しい白人たちは、〝クラッカー〔由来は諸説あるが不詳〕〟〝白いごみ野郎《ホワイト・トラッシュ》〟〝ポー・バクラ〔西アフリカの言葉で貧乏白人の意〕〟と、蔑称で呼ばれながら、歯を食いしばって耐えてきた。

祖先の歴史を、現代のディープストーリーに置き換えてみると、一九世紀の貧しい白人たちは、アメリカンドリームを待つ列のかなり後ろのほうに立っていた。ほかの人種やジェンダーが続々と前に「割り込んでくる」ことはなかった。再分配という考え方そのものが、プランテーション制度では禁忌だった。政府が支援する公的な組織はないに等しかったから、公共図書館や公園、学校、大学に関して、南部は北部に比べてはるかに後れをとっていた。

そこへ南北戦争が勃発し、北軍が南軍に圧勝した。多くの都市が焼かれ、畑は荒れ地と化した――退却する北軍兵士の仕業だった場合もある。南北戦争のあと、北部は南部諸州の政府に替えて、みずから選んだ知事たちに統治させた。わたしがインタビューをした人々は、ひと儲けをもくろむ連中が、支配者たる北部の代理人としてやってきたのだと思っていた。北部からは搾取の手が伸び、地元には、傷つき怒れる黒人たちがひしめいていて、どこでもかしこでも、倫理上の罪を問う声が上がっていた――そのような状況だったと、語る人もいた。一九六〇年代に入り、フリーダムライダーズ〔北部の公民権活動グループ。白人と黒人のメンバーがいっしょに長距離バスに乗り、南部諸州を訪れて人種隔離策に抗議した）や公民権活動家が乗り込んできて、ジム・クロウ法（さまざまな人種隔離法の総称）を禁じた新しい連邦法を遵守せよと迫りだすと、南部の人々には、またもや道徳好きの北部人が説教を垂れにきたと思えたのだった。

そしていまはどうなのだろう。オバマケアや地球温暖化対策、銃規制、人工妊娠中絶の権利といった問題もまた、感情に刻まれた歴史の溝に落とし込まれるのだろうか。またもや北部が、ワシントンが攻撃してきて、ティーパーティー支持者の待つ列に褐色ペリカンを割り込ませたと感じられるのだろうか。ロングヴィルでキャピ・ブラントリーに会ったときに、二〇一六年の大統領選について尋ねると、彼は穏やかな笑みを浮かべてこうコメントした。「ヒラリー・クリントン、バーニー・サンダーズ――あのふたりは北部の出身です」

異なる衣裳

「バトンルージュからニューオーリンズまでの両岸には、広大なサトウキビ農園が連なっている……はるかかなたまで、びっしりと家々が立ち並ぶ」マーク・トウェインは、『ミシシッピの生活』（邦訳：吉田映子訳、彩流社）にそう書いている。「そのあいだを流れる大河は、さながら広々とした大通りのようだ」距離にして一〇〇キロメートルほどの区間では、沿岸部におよそ四〇〇軒の美しい屋敷が建っていた。二階建てか三階建てで、ギリシャ様式の白い列柱を備え、天蓋のように枝を差し掛けるオークの並木道や、手入れの行き届いた庭園、池があった。こうしたアメリカの古城は、棉花栽培で得られた利益によって建てられたものだった。

やがて石油が棉花に取って代わったが、プランテーション文化は残っている。実際、いまではかつて大農園主が暮らしていた白い列柱付きの館の多くを、石油企業や石油化学企業が保有している。ダウ・ケミカル社は、四軒のプランテーションを買った。その中には、オーストラリア農園、アブナー・ジャクソン農園も含まれ、会社の会議は後者の母屋《ビッグハウス》で開かれる。「ここはつねにプランテーションの州でした」と、テュレーン大学の法学教授、オリヴァー・フックは言う。「石油とガスは、農業プランテーション文化を石油プランテーション文化へと替えただけです(12)」石油は棉花と同様、巨額の投資を必要とする単一商品として、棉花やサトウキビと同様、南部の経済圏を支配するにいたったのだ。

もちろん、棉花と石油の類似性にも限度がある。棉花王は貧しい農民や奴隷に繁栄を約束したりはしなかったが、石油産業は現代のルイジアナ州民にそれを約束した。明るい面を言えば、石油は、失われた名誉の回復を示唆する。なぜなら、たとえ国民がプランテーション制度を南部の恥とみていたとしても、石油がプライドを持たせてくれたからだ。投資、利益、雇用への貢献に対し、ルイジアナ化学協会を熱狂的に賛美する声が上がっている。しかしこの新たなプランテーションはさらに別のものも提供した。それは、奴隷小屋のないビッグハウスだった。

その一方、ポール・テンプレット博士の指摘によれば、サトウキビ農園や棉花農園が自作農を押しのけて拡大したように、石油産業もまた、水産業と観光業をいくらか閉め出す形になった。それを経験した人がいる。ある夏、復元されたオークアレー農園を訪ねたわたしは、ひとりの話し好きな男性に出会った。その人は俳優として、南軍のウールの軍帽、軍服姿で汗をかきながら、兵士役を演じていた。この屋敷は、リバーロード沿いに建つ豪邸の中でも最大のもので、人気の観光スポットになっている。彼はビッグハウスの裏の小さなテントに詰めていた。そこには、南北戦争時代のライフルや、ハンガーに掛かった南軍の軍服、軍帽、背嚢が展示されていた。その四〇歳代の人なつっこいブロンドの男性は、一八六〇年代の南軍兵士の体験を詳細に語って聞かせていたのだ。真に迫った熱演だった。

そのときテントの中には、ほかに客がいなかった。彼はわたしに椅子を勧めてくれ、ふたりで小さなテーブルをはさんでおしゃべりをした。用意されていた台本をわきに置いて、彼は口を開いた。「石油は新しい棉花です。ぼくはここから一〇キロメートルほど先で生まれました。いまは三ヘクタールほどの牧場で、妻といっしょに競走馬を育てています。ある石油会社が、うちの家からフットボール場半分くらいの距離〔約五〇メートル〕のところに、貯油施設〔原油四六〇〇万バレルを貯蔵する巨大な施設〕を建設する許可を申請したんです。でも、ぼくたちはそれを止められませんでした。誰にもできませんでした。ぼくたちは家を売ることもできません。隣に貯油施設があるんで、評価額が下がってしまったんですよ」

それから、彼はあたりをさっと見まわした。誰か聞いている者はいないか、確認したようだった。「ぼくはここで衣裳を着けて南軍兵士を演じてます。南部連合は、連邦政府の支配から抜け出そうとしました――脱退するつもりだったんです。でも、石油からは逃げられません。ある精神構造《メンタリティ》からもね。そのメンタリティでものを考えなくちゃならない。でも、この問題について話をするなら、ほかの衣裳に着替える必要があります(13)」

一九六〇年代と一九七〇年代の影響

南北戦争時代から一世紀を経たころには、別の遺産が、南部だけではなく全国で右派を焚きつけた。

一九六〇年代、一九七〇年代に多くの社会運動が起こって、「列に並ぶ」人の順番がある程度入れ替わり、憤懣の火種が撒かれてしまったのだ。これがティーパーティー運動として燃えあがるのは、何年ものちのことだ[14]。この時代には、恵まれない人々が次から次へと前に進み出て、いかに自分たちが不当な扱いを受けているかを語りだした。人種隔離法が施行されていた南部から逃げた黒人たち、賃金をもらえなかったラテン系の農作業員、強制収容所に入れられた日本人、虐遇されてきたネイティブ・アメリカン、ありとあらゆる国々からやってきた移民たち。そこに女性の運動が加わった。家庭では過剰な家事負担を強いられ、仕事は事務職か教育職にかぎられて、しかも絶えずハラスメントの危険にさらされていた彼女たちが、アメリカンドリームを待つ列に新たな場所を求めはじめたのだ。さらに、ゲイ、レズビアンが抑圧に抵抗して声を上げた。そして環境保護活動家たちも、生息地を奪われた森林の動物たちのために主張をはじめた。絶滅の危機に追い込まれた褐色ペリカンが原油まみれの長い翼をはばたかせながら、列の中に割り込んできたのだった。

一九六〇年代から一九七〇年代へ移行すると、社会制度と法律制度に的を絞っていた運動が、個人のアイデンティティに焦点を当てた活動へと変化した。世間の同情を引くには、ネイティブ・アメリカンか女性かゲイでありさえすればよくなったのだ。右派、左派、双方の多くが忍耐力を試された。これらの社会運動は、列に並んでいたあるひとつのグループには目もくれなかった。それは、年配の白人男性だ。とりわけ、地球を救う役に立たない領域で働いてきた男性は置き去りにされた。こうした人々もマイノリティだったのに。あるいは近い将来そうなるはずだったのに。

公民権運動や女性解放運動の非難の矛先が、特権を持つ白人男性に向けられていたとすれば、そろそろ、白人男性も犠牲者と見なされるべき時期が来たのではないか。声を聞き、尊重し、列の前方に入れるか、後方に押しやらないようにしてあげてもいいのじゃないか。しかしそれには、身震いするような矛盾がともなう。さまざまなアイデンティティ・ポリティクスに参加すると同時に、それを止めようとするのだから。

一九六〇年代の決定的瞬間が訪れた場所は、おそらく南部だ。それまで米国内で最も保守的な地域とされ、〝自由の夏〟と呼ばれた一九六四年六月以降の大きな変化に対し、最も備えのできていなかった地域でもある。一〇〇〇人ほどの学生たち——その多くはエリート校の在籍者——がミシシッピ州に集まって、有権者の登録業務や、黒人の歴史を教える活動など、自分たちにできる支援活動をはじめようとしたのだ[15]（わたしと夫のアダムも参加した）。〔公民権運動の活動家六〇人がルイジアナ州のプラークミンで有権者登録実務の研修を受けた。登録申請にやってきた黒人の大半が追い返されたが、一〇〇〇人以上が生まれてはじめて登録にこぎ着けた。ランチカウンターやレストラン、ホテル、住宅、学校、大学を、すべての人種が利用できるよう黒人の学生たちが差別撤廃をめざしたことは有名だ。

これはとりわけ黒人にとって危険な活動だった。一九六四年の夏には、有権者登録を進めていた活動家三人——ひとりは黒人のジェイムズ・チェイニー、ふたりは白人のアンドリュー・グッドマンとマイケル・シュワーナー——が、ミシシッピ州フィラデルフィア市でKKKによって殺害された。この事件に、全国で抗議の声が上がり、一九六四年の公民権法、一九六五年の投票権法制定へとつながった。〔一〇週間にわたったこの活動のあいだに〕一〇六二人が逮捕され、三七カ所の教会が放火されるか爆破され、黒人の家や店舗三〇軒に火が放たれたり、爆発物が投げ込まれたりした。この同じ年には、ミシシッピ州民主党が、白人のみで構成される通常の代表団に対抗して、独自の代表団を結成し、民主党全国大会に派遣した[16]〔ジョンソン大統領から、黒人代表者二名のみの出席を認めるという提案が示されたが、彼らはこれを拒否して帰郷した」。
最も目立つ有権者である南部ブルーカラー層の白人男性たちの立場はどうなったのだろう。衝撃を受けた国民の目には、彼らは道徳的地位を失ったように見えた。わたしがインタビューをした年配男性の多くは、一九六〇年代にはまだ子供か十代の若者だった。家族や自分がどのように考えていようと、あるいは、個人として当時の黒人たちにどれほどの同情を感じていようと、一般的には、また北部が南部にやってきたととらえられていた。一八六〇年代に兵士を率いて攻めてきたように。南北戦争後の一八七〇年代、連邦再建時代《レコンストラクション》に、南部の白人に生き方を変えろと指図しにきたように。歴史は公民権運動に味方していた。国民はその指導者たちを賞賛した。南部の白人たちはふたたび、面汚しの烙印を捺されるはめになった。ある男性が言ったように、「おれたちがああいうひどいことをしたわけじゃない」のに。

かつては人種隔離策を進めた連邦政府が、今度は人種間の平等のために力を尽くしていたのだった。変化の兆しは、当初はゆっくりとはじまった。一九四八年、ハリー・S・トルーマン大統領が軍内の人種差別を撤廃した。一九五四年には最高裁判所が、ブラウン対教育委員会裁判を経て、公立学校での人種分離は違憲との判決を下した。一九五九年、ドワイト・D・アイゼンハワー大統領がアーカンソー州のリトルロックで学校の人種統合を命じた連邦法を執行させるため、連邦軍と州軍の兵士を送り込んだ。これをきっかけに、その後一〇年のあいだに、連邦政府がさらなる行動を起こすことになった。一九六二年には、ジョン・F・ケネディ大統領が、黒人のジェイムズ・メレディスがミシシッピ州立大学に入学する権利を行使できるようにするため、五〇〇〇人の連邦軍兵士を派遣した〔メレディスは同大学初の黒人学生。入学に反対する白人たちが暴動を起こし、鎮圧のために軍が差し向けられた〕。リンドン・B・ジョンソン大統領は、一九六四年の公民権法に署名した。レコンストラクション以来、最も包括的な公民権法だった。そのあとには、大統領令により、政府とのあいだで、物品やサービスの調達契約を交わしている企業に対し、マイノリティに雇用上の優遇措置を適用することを義務づけた。さらに一九六八年には、住宅供給における人種差別を禁止した。そんなふうに事態は進展していった。アメリカンドリームを待つ列に正当な位置を占めようとする人々の社会運動を、連邦政府がひとつまたひとつと、支援したのだ。

公民権運動のあとには、フェミニスト運動が続いた。選挙権、被選挙権、自分の名義で財産を保有する権利を求めた初期の活動が引き継がれる形になった。米国憲法修正一四条で保障された平等な保護を受ける権利を強化する法的決定がいくつも下されて、連邦政府からなんらかの助成金を受けている職場で適用されるようになった[17]。一九七〇年代には、ゲイの権利擁護運動も同じ道をたどって展開された。

時が経つにつれ、いくつもの新しい集団が加わり、政治的文化と治療的文化〔当事者の問題をまずは精神科的に治療すべきと考える文化〕が結びついた。アイデンティティ・ポリティクスが誕生したのだ。がんやレイプ、幼少期の性的虐待、また、アルコールや麻薬や性労働への依存症などの経験に根ざしたアイデンティティにメディアの関心が集まった。一九六〇年代に社会活動家として活躍した社会学者のトッド・ギトリンは、その著書『アメリカの文化戦争――たそがれゆく共通の夢』〔邦訳：疋田三良、向井俊二訳、彩流社〕の中で、当時はみんなが競って〝茨の冠〔苦難の象徴〕〟になろうとしていたのだと嘆いている[18]。社会の変革を求めるこれらの運動のあとには、ある種の被害者文化〔どんな些細なことでも攻撃されたと受けとめる考え方〕が忍び込んできた。そうなると、年配の白人男性の居場所はどこに残っているだろう。理念としての公正《フェアネス》さは、彼らには永遠に無縁のものと思われたのだ[19]。

名誉の回復を求めて

ティーパーティーを支持するわたしの友人たち——その多くがいまではほんとうに友だちのように思えていた——は、一九六〇年代の社会運動の嵐に対しては、その主張をいくらかは取り入れ、いくらかは退けることで対応した。ある女性は、共和党の政治家、セイラ・ペイリンが好きだと言い、その理由は、人工妊娠中絶に反対する〝フェミニスト〟で、〝ガール・パワー〔女性の自己実現をめざすスローガン〕〟と〝ママ・グリズリー〔共和党の女性候補者たち〕〟を支持しているからだという。別の女性は、冷静な指導者の鑑であったマーティン・ルーサー・キング・ジュニア牧師を尊敬していた。警察の暴力に腹を立てて商店の窓ガラスを割るような都会育ちの短気な若者とは大違いだと言っていた。

しかし彼らは、一九六〇年代の運動が引き起こしたいくつかの結果については、強く反対してもいた。差別撤廃措置の指針では、ネイティブ・アメリカンの血が一滴でも入っていれば、大学進学に際して扶助金の給付が受けられる。だが、なぜそうやって列の前方に入れるのだ？　われわれが、ネイティブ・アメリカンや黒人が自分のことを語るときと同様、わたしは白人ですと言ったなら、人種差別主義の組織、アーリアン・ネイション〔アイダホ州に拠点を置く反ユダヤ組織〕のメンバーだと思われてしまうかもしれない。立ち上がって、男であることを誇りに思うと宣言したなら——伝統的な生き方を捨て去るのなら別だが——男性優位主義者とみられるリスクを冒すことになる。長年の経験や年齢を評価してほしいと訴えたところで、若者中心の文化の中では、年寄りのたわごとにしか聞こえないだろう。

こうして一八六〇年代と一九六〇年代を概観してみると、南部の白人男性が、列の後方へ後方へと押しやられてきた長いディープストーリーが見えてくる。一九世紀の大農園主は貧しい白人農家の土地を奪った。二一世紀の企業は、グローバル化し、オートメーション化して、労働力の安い土地へ工場を移転するか、外から安い労働力を導入するかして、巧妙に「山の頂上」に姿を見せないようにしていた。二〇一一年のある調査によれば、最高の利益を上げた米国企業のうち二八〇社が、法人税の半分を免れていたという。[20] しかし歴史のしみ込んだディープストーリーでは、それが見えない。ただ想像するよりほかはなく、どうしようもないと感じることしかできないのだ。さらに残念なことに、人々を失望に追いやったのは、彼らが頼みとしてきた自由市場だったのである。白人の賃金は横ばいのままか、下がってしまい、社会福祉費は増えていった。

プライドの根拠

言い換えれば、年配の白人男性たちは、一九六〇年代に微妙なジレンマを経験したのだった。彼らもまた、ほかの多くの人々のように、立ち上がって一歩前に出て、アイデンティティを主張したかったのだ。そうしてもよかったのではないかと思っている。しかし他方では、彼らは右派の人々のように、原則として列に割り込むことには反対だったし、過剰に使われる「犠牲者」という言葉が好きではなかった。それでも――口には出せなかったものの――自分たちも犠牲者なのだと感じはじめていた。ほかの人々は列の前へ移動できたが、自分たちは後方に取り残されたのだから。彼らは「苦しむ」という言葉もきらうが、現実には、賃金カットやアメリカンドリームの行き詰まりに苦しんできたし、世間からは不当なまでに列の前方に居座っているように見られるという、隠れた屈辱にも苦しめられていた。文化の面では、確かに北部全体が「割り込んで」きて、南部を列の後方へ押しやったように見える。しかし――忘れられてはいるが――連邦政府のお金は途切れることなく北部から南部へと流れているのだ。

　白人男性としては、原則として割り込みに反対しているのだから、おおっぴらに自分も列に割り込みたいとは言えない。葛藤に悩んだ彼らは、別の方法で名誉を回復しようと考えた。まずは、仕事にプライドを持っていると宣言してみようか。だが、雇用はだんだん不安定になっていて、いまだに働き手の九割は、賃金が据え置かれたままだ。トイザラス社やディズニーランドでは、解雇する従業員に、より安い賃金で働くことが決まっている後任者の訓練をさせているという噂だ。しかも連邦政府は、まったく働かない人々に扶助金を支給し、働く者の面目をつぶしている（しかし付記Cを参照のこと）。

　ティーパーティー支持者は、仕事の代わりに、地域や州に誇りを見出そうとしてみたが、そこでも困難にぶつかった。わたしが話を聞いた人の大半は、南部を愛し、ルイジアナを愛し、自分の暮らす町やバイユーを愛していた。しかし悲しいことに、その地位の低さに気づいていたのだ。「ああ、ここは〝上空通過〟の州ですよ」ティーパーティー支持派の教師は、わたしにそう言った。「進歩についていけず、貧しいと思われている」とこぼす人もいた。〝干し草野郎《ヘイシード》〟と呼ばれて屈辱をおぼえる中西部の共和党支持派の農民たちや、〝山育ちの田舎者《ヒルビリー》〟と見られているアパラチア山脈地方の炭坑労働者と同じように、南部の人々はこの地域の住民として、国民のあいだで不当な評価を得てしまったのだ。

　地域や州が名誉を与えてくれないとしても、しっかりした家族観なら確実にそれを与えてくれるだろう。たとえ自分たちの道徳的規範――異性間で結婚をし、中絶などはせずに、生涯たったひとりの相手に添い遂げるのが望ましいとする考え方――をきちんと守れなくとも、規範そのものには誇りを持っている。このような規範に従って生きるのは簡単ではない。ある女性の兄弟はゲイだった。彼は結婚して子供もいたが、〝ただ性のためだけに〟両方を捨ててしまった。このできごとは家族に激しいショックを与えた。ある女性は、両親が離婚したときにつらい思いをしたので、自分は契約結婚をした（この制度を強化するために、ルイジアナ州では一九九七年に契約結婚を法律で制定し、のちにアーカンソー州とアリゾナ州もこれに続いた。結婚するカップルは、事前にカウンセリングを受けたことを証言する宣誓供述書に署名しなければならない。さもなければ、結婚、離婚のハードルが高くなるのだ）。彼女はほどなく、夫がゲイであることを知ったが、彼と協力してふたりの子を育てた。「あるべき形で」結婚生活を続けようとしたことはよかったと思っているそうだ。また、ある女性は、娘が一四歳で妊娠し、赤ちゃんを産んで育てることになった。「わたしはフルタイムで働いていますし、娘は学校を卒業しなければなりません。正直言って、とてもたいへんなんです」ほんとうは中絶手術を受けられたほうが楽だったと感じている。しかし、赤ちゃんを育てて「正しいおこないをした」ことは誇りに思い、この気持ちはリベラル派にはわからないだろうと思っている。

それから教会。ジャニース・アレノのような人の多くが「教会に所属している」ことと十一献金をすることのたいせつさを口にする。しかし、彼らが教会で学んだ教義——七日間で大地が創造されたとか、天国は巨大な立方体だとか、イブはアダムの肋骨から生まれたとか、進化は起こらなかったとか——の中には、文字どおりに受け取れば、広い世俗世界では、教育程度が低い証拠と見なされるものがある。

ジャニース、ジャッキー、マドンナのような人々にとって、キリスト教を信仰し、イエスを救い主と考えることは、「わたしはモラルの高い人間になることを誓います。日々善行に励み、人を助け、赦し、徳を積むよう懸命に努めます」と公言するに等しい。「その人がクリスチャンだとわかっていたら」と、わたしに言った女性がいる。「わたしと共通点がたくさんあることがわかるんです。モラルの高い人だってことを、一般の人以上に信じられそうな気がします」

仕事、宗教、州、家庭生活、教会などを名誉の根拠とする裏には、みずからのディープストーリーそのものへの誇りがある。わたしが知り合った人々は、多くを犠牲にし、そうした犠牲を誇りとしていた。ジャニース・アレノの父親にとっては、父親を助けて一〇人の家族を養うために、学校を中退するのはつらいことだった。わたしが話を聞いた人のほとんどは、子供がふたりか、多くて三人いて、ひとりもいない人も何人かいた。先祖が大家族を養っていたことを名誉と感じていた人も少数ながらいた。それはたいへんなことだったのだ。彼らは地元のコミュニティに尽くすことに誇りを感じていた。マイク・シャフは洪水に備えて砂嚢を積み、ジャニースの友人は米軍兵士に〝ワンタッチピロー〟を送り、ジャッキー・テイバーは恵まれない人々に食糧を届ける活動をしていた。

リベラル派には問題と思えること――保守派が「上」というときは、わずか一パーセントを占める農園主階層を指すという事実――は、じつはわたしの知っているティーパーティー支持者にとっては誇らしいことなのだ。楽観的で、希望にあふれ、チャレンジ精神に富んでいるあかしなのだから。列の後方をめったに振り返らないことは問題ではない。トップにのぼりつめた人を非難する理由がどこにある？ たとえ望み薄に思えても、ひたすら前を見つめているのが、気丈にディープストーリーを生きる自分らしい姿なのだ。

しかしこのような自己イメージは、次第に誇れるものではなくなってきたようだ。敵に立ち向かうのは、別種の自己イメージを持つ者――上部中間層に属するコスモポリタン――のすることだ。友人関係のネットワークはさほど緊密ではなくゆるやかで、有名大学に入って、故郷を遠く離れた土地で厳しいキャリアを積む準備や覚悟ができている。そのようなコスモポリタンな自己イメージを持つ者が、グローバル・エリートの仲間入りを果たすという課題に取り組むのだ。彼らは自分のルーツから遠く離れた場所でもうまくやっていける。チャンスありとみれば、すぐにどこへでも飛んでいく。そして、人権や人種間の平等、地球温暖化との闘いなど、リベラルな大義に誇りを持つ。感情的な言い方をすれば、上部中間層リベラル派の多くは、白人も黒人も、自分たちの自己イメージが何を排除しようとしているのか、わかっていない。ブルーカラー層の仕事や生き方、地域に根をおろして耐え忍んできた彼らの、自分自身――ディープストーリーそのもの――に対する誇りが、時流に合わないものになりつつあるのだ。リベラルな上部中間層は、地域のコミュニティを孤立と狭量の象徴と見なし、絆と誇りの生まれる場所だとは考えない。「山の頂上」の向こう側のトレンドを考えれば、次に蹴落とされるのは自分たちかもしれないのに、彼らはそうは思っていないようだ。

アメリカンドリームを手にする道徳的資格が変化したことで、全国のティーパーティー支持者は、自国にいながら異邦人になったような立場に追い込まれた。列の前に割り込んでくる――と彼らが感じている――連中に押しのけられ、存在を忘れられて、怯え、怒りをくすぶらせているのだ。宣戦布告のない階級闘争が、これまでとは異なる舞台で異なる役者によって演じられ、これまでとは異なる不公平感を掻き立てた。だから彼らは、このような詐欺師を次から次へと「差し向ける者」――つまり、連邦政府――を非難するにいたったのだ。

シリア難民

二〇一五年にシリア難民が祖国の戦火を逃れて、アメリカにやってきた。わたしの取材を受けてくれたティーパーティー支持者の目には、また新たな集団が列に割り込もうとしているように映ったらしい。しかも、連中は危険だとも思ったようだ。リー・シャーマンは、シリア人はＩＳのメンバーかもしれないと思っていた。「九〇パーセントが男だって話じゃないか。グアンタナモ送りにすべきだと思うね」と彼が言うので、わたしは、「でもあの人たちは敵の戦闘員じゃないでしょう」と、念を押した。「わかってるさ。けど、塀を少し低くすりゃ、いくらか監獄らしい感じが薄れるだろう。連中をアメリカ国内に受け入れたら、おれたちの持ってるいろんな権利を全部認めてやることになる」バイユーコーンの陥没穴から逃れた避難民のマイク・シャフでさえ、シリア難民を南北戦争時代の南部人と比較してこう言った。「リー将軍は勇敢な南部人を率いて戦った。兵力ははるかに下まわり、軍備も悲惨なばかりに不十分だったが、南部人は難民として国を脱出することを潔しとしなかったんだ。彼らは踏みとどまって戦い、多くが命を落とした。妻や子供たちも、多くがレイプされたり殺されたりしたが、やはり逃げずに家を守った。敗戦後も逃げ出さなかった。残って、ついには自分たちの政府を再編した。シリア人も逃げずに、自分たちの立場をはっきりさせて、正しいと思ったことのために戦うべきだよ。わたしに言わせれば、逃げるのは自分への裏切り行為だ。きついのはわかってるが、人はときに、むずかしい選択をしなければならないんだ」また、ジャッキー・テイバーはこう言った。「わたしたちは、イスラム教徒を守ってクリスチャンを迫害しているんですよ。イスラム教徒が、恵まれない人たちのためにチャリティー・イベントを開催したり、ホームレスのためにスープキッチンを運営したりするのを見たことがありますか。感謝祭のときだって何もしないでしょう？　独立宣言にイスラム教徒のことが書いてありますか」マイク・シャフは、一八六〇年代の目でシリア難民を見ているが、ジャッキーは、政府の難民受け入れ態勢に、いくらか一九六〇年代風の多様性を見て、それが神聖な宗教文化の中核を脅かすと考えていたのだった。

〝自国に暮らす異邦人〟になってしまったリーやマイクやジャッキーは、故国を取り戻したいと願い、ティーパーティーの公約はそれをかなえようと約束してくれた。税金からの金銭的自由、リベラル哲学の締め付けや感情ルールの押し付けからの解放を。リベラル派は、社会の〝奴隷〟となって列の後ろで踏みにじられている人々に同情せよと言っていた。だが彼らはそうしたくはなかった。自分たちのほうが踏みにじられているような気がしていたし、ただエリート層だけを見上げていたかったのだ。高みにのぼりたいと思うことのどこがいけない？　そのほうがりっぱではないか。リベラル派は、不正な方法で利益を得て莫大な富を築いた〝大農園主〟に怒りを向けよと呼びかける。だがこっちは、時折、列の前に割り込んでくる、貧しさから抜け出せない怠け者にこそ怒りの矛先を向けたいのだ。

現代の国民の権利に南部が何かひとつ貢献したとすれば、それは、〔南北戦争を招いた〕連邦離脱の影響をいつまでも引きずってきたことだろう。一九世紀には、離脱は地理的なものだった。南部が北部から切り離されただけだ。一八六〇年から一八六五年にかけて、南部一一州は、分離した領土、国家として独立した。わたしが出会ったティーパーティーの熱烈な支持者は、現在、それとは異なる分離をめざしている。富める者と貧しい者の分離を求めているのだ。彼らが理想と考える世界では、政府に富裕層から取り上げたものを貧困層に与えたりはしない。軍隊と州軍にお金を出し、州間高速道路を建設し、港湾の浚渫をおこなうが、そのほかのことにはほとんど関わらない。

ティーパーティーの考えでは、北部と南部は統合はされるが、新たに大きな溝ができる。富裕層が貧困層と縁を切るのだ。あまりに多くの者が「列に割り込んでくる」からだ。一九七〇年代には、リチャード・ニクソン大統領の「南部戦略」〔南部白人層の支持を取り付けるため、州の権限強化を公約したもの。暗に人種差別政策の肯定を意味した」について多くが語られ、黒人の台頭に恐怖をおぼえていた白人層の心をとらえた。民主党を支持していた白人たちの多くが共和党支持に転じた。しかし二一世紀には、北部の保守派が南部の保守派に続く形で、「北部戦略」が展開していった。富裕層と彼らに共鳴する人々が、恵まれない人々を支援する負担を取り除こうと運動をはじめたのだ。全国でいっせいに扶助金を廃止すべきだというのが彼らの主張だった。より富める者は、より貧しい者から自由になる。両者は分離するのだ……。

第15章　もはや異邦人ではない――約束の力

通常、フィールド調査では、社会学者がある現場を訪れて、そこを立ち去ったあとでも、現場そのものは変わらない。わたしがコアグループと定めたルイジアナ州在住の年配の白人たち――キリスト教を信仰し、結婚しているブルーカラー層またはホワイトカラー層――を一〇回目に訪問したころには、ほぼ全員が「そのように感じられる」ディープストーリーを共有していることがわかった。しかし調査が終わるころまでに大きな変化はなかった。ある日、わたしは熱心なティーパーティー支持者といっしょに、車でニューオーリンズのレイクフロント空港で開かれる共和党大統領候補者の集会に出かけた。[1]帰ってから、わたしは新しい友人、知人に、ドナルド・J・トランプについてどう感じたか、尋ねてみた。

いま、あのころを振り返ってみると、まさにあの現場では、トランプ登場のための舞台装置が整っていたのだとわかる。マッチが炎を上げる前の、火がついたばかりの瞬間だったのだ。三つの要素が重なっていた。まず、わたしが話を聞いた人のほぼ全員が、一九八〇年以来、経済基盤が不安定になっているのを感じ、「再分配」という考え方が出てくるのを覚悟していた。また、彼らは文化的に疎外されていることも感じていた。人工妊娠中絶や同性結婚、ジェンダーの役割、人種、銃、南部連合の旗をめぐる自分たちの考え方が、どれもこれも全国メディアで時代後れと嘲笑されたのだ。さらに、集団としての規模が小さくなってきたような気もしていた。「わたしたちのような白人のキリスト教徒がどんどん減ってきているのよ」と、マドンナは言っていた。自分たちが包囲された少数派のように感じられていたのだ。こうした感情に、ある文化的な傾向も加わった。W・J・キャッシュが『南部の精神』に書いたように――南部以外の地域にもより穏やかな形で存在するのだが――彼らは、自分の社会階層を「上《うえ》」と見て、大農園主や石油王と同一視し、自分より下の階層とはまったく格がちがうと考えたがるのだ。

これらすべての要素が〝ディープストーリー〟の形成に関わっていた。その物語の中では、よそ者が列の前に割り込んできて、彼らの不安や怒りや恐怖を掻き立てる。ある大統領がこうした侵入者と結託したことで、彼らは不信感を持ち、裏切られたような気持ちになる。やがて列の前に並ぶ者から、無知蒙昧なレッドネックと呼ばれてばかにされ、彼らは屈辱を感じて、腹を立てる。経済的にも文化的にも、人口的にも政治的にも、彼らは突然、〝自国に暮らす異邦人〟となる。ルイジアナ州を成り立たせている状況――その企業、政府、教会、メディア――のすべてがこのディープストーリーを強めている。つまり、ディープストーリーは、マッチに火がつく前から存在していたのだ。

ニューオーリンズのレイクフロント空港では、午後三時に格納庫の扉が開かれた。元リアリティ番組のスター司会者にして共和党大統領候補のドナルド・J・トランプは午後六時に到着の予定だったが、三十分遅れてやってくる。ルイジアナ州で予備選挙がおこなわれる前日のことだった。離れた場所にある駐車場からバスで運ばれてきた熱心なファンが、徒歩で会場へ向かう人たちに加わり、セキュリティチェックを受けていく。

赤、白、青のストロボライトが広大なスペースを照らして、ゆっくり一周しては上へ、一周しては上へと走り、魅入られた聴衆を高みへ引き上げるようなイメージを演出していた。格納庫に詰めかけていたのは、二、三〇〇〇人のファンだ。トランプのロゴ入りハットをかぶり、あるいはTシャツを着て、「トランプ——アメリカをもう一度偉大に」「物言わぬ多数派はトランプを支持します」などと書かれたプラカードを掲げて揺らしている。正面の壁に大きな米国旗が掛かっていた。

ほぼ全員が白人だった。抗議しにきた人をのぞけば、わたしが目にした黒人は、警備員か、格納庫の外の芝地でトランプTシャツを——一枚二〇ドル、二枚三五ドルで——売っている販売員だけだった。集まった人々はみんな、赤、白、青のキャップをかぶっている。顎ひげを生やしたポニーテールの男性がプラカードを揺らしていた。ブルージーンズにチェックのシャツの大柄な男性が、長く白い髪を背中まで垂らし、片腕に大判の米国旗を掛けて歩きまわっていた。子供を肩に乗せた人もいた。赤と白のストライプのズボンをはいて山高帽をかぶった男性も来ていた。ある若い男性は、大きな米国旗を体に巻きつけていた。一〇〇ドル紙幣がプリントされている緑色のシャツを着た男性ふたりを見かけたが、あれは皮肉か、それとも熱意の表れか。あるいは両方？　わからない。二、三〇〇〇人がひしめきあって、ステージのほうを見ていた。大音量の音楽がかかっている。ローリング・ストーンズの『無情の世界』だ。

ぐるぐると会場内をまわっていたストロボライトが動きを止め、ドナルド・トランプが、国旗の前の演壇のステップを上がった。振り返って笑みを浮かべ、興奮した聴衆に手を振ると、とたんに歓声が上がり、「トランプを倒すと言ったやつぁ、誰だ？　誰だ？」と、連呼がはじまった。これは、アメリカンフットボールチーム、ニューオーリンズ・セインツの応援コールをアレンジしたものだ。トランプは聴衆に感謝の言葉を述べると、自分がいかにして支持率を伸ばしてきたかを語りだした。「最初は七パーセントで、わたしは完敗だと言われました。しかしやがてそれが一五パーセントになり、二五パーセントになり……」ここから主語が〝わたし〟から〝われわれ〟に替わる。「われわれは上昇気流に乗っていほす……アメリカは最強になり、誇り高き富める国になるのです。わたしはメッセンジャーにすぎません」

またいっせいに声が上がった。プラカードが勢いよく突き上げられ、左右に揺れる。

「外国に食い物にされるのはごめんだ！」トランプが叫ぶ。

歓声。

「許さない！」

歓声。

「この国はこのままではだめになる。しかし、われわれはもう一度、アメリカを偉大な国にする！」

イエーイ！

「高い壁を作って、メキシコに建設費を払わせる！」

イエーイ！

「われわれは軍隊を増強する！」

オーッ！

「ＩＳをたたきつぶす！」

オーッ！

黒い背広に赤いネクタイを着けた筋骨たくましい年配の男性が、「トランプにＫＫＫを」と書かれたプラカードをひときわ高く掲げた。そしてすぐにさっと裏返して、「二〇一六年には、トランプ、デュ

ーク を」というメッセージを見せた(デイヴィッド・デュークはKKKの元最高幹部。過去に二度、大統領選に立候補した〕。当初、わたしは抗議者だと思ったが、その男性の顔をよく見て、KKKのメンバーだと察しがついた。彼は警備員を払いのけたが、しまいにはとうとう外へ連れ出された。

〝ブラック・ライヴズ・マター〟という組織〔黒人への暴力や偏見に抗議する人権団体〕のメンバーも、ほかの参加者といっしょに入ってきていた。彼らが手にしていたプラカードには、「退役軍人としてトランプに反対する――小さな手、小さな心の持ち主に」「ノー・トランプ、ノーKKK、ノー・ファシストUSA」と書かれていた。

これを見て、トランプはひとりの男を指さし、警備員に命じた。「そいつをつまみ出せ。外へ出せ」ほかの参加者たちもこの少数意見の男性を指さし、「出ていけ」と言った。

「なぜそんなに時間がかかってるんだ？　そんなに時間がかかっている理由がわからない」と、トランプは抗議者を指し示しながら、くり返し言った。すると、反対派を押しつぶすようにして、聴衆の声が爆発した。

「USA！」

「USA！」

「USA！」

のちに別の会場で抗議を受けたときには、トランプ自身が「USA」を連呼しはじめた。意見の相違と、アメリカ人であることとは別の問題だと言いたかったようだ。

トランプの演説が終わると、また音楽がかかった。今度はエルトン・ジョンの『ロケット・マン』だ。

トランプはプラカードや、ポスターや帽子、シャツ、ブーツのあいだに、しばらく留まっていた。ひと組の夫婦が誇らしげに幼い息子をトランプに抱っこしてもらい、写真を撮った。トランプと同じようなくしゃくしゃの金髪の男の子で、困ったような顔をしていた。赤い帽子をかぶった小柄な女性が、自分より背の高いファンの頭越しになんとかひと目彼を見ようとしていたが、ついに椅子の上に立ち、知らない人の肩に両手でつかまって支えてもらうことができた。中年の男性が歓喜のきわみに達したように、両腕を上げ、誰にともなく、周囲の人に向かって「こんな男をこんな近くで見られるなんて！」と言っていた。

翌日、トランプはルイジアナ州の共和党予備選挙で四一パーセントの票を獲得し、福音派教会の支持を受けていたライバル、テッド・クルーズを破った。

その後もトランプは、おおぜいの興奮した聴衆に向かって演説をし、自分が何を提供するかを話した。「わたしはずっと貪欲でした。わたしはビジネスマンです……取って取って、取りまくる……。これからはアメリカのために貪欲になります」（大歓声）彼はキリスト教文化を取り戻すことを約束し、キリスト教徒を特別扱いにして、イスラム教徒やブラック・ライヴズ・マターのプラカードを掲げていた反トランプ勢力とのあいだに、明確な境界線を引いてみせた。反対派についてこんなふうに言うこともあった。「悪い、悪いやつらだ……彼らは何もしない……外の弱々しい声が聞こえますか。あれは抗議者です……いや、抗議なんかしていない。あれは攪乱しているだけだ」ほかの演説では、抗議者について「顔にパンチを見舞いたい」（二〇一六年二月二三日）と言った。「昔なら、とっくにあの椅子から引き剝がされていたでしょう」（二〇一六年二月二七日）「そいつをぶっ倒してくれないかな。本気で言ってるんだ……慰謝料はわたしが払う。約束するよ。約束するから」（二〇一六年二月一日）「ものすごく乱暴な輩がいる……つぶしてやろう……ひどい目に遭わせてやる……これから一生……そういうことをしたがるやつには、大きな×印をつけておきましょう……人生を台無しにしてやるんです……告訴してやりますよ」[2]（二〇一六年三月一三日）

のちにトランプは、壇に上がって彼を襲おうとした男のことに触れ、「そいつは引きずりおろされました」と述べた。もし間近まで迫られていたら、たぶん「応戦していたでしょう。（拳で殴る真似をして）バン、バン、バン、バンとね」[3]と言った。

ルイジアナ州の人々をこんなにも苦しめてきた環境汚染問題についてはどうなのか。トランプはどうするつもりだろう。彼は環境保護庁のことに言及し、「ありとあらゆる形で排除します」[4]と述べて喝采を浴びた。

トランプは〝感情に訴える候補者〟だ。ここ数十年のあいだ、政策を詳しく説明することより、ファンの感情を引き起こしてそれを賞賛することをこれほどまでに重視した大統領候補者はいなかった。彼の演説は、優越感を煽り、虚勢や明快な物言いをよしとし、米国民のプライドを呼び覚まして、個人の向上を促す。つまり、感情を刺激して変化を起こさせようとする。そして、その変化を言葉にするのだ。「われわれには情熱があります」彼は集まったルイジアナの人たちにそう語りかけた。「もはや黙ってはいられません。わたしたちは、声の大きな騒がしい多数派になるのです[5]」トランプは、両党のライバルが熱意を掻き立てる能力に欠けていると言ってばかにする。「彼らには活力がありません」トランプは感情を引き起こすだけではなく、それを対象化して、支持者みんなの成功のあかしとして明示するのだ。

彼の支持者たちは、失われた生き方を嘆いて暮らしてきた。多くが失望し、あるいは意気消沈していた。プライドを持ちたいと強く思いながらも、屈辱を感じていた。この国がもはや自分の国とは思えなくなっていた。しかしいまや彼らは自分と同じような人々と連帯し、希望と喜びに満ちて、気持ちの高揚を感じている。両腕を高く上げて「こんな男をこんな近くで見られるなんて！」と驚きを口にしていた男性は、恍惚としているようだった。魔法の力で引き上げられたかのように、彼らはもう、〝自国に暮らす異邦人〟ではないのだ。

フランスの社会学者、エミール・デュルケームは、その著書、『宗教生活の基本形態――オーストラリアにおけるトーテム体系』（邦訳：山﨑亮訳、ちくま学芸文庫）の中で、同じ道徳的集団あるいは生物学的集団の成員と見なす仲間とともに感じる感情的興奮を「集合的沸騰《エフェルヴェサンス》」と呼んでいる。彼らは自分たちの団結を確認するために集まり、団結することによって安心し、尊敬されているように感じるのだ。(6) デュルケームが研究対象としたのは、オーストラリアなどの先住民部族に伝わる宗教的儀式だったが、彼の見解の多くは、レイクフロント空港の集会や、ほかの多くの類似した集まりにもあてはまる。人々は、デュルケームが「トーテム」と呼んだ十字架や旗などのシンボルのまわりに集まってくる。指導者は、これらのトーテムと自分を結びつける。カリスマ的な指導者みずからがトーテムとなることもある。トーテムの機能は、信奉者同士を結びつけることだ。デュルケームの目で見れば、ドナルド・トランプを取り巻いて興奮する集会のほんとうの機能は、「列の前方に割り込む」人々がとんでもない奇妙なアメリカを作ろうとしていると恐れる福音派の熱心な白人信徒をひとつにまとめることなのだ。畏敬と興奮を巻き起こしているのは、トランプひとりではない。彼のまわりに集まった膨大な数の〝異邦人〟の集合なのだ。もしこの集会そのものがしゃべることができるなら、きっとこう言うだろう。「われわれは多数派だ！」と。さらに、説得力のある約束も口にするはずだ。苦しみや絶望、抑鬱状態から救い出してあげよう、と。トランプは自分の選挙遊説を次第に〝運動〟と呼ぶようになり、これが多大な抗鬱作用をもたらすようになった。救いを約束するほかの指導者たちと同じように、トランプもある種の道徳観念を呼び覚ます。しかし感情面について言えば、彼が集会参加者に与えるものは、陶酔をともなう〝ハイ〟な気分なのだ。

コスチューム、帽子、プラカード、シンボルは、この新たな連帯感を再確認する。トランプの集会に参加した人々にとっては、このイベントそのものが高まりつつある大きな波の象徴なのだ。格納庫を出ていきながら、ファンたちはおたがいにこう言い合っていた。「こんなにたくさん集まるとはね」彼らには、トランプが旗取りゲームに勝ったと見えたのだった。

連帯感を信じる人々の〝ハイ〟な気分を強めるには、外部集団のメンバーを罵倒して追い払うのもひとつの方法だ。トランプは演説の中で、「イスラムの中にはクリスチャンを憎んでいる者がいる」と言い、イスラム教徒の入国を禁じる意向を明らかにした。彼はまた、メキシコからの不法入国者を全員追放すると言った。そして、しぶしぶ辛辣な口調で、悪名高いルイジアナKKKの最高指導者、デイヴィッド・デュークからの推薦を拒否した（「わたしはことわりますよ、それでいいでしょう?」）。そして黒人を外部集団のメンバーと見なしていることをにおわせた。トランプはほぼすべての集会で抗議者を指さし、ときに彼らを危険視して、追い出せと要求した（ある抗議者は、トランプの演説で濡れ衣を着せられ、ISのメンバーであるかのように言われさえした）。このように標的を作って狙い討ちにすることで、集会参加者の意気が揚がり、いっそう連帯感が強まった。「悪人」を放り出す行為により、トランプのファンは、自分たちは「善人」であり、「多数派であり、もはや〝自国に暮らす異邦人〟ではない」という感覚を共有することができたのだ。

感情について言えば、トランプの選挙遊説では、ほかにもきわめて重要なことが起きていた。乾いた焚き付け材にマッチで火をつけるようなことが別の形をとって表れた。政治的に正しい表現や考え方を強いられる窮屈さから解放されたような感覚が生まれて、集会の高揚感に拍車がかかったのだ。「政治的な正しさなど、忘れましょう」トランプはそう呼びかけた。彼は〝政治的に正しい〟姿勢だけではなく、一連の感情のルール——つまり、黒人、女性、移民、同性愛者に対する適切な感じ方とされるもの——まで捨てようとしていたのだ。ニューオーリンズから抗議にやってきた女性が掲げたプラカードには、「憎しみではなく、心で投票を」と書かれていた。

わたしが知り合った極右派の人々は、ふたつのことを感じていた。ひとつは、ディープストーリーは真実だということ。もうひとつは、リベラル派はディープストーリーを嘘だと決めつけるが、あいつらのほうこそ適切な感じ方をしていない、ということだ。リベラル派は、差別撤廃措置の恩恵を受けている黒人と女性、それに、移民や難民、公務員は列に割り込んでいるわけではないと言う。だから、恨むな、オバマがこうした人々を支援するのは、裏切りではないのだ、と。前方に割り込んだ人々が成功を手にしたとしても、それは必ずしも白人男性とその妻を犠牲にしたからではない、と。しかし極右派は、ディープストーリーこそが自分たちのほんとうの物語であり、その物語に〝政治的に正しい〟隠蔽工作がおこなわれていると感じているのだ。彼らはばかにされたような気がしている。「黒人や移民やシリア難民に同情しないと、心根の悪い人間だと思われてしまうんですよ」ある男性はわたしにそう言った。「わたしは善良な人間ですが、彼らを気の毒だとは思いません」

わたしの右派の友人たちによれば、こうした隠蔽工作のせいで、自分のほんとうの気持ちや、感情そのものまでをある程度取り繕う必要が生じてしまったという。友人や隣人や家族には隠さなくてもよかったが、ほかのアメリカ人が共感してくれないことはわかっていた（ある女性はわたしにこう言った。「リベラル派は、わたしたちが黒人を気の毒に思うことを望んでいるんです。自分たちには高い理想があるけど、わたしたちにはないって思ってるんですよ」)。右派の友人たちは、自分の感じ方を変える努力を求められているような気がしていて、それを不快に思っていた。「政治的正しさを取り締まる警官」に見張られているように感じていたのだ。右派の人々は、感情の領域では、自分たちが犯罪者扱いされていて、リベラル派に銃を突きつけられているような気がしていたのだった。

そういう事情だったから、〝政治的正しさ〟などまったく意に介さず、奇跡のように何ものにも縛られないドナルド・トランプという男の話を聞いて、多くの人が喜びのまじった安堵を感じたのだった。トランプはイスラム教徒はみんな同じだと思っていた。メキシコ人のことも、女性のこともそう考えていた。たとえば、トランプは、女はみんな生理がある、「胸くそ悪い」と言ってのけた(FOXニュースのキャスター、メーガン・ケリーのことを「どこぞから血を流している」と言ったことは有名だ)。また、おもしろそうに、身体に障害を持つジャーナリストの真似をしたこともある。麻痺を真似て、腕をぶるぶる振ってみせたのだ――どれもこれも、反トランプ派の目には、人を傷つける許しがたい行為だが、同情したふりを強いられているように思っている人々にとっては、解放感をおぼえるできごとだった。トランプの言動を見て、どちらの側の人々も自分はモラルの高いよきアメリカ人だと思い、〝相手側〟に対して優越感を持つことができたのだ。

お墨付きをもらったようなめくるめく解放感は、いい気分になれる〝ハイ〟な空気を産み出した。もちろん、人々はいい気分になりたがった。この高揚感を手放したくないという願望は、本人の〝感情的利益〟の問題となった。わたしもふくめ、リベラル派のアナリストの多くは、〝経済的利益〟に的を絞る傾向がある。だからわたしも、トマス・フランクの著作『カンザスに何があったのか』に導かれ、大きなパラドックスをスーツケースのようにひっさげてルイジアナを駆けずりまわったのだ。わたしは何度も首をひねった。なぜこんなに問題が山積みなのに、それを軽減してくれる連邦政府のお金をあんなに疎んじるのだろう、と。これらの疑問は、経済的利益を重視したものだった。経済的利益がまったくの無関係であったわけではないものの、わたしは、感情的利益――自国にいながら異邦人であるという感覚からの、めくるめく解放感――がきわめて重要であることを発見した。

政治的に正しい感じ方のルールから解放され、似たような考えを持つ強力な多数派の一員である、という高揚感、〝ハイ〟な気分を一度経験すると、多くの人は、この高揚感にいつまでも浸っていたくなる。そのために、彼らは異論を退ける。肯定を求める。わたしが話を聞いたある女性は、六時間ものあいだずっとトランプのことをとうとうと話し続けた。想定されうる批判を先取りして反論し、疑問を差し挟む余地をいっさい与えなかった。そんなふうに盾でかばうようにして話をしたのは、自分の高揚感を守るためだったのだろう(7)。

ルイジアナ州の右派の友人たちを訪問する最後の旅をしたときには、ドナルド・トランプに対するさまざまな反応に遭遇することになった。支持派と反対派の割合は半々だった。チーム・プレイヤーのジャニース・アレノは、彼女の家族や会社の同僚と同じく、トランプの強力な支持者になっていた。トランプが物議をかもしても動じることなく、ただあっさりと、「この国はこのままではだめになってしまうわ。わたしたちには、軌道へ戻してくれる強いリーダーが必要なのよ」と言った。ロングヴィルのキャピとフェイの自宅で開かれる日曜の集まりでは、多くがトランプを賞賛していた。ダニー・マコーコデイルにとっては、トランプはカウボーイ頭のようなものだった。ティーパーティーを支持し、シンクホール問題に取り組む活動家のマイク・シャフは、とりあえずはテキサス州選出上院議員のテッド・クルーズを支持していた。クルーズは二〇一一年以来、石油ガス業界から一〇〇万ドルの選挙献金を受け取っているし、環境保護庁は「信じられないほど腐敗している」と言っていたが、マイクにとって重要なのは、小さな政府と、減税、銃の所持、人工妊娠中絶の禁止なのだった。しかしもしクルーズが予備選挙で負けたら、妻や自分のきょうだいのうちの五人と同様、ドナルド・トランプに投票するという。

誰もがそうしようと思っているわけではない。信奉者のジャッキー・テイバーは、メールで答えてくれて、「わたしはトランプがこわいんですが、それは残念なことです。なぜなら、明らかに彼はトップレベルの実業家だし、いまのアメリカの財政状態を考えれば、適任だと思うからです」バイユーディンドで暮らす敬虔なペンテコステ派教会の信徒、ハロルド・アレノと妻のアネットは、トランプが身体障害者を笑いものにしたことに嫌悪感を持っていた。ルイジアナ南西部共和党婦人会の元会長で、州の共和党内でなんらかの地位につくことをめざすシャロン・ガリシアは、「トランプはさもしい男だと思うわ。でも、保険を買ってくれる工場の人たちはみんな、彼をすばらしい人だと思っている」と言う。もしトランプが共和党候補になれば、シャロンも仕方ないので彼に一票を投じるそうだ。バイユーコーンから避難した住人のひとりも、「わたしはトランプの言うことは気に入っているが、あの男は何をしでかすか、わかったもんじゃない」と不安を口にし、どう投票するか決めかねていると言っていた。

トランプについては、多くの人が実業家としての成功を評価していた。民間企業のチャンピオンだと思っていて、その事実に大きな魅力を感じていた。一九三〇年代の大恐慌のときには、多くのアメリカ人が社会主義や共産主義の考え方に救いを求め、中央政府を理想の存在と考えた。そして、政府への信頼感――高揚感に導き出された感情――を象徴する指導者を頼みとした。現在の不況下では、極右派の一部が同じような信頼を資本主義に寄せているのだ。

トランプは、男たちを「もう一度偉大に」することも明確に約束した。〝男たち〟とは、拳を打ちつけ、銃を持ち歩くマッチョな男と、野心あふれる起業家の両方を指す。米国で生まれた異性愛者の白人男性は、ほかのアイデンティティが脚光を浴びた一九六〇年代と一九七〇年代に、時流に取り残されて、長年、ジレンマに直面してきた。これに対し、トランプは、解決策を示した。白人男性にとってトランプは、アイデンティティ・ポリティクスを提唱する候補者だったのだ。しかも彼は、貧窮している人々に医療扶助を提供することについては、積極的に反対しなかった。彼が当選すれば、〝トランプケア〟を申請できると同時に、自分を男らしいと感じることもできる。

二一世紀初頭、多国籍企業が地球規模で活動し、こうした企業を惹きつけようと競い合う政府をしのぐ強大な力をつけるなか、多くの国々で右派が活発な動きを見せている。ロシアでは政権が右派の統治形態——国民感情、強力な中央支配、少数派や反対派への不寛容に重点を置く——をとり、プーチン大統領が反対派の見解を、軟弱さと「西の影響」の象徴だと切り捨てた。インドでは、インド人民党(BJP)が、インドは「ヒンドゥー教」の国であると宣言した。ハンガリーでは、反ソ記念碑が反ドイツ記念碑に置き換えられようとしている。ポーランドでは、報道の自由への弾圧がおこなわれている。フランス(国民戦線(現国民連合))、ドイツ(国民民主党)、イギリス(英国独立党)では極右派がさらに勢力を伸ばしている。

ディープストーリーの考え方は世界的な潮流になったようだ。

第16章　「美しい木があるという」

ボビー・ジンダルは、ルイジアナ州知事の任にあった八年のあいだに、州政府の職員三万人を解雇し、ほかにも多くを一時解雇処分にした。ソーシャルワーカーひとりあたりの取り扱い件数が一気に増えた。児童虐待の被害に遭って保護された子供たちが〔預かってくれる里親が見つからず〕はじめて官公庁のオフィスで寝泊まりする事態になった。米国で二番目に貧しいこの州で、ボビー・ジンダル知事は、二〇〇七年－二〇〇八年の会計年度以降、高等教育費を四四パーセントも削減してしまった。ラッセル・オノレ中将の母校、〝歴史的黒人《ヒストリカリー・ブラック》大学〔一九六四年の公民権法制定以前に創立されたアフリカ系アメリカ人のための教育機関〕〟のサザン大学では、校舎の壁にカビが生え、寮の中をネズミが走りまわるようになった。キャンパスの事務局のほとんどが週に二、三日しか業務をおこなえなくなった。ルイジアナ州では刑事被告人の八割が公選弁護士に頼らざるをえないが、司法機関への予算が減額されたために、多くの弁護士が一時解雇されてしまった。被告人たち――ニューオーリンズだけでも六〇人――は拘留されたきり、弁護してくれる専門家もなく、ほかの数千人とともに待機者名簿に名を連ねて、拘置所でみじめな毎日を送っていた。同時に、州は一六億ドルと見込まれる赤字に直面していた。さらに予算削減が断行される可能性が高まっていたのだ。ジンダルの後任、民主党のジョン・ベル・エドワーズ州知事は、二〇一六年三月、「歴史的な財政危機」に対応するため、ルイジアナ州が通常のサービスを続けるためには、今後一六カ月間、三〇億ドル近い資金——住民ひとりあたり六五〇ドル——が必要になる、と、しぶしぶ発表した。ジンダルは所得税だけではなく法人税も削減したうえ、産業を〝誘致〟するために一六億ドルを費やし、企業に対して一〇年間の免税を約束していた。そして、税収源となる可能性があった州の保有する駐車場や農地を売却した。また、州立病院を〝事業本位の〟専門組織にゆだね〔民営化し〕、そのためにコストを増大させてしまった。彼は石油価格が上昇するとみて、企業が課税可能な収益をあげることに賭けていたが、その予測は外れてしまった。ルイジアナ州全体が陥没穴《シンクホール》に沈んだようなものだった[1]。

わたしがインタビューをしたティーパーティー支持者のほぼ全員が、ジンダルに二度投票していた。彼らの価値観を政策に反映させると約束したからだった。しかし二期八年を経たのちには、誰もがその結果に腹を立てていた。ジンダルは公約を果たした——減税をし、公共セクターを縮小した——が、州を破滅の一歩手前まで追い込んでしまった。それでも、ジンダルはすでに忘れ去られたようだ。後始末に着手したエドワーズ州知事については、多くの人がマイク・シャフと同じ感想を口にした。「民主党の州知事が誕生したと思ったら、いきなり増税だ」

二〇一六年には、すでにルイジアナ州の財政シンクホールが大きなパラドックスを悪化させていた。彼らの愛するルイジアナは、なおも全般的な幸福度では、五〇州中四九位にとどまり、州予算の四四パーセントはいまも彼らがあれほどきらっている連邦政府から出ていたのだ。ルイジアナ州自体が、ほかの州の「前に割り込んで」いる「かわいそうなわたし」になっている。しかもその状況はジンダル前知事の政策によって悪化したのだ。しかし人々はジンダルのことも、いっこうに解消しない大きなパラドックスのことも語ろうとしない。彼らはそれが存在することを知っていて、きらってもいる。だが彼らの心をとらえているのは、それではなく、ディープストーリーなのだ。

わたしのティーパーティー支持派の友人たちは、決して自分たちを〝犠牲者〟と呼びたがらない。「かわいそうなわたし」にはなりたくないのだ。チームプレイヤーとして、信奉者として、カウボーイとして、彼らは自分が直面する困難に耐え忍ぶことを誇りとする。しかし住む家を失い、飲料水を失い、石油業界とは無関係の職まで失えば、その状況を表す言葉はほかにはない。彼らは犠牲者だ。それどころか、アメリカの産業システムそのものに生け贄として捧げられた子羊のようなものだろう。左派、右派に関係なく、わたしたちはみんな、気軽にプラスチック製の櫛や歯ブラシや携帯電話を使い、車に乗っているが、誰もが重度の環境汚染というつけを払わされているわけではない。本書のための調査をしたときにわかったように、赤い州のほうがほかの州よりも、こうした犠牲を多く払っている。それは、規制緩和を訴える候補者に投票したからであり、彼らが日常的に触れている、政治、産業、テレビ局、教会の説教壇から成る社会的地勢によってそうしろと勧められているからだ。青い州の人々は、いわば〝菓子を食べてもまだ持っていられる〟状況にある〔一挙両得はありえないことを意味する「菓子は食べればなくなるもの」ということわざから〕が、赤い州の住民の多くは、菓子を食べることも、持っていることもできない。右派の政治家は、ジンダル前知事がとったような政策が問題を悪化させたにもかかわらず、こうした被害者意識にも訴えるという矛盾を犯しているのだ。

その一方、左派も右派もたがいに相手を必要としている。東西両海岸の青い州や内陸部の都市は、赤い州で生産されるエネルギーと豊かなコミュニティを必要としているし、中西部や南部の地域は、多種多様な広い世界につながる国際的なネットワークを必要としている。社会学者のリチャード・フロリダが指摘するように、「青い州の知識経済〔知識を利用して経済的利益を産み出す仕組み〕は、赤い州のエネルギーで動いている。赤い州のエネルギー経済もまた、人口の多い東西海岸の都市や大都市圏を頼みとする。市場であると同時に移住者の供給元でもあり、技術とすぐれた才能の供給元でもあるからだ[2]」

　わたしはこの旅では、共感の壁の複雑さと高さに幾度となく打ちのめされた。しかしルイジアナで出会った人々は、バークレーからやってきたこのよそ者を、ときにからかい半分に、あたたかく受け入れてくれ、人間としては、こうした壁を簡単に乗り越えられることを教えてくれた。米国議会ではいま、左右両派が刑務所の収容者数を減らすことに合意している。同じ保守派でも、年配の人より若い人たちのほうが、はるかに環境を気にするようになっている[3]。最後にマイク・シャフに会ったときには、彼が党派を超えた発言をしてわたしを驚かせた。「ビッグマネーが格差をよけいに広げるんだ。そんなものは政治からはずそう――どっちの側も！」

　いまわたしは、カリフォルニアで椅子に背中をあずけて机の前に座っている。今後も引き続き連絡を取りたいと思って、新しい友の名前を書いたアドレス帳を手にして、書斎の窓の外を眺めた。はるか北の方角に灰色の雲がわき上がっている。サンフランシスコ湾の東岸、リッチモンド市にあるシェブロン社の石油精製所の煙だ。思えば、バイユーディンドが提起した問題は、さほど遠いできごとではない。一九六九年、ユニオン石油社がサンタバーバラ沖の海域に原油を流出させた事件[4]は、当時としては米国最大の規模とされ、ほかの場所でもいくつか事故が起きてきた。青い州には赤い州のような環境汚染はないが、問題は全国的なもので、大きくなろうとしている。改善への取り組みは何十年も続けられてきたが、二〇〇九年以来、国の全域で、大気と水と土の汚染が進んでいるのだ[5]。本書で焦点を当てた問題――環境汚染――は、ディープストーリーや政治を超えて、何が危機に瀕しているか、それがいかに重要であるかを再認識させてくれるのだ。

わたしがリベラル左派の友人に手紙を送るとしたら、次のようなことを書くだろう。

あなたの政治的な殻の外にいる人たちを知ろうとしてみませんか。アイン・ランドのことはひとまず、わきに置いてみて。ランドは彼らにとっては教祖みたいなものだけれど、ひとりひとりに会ってみると、彼女の言葉にあるような、自分勝手な人ばかりではないことに気づくはずです。ほんとうにすばらしい人もいて、強い絆で結ばれたコミュニティや、勇気、逆境から立ち直る力について多くのことを教えられることでしょう。

あなたはこう思っているかもしれない。右派の組織作りを進める有力者たちは、自分たちの金銭的な利益を追求するために、一般の右派支持者の心に巣くう悪魔——欲、利己主義、人種的偏見、同性愛恐怖、恵まれない人のために使われたくないから税金を払わずにすませたいという願望——に訴えかけ、彼らを「引っかけ」ようとたくらむのだ、と。わたしがニューオーリンズのトランプ支持者の集会で見たかぎりでは、確かにそうしたアピールはいくらかおこなわれています。しかしそれが目立つがために、右派の人々の別の一面——どんなに不安な経済状況でも列に並んで待つ辛抱強さ、忠誠心、自己犠牲、忍耐力——が見過ごされているのです。ディープストーリーを生きる彼らの、天使のような心が。

もし彼らと同じような状況におかれたら、あなたも同じような見方をするようになるかもしれません。その可能性を考えてみてください。

そしてもし、わたしが右派の友人たちに手紙を書くとしたら、次のように伝えたいと思う。

進歩的なリベラル派の多くは、あなたがたと同様、この国の政治的選択には満足していません。そして多くの人々が、あなたがたのディープストーリーにいくらか共感するものを感じています。サンフランシスコで小学校の教師をしている六一歳の白人女性はこう言いました。「わたしはリベラルですが、列に並んでいるという感覚は痛いほどよくわかります」わたしは、あなたがたが何を求めているかを知っています。活気に満ちたコミュニティの生活、完全雇用、働くことの尊厳、そして、自由です。しかしあなたがたの支持する政策でそれが実現できるのでしょうか。もちろん、あなたがたは、いい仕事に就いて、そこそこの収入を得たいはずです。聞きたくないことかもしれませんが、収入と仕事に関しては、歴史的にみて、共和党ではなく民主党のほうに軍配が上がるのです。たとえば、ボブ・ディートリックとルー・ゴールドファーブはその共著書、『歴代大統領の経済政策採点簿〔未訳 *Bulls, Bears, and the Ballot Box*〕』の中で、過去八〇年間では、一二の指標のうち一一について、共和党よりも民主党の大統領の政権下のほうが経済的にうまくいっていたと述べています（付記Cを参照のこと）。しかし、その他の面では、両党間のちがいは鮮明とは言いがたいのです。民主党のビル・クリントンは、規制緩和の時代を到来させて、おおむね右派から好意的に評価されましたが、共和党のリチャード・ニクソンは、いまは全般に左派が好ましいとみている環境規制を導入しました。

ルイジアナ州民のみなさん、ノルウェーの例を見てください。あの国は、資本主義の小さな民主主義国で、人口は、ルイジアナ州とほぼ同じ、五〇〇万人です。長い海岸線を持ち、国民はあなたがたと同じように、水と船と釣りを愛しています。そしてルイジアナと同様、石油が産出されます。しかし両者は、統治の哲学と自由の概念が異なります。ノルウェー人は、自分たちが選んだ高官に多くを期待し、そして多くを得るのです。ノルウェーは、世界最大のソブリン・ウェルス・ファンド〔政府が運用する投資ファンド〕——八〇〇〇億ドル——を所有していて、国民の大多数が上部中間層の暮らしをしています。[6] こうした富により、非常に高レベルの健康、教育、全般的に幸福な生活を楽しんでいる——つまり、貧困からの自由を享受しているわけです。[7] われわれアメリカ人には、独自の文化がありますが、わたしたちが最も得意とするのは、世界中からすぐれたアイデアを引っ張ってくることです。長い目で見れば、いずれわたしたちも石油そのものから自由になれるかもしれませんが、それまでは、ボビー・ジンダルとは異なる道を探り、ルイジアナをパラドックスから〝解放する〟ために何ができるか、考えてみることがたいせつでしょう。

　進歩派の人々のことを知れば、彼らもまた、あなたがたと同じように、彼ら自身のディープストーリーを持っていることに気づくはずです。彼らは、あなたがたならわかってくれるかもしれないと思っています。その物語の中では、人々は大きな広場を囲んで立っています。そのスペースには、誰もが利用できる最先端の公共施設があります。子供たちのため、パブリックアートの展示や映像プログラムの上映を目的とする、独創的な科学博物館や、図書館、学校が建っているのです。広場を囲んだ人たちは、それらを心から誇りに思っています。その建設を手がけた人もいます。部外者《アウトサイダー》も、広場のまわりに立つ人々に加わることが許されます。なぜなら、現在、部内者《インサイダー》である人の多くも、過去にはアウトサイダーだったからです。相違を組み込み、受け入れるのは、自由の女神像に象徴されるアメリカの価値観に合致しているように感じられます。しかしリベラル派のディープストーリーでは、驚くようなできごとが起こります。略奪者がこの広場に乱入して、手当たり次第に何もかも打ち壊し、身勝手にも、中心に建つ公共施設の煉瓦やコンクリート片を剝ぎ取ってしまうのです。広場を守る人々は、傷つき、侮辱されて、なす術もなく、ただ略奪者が、盗んだ煉瓦やコンクリート片で安普請の大きな家を次々に建てては公共の場を私物化していくのを見ているしかありませんでした。それがリベラル派のディープストーリーのあらましです。リベラル派の人々はそれまで、自分たちが独自に設計し、苦労して造り出した公共の空間を、アメリカ人らしい生き方を可能にする力強さの象徴と考え、誇りにしてきました。その思いの深さは、右派の人々には理解できないと思います。しかし皮肉にも、左派の人々とあなたがたとのあいだには、意外なほど共通点があるかもしれません。なぜなら、左派の多くもまた、自分の国で暮らしていながら、異邦人であるかのような感覚を味わっているからです。

左派と右派は、たがいに異なるディープストーリーを持ち、異なる葛藤に苦しみつつ、それぞれの状況下で自分は不当に扱われていると感じているのだ。左派は民間セクターの最富裕層を形成する一パーセントと、最下層を生み出しつつある九九パーセントに目を向ける。リベラルにとっての発火点はここだ。右派は公共セクターを、増加の一途をたどる怠け者の〝受給者〟のサービス窓口だとみている。ロバート・ライシュは、せめぎあいはさらに別のところにも──小企業が動かしているメインストリート資本主義とグローバル資本主義とのあいだに、自由競争的資本主義と独占資本主義とのあいだに──存在すると述べている。「従来、アメリカの政治にとって重要な断層線は、民主党と共和党のあいだを走っていたが、今後は、エスタブリッシュメント〔既得権を持つ上流層〕と反エスタブリッシュメントのあいだへと移行するだろう」この線はいずれ「ゲームに不正があるとみる人々と、そう思わない人々とを」分断するだろう。[8]

皮肉にも、政治的に分断された人々は両派とも、グローバル資本主義の恐るべき新たな顔に注意を喚起しようとしている。ここまでオートメーションとグローバリゼーションが極端に進んだ状況に、収入がいっこうに上がらないか減ってしまった九〇パーセントの人々は、どう対応すればいいのだろう。ティーパーティーが考える解決策は、家族や教会で円陣を組んで防衛態勢を整えたうえで、多国籍企業の前にひざまずき、自分たちの土地へ来てくれと懇願することだ。南部の州知事たちはこの戦略をとり、低い賃金水準、労働組合の組織率を低く抑える法律〔労働権法。労働者は組合加入を義務づけられない〕、安い法人税、高額の助成金を用意して、ニューイングランド地方から繊維工場を、ニュージャージーとカリフォルニアから自動車メーカーを誘致した。リベラル左派の考える最良の策は、世界トップレベルの公共インフラストラクチャーと教育を通じて、新しいビジネスを育成することだ。多くの人が新しい産業化時代の中心として例に挙げるのは、グーグルやツイッター、アップル、フェイスブックの発祥地であるシリコンバレーとその周辺地域、電気自動車、太陽光発電産業だ。赤い州はルイジアナ式の戦略をとり、青い州はある程度、カリフォルニア式を採用している。[9]

興味深いことに、どちらも、グローバル資本主義に突きつけられた難題に対し、行動力のある政府を求めているが、それぞれ異なる行動力を期待している。ボビー・ジンダルが企業を誘致するため、ルイジアナ州民の血税一六億ドルを「助成金」として支給したときには、彼は政府の活動家として行動力を発揮しようとしていたのだ。リベラル派の政治家が、老朽化したインフラストラクチャーの立て直しを求めたときには、異なる種類の行動力を見せている。将来は、党派を超えたアイデアも生まれることだろう。[10]

わたしはバークレーのシャタック・アベニューを歩き、完全菜食主義のレストラン、〈カフェ・グラティチュード〉（すでに閉店している）の前を通った。この店は月に一回、客に払いたいだけの金額を払ってもらうシステムをとっていた。わたしはずいぶん前に一度行ってみたことがある。メイプル・ココナッツ・ベーコンに心ときめくことはなかったが、店の考え方には魅力を感じたものだ。どうだろう、ジャニース・アレノはヒッピーかぶれのレストランとみるだろうか。それとも、教会のような店だと思うだろうか。わが家のガレージのそばに並んだ緑、黒、灰色のリサイクル容器についてはどうだろう。ダニー・マコーコデイルがあれを見たら、「セメントみたいにコチコチの」規制の賜だと思うだろうか。あるいは、すばらしいアイデアだと感じるだろうか。工場の作業員に医療保険を売り込みにいくついでに、あちこち案内してくれたシングルマザーのシャロン・ガリシアは、共和党の支局員に立候補するつもりだが、彼女の一五歳の息子は民主党大統領候補、バーニー・サンダーズのファンだった。シャロンはふたりの子供たちには、自分が過ごせなかったような幼年期を送らせてやった。カリフォルニア、アイスランド、フィンランド、スウェーデン、デンマーク、イギリス、ロシアへ連れていき、進学先として、たくさんの大学を検討するように勧めた。その候補には、カリフォルニア大学バークレー校も入っている。わたしはシャロンに、うちに泊まって息子さんにバークレーがどんなところか、見せてあげてと誘った。彼がどう思うかはわからない。もちろん、わたしたちのディープストーリーはちがっている。それぞれの人生、階級、文化、地域に根ざしているのだから。けれどもわたしは、共感の壁の向こう側で出会った人々を心からすばらしいと思っている。当然、彼らとはちがう候補者に投票するだろうが、わたしは彼らの幸福を願っている。

別れのとき

ハロルド・アレノと妻のアネットの舟は、もう長いこと、バイユーディンドの川岸の近く、ふたりの試練を見守って立ち続ける枯れたヌマスギの切り株のそばにひっくり返して置かれていた。そのふたりを友人のマイク・トリティコが訪ねてきたのは、二〇一四年一〇月二四日のことだった。夜ごとのカエルの合唱や魚の跳ねる音が聞こえなくなり、自分たちの土地や水への信頼感が失われてから長い時間が経っていた。マイクは、アレノ家の居間に座り、沈痛な面持ちで、悪い知らせをふたりに伝えた。有毒物質による水質汚染をめぐる訴訟が不調に終わったというのだ。アレノ家の人々は、病気に対しても、土地の価値が失われたことに対しても、いっさい補償を受けていなかった。言うまでもなく、文化的な記憶喪失のために彼らの苦境が忘れ去られたことによる精神的苦痛に対する償いも受けていない。一九九六年、ハロルドは、マイク・トリティコに助けられて、リー・シャーマンをふくむ二一人の仲間とともに、ピッツバーグ板ガラス社など多くの企業を相手取って集団訴訟を起こした。それからじつに一八年も経ってから、「証拠がない」として、請求が棄却されたのだった。法廷の判断によれば、汚染と、人体に害をおよぼそうとした意図とを関連づける証拠がいっさいないのだそうだ。だからアレノ夫妻は、失われた楽園に囚われたまま、〝忘れない〟人として、捨て置かれることになったのだった。(11)

その一方、訴訟と同じように、バイユーディンド汚染浄化の話も、ずるずると二〇年近く続けられてきた。そしてついに二〇一五年二月、浄化作業チームが動き出した。(12) 面積にするとおよそ二・八平方キロメートルにおよぶバイユーディンドの川底から汚泥をさらい、ポンプを使って、覆いのない池〔川に隣接するロックポート湿地と呼ばれる沼沢地〕に移して〔きれいな土砂をかぶせて〕封じ込める。それから、川床に補強コンクリートのマットを設置し、その上に厚さ一五センチメートルのきれいな土砂を置く。[13]「クリーンな層で完全に覆わなくてもだいじょうぶだと聞いています」ある州職員は浄化作業についてそう説明した。「水面の化学物質の濃度を薄めることさえできれば心配ありません」[14]しかしマイク・トリティコは、危険が残るとみていて、「有毒物質を移した覆いのない池のほうはどうなる？　二〇一五年六月には暴風雨で池の水位が上がって、もう少しであふれそうになったんだぞ」と言っていた。

アレノ家の対岸では、韓国の企業がアクシオール社――元のピッツバーグ板ガラス社――と契約し、大規模なエタンクラッカーとモノエチレングリコール工場を建設することを決めた。この新しい工場について、住民の考えを公にするために開かれた小さな集会で、ハロルドはこう述べた。「あなたたちみんなにとって、これは前進です」しかしほんとうにそのとおりであるか否かは、「フェンスの内にいるか、外にいるかでちがってくる」と。工場の騒音があまりにひどいので、ある晩、彼はベッドから起き出して聖書を読んだ。ようやく静かになったのは午前二時半だったという。わたしが最後にアネットに電話をしたときには、工場からの悪臭が日により時間帯により、あまりに強くて外出できないことがあると話していた。

ある日、リー・シャーマン――「バイユーにそれを投棄したのはわたしです」と書いたプラカードを掲げた男性――のことを考えながら彼について書いていると、本人から電話がかかってきた。八三歳となったリーは、長年、自分のレーシングカーをチューンナップしてきた。自宅のガレージの壁には、プラスチック製のプラカードが三〇枚、立てかけてあった。環境保護庁の廃止を求めるティーパーティーの推薦候補、ジョン・フレミングを応援するカードで、リーはこれを近隣の家の芝生に立ててまわる計画だった。「体が不自由なもんだから、ちょっときついがね」と、リーは言った。「プラカードはけっこうしっかりしていて、倒れずに立ってるよ」

ロングヴィルでは、マイク・トリティコとダニー・マコーコデイルがブラザー・キャピとシスター・フェイの家で、ドナルド・トランプについて議論しているそうだ。マイクは反トランプ派で、ダニーは支持派だという。キャピと、フェイのいとこで司祭になるために勉強中のブラザー・マイケルは、サンフランシスコのマリーナ地区にペンテコステ派教会を設立しようかと考えているらしい。「あそこは、身寄りのない独身の人が多い」と、マイケルは言う。「ぼくにも何か役に立てることがあると思うんだ」

ラッシュ・リンボーを〝英雄〟と崇める陽気なゴスペル歌手、マドンナ・マッシーは、十代の娘、チャペルが『アナコンダ』のミュージックビデオをiPadにダウンロードしたことを知ってショックを受けていた。大人気の黒人歌姫、ニッキ・ミナージュがきわどい衣裳を着て扇情的にお尻を振って踊る姿が話題になった動画だ。チャペルが学校から戻ると、マドンナは娘を叱りつけてiPadを取り上げ、寝室の扉を外して一カ月間、ガレージに保管した。「ミナージュはビルボード・トップ一〇〇で一位をとった歌手よ。わたしたちがどんな文化から子供たちを守らなきゃならないか、見てちょうだい」最後に会ったとき、マドンナはわたしにそう言った。

「日曜日は、わたしの好きな日なんです」と語ったジャッキー・テイバーは、家族揃って、イスラエルの聖地を訪ねる旅をした。「わたしたちはそのツアーでいちばん若い夫婦でした」と報告してくれた。彼女はレイクチャールズのダウンタウンで〝絶好調《オン・ア・ロール》〟という名のジムの経営に乗り出した。サイクリングマシンとエネルギッシュな音楽、ヘルシーな野菜ジュースを特徴とするこの施設で、ジャッキーは、また自分の母親の娘に戻り、主催者として、リーダーとしての役割を果たしている。プロモーションビデオでは、三〇人ほどの人々が、緑豊かな景色が映し出される巨大なテレビスクリーンを前に、リズミカルな音楽に合わせて自転車を漕いでいる姿が紹介されていた。

最後にジャニース・アレノを訪ねたときには、立ち並ぶ色とりどりのゾウの前を通り、玄関の外へ出ようとすると、ジャニースがサーモスタットを調節して、エアコンの電源が切れるようにした。「わかります?」と、彼女はいたずらっぽく微笑んで言った。「わたしだって環境には配慮してるんですよ」

ルイジアナ南西部共和党婦人会の会合に最後に参加したときには、慈善福引《ラッフル》の景品として、ベネリ・スーパーブラックイーグルⅡ(ショットガン)が提供されていた。会員にくじを買ってもらい、その売上は「兵士に枕を届ける活動や大学奨学金、軍人家族への支援」に使われることになっていた。ドナルド・トランプに関しては、喜んで投票する人と、仕方なく投票する人のあいだに、緊張をはらんだ亀裂ができていた(どうしたらいいかわからないという人も何人かいた)。

支持政党は異なっても、長きにわたり友情をはぐくんできたサリー・カペルとシャーリー・スラックは、いまでは別々の町に暮らしている。サリーはレイクチャールズに、シャーリーはオプルーサスに。彼女たちは週に二、三回電話で話をしているが、ドナルド・トランプやバーニー・サンダーズの話題は避けているらしい。サリーは「遺伝子組み換え作物モンスターのモンサント社」に苛立っている。シャーリーは、国債残高の急増が気がかりでならない。ふたりは最近、いっしょに飛行機でクリーヴランドへ行き、プロのバレリーナとしてオハイオ・バレエ団に所属するシャーリーの娘の公演を観てきたという。

レイクチャールズとその近辺で暮らす友人たちは、わたしが最後に訪ねたときにも、大半がまだレイクチャールズとウエストレイクを結ぶ、あの「おっかない」I‐10ブリッジを使っていた。だが安心して橋を渡れないのはジクロロエタンが漏出したせいだと思っている人はほとんどいなかった。

バイユーコーンの元住人たちは、ちりぢりになった。ミシシッピ州やテキサス州に移り住んだ人もいる。バイユーコーンに隣接するベルローズのコミュニティは、ほぼ消滅したと言っていい。二度の産業事故――ひとつは、二〇〇三年のダウ・ケミカル社によるメタンガス漏出事故、もうひとつは、テキサス・ブライン社の掘削ドリルによる地盤陥没事故――の犠牲となった自動車整備工の男性は、シンクホールの近くにある自宅のめちゃくちゃになった敷地にトレーラーを駐めて、そこに妻とふたりで住んでいる。ふた組の夫婦は、一六〇キロメートル以上も北の、バトンルージュ郊外に引っ越した。すでに引退した元緊急時対応職員の女性は、「わたしたち、ここはきらいです。ただ、息子のそばに住みたいから、ここにいるだけです」とはっきり言い、彼女の夫で、一二輪トラックの元運転手の男性もうなずいていた。もうひと組の夫婦も、元の隣人たちとは車で何時間も離れたところで暮らしていて、過ぎ去った楽しい日々をなつかしそうに振り返っていた。郵便局を退職したニックは、事故の前、バイユーコーンで催されたマルディグラのときに撮影した大きなカラー写真を見せてくれた。白いスーツに、サッシュベルトを着け、麦わら帽をかぶった彼が笑顔で写っていた。一〇人ほどの近所の人たちも、ピエロやインディアンやカウボーイ、王さま、女王さまに扮して色とりどりの衣裳をまとい、グラスを高く掲げていっしょにカメラにおさまっている。「バイユーコーンの岸辺で妻のために流木を拾ってきたものですよ。彼女がそれに絵を描いて売ってたんです」ニックはそう言って、妻の作品を指さした。「だがいまはもう、それもできません」

ベルローズのクローフィッシュ・ストゥー・ストリートにあるマイク・シャフの自宅は、いまでは空き家となっている。そこを彼といっしょに最後に訪ねたときには、バラの茂みが枯れてしまい、屋根瓦が数枚落ちていて、何者かが押し入ろうとした形跡もあった。そして三八匹もの野良猫が住み着いていた（いまでは〝バイユーコーンのケイジャンキティ〟と呼ばれている）。マイクと妻は、シンクホールの近くのこの家から、ベレット湖に注ぐ運河のほとりの、美しくて広い中古の家に引っ越していた。通り沿いの家の郵便受けには、口をあけた魚のような形のものもあった。新しい家は、マイクが三歳くらいのころ、父親の引く小さなプラスチックのたらいに乗って、仕掛けたザリガニの罠を調べにいったあたりの近くにある。マイクは結局、水辺に戻ったのだった。

彼は居間の床をジャッキで押し上げ、寝室の壁装飾をやり直し、新しいデッキを取り付けて、あとで使うために、ガレージに飛行機の組み立てキットをしつらえた。少し前に竜巻が起きて、ガレージに取り付けてあった竿から米国旗をもぎ取っていったが、隣家のポーチから下がっていた南部連合の旗は無事だった。

マイクはいま、広葉樹林に覆われた低湿地としては米国最大の、壮大な景観で知られるアチャファラヤ盆地の放水路の入口近くに暮らしている（洪水を防ぐため、ミシシッピ川からアチャファラヤ川へ流水を迂回させている）。この盆地は、広さ三二〇〇平方キロメートルにおよぶ国立野生動物保護区になっていて、その一部は、ルイジアナ州野生動物魚類局の管理下にある。マイクは平底舟にわたしを乗せて、この比類なき盆地へイエローパーチ釣りに連れていってくれた。背の高いヌマスギの葉のない枝に止まったハクトウワシや、空高く舞い上がるダイサギ、魚を狙う長い脚のヘラサギを指さして教えてくれた。

しかし、「わたしはフライパンから火の中に飛び込んだようなものだ。ここの川には、何百万リットルものフラッキング廃水が投棄されている。連中は〝生産水〟と呼んでいるがね。その水には、メタノールや塩化物、硫酸塩、ラジウムなんかがふくまれているかもしれない。連中はそれをペンシルベニア州など、よそのフラッキング拠点から運んできて、この近くの注入井に入れている。塩分のせいで、そういう井戸の内壁が腐食する恐れもある。しかもその井戸のすぐ近くに、ここの帯水層があるんだよ」二〇一五年、テキサス州議会は、地域単位でフラッキングと廃水投棄を禁じることを禁止した。(15) 都市が禁止条例を制定しても、施行できないようにしたのだ。

わたしはマイクに、大統領選では誰に投票するつもりか、きいてみた。第一の選択は、ティーパーティー推薦のテキサス州選出上院議員、テッド・クルーズだという。クルーズは、政治資金管理団体を通じて、ふたりのフラッキング大富豪、ファリス・ウィルクスと弟のダンから一五〇〇万ドルの選挙献金を受け取り、フラッキングを「神の祝福」と呼んで、これを禁止することに強硬に反対している。(16) クルーズはまた、水質浄化法を骨抜きにして、一般国民が法的手段に訴える機会を制限し、発電所に対しては、大気環境基準の遵守義務を免除することを求めてきた。マイクと同様、クルーズも気候変動に人間がひと役買っているとは思っておらず、その効果に関わる研究費を削減すべきだと主張している。実際、自然保護のための有権者行動連盟の二〇一五年度の議員採点表では、テッド・クルーズは二五項目の環境問題について、一〇〇点満点中、零点をとった。生涯スコアは五点だった。それでもマイクは、連邦政府に対する激しい嫌悪感と、アチャファラヤ盆地の美しさを守りたい、環境難民の波が押し寄せてこないでほしいという思いとのバランスをとる必要があった。彼はメンシェビキやボルシェビキには投票したくなかった。となれば、残るはテッド・クルーズしかない。クルーズが共和党の指名候補になれなかったら、どうするのと、わたしはきいた。「そのときはドナルド・トランプに投票するさ」

最後にアネット夫妻をバイユーディンドに訪ねたときには、ハロルドは、確信はないが、最近、水が少しきれいになってきたような気がすると言った。そして、わざわざドライブウェイまでわたしを送って出てきて、車のドアをあけてくれた。わたしは運転席に乗り込んで、窓をあけた。八〇代半ばのハロルドは、愛してやまないバイユーのほうを見た。かつては堂々たる姿のヌマスギが、苔のショールをまとって、バイユーのわきをしずしずと歩いているように見えたものだという。わたしは彼に見せてもらった写真を思い出していた。ハロルドは窓に寄りかかり、ゆっくりとこう言った。「今度はいつ会えるんだろうな。われわれが天に召されるときを知っているのは、天使ガブリエルだけだ。しかしそのときが来て、地面から足が離れてのぼっていったら、向こうで再会できるだろう。天国には美しい木があるらしいぞ」

謝辞

お力添えくださった多くのみなさまにお礼を申し上げる。

いちばんに感謝を捧げたいのは、サリー・カペルだ。ある日曜日、わたしの教え子で、大学院卒業生のマニュエル・バリーと妻のアリス・カペルがバークレーに訪ねてきた。マニュエルに、いまどんな研究をしておられますかときかれ、「アメリカの政治的分断よ。バークレーを離れて、南部にでも行ってみようかと思っているの」と答えると、アリスが即座に、「わたしの母は進歩派なんですけど、母の古くからの友人はティーパーティーを支持しているんです。ぜひふたりに会ってみてください！」と提案してくれた。ほどなく、サリー・カペルから連絡があり、ルイジアナ州レイクチャールズに招待してもらった。それでわたしの冒険の旅がはじまった。カペル家の自宅は、ふるさとを遠く離れたわたしの第二の〝家〟となり、わたしはそこから、レイクチャールズ市内、ルイジアナ州内の各地をまわらせてもらった。結局、二〇一一年から二〇一六年までのあいだに、一〇回もルイジアナを訪れることになった。

サリーとフレッドの自宅の居心地のよいキッチンで、すてきな油絵の飾られた壁や、果物や野菜があふれるほど入ったバスケットや、窓に掛かる「ＥＡＴ（食べて）」と書かれたプラカード、大きな鉄製こんろに載った鍋から立ちのぼる香りに囲まれて、わたしはテーブルにテープレコーダーを置き、四つのフォーカスグループのインタビューをはじめたのだった（付記Ａに調査計画の全容を記載した）。サリーのティーパーティー派の友人、シャーリー・スラックも、オプルーサス市の自宅に泊まりにきてくださいと招待してくれた。わたしは、シャーリーの母校であるルイジアナ州立大学の卒業記念アルバムやご家族の写真を見せてもらい、彼女が通う教会を訪ねて、ご家族が眠る墓地を歩いた。シャーリーの夫ブーティーがわたしたちをトラックに乗せ、木々に覆われた三つの石油採掘装置の前を通って、お気に入りの釣り場へ連れていってくれた。水面から、おなじみのワニがごつごつした額をのぞかせているのをブーティーが見つけて、教えてくれた。サリーとシャーリーと、彼女たちの家族がいなければ、この本を書くことはできなかっただろう。

わたしに人生を語ってくれたティーパーティーの熱心な支持者たちにも心からお礼を申し上げる。あなたたちはわたしを信頼し、わたしのために時間を割いて、洞察に満ちた考えを聞かせてくれ、有名な南部のあたたかいおもてなしの心でわたしを包んでくれた。何よりうれしかったのは、ここから何かいいものが生まれるかもしれないという希望を共有できたことだ。この本に書いたことのすべてにうなずいてもらえるとは思っていないが、わたしがあなたたちの経験と考え方に真摯に向き合ったことは感じ取ってもらいたいと思う。

さまざまな分野の専門家を紹介してくれ、わたしとアダムに、マルディグラ用のTシャツとカラービーズをプレゼントしてくれたスーザン・リードにも感謝している。また、キッチンから環境改善に取り組んだ初期女性活動家たちのことを、『ルイジアナ環境保護運動の女性パイオニアたち』に書いたペギー・フランクランド、それにマイク・トリティコにも。ふたりは早い段階で本書の原稿に目を通してくれた。ルイジアナ州シンガー在住のポール・リンゴには、ルイジアナ州の河川、それもとりわけサビーン川の水質汚染について詳しく教えてもらった。ジミー・コックス、マリリン・コックスには、ルイジアナの州政について豊富な知識を提供してもらい、何かとお世話になった。ジミーは〝マンキャンプ〟と呼ばれる作業員宿舎の調査も手伝ってくれた。さらに、レイクチャールズ滞在中、定宿にしていた〈ルビーおばさんのベッド&ブレックファスト〉のダン・シャード、シェリー・ジョーンズ・ミラーにも感謝している。ここもまた、わたしにとっては〝家〟のような場所だった。バトンルージュでは、元ルイジアナ州地方検事補のウィリー・フォントノー、メアリご夫妻がわたしと息子をおもてなしくださり、ルイジアナの環境史についてすばらしいガイド役を務めてくださった。

わたしに有益なヒントを与えてくれた六名の環境保護活動家、ウィリー・フォントノー、ウィルマ・スブラ、メアリリー・オーア、マイク・トリティコ、クレアラ・ボードワン、ラッセル・オノレ中将に、本書を捧げる。ほんとうに何もかもありがとう。

リチャード・ミスラックとケイト・オーフが贈ってくれた驚くべき著書、『石油化学のアメリカ〔未訳 *Petrochemical America*〕』の図版とテキストには、目を開かされ、身の引き締まる思いがした。本書のカバーには、掲載された写真を使わせていただいた。

その他、さまざまな政治的見解を持つルイジアナ州民のみなさまが、わたしの右派に対する理解を深めてくださった。マリ・ハリス・アルフィエリ、ウェンディ・アギラー、ミシェル・アームストロング、ウィリアム・バゲット、ジョン・バリー、故デイヴィッド・コナー、エリック・コーミア、ローラ・コックス、ジャニース・クレイドー、ボブ・クレイドー、デブラ・ギロリー、マイケル・ホール、元ルイジアナ州選出下院議員の〝バディ〟・リーチ、ダニエル・レヴェスク、ヘンリー・マンキューソー神父、キース・マシューズ牧師、ロバート・マコール、アン・ポラック、デボラ・ラミレズ、ステイシー・ライアン、レイチェル・ウィンダン、エディー・ウィンダン、キャリン・ウーズリー、ベス・ジルバートにお礼を申し上げる。

バークレーでは、ふたりのすぐれた調査助手の力を借りることができた。このプロジェクトの一年目には、サラ・ギャレットが社会学、心理学、政治学、歴史学の文献から、政治的見解に関するものを探し出してくれた。のちには、レベッカ・エリオットが産業の歴史と、その環境への影響に的を絞って調べてくれた。ふたりとも、まるで魔法のように、科学や政府に関連したデータ群にアクセスすることができた。現在、ロンドン・スクール・オブ・エコノミクスの教授となったレベッカは、付記B、付記Cのために必要な調査を丹念に進め、ある全国調査（全国世論調査センターの総合的社会調査（GSS））と、有害廃棄物への曝露にともなう危険性の情報（環境保護庁のリスク・スクリーニング環境指数）とを関連づけて非常に複雑な分析をしてくれた。わたしたちは、全国的に見て、有害廃棄物にさらされるリスクの高い人ほど、それを心配していないこと、そういう人ほど、保守的な共和党支持者である――つまり本書の中心テーマとした大きなパラドックスに取り込まれている――確率が高いことを発見した。文章にして四〇〇〇ページ分ものインタビューのテープ起こしを気丈にやり遂げてくれたボニー・クワンにも感謝する。彼女は原稿の多くの校正も引き受け、最後までわたしを励ましてくれた。

さらに、初期の段階で力を貸してくれた有能な編集者、コニー・ヘイルにも感謝したい。彼女は要求水準を高めに設定して、文章の体裁を整える手助けをしてくれた。「ナットグラフ（新聞記事などの第二段落で、主要テーマの内容を要約したもの）はどこ？」とよくきかれたものだ。原稿を読んでくれた友人たちにも感謝しなければならない。バーバラ・エーレンライクは、いつもわたしを励まし、〝バークレーに生きる本来の自分〟に引き戻してくれた。アン・スウィンドラーは、〈サウルズ〉（ユダヤ料理店）で朝食をともにしながら、わたしを逆の方向へと押し出してくれた。わたしは彼女たちふたりから多くのことを学んだ。たいせつな友にして優秀な編集者、アリソン・ピューにも感謝したい。彼女は思いもよらなかった問題点を探りあてる才能を持っている。マイク・ハウト、フロー・ハウトにも原稿を読んでもらい、大いに助けてもらった。先述した総合的社会調査の分析にあたっては、マイクが専門家の立場から、レベッカとわたしに的確な助言をくれた。トロイ・ダスター、ラリー・ローゼンタールには、このプロジェクトのあらゆる段階でお世話になった。現在の政治的局面に深い懸念を示し、多くの人に考えるきっかけをくれたハリエット・バーロウにも感謝する。継続的な支援と的を射た鋭い意見を提供してくれたディアドラ・イングリッシュ、BP社の原油流出事故の詳細について助言してくれたウェイン・ハークネスにもお礼を申し上げる。どのような公的政策が大企業、あるいは中小企業を助けるのか、理解を助けてくれたチャック・コリンズ、有益な意見交換につきあってくれたルース・コリアとエリザベス・ファーンズワースにも感謝したい。企画の段階で批判的なフィードバックをくれたグスタフ・ウィックストロム、初期の原稿に意見を寄せてくれたラリー・ローゼンタールとマーティン・ペイリーにも。山あり谷ありの執筆作業のあいだ、天使のように支え、励ましてくれたジョーン・コールには特別の感謝を捧げたい。仕事のことしか頭にない人だと友人たちに思われはしまいかと不安でたまらなかったときも、ジョーンは毎日のように「どうしてる?」とやさしく声をかけてくれ、このようなプロジェクトに携わる者の心にあいた穴に、あたたかいものを吹き込んでくれた。

長年の著作権エージェント、ジョージズ・ボーシャートの惜しみないサポート、視野の広さ、期待を裏切らないユーモアのセンスには、いくら感謝してもしきれない。ニュープレス社のふたりのすばらしい編集者、エレン・アドラーとジェド・ビックマンの知識と経験に裏付けられた的確で鋭い編集ぶりにも感謝している。エレンは、プレッシャーのかかる状況でも冷静沈着でいてくれた。ジェドとは、チャットで意見を戦わせた。ふたりと仕事をするのはこのうえもなく楽しかった。エミリー・アルバリロは、明るくすばらしいプロデューサーぶりを発揮してくれた。

そして、家族には感謝の言葉もない。息子のデイヴィッドは、わたしといっしょにバトンルージュのルイジアナ州議会議事堂前の階段で開かれた環境集会に行き、登壇したマイク・シャフの話を聞いた（マイクについては本文で紹介している）。彼は本書の原稿にじっくり目を通し、激励してくれた。もうひとりの息子、ゲイブリエルは、政治と人の心について深く考えたことを話してくれた。甥のベン・ラッセルはテキサス州のポートアーサー、ルイジアナ州のロングヴィル、シンガー、レイクチャールズについてきてくれ、サソール社の事業拡大にともない〝重工業地域〟に指定された電気も水道もない土地でトレーラーに暮らしている男性を訪ねて、一日をいっしょに過ごしてくれた。義理の娘、シンシア・リにも感謝している。才能に恵まれたライターでもあるシンシアは、本書の原稿を読み、章の順序を替えるようアドバイスしてくれて、洞察力に富んだ彼女の目でテキストを読み返す手助けをしてくれた。

最後に、アダムへ。彼は自分の原稿を携えて、二度も〈ルビーおばさんのベッド&ブレックファスト〉まで来てくれた。わたしに同行して、新しい友人たちに会い、教会へ行き、書店を探索し、レイクチャールズのマルディグラのパレードの車からばらまかれたビーズを受けとめた。わたしの草稿に何度も赤字を入れ、料理をし、話を聞き、驚き、元気づけ、励まし、がまんもし、この本を書く体験をともにしてくれた。ほかのことについても、五〇年におよぶ結婚生活ではずっとそうしてきてくれた。アダムはわたしの人生を照らす光だ。そういう存在でいてくれることに心からの感謝を捧げたい。

付記A　調査方法について

本書は社会学者が「探索型〔explanatory〕」「仮説生成型〔hypothesis generating〕」と呼ぶ調査に基づいている。その目標は、ある事柄が一般的であるか否かを見きわめることではない。また、どこで見られ、どこで見られないか、時間の経過とともにどのように変化するかを調べることでもない——とはいえ、わたしは、そのような問題を取り上げたほかの研究者の調査も参考にした。わたしの目標は、その事柄が現実にはどのようなものかを明らかにすることだった。わたしは長らく、右派の政策が人々の心をつかんでいる実態に興味を持っていた。つまり、それがテーマとしたい〝事柄〟だったのだ。この目標を達成するには、対象に近づく必要があった。とるべき道はそこから決まった。

この技法をもとにして書いたほかの著書、『セカンド・シフト　第二の勤務——アメリカ　共働き革命のいま』『タイム・バインド〔時間の板挟み状態〕　働く母親のワークライフバランス』『管理される心——感情が商品になるとき』——と同様、わたしは目の前の対象に自分を合わせていく方法をとった。サンプル抽出、インタビューの方法、参加観察〔対象とする社会や集団に入り込み、生活や活動をともにしながら観察、調査にあたること〕をするプロフィールの選択、統計的分析など、すべてにおいて、自分が考えつくかぎりで最良と判断した技法を使って、解明したい〝事柄〟に迫ろうとした。

まず第一歩は、四つのフォーカスグループの設定だった。ふたつがティーパーティーの支持者、ふたつが民主党支持者で、どのグループもみな、ルイジアナ州レイクチャールズ市に暮らす中間層の白人女性によって構成されていた。次にわたしは、そのうちの保守派の女性たちほぼ全員にフォローアップ・インタビューをしたうえ、社会学者が「雪だるま式標本抽出法《スノーボールサンプリング》」と呼ぶ手法（調査対象者に別の対象者を紹介してもらう）も使って、彼女たちの夫や親、近所の人たちにも適宜、話を聞いた。ある右派のフォーカスグループのメンバーは、ルイジアナ南西部共和党婦人会の月例昼食会に参加してみないかと誘ってくれた。そのおかげで、わたしは同席した女性たちと言葉を交わす機会を得て、フォローアップ・インタビューへとつなぐことができた。そのうちのひとりは、本書の第8章で紹介したペンテコステ派教会の牧師の奥さんだった。その女性が教会の信徒をたくさん紹介してくれたうえ、教会懇親会にも招待してくれて、そのコミュニティへの扉を開いてくれたのだった。

別のルートでは、下院議員選挙のふたりの立候補者の遊説についていった。ライバル同士の立場の違いは、バークレー育ちのわたしの目にはごく小さく見えたが、ルイジアナ州の多くの有権者にとっては非常に大きなものと映っていたようだ。どの選挙集会でも、わたしはそばにいる人に話を聞くようにした。すると、ほかの人を紹介してもらえることもあった。たとえば、レイン市の労働組合会館《ユニオンホール》で開かれたティーパーティー推薦候補の支援交流会では、ある男性が親切にも、大きなピクニックテーブルを囲んだ人たち――ほとんどが引退した元労働者の白人男性――に、わたしを紹介する役目を買って出てくれた。「なあ、みんな、この人はカリフォルニアから来られたそうだ。本を書いてるんだってさ」と。

本書に何度も登場するレイクチャールズ生まれの環境保護活動家、マイク・トリティコが密に連絡を取り合っている友人の多くは、保守強硬派のティーパーティー支持者で、反環境保護主義者だった。マイクが彼らを訪ねるときには、わたしも同行させてほしいと頼んだ。そうして、わたしはブラザー・キャピ・ブラントリーと妻のシスター・フェイ（第12章）の自宅で開かれていた日曜礼拝後の昼食会に何度も参加し、マイクとダニー・マコーコデイルの討論を傍聴することができた。

そして、彼らの討論が本書にとってどれほど重要であるかに気づき、わたしは環境集会にも足を運ぶようになった。そうした集会のひとつで、ふたりの人に出会った。ティーパーティーの熱心な支持者であるマイク・シャフ、それに環境保護組織のリーダーを務めるラッセル・オノレ中将だ。オノレ中将は、環境保護活動家の見解に敵意をいだきがちな人々とも、有意義な対話をする能力を持っていた。わたしはその手腕について学ぼうと、中将と一日、行動をともにして、彼が企業側の人間だけではなく、最悪レベルの環境汚染に苦しむ人々とも言葉を交わすようすを見学させてもらった。中将はまた、第4章に書いたとおり、ミシシッピ川沿岸のバトンルージュからニューオーリンズにかけて、石油工場や石油化学工場が建ち並ぶ区域を案内してくれた。そこは〝がん回廊《カンサーアレー》〟と呼ばれている。

わたしは合計六〇人と話をした。テープから書き起こした原稿は、四〇〇〇ページ以上にものぼった。インタビューに応じてくれた人のうち四〇人は、ティーパーティーの根本方針に賛同していた。さらに二〇人がこのコアグループの理解を助けてくれた。そのなかには、数名の科学者や学者や聖職者のほか、元ルイジアナ州議会議員が二名、新聞記者がひとり、ボランティアで河川監視員をしている図書館司書がひとり、教授がふたり、さらに、ルイジアナ州環境基準局の元局長、元ルイジアナ州地方検事補、環境化学者、海洋生物学者、現職の市長がふくまれる。この後者のグループでは、八人が黒人だった。わたしはあるとき、そのうちのひとり、大手石油化学企業のサソール社が保有する〝重工業地帯〟に指定された土地に囲まれて、トレーラーで生活している工場オペレーターの黒人男性と一日を過ごした。水道と電気を止められていて、郵便物も配達されなくなっていたが、わたしが会ったときの彼は、絶対にそこを立ち退かないと決意していた。

インタビューの前には、わたしが用意した同意書を渡し、テープレコーダーをセットして、ご希望ならいつでも停止ボタンを押しますと伝えた。その要求は何度もあった。そのようなインタビューの内容は、話してくれた人と完全に無関係な形で報告するか、まったく報告しないことにした。

四〇人を対象としたコアインタビューの中から、彼らの考え方や感じ方をとりわけ明確に色濃く反映しているもの六つを選んでプロフィールを分析することにした。そして、これらの六人の人々について、社会学の用語で「参加観察」と呼ぶ調査をした——出生地や教会、墓地を訪れ、いっしょに食事をし、車でいろいろな場所へ行ったりイベントに参加したりしたのだ。

このコアグループの男女比はほぼ半々だった。全員が白人で、年齢は四〇歳から八五歳まで。社会階層は、職業により、中間層、下部中間層、労働者層に分かれていた。およそ三分の一が、直接石油に関わる職(たとえば配管工など)か、間接的に関係した職(たとえば部品供給など)に就いているか、過去に就いていた経験があり、三分の二が石油とは無関係な仕事——教師、秘書、航空会社の客室乗務員、トレーラーパークの経営など——をしていた。興味深いことに、年齢、階層、職種にかかわらず、メンバーたちの態度にはほとんど違いがなかった。

バークレーでは、カリフォルニア大学バークレー校社会学部博士課程に学ぶふたりの調査助手の多大な協力を得て、ギャラップ社の世論調査、シカゴ大学の総合的社会調査、それにピュー研究所の意見調査について調べていった。とくに注目したのは、米国民のさまざまなパターンが、どの程度わたしの調査対象者の意識に表れているか、過剰に見られるか、あるいは顕在しないかという点だった。

この調査を半ばまで進めたところで、わたしは新たにひとつの重要な問いを携えて総合的社会調査に立ち戻った。アメリカ人が環境規制について、自分は「強力に共和党を支持する」、あるいは「強力に民主党を支持する」と言うことと、実際に環境汚染にさらされることとのあいだに、どのような関係があるのか、知りたくなったのだ。この調査とその結果については、付記Bを参照されたい。

最後に、わたしはルイジアナ州を探索した。米国最大の重警備刑務所、アンゴラ刑務所を訪ねて、模範囚や、殺人罪で終身刑判決を受けた受刑者と言葉を交わした。また、南北戦争の民兵隊の戦いぶりを再現するパフォーマンスを見て、演じた俳優と話をしてきた。〈ジュニア・ミス・ブラック・プライド〉というミスコンテストを観にいき、優勝者の父親で石油化学工場で働く男性に話を聞いた。オークアレー農園のツアーガイドの解説に耳を傾けた（「奴隷たちは勤勉さと技能を発揮しました」）。書店や図書館をめぐり、レイクチャールズ市内を歩きまわった。チャールズ湖のほとりにある公共広場では、日中はおもに白人の姿が見られるのに対し、夜は黒人が多いことに気がついた。観光用パンフレットやプランテーションで撮影された結婚写真を見た。共和党支持者だというホームレスの白人男性とレストランで昼食をとったりした。ブローブリッジ市にある終日営業のダンスカフェで知らない人と踊ったことさえあった。そこへ連れていってくれたのは、リベラルとティーパーティーのふたり組、サリー・カペルとシャーリー・スラックだ。〝成り行きまかせで楽しもう《レセ・レ・ボン・タン・ルレ》〟というケイジャンの心意気が体で感じられるから、と乗せられて、うかうかついていってしまったのだった。

わたしが白人の女性であること、髪に白いものがまじっていること、知り合いになった人々をも困惑させている分断について本を書いていたことは、調査を進めるうえで役に立ったと思う。けれども、何よりこの作業を楽にしてくれたのは、人々のあたたかさと有名な南部のおもてなしの心だ。いまも思い出すたび、深い感謝の気持ちが込み上げてくる。

付記B　政治と環境汚染——TOXMAPからわかったこと

ここへ来る前は、誰もが、住んでいる地域の環境汚染がひどければひどいほど、その汚染に危機を感じて、環境浄化を望むものと思い込んでいた。しかしルイジアナでは、顕著な環境汚染が見られるのに、わたしが話を聞いた人々はたいてい、環境規制の強化に反対していた。いや、それどころか規制全般に反対していたのだった。ルイジアナ州はこの点では変わり種なのだろうか。

これまでの調査では、汚染の深刻な州ほど、共和党に投票する確率が高いことがわかっている(第5章)。ルイジアナ州は決して変わり種などではなく、ルイジアナにあてはまることは、全国的にあてはまるのだ。しかし、個々の赤い州では何が起きたのだろう。ジャーナリストのアレク・マクギリスがニューヨークタイムズ紙の記事に書いたように、赤い州では、貧困や学校教育の質の悪さ、家庭崩壊に直面している人々が投票そのものに行かないから、彼らの意見が投票に反映されないのか。彼が言うように、同じ州でも、彼らより少し上の階層の人々は共和党に投票しているのだろうか(1)。マクギリスの論法に従えば、環境汚染を引き起こす産業のそばに暮らす人々は、環境規制を望みはするが、投票する気になれず、環境の良好な地域で暮らす裕福な共和党支持者は、何も問題はないと思っているので、公害を撒き散らす産業の規制に反対する、という図式になる。確かにそうかもしれない。

しかしもうひとつの可能性は、もっと理解に苦しむ。環境汚染の被害を受けている人が規制に反対票を投じる、などということがあるのだろうか。レベッカ・エリオットとわたしは、鍵となるふたつのデータを組み合わせて解明に取り組むことにした。ひとつは、総合的社会調査（GSS）だ。シカゴ大学の全国世論調査センターが実施しているこの調査は、アメリカの社会傾向がわかる最良のデータのひとつとして、多くの社会科学者から信頼を得ている。この調査では、たとえば、「人類の進歩が環境を損なうことについて、人々は心配しすぎている」「米国は環境保護に十分な対策をとっている」「ワシントンの政府は、個人や私企業にまかせるべきことを、あまりにたくさんしすぎているという意見もある」といった設問に対し、「強く同意する」から「強く反対する」まで、数段階の選択肢を示す形がとられる。わたしたちは全国世論調査センターの許可を得て、二〇一〇年の調査で実施されたこのようなアンケートに対する、三〇〇〇人による匿名の回答を分析した。

もうひとつの情報源としたのは、環境保護庁の有害物質排出目録（TRI）だ。TRIでは、排出された有害化学物質や廃棄物への曝露量が計算されている。企業や連邦政府の施設からの報告をもとにして算出される最も包括的な数値は、リスク・スクリーニング環境指標（RSEI）と呼ばれる。(2) これは、国内の郵便番号ごとに、三つの要素——化学物質の放出量、その有害性、曝露した人口——をもとにした住民の曝露量を示すものだ。わたしたちは、調査対象とした二〇一〇年のデータを利用した。

それから、環境問題をめぐる政治的な選択や考え方についての情報と、その人が居住する郡で排出される有害物質の実際のリスクとを関連づける作業をした。わたしたちは、カリフォルニア大学バークレー校データ研究所の所長、ジョン・スタイルズ博士のお力を借り、ニューヨーク大学社会学部のマイク・ハウト教授にご相談しながら、〝ブリッジソフトウェア〟を使ってこれに取り組んだ。

回帰分析を使い、わたしたちは、居住地の危険度（RSEIのスコア）をもとにして、（GSSの）環境に関わる設問への住民の回答を予測できるかどうか、試してみた。また、分析の方向を逆にし、さまざまな社会人口的・政治的変数によって居住地の危険度を予測できるかどうかも調べた。さらに、居住地の危険度と、住民の全般的な政治志向との相関関係も調査した。[3]

その結果、きわめて興味深いことがいくつかわかった。相対的危険度の高い郡の住民ほど、「人類の進歩が環境を損なうことについて、人々は心配しすぎている」という設問に同意する傾向が強かった。つまり、環境汚染への曝露量が高い地域ほど、個々の住民がそのことに不安を感じていなかったのだ――そして、「強力に共和党を支持する」と答える傾向が顕著だった。

自分は男性であり、高収入、保守派、共和党支持、キリスト教徒で「信仰に篤い」としている人もまた、大気や水の汚染を危険だと考えていない割合が高かった。さらに、危険度の高い郡の住民ほど、「米国は環境保護に十分な対策をとっている」という設問に、同意すると答える率が高かった。やはりおかしなことに、環境汚染への曝露量が高い地域に暮らす人ほど、米国は全体的に、この問題に過剰に反応していると考える傾向が強かった。

これはパラドックスだが、決して無知ゆえのものではない。環境汚染に曝露するリスクが高い地域ほど、「産業活動による大気汚染は環境にとって危険である」という設問に「強く同意する」と答える人が多かったからだ。彼らの中で、収入と学歴が比較的高い人々は、人類は環境を改善することができるとも考えていて、「環境については、どんな対策をとるのもあまりに困難だ」という設問には同意していなかった。

結局、赤い州のほうが青い州より汚染が深刻だった。投票する、しないにかかわらず、保守派で共和党を支持する人は、環境など問題ではないと一蹴し、その影響に苦しみながら、高レベルの汚染にさらされて暮らす傾向にある。全国で見られるこの政治と環境をめぐるパラドックスが、ルイジアナ州では、極端な形で表れていたのだった。

付記C　右派の共通認識を検証する

わたしはしばしば、新しい友人たちと自分は、異なる地域に住んでいるだけではなく、異なる真実を生きているような気持ちになった。インタビューを終えて帰るときには、事実はどうなのだろうと考え込んでしまうことが多かった。そこで、以下に、わたしが頻繁に耳にした言葉と、レベッカとふたりで入手可能な最新のデータをもとに調べ出した事実を記しておく。データの入手先は巻末注に記載した。

▼「政府は福祉(生活保護費を指す)にお金をたくさん使っている」

二〇一四年に〝福祉〟給付金——最低限度の生活を送るために必要な金額をもとにした給付金——として支出された金額は予算全体の八パーセントである。(1)

▼「福祉給付金の受給者が増えている。受給者は働いていない」

ビル・クリントン大統領が一九九六年に「これまでわれわれが知っていた社会福祉に終止符を打つ」と宣言して以来、児童扶養世帯扶助(ADFC)が廃止され、貧困家族一時扶助(TANF：就労義務、期限つき)制度が創設された。TANF——子供を持つ最も困窮した家庭への支援——は、現在、三五の州とコロンビア特別区で、一九九六年当時の水準より二〇パーセントも減少している。(2)しかし二〇〇八年の大不況以降、フードスタンプ（補助的栄養支援プログラム）の支給を受ける米国人の人数は一九九五年度よりも多くなった。とはいえ、最大に達したのは二〇一三年で、以後は急激に減少している。(3) メディケイドの支出も増加したが、カイザー・ファミリー財団の調査によれば、二〇一六年には、一九九九年のレベルにまで減少する見込みだという。(4)

政府の支援を受けている人の大半は、子供か高齢者だ。たとえば、二〇一三年のメディケイド受給者のうち、五一パーセントが一八歳未満の子供で、五パーセントが六五歳以上の高齢者だった。(5) 一八歳から六四歳までの受給者――資力調査の結果、受給が決定された人々――は、二〇一〇年・二〇一二年のデータによれば、ほとんどが働いている。(6) メディケイドか児童医療保険制度（メディケイド加入の基準所得よりも収入は多いが個人保険に入る余裕のない家庭を対象とする）のいずれかを受給する人々――リストとしては最大――については、六一パーセントが就労している。フードスタンプの受給者では三六パーセント、TANFの受給世帯では三二パーセントが働いている。勤労所得税額控除制度（所得が一定の基準に満たない人向けの制度で、申告により所得税の一部が還付される）の利用者は全員が仕事をしているが、(7) いずれも低賃金で、フルタイムでは働けずにいる。しかし逆の方向から見ると、二〇一三年には、ファーストフード業界で働く人の五二パーセントが、フルタイムの仕事の賃金が少ないため、これを補塡する目的で、なんらかの福祉給付金に頼っていた。さらに、保育士の四二パーセント、介護ヘルパーの四八パーセントが給付金を受給していた。(8) このような例では、低い賃金しか払わない企業があるがために、一般の納税者が不足分を補っていると言えるのだ。これを〝企業助成金〟と呼ぶ人もいる。

▼「福祉給付金の受給者は、われわれ納税者の金に全面的に頼って生活している」

米国民の二〇パーセントに相当する最貧層の二〇一一年度の所得内訳を見ると、政府からの給付金は三七パーセントにすぎず、残りは働いて手にした給与所得だった。(9)

▼「貧しい人はみんな給付金をもらっている」

貧しい人が全員、政府の支援を受けているわけではない。米国国勢調査局による二〇一二年の所得および社会保障受給調査(最新版)によれば、貧困家庭の二六・二パーセントが資力調査により受給資格が判定される主要な福祉給付金制度(たとえばメディケイド、フードスタンプ、貧困家族一時扶助／一般扶助〔子供のいない低所得世帯を対象とする〕、住宅扶助、あるいは補足的保障所得)のどれにも参加していなかった。(10)州によっても異なる。バーモント州では、困窮者の七八パーセントが貧困家族一時扶助を受給している。ルイジアナ州では、この比率がわずか四パーセントにとどまっている。(11)そして多くの人が想像しているように、政府は上層部を支援している。各種税制優遇措置により免除された税金の半分は、米国の人口の二〇パーセントを占める最富裕層の手に渡っているとする推計もある。

▼「黒人女性は白人女性よりもたくさんの子を産む」

最近の米国では、白人と黒人の出生率は差がなくなり、ほぼ等しくなりつつある。二〇一三年には、黒人女性ひとりが生涯に出産する子供の平均数(合計特殊出生率)は一・八八人だった。白人女性については、ひとりあたり一・七五人だった。(12)

▼「多くの人――四〇パーセントくらい――が連邦政府や州政府で働いている」

労働統計局によれば、二〇一四年度末に、米国の非農業部門の労働者一億四三〇〇万人のうち、連邦政府の非軍事部門に雇用されていたのは一・九パーセントだった。[13] さらに一パーセントが軍の下士官・兵として採用されていた。[14] 州政府で働いているのは、三・五パーセントだ。これには、学校や病院の職員もふくまれる。加えて、九・八パーセントの労働者――公立学校の教師もふくむ――が地方自治体で働いている。[15] 二〇一四年には、八二万六八四八人――米国の労働者人口の〇・五八パーセント――が軍隊で予備役兵として任務についていた。連邦政府、州政府、地方自治体の軍民両方の労働者を合計すると、二〇一四年に政府に勤務していた人は一七パーセント足らずであったことになる。

▼「公務員は給料をもらいすぎている」

二〇〇六年、二〇〇七年の人口動態調査の年次社会経済補完調査のデータを利用して、学歴、経験、性別、人種、民族、未婚／既婚、常勤／非常勤、勤務時間などの条件が等しい人々を抽出し、公共セクターと民間セクターの給与を比較した結果、民間セクターのほうが一二パーセント高いことがわかった。[16]

高学歴の女性の場合、民間セクターでは、同等の学歴の男性より給与が二一パーセントも少ないが、公共セクターでは一二パーセント少なかった。つまり、どちらのセクターでも女性のほうが所得が低いが、公共セクターのほうが差が小さいわけだ。黒人についても同じことが言える。どんな学歴であろうと、公共セクターで働く黒人は、白人よりも給料が安い。しかし民間セクターのほうが差が大きい。公共セクターでは、彼らの給与は白人より二パーセント少ないが、民間セクターでは一三パーセントも少ない。[17]

▼「環境規制が厳しければ厳しいほど、雇用は減少する」

わたしがインタビューをしたティーパーティー支持者のほぼ全員が、雇用と環境保護との交換《トレードオフ》関係に言及した。彼らの考えによると、環境規制が厳しくなれば、企業はそれだけ高いコストを負担するはめになり、そのコストを回収するため、商品の値を吊り上げる。すると売上が落ちて、雇用が減少するというのだ。

しかしこのような二者択一論は成り立つのだろうか。現実には成り立っていない。[18] 一九九三年におこなわれたある調査では、各州の環境保護に対する姿勢の厳しさを、過去二十年間の経済的健全度を測る指標（全般的な経済成長、雇用の増加、建設需要の増加）によって比較評価し、環境基準が厳しいからといって、経済成長のスピードが鈍るわけではないことを明らかにしている。[19] 二〇〇一年には、ロサンゼルス地区の工場を対象に、新しい大気汚染防止法について調査がおこなわれ、その結果、この地域では米国で最も厳しい規制が実施されたにもかかわらず、実質的に雇用が減少しなかったことが報告された。[20] 二〇〇二年のある調査でも、深刻な汚染を引き起こしている四つの産業に対する環境規制の影響を分析した。規制による損失が懸念されていたからだ。四つの業種のうち、ふたつ（プラスチック工業と石油工業）では、雇用への影響は小さかったものの、ある程度は確認できた。しかしほかのふたつ（紙パルプ工業と鉄鋼業）では、統計上顕著な影響は見られなかった。[21] 最後に、二〇〇八年のある調査では、環境保護事業への投資により、働き口の増減はいくらかあったものの、総合的に見て、雇用に良好な影響が見られたことが判明した。それどころか、いまや環境保護事業そのものが利益を生み、雇用を創出する主要産業となっている。フロリダ、ミシガン、ミネソタ、ノースカロライナ、オハイオ、ウィスコンシンの各州を比較調査したふたりの研究者は、より厳しい環境政策を実施したからといって雇用の拡大が阻害されることはないと報告している。[22]

環境規制当局が過剰な義務を課せば、大規模なレイオフにつながるのだろうか。労働統計局の大規模レイオフ調査[23]によれば、一九八七年から一九九〇年までの全レイオフのうち、「環境と安全に関係した」ものは、〇・一パーセントにすぎなかった。[24] 二〇一二年に、非農業部門の民間企業で実施されたレイオフ六五〇〇件を対象に実施された最新の調査では、「災害または安全」に関わるレイオフは、全体の〇・六九パーセントに相当する四五件だった。これには、「有害な就労環境」や「自然災害」に関係したケースもふくまれている。「政府による規制／介入」によるレイオフは、全体の〇・二八パーセントに相当する一八件にとどまった。[25]

▼「経済的優遇措置を準備し、規制をゆるめないと、石油・ガス産業はどこかよその地域に拠点を移してしまう」

二〇〇四年、地方自治体の財政政策が企業の立地決定に与える影響について、ある研究者チームが調査した。一九九三年から一九九五年にかけてメイン州で業務を開始した三七六三社について調べた結果、企業は、増税をしてでも、公共財や公共サービスにお金をかける地方自治体を好む傾向にあることがわかった。つまり、そうした自治体に比べ、減税を実施して財政支出を低く抑える政策をとっている地方自治体のほうが、新規事業を誘致できる見込みが低いわけだ。[26] 企業を惹きつける〝努力〟をしているか否かにかかわらず、経済的優遇措置に頼る自治体は望ましくない結果に直面する恐れがあることを示す最近のエビデンスもある。二〇一〇年のある調査では、全国七〇〇〜一〇〇〇カ所の地方自治体を対象に、一九九四年、一九九九年、二〇〇四年に実施された調査の分析をもとに、企業への優遇策がどのような成果を生んだか、追跡調査をおこなった。その結果、優遇策への依存度が高い自治体ほど、ほかの自治体と競合するはめになりやすく、経済の停滞や衰退、低い税基盤に苦しむ確率が高いことがわかった。このような自治体が企業優遇策をとり続ければ、破壊的な競争にくり返し巻き込まれる悪循環に陥る可能性があるのだ。(27)

▼「州が産業に助成金を出すことは、雇用拡大に役立つ」

ルイジアナ州最大手の新聞、アドヴォケート紙が二〇一四年に八回にわたって連載した特別調査リポート(28)には、「気前のよいルイジアナ〔Giving Away Louisiana〕」というタイトルがついていた。取材班が知りたかったのは、もしルイジアナ州が毎年、税収から約一一億ドルずつを〝助成金〟として企業に支払えば、州民はその金額に見合うだけの職に就けるのかということだ。答えは「ノー」だった。

ルイジアナ州の納税者は、産業が提供する働き口のひとつひとつに、膨大な金額を費やしていると考えられる。アドヴォケート紙の調査部編集長、ゴードン・ラッセルによれば、「バレロ・エナジー社〔石油精製企業〕がセントチャールズ郡ノルコで運営している事業〔製油所〕を拡大して、四三人分の雇用を新規に創出すると発表したとき、ルイジアナ州はその費用一〇〇〇万ドル——ひとりあたり二五万ドル近い金額——を負担すると約束した」という。しかし実際に同社がルイジアナで社員を採用したときには、この助成金を受けての対応であったのかどうか不明だった。ルイジアナ州は、二〇一三年にはフラッキング企業に対し、減税措置として、税収から二億四〇〇〇万ドルを還付したが、ラッセルは、「この減税措置が呼び水となって掘削がさかんにおこなわれたという証拠は皆無に等しい」と指摘する。掘削は、石油・ガスの可採量と価格によって増減するのであって、政府助成金の金額の影響を受けるものではない、と彼は言う。州から企業に支払われる助成金は、ルイジアナ州の経済成長を上まわるスピードで増え続けている。

企業への助成金と雇用の関係を調べている監視機関、グッド・ジョブ・ファーストは、これまで調査した五〇州では、情報開示の程度に差があったと述べている。しかしそうした但し書きをつけながらも、ルイジアナはほかのどの州よりも、住民ひとりあたりの税金から支出している助成金の金額が多いと、この機関は報告している。

▼「石油がほかの分野の経済を刺激する」

石油が稼ぎ出したお金はルイジアナ州内にとどまっているのか、それとも、役員報酬として、あるいはよそで暮らす株主への配当として、州外へ出ていってしまうのか。この疑問の答えを出すため、わたしたちは、ルイジアナ州の総生産(GSP)と、総個人所得(TPI)を比較してみた。州から多くのお金が〝漏出〟するほど、GSPとTPIの差が大きくなる。つまり、個人所得の総額がGSPよりも多ければ、それは州の総生産に加算されていないわけだから、どこかよそへ漏出しているのだ。わたしたちは、商務省の経済分析局のデータを、二〇一二年の米ドル価値に換算し、一九九七年から二〇一二年までの〝漏出〟を、所得に占めるパーセンテージで表してみた。すると、全体としては、ルイジアナ州から二〇〜三五パーセントが漏出していたことがわかった(年度によっても異なる。たとえば、二〇〇三年には少なく、二〇〇五年には多かった)[29]。地元の企業は利益を州外に漏出させない傾向にあるが、州外に活動拠点や本社を持つ大規模な多国籍企業は、漏出させる傾向にあった。

▼「共和党大統領政権下のほうが絶対に経済は良好だ」

一九四九年から二〇〇九年までの六〇年間では、民主党大統領政権下のほうが失業率が低く、国内総生産(GDP)が高かった。[30] 政治学者のラリー・バーテルズも、共和党大統領の時代には、格差が拡大し、民主党大統領政権下では、わずかに縮小したことを証明してみせた。[31] 最近では、プリンストン大学の経済学者たちが、米国経済は民主党大統領の時代のほうが経済成長の速度が速く、また、雇用も増えて失業率が低下し、企業の利益や投資も株式の平均配当利回りも増加していたことを確認した。しかしこれには、石油危機のタイミングや、主要な科学技術の登場によって経済に好影響がもたらされた時期(たとえばクリントン政権下のインターネット)が大きく関係しているという。言い換えれば、必ずしも大統領の政治手腕と連動しているとはかぎらないのだ。[32] 国の債務残高の対GDP比を見ると、共和党大統領のほうが民主党大統領よりはるかに増やしたことがわかる。一九四五年以降、最も高くしたのは、レーガンで、この対GDP比を六〇パーセント近くも上昇させてしまった。トルーマン、ケネディ、ジョンソン、カーター、クリントンはみな、これを下げることに成功している。[33]

訳者あとがき

ドナルド・トランプ氏が米国大統領に就任して、はや一年と八カ月。最新のギャラップ調査によれば、中間選挙を前にした二〇一八年九月現在の支持率は、米国全体では四〇パーセントと低めだが、共和党支持派では八七パーセントと信じられない高さを保っている。分断の根深さがうかがえるが、民主党支持派のあいだでは、意見の対立する人々の心情や立場を理解しようとする努力が続けられている。

本書『壁の向こうの住人たち――アメリカの右派を覆う怒りと嘆き』は、そうした試みのきっかけになった一冊だ。著者は、カリフォルニア大学バークレー校のアーリー・ラッセル・ホックシールド名誉教授。専門はフェミニスト社会学で、過去三〇年にわたり、ジェンダー、家庭生活、家事介護労働市場のグローバル化などの問題に取り組んで、多くの研究者に影響を与えてきた。一九八三年に出版された著書、『管理する心――感情が商品になるとき』(石川准、室伏亜希訳、世界思想社。邦訳は二〇〇〇年)では〝感情労働〟という概念を提唱、感情社会学という新しい研究領域を切り開いた。

本書でも感情面から、分断の壁に向き合った。調査の現場《フィールド》に選んだのは、ルイジアナ州南西部のレイクチャールズ市を中心とする一帯だ。メキシコ湾に面し、古木の森と湿地帯の広がる豊かな自然に恵まれた地域だが、沿岸部はエネルギーベルトと称される産油地帯でもあり、世界に名だたる大手石油関連企業がこぞって進出している化学工業地帯でもある。当然、環境汚染は深刻で、がんの多発地帯としても知られる。事故による原油流出、有害物質の漏出など、問題は後を絶たないが、被害に対する補償は十分になされていないようだ。それでも白人が多数を占める住民たちは、環境規制に反対し、企業の自由な経済活動を擁護する共和党を支持している。税金が企業誘致に使われても文句を言わず、雇用創出と税収増のためと受け入れる。現実には雇用は外国人労働者に奪われ、企業は州政府から法人税を免除されたうえ、利益は海外や州外の本社に回収されているというのに。産業の中心地でありながら、ルイジアナ州は米国最貧州のひとつに数えられるのだ。

リベラル派の著者には理解しがたい現状だった。しかしその裏にある住民たちのほんとうの思いを知りたいと考え、彼女は調査に乗り出した。いまから七年も前の二〇一一年のことだ。

その後、二〇一六年までの五年間に、著者は現地を一〇回訪れ、そのたびに長期滞在をして、四〇歳以上の保守派中間層・労働者層の白人男女四〇人にインタビューをした。彼らと行動をともにし、身の上話に耳を傾けるうちに、彼ら——とりわけ年配の男性——に共通するあるシナリオが見えてきた。事実であるかどうかはともかく、本人がこうだと感じている、彼らの人生の物語が浮かび上がってきたのだ。著者はそれを〝ディープストーリー〟と名付けた。まじめに働きさえすれば、いつかは自分もアメリカンドリームをかなえられると信じ、辛抱強く列に並んで待ってきたのに、現実はそうではなかった。産業のグローバル化、自動化が進んで働き口が減り、勤めていても給料は横ばい。そこへ、次々と列の前に割り込む者が現れた……。

時代のせいであてが外れた失望感、世代のせいで割を食った憤懣は、現代を生きるわれわれ日本人にもよくわかる。もちろん、同じ米国人である著者にも共感できた。誰もが独自のディープストーリーを持っているからだ。リベラルにもリベラルのディープストーリーがある、と彼女は言う。

著者は彼らの感情の溝に刻み込まれたこの物語のルーツを歴史的文脈から分析する。同時に、調査の協力者ひとりひとりのプロフィールもていねいに紹介していく。なかでも、掘削事故のために広大な土地が陥没して、住民たちが避難を余儀なくされ、コミュニティが崩壊した話は、とても他人事とは思えない。水質汚染の犠牲になった一族、労災事故に遭いながら、不当な理由で解雇された男性の話。企業が政治献金とロビー活動によって、政策や条例を思いのままにできる政治の現実。それに抗うことなく、公的な支援も求めずに自分の感情と折り合いをつけ、みずからの信念を貫いて耐え忍ぶ住民たち。読んでいるうちに、こちらの目に悔し涙がにじみ出す。渾身のルポルタージュである。

本書はトランプ氏当選前の二〇一六年九月に刊行され、大統領選が終わると、一一月九日付ニューヨークタイムズ紙に「トランプ勝利を理解するための六冊」のうちの一冊として紹介された。そして惜しくも受賞は逃したものの、全米図書賞ノンフィクション部門の最終候補作品にも選出された。

女性学という枠組みを一歩出て新境地を切り開いたとも言われるが、著者はすでに一九六〇年代から米国社会の分断に気づき、注視してきたという。長年、あたためてきたプロジェクトだったのではないだろうか。ページの端々から、人に出会い、つながる喜び、友人たちの思いを届けたいと願う静かな熱意が伝わってくる。著者自身がしなやかに壁を越えてみせているのだ。

考え方は異なっても、共感を阻む壁をはさんで言葉を交わすことはできる。手をとりあうことさえできるかもしれない。希望を捨てずに対話を続けてほしいと、この本は語りかけている。

二〇一八年九月

布施由紀子

アーリー・ラッセル・ホックシールド
米国ボストン生まれの社会学者．カリフォルニア大学バークレー校名誉教授．フェミニスト社会学の第一人者として，過去30年にわたり，ジェンダー，家庭生活，ケア労働をめぐる諸問題にさまざまな角度から光をあてて，多くの研究者に影響を与えてきた．早くから感情の社会性に着目し，1983年には本国で著書『管理する心』(世界思想社)を発表，感情社会学という新しい研究分野を切り開いた．その後も『セカンド・シフト』(朝日新聞社)，『タイム・バインド』(明石書店)などを出版．単著として9冊目にあたる本書では，南部ルイジアナ州に暮らす共和党支持派の白人中間層の心情に向き合い，米国を分断する“共感の壁”を越える手がかりを探った．本書は広く反響を呼び，2016年度全米図書賞ノンフィクション部門にノミネートされた．

布施由紀子
翻訳家．大阪外国語大学英語学科卒業．訳書に，『ブラッドランド—ヒトラーとスターリン 大虐殺の真実』(ティモシー・スナイダー著，筑摩書房)，『1493—世界を変えた大陸間の「交換」』(チャールズ・C・マン著，紀伊國屋書店)，『ブッチャーズ・クロッシング』(ジョン・ウィリアムズ著，作品社)，『日本のカーニバル戦争—総力戦下の大衆文化 1937-1945』(ベンジャミン・ウチヤマ著，みすず書房)など．

壁の向こうの住人たち
アメリカの右派を覆う怒りと嘆き　A. R. ホックシールド

2018年10月25日　第1刷発行
2022年11月25日　第4刷発行

訳　者　布施由紀子《ふせゆきこ》

発行者　坂本政謙

発行所　株式会社 岩波書店
〒101-8002 東京都千代田区一ツ橋2-5-5
電話案内 03-5210-4000
https://www.iwanami.co.jp/

印刷・三陽社　カバー・半七印刷　製本・松岳社

ISBN 978-4-00-061300-2　　Printed in Japan

原　　注

〔訳者より――著者が参照したウェブサイトのなかには，現在，閲覧不能になっているものがあります．その場合は訳注をつけ，2018 年 9 月現在，同じ資料が閲覧できる別のサイトか，関連サイトの URL を可能なかぎり付記しました．なお，邦訳のある書籍資料については，参考文献リストに情報を記載します〕

第 1 章　心に向かう旅

(1)　進歩主義者もティーパーティー支持者も，それぞれに，わたしが暗黙の“共感のルール”と呼ぶものを持っている．右派の人々は裕福な人々に共感する傾向があり，左派は貧しい労働者に心を寄せる傾向がある(それぞれ，ドナルド・トランプとバーニー・サンダーズがお気に入りだ)．2015 年の夏〔バトンルージュで白人警官が黒人青年を逮捕する際に射殺する事件が発生し，黒人市民が抗議デモをした〕，わたしは自分がインタビューした右派の人々のフェイスブックに，白人警察官に好意的な話がたくさん書き込まれているのに気がついた．一方，サンフランシスコのベイエリアに暮らす友人たちのフェイスブックでは，黒人の人権団体，ブラック・ライヴズ・マター〔Black Lives Matter〕の運動について話し合われていた．それぞれに，独自の共感地図があるのだ．わたしの著書，*So How's the Family? and Other Essays* (Berkeley and Los Angeles: University of California Press, 2012[1983])に所収のエッセイ，“Empathy Maps”を参照のこと．

(2)　Shanto Iyengar and Sean Westwood, “Fear and Loathing Across Party Lines: New Evidence on Group Polarization,” *American Journal of Political Science* 59, no. 3 (2014): 45，Shanto Iyengar, Gaurav Sood, and Yphtach Lelkes, “Affect, Not Ideology: A Social Identity Perspective on Polarization,” *Public Opinion Quarterly* 76, no. 3: 405–31.

(3)　Cass R. Sunstein, “‘Partyism’ Now Trumps Racism,” *BloombergView*, September 22, 2014, http://www.bloombergview.com/articles/2014-09-22/partyism-now-trumps-racism, Jonathan Chait, “Confessions of a ‘Partyist’: Yes, I Judge Your Politics,” *New York Magazine*, October 30, 2014, http://nymag.com/daily/intelligencer/2014/10/im-a-partyist-and-yes-i-judge-your-politics.html を参照．隔たりが大きくなった原因のひとつに，民主党，共和党の内的整合性が増すにつれ，つねにどちらか一方を支持するわけではない人が無党派に流れたことがあげられる．

(4)　Bill Bishop and Robert G. Cushing, *The Big Sort: Why the Clustering of*

Like-Minded America Is Tearing Us Apart (New York: Houghton Mifflin Company, 2008).

(5) Charles Babington, "A Polarized America Lives as It Votes," Pew Research Center, summer 2014, http://magazine.pewtrusts.org/en/archive/summer-2014/a-polarized-america-lives-as-it-votes.

(6) Christopher S. Parker and Matt Barreto, *Change They Can't Believe In: The Tea Party and Reactionary Politics in America* (Princeton, NJ: Princeton University Press, 2013), 14. 複数の調査により，米国人の 18～30 パーセントがティーパーティーに共鳴していることがわかっている．Steve Coll, "Dangerous Gamesmanship," *New Yorker*, April 27, 2015.

(7) "Not All Republicans Think Alike About Global Warming," Yale Program on Climate Change Communication, http://environment.yale.edu/climate-communication/article/not-all-republicans-think-alike-about-global-warming. さらに，"3 out of 4 Believe Climate Change Is Occurring: Views of Key Energy Issues Are Shaped by Partisan Politics," *University of Texas News*, October 20, 2015, http://news.utexas.edu/2015/10/20/views-of-key-energy-issues-are-sha ped-by-partisan-politics, Sheril Kirshenbaum, "Political Ideology Continues to Be the Single Greatest Determinant of Americans' Views on Climate Change," http://news.utexas.edu/2015/10/20/views-of-key-energy-issues-are-shaped-by-partisan-politics も参照のこと．

(8) Amanda Terkel, "GOP Platform in Years Past Supported Equal Rights, Higher Wages, Funding for the Arts," *Huffington Post*, September 4, 2012, http://www.huffingtonpost.com/2012/09/04/gop-platform_n_1852733.html; Christina Wolbrecht, *The Politics of Women's Rights: Parties, Positions, and Change* (Princeton, NJ: Princeton University Press, 2000).

(9) Joshua Gillin, "Income Tax Rates Were 90 Percent Under Eisenhower, Sanders Says," *PolitiFact*, November 15, 2015, http://www.politifact.com/truth-o-meter/statements/2015/nov/15/bernie-s/income-tax-rates-were-90-percent-under-eisenhower-/.

(10) "South Dakota House: Abolish U. S. Department of Education," Tea Party.org, January 29, 2015, http://www.teaparty.org/south-dakota-house-abolish-u-s-dept-education-80153; Pete Kasperowicz, "Who Wants to Abolish the IRS? So Far, 58 House Republicans," *The Blaze*, http://www.theblaze.com/blog/2015/01/07/who-wants-to-abolish-the-irs-so-far-58-house-republicans.

(11) Nick Bauman, "Tea Party Frontrunner: Abolish Public Schools," *Mother Jones*, October 14, 2010.

(12) Will Rogers, "Our Land, Up for Grabs," *New York Times*, Editorial, April 2, 2015, https://www.nytimes.com/2015/04/02/opinion/our-land-up-for-grabs.html.

(13) Jaime Fuller, "Environmental Policy Is Partisan. It Wasn't Always." *Washington Post*, June 2, 2014. https://www.washingtonpost.com/news/the-fix/wp/2014/06/02/support-for-the-clean-air-act-has-changed-a-lot-since-1970/.

(14) Clem Brooks and Jeff Manza, "A Broken Public? Americans' Responses to the Great Recession," *American Sociological Review* 78, no. 5(2013): 727–48.

(15) 米国の国民の平均寿命は 78.9 歳，ニカラグアでは 74 歳である．平均寿命の最も短い 9 つの州はすべて赤い州で，75.0 歳(ミシシッピ州)から 76.3 歳(テネシー州)である．平均寿命が長い州はすべて青い州で，80.3 歳(ニュージャージー州)から 81.3 歳(ハワイ州)までのあいだだった．World Health Organization, *Global Health Observatory Data Repository* [*2013 data*], http://apps.who.int/gho/data/node.main.688. また，Social Science Research Council, *The Measure of America: HD Index and Supplemental Indicators by State*, 2013–2014 Dataset (Brooklyn, NY: Measure of America, 2014), Annie E. Casey Foundation, *The 2009 KIDS COUNT Data Book: State Profiles of Child Well-Being*, http://www.aecf.org/resources/the-2009-kids-count-data-book も参照．さらに，Gallup-Healthways, "State of American Well-Being," 2014 も参照．この調査では，全般的な幸福度でルイジアナ州が 40 位にランクされている．

(16) United Health Foundation, *America's Health Rankings, 2015 Annual Report*, 8, http://www.americashealthrankings.org.

(17) Social Science Research Council, *The Measure of America: American Human Development Report 2008–2009* (Brooklyn, NY: Measure of America, 2009).

(18) ルイジアナ州はミシシッピ州に次いで，連邦政府の資金に依存する度合いが高い．David Freddoso, "State Government Dependence on Federal Funding Growing at Alarming Rate," *State Budget Solutions*, April 15, 2015, http://www.statebudgetsolutions.org/publications/detail/state-government-dependence-on-federal-funding-growing-at-alarming-rate〔参考 URL: https://www.washingtonexaminer.com/exography-state-government-dependence-on-federal-funding-growing-at-alarming-rate〕.

(19) Katherine Cramer Walsh, "Putting Inequality in Its Place: Rural Consciousness and the Power of Perspective," *American Political Science Review* 106, no. 3(2012): 517–32.

(20) Alec MacGillis, "Who Turned My Blue State Red?," *New York Times*, November 20, 2015.

(21) Larry Bartels, "What's the Matter with *What's the Matter with Kansas?*" *Quarterly Journal of Political Science* 1(2006): 211. 国全体としては，1972年から2014年にかけて，自分は無党派だと言う白人の数が増えてきた．しかしどちらかの政党を支持すると答えた白人のうち，民主党支持派が41〜24パーセントに激減した一方，共和党支持派は，24〜27パーセントへと，じりじり増加している．南部では，民主党支持派の減少率が大きく，共和党支持派はもっと増えている．住民たちがどのように投票するかではなく，自分をどう見ているかに着目しても，数値が変化する方向に変わりはない．1972年から2014年までの総合的社会調査(GSS)によれば，南部では，白人の共和党支持者が19パーセント(1972年)から34パーセント(2014年)に上昇した．国全体では，24パーセント(1972年)から27パーセント(2014年)に増えていた．

2015年には，フロリダ，ジョージア，サウスカロライナ，ノースカロライナ，バージニアなどの南部の州から，大統領選出馬に意欲を示す〔共和党〕候補者が驚くほどたくさん出てきた．テッド・クルーズとリック・ペリー(ともにテキサス)，ジェブ・ブッシュとマルコ・ルビオ(ともにフロリダ)，リンゼイ・グレアム(サウスカロライナ)，マイク・ハッカビー(アーカンソー)，ボビー・ジンダル(ルイジアナ)などが顔を揃えた．

(22) 高卒以下の白人の35パーセントが共和党候補に，26パーセントが民主党候補に投票していた．大卒の白人でも，この比率はほぼ変わらない．民主党の支持率のほうが高かったのは，大学院卒の白人のみだ．A. D. Floser, "A Closer Look at the Parties in 2012," Pew Research Center, August 23, 2012, http://www.people-press.org/2012/08/23/a-closer-look-at-the-parties-in-2012/.

(23) Henry Wolff, "Race and the 2012 Election," American Renaissance, November 9, 2012, http://www.amren.com/features/2012/11/race-and-the-2012-election/. 2012年の大統領選挙では，ミシシッピ州でのみ，白人のごく一部——10パーセント——がオバマに投票している．

(24) クラルス・リサーチ・グループ〔無党派の調査会社〕が，投票に行く見込みのルイジアナ州民602人を対象におこなった世論調査によると，46パーセントがティーパーティーを支持していた．Associated Press, "Obama Approval Ratings Low in Louisiana," *New Orleans City Business*, October 13, 2011, http://neworleanscitybusiness.com/blog/2011/10/13/obama-approval-ratings-low-in-louisiana.

(25) ルイジアナ州から選出された米国議会下院議員は7名——現在は6名——で，2014年には，このうち，ジョン・フレミング，スティーヴ・スカリス，ジェフ・ランドリーの3名がティーパーティー議員連盟に所属していた．

(26) Isaac William Martin, *Rich People's Movements: Grassroots Campaigns to Untax the One Percent*(New York: Oxford University Press, 2013).

(27) Taki Oldham, *The Billionaires'Tea Party*, https://www.youtube.com/watch?v=-zBOQL5lZuU〔https://shop.mediaed.org/the-billionaires-tea-party-p147.aspx などで DVD が販売されている〕.

(28) Jane Mayer, *Dark Money: The Hidden History of the Billionaires Behind the Rise of the Radical Right*(New York: Random House, 2016). 政治反応調査センター〔Center for Responsive Politics 政治資金を調査・監視する非営利機関〕によると，2014 年の選挙では，石油・ガス産業が政治献金の 87 パーセント――石炭企業は 96 パーセント――を共和党の候補者に贈っていた．代替エネルギー産業では 56 パーセントを民主党候補者に献金していた．Paul Krugman, "Enemies of the Sun," *New York Times*, Op-Ed, October 5, 2015. さらに，Miriam Diemer, "Energy and Natural Resources: Industry Influence in the Climate Change Debate," OpenSecrets. org, https://www.opensecrets.org/news/issues/energy を参照のこと．

(29) Fredreka Schouten, "Koch Brothers Set $889 Million Budget for 2016," *USA Today*, January 27, 2015, http://www.usatoday.com/story/news/politics/2015/01/26/koch-brothers-network-announces-889-million-budget-for-next-two-years/22363809/. Kim Phillips-Fein, *In Invisible Hands* は，コーク兄弟，メディア王ルパート・マードックから，ティーパーティーへの資金の流れを追っている．Kim Phillips-Fein, *Invisible Hands: The Businessmen's Crusade Against the New Deal*(New York: W. W. Norton & Company, 2007) も参照．

(30) Jane Mayer, "Covert Operations," *New Yorker*, August 30, 2010. Kenneth P. Vogel, *Big Money: 2. 5 Billion Dollars, One Suspicious Vehicle, and a Pimp-on the Trail of the Ultra-Rich Hijacking American Politics* (New York: Public Affairs/Perseus Group, 2014), Daniel Schulman, *Sons of Wichita: How the Koch Brothers Became America's Most Powerful and Private Dynasty* (New York: Grand Central Publishing, 2015) も参照のこと．

(31) Nicholas Confessore, Sarah Cohen, and Karen Yourish, "Buying Power," *New York Times*, October 10, 2015. もちろん，民主党候補に献金する裕福な寄贈者もいるが，フォーブス誌が 50 名の資産家を対象におこなったアンケート調査では，主として共和党候補に献金した人は 28 名，主として民主党候補に献金した人はわずか 7 名だった．Katia Savchuck, "Are America's Richest Families Republicans or Democrats?" *Forbes*, July 9, 2014.

(32) Thomas Frank, *What's the Matter with Kansas? How Conservatives Won the Heart of America*(New York: Metropolitan Press, 2004), 7.

(33) Colin Woodard, *American Nations: A History of the Eleven Rival Regional Cultures of North America*(New York: Penguin Books, 2011).

(34)　Robin L. Einhorn, *American Taxation, American Slavery* (Chicago: University of Chicago Press, 2008).

(35)　Brian Montopoli, "Tea Party Supporters: Who They Are and What They Believe," CBS News, December 14, 2012. *CBS/New York Times* が 1580 人を対象に実施した調査より．

(36)　ティーパーティーについて早くから調査を進めていたシーダ・スコチポルとヴァネッサ・ウィリアムソンは，その全体像を描き出した名著，Theda Skocpol and Vanessa Williamson, *The Tea Party and the Remaking of Republican Conservatism* (New York: Oxford University Press, 2012) の中で「感情移入の飛躍〔empathetic leap〕」があったのだと述べている (47) が，インタビューをした人のプロフィールや人数は明らかにしていない．ふたりがとくに重視したのは，動員された草の根グループと，広範な政治状勢との関係だ．さらに，ティーパーティーを産み出したさまざまな要因――バラク・オバマ大統領の誕生，FOX ニュース，2008 年の世界金融危機――にも焦点を当てた．彼女たちのほかには，ティーパーティー運動の歴史的ルーツをたどった研究者や，2011 年の"ウォール街を占拠せよ"運動〔Occupy Wall Street 経済格差の解消や雇用の改善を求めた抗議活動〕への反動と解釈した研究者もいる．Lawrence Rosenthal and Christine Trost (eds.), *Steep: The Precipitous Rise of the Tea Party* (Berkeley: University of California Press, 2012) を参照のこと．

(37)　シーダ・スコチポルとヴァネッサ・ウィリアムソンは，*The Tea Party and the Remaking of Republican Conservatism* の中で，米国では，オバマ政権の誕生をきっかけに，古くからあった三つの保守的な流れが新たにひとつに合わさったと，説得力のある議論を展開している．年配保守派の白人中間層は，オバマが自分たちを代表しているとは思わず，彼に代わる指導者を求めた．彼らは，自由市場を擁護するグループ――おもに"繁栄をめざすアメリカ人の会〔Americans for Prosperity〕"と"フリーダムワークス〔FreedomWorks〕"――と，FOX ニュースと力を合わせて，自分たちの言葉を広めたのだという．Lawrence Rosenthal and Christine Trost (eds.), *Steep: The Precipitous Rise of the Tea Party* では，より広い歴史的観点からティーパーティー運動について考察している．

(38)　カリフォルニア大学バークレー校のふたりの言語学者による著書，George Lakoff and Mark Johnson, *Metaphors We Live By* (Chicago: University of Chicago Press, 2003) からヒントを得た．レイコフとジョンソンは，わたしたちの考えや行動はメタファー〔暗喩〕によって方向づけられると述べている．わたしは，感じ方も方向づけられると思う．政府を"ビッグブラザー"――何かと親分風を吹かせ，いばり散らしていて威圧的な存在――と呼べば，恐怖や敵意を引き起こす．大きな"ベビーシッター"と言えば，わたしたちは大きな赤ちゃんのような気持

ちになり，居心地の悪い恥ずかしさをおぼえることだろう．メタファーは，ふつうの話によけいな飾りをつけるために使うのではない．著者たちが的確に指摘しているように，メタファーはふつうの話し言葉に埋め込まれていて，絶えずわたしたちの感情を方向づけている．レイコフとジョンソンによれば，わたしたちはメタファーに遭遇するたび，人生をどのように見るべきか，それとなく提案されるのだという．わたしは本書の第9章で，列に並んで待つというメタファーをふくらませて，一篇の物語として描き出し，それから，右派の友人たちに，この話が実話のように感じられるかと尋ねてみた．すると全員がそう思えると答えた．

(39)　わたしが話を聞いた人の3分の1は，ケイジャン入植者の子孫だった．彼らの祖先はカトリック教徒のフランス人で，1600年代に祖国を離れて，ヌーベルフランス植民地──現在のカナダ，ノバスコシア州──のアケイディアに移り住んだ．やがて彼らは農民として，商人として成功し，繁栄した．しかし1740年代にイギリスがこの地を獲得し，住民たちに，国王に忠誠を誓って税金を納めるよう要求した．住民たちはこれを拒み，Grand Dérangement──1755年の大追放──がはじまった．この悲劇は，ヘンリー・ワーズワース・ロングフェローの物語詩「エヴァンジェリン──アケイディアの物語」にも描かれている．イギリス人はアケイディア人の家を焼き払い，無理やり船に乗せて送り出し，アメリカの海岸のさまざまな場所に降ろしていった．半数が寒さと天然痘で命を落とした．

ルイジアナに到着したケイジャンは，さらなる追放に直面した．今度は徐々に進んでいった．1803年のルイジアナ買収以降，クレオール(フランス，スペイン，アフリカの植民地で生まれた人の子孫)など，より裕福な集団が，ケイジャンを西へ追いやり，ミシシッピ河畔の一級の肥沃な農地から追い出してしまった．ある歴史学者によれば，多くのサトウキビ農園主は土地がほしかっただけではなく，ケイジャンたちが自由の身で自立して暮らしている姿を奴隷たちに見せたくなかったので，彼らが近くに暮らすのを好まなかったのだという．解放された黒人の中にも，ケイジャンにも，奴隷を保有する者が少数いたが，農園が点在するミシシッピ川沿岸からは，ほとんどのケイジャンが追い出された．彼らはルイジアナ南西部に落ち着く(そこで家畜を育て，コメやトウモロコシ，棉花を栽培する)か，さらに南の沼沢地帯に住み着いて漁業を営むはめになった．ティーパーティーの掲げる政策については，わたしが話を聞いたケイジャンと非ケイジャンとのあいだに，見解の相違がほとんど見られなかった．

(40)　2015年12月7日にノースイースタン大学のウェブサイトで調査した．https://www.southwestern.edu/life-at-southwestern/student-activities.

(41)　ボーリガード郡の名は，南部連合の軍旗のデザインに尽力した大将の名にちなむ．ジェファーソン・デイヴィス郡には南部連合の大統領，アレン郡には，南部連合陸軍准将ヘンリー・ワトキンズ・アレンの名がつけられている．記念碑に

ついては，“Louisiana Confederate Monuments and Markers,” http://www.scvtaylorcamp.com/monuments.html を閲覧のこと．

(42) Associated Press, “Cross Burning Defendant Speaks Out,” KPLC-TV, December 12, 2002, http://www.kplctv.com/story/317803/cross-burning-defendant-speaks-out/.

(43) Rachael Cernansky, “Natural Gas Boom Brings Major Growth for U. S. Chemical Plants,” *Environment 360*, January 29, 2015, https://e360.yale.edu/features/natural_gas_boom_brings_major_growth_for_us_chemical_plants/2842.

(44) 最大規模の工場拡張計画は，南アフリカの石油化学大手，サソール社によるものだ．サソール社は，そのために黒人コミュニティ，モスヴィルの土地をほしがっていて，長年ここを包囲し，立ち退き料を支払って住民たちを追い出そうとしていた．わたしはモスヴィルの住民集会に参加し，重機が走り回る野原に取り囲まれた土地で，トレーラー暮らしをしている男性と一日を過ごした．そこは現在，“重工業地域”に指定されている．水道も電気も止められ，いまでは郵便局も彼の住所に手紙を配達してくれなくなった．広範な環境汚染の影響に苦しむ人がなぜ環境規制の強化に反対し，環境浄化に予算を割くことに反対するのかが理解できれば，こうした大きな問題の解決に政府の助けを借りたがらない理由がわかるかもしれない．

第2章 「いいことがひとつ」

(1) “Cancer Facts and Figures 2015,” American Cancer Society, http://www.cancer.org/acs/groups/content/@editorial/documents/document/acspc-044552.pdf.

(2) リーは，長年，自分の職場で生成されてどこかよそへ運ばれていた危険な化学物質を扱っていた──そしてそれが間接的な形で自分のところへ戻ってくる結果になったという．彼の職場で作られていた化学物質のひとつ，ジクロロエタンは，別の化学物質に加えられて，エージェントオレンジ〔枯葉剤〕の製造に使われていた．リーによると，ベトナム戦争のさなか，この薬剤が55ガロン〔約204リットル〕のドラム缶に詰められて，カリフォルニア州のアラメダ海軍航空基地へ出荷されていたという．そこから航空機で東南アジアに運ばれ，広大なジャングルに撒き散らされたのだ．リーの妻の前夫は航空機関士で，飛行中に化学物質の入ったドラム缶に漏出が見つかったら修理することを任務としていた．あるとき，彼は誤ってエージェントオレンジを浴びてしまい，悲惨な死を遂げた．その後，妻はリーと結婚した．しかし彼女もまた，前夫の軍服を洗濯していたことから，エージェントオレンジに曝露し，息子にも影響が出てしまった．そんなわけで，エージェントオレンジが一周して，またリーのもとへ戻ってきたことになった．

(3) 魚が大量死した原因は，リーが投棄した有害廃棄物だけではない．サビーン川の監視にあたっている環境保護団体のメンバー，ポール・リンゴは，ある市民集会で企業の担当者たちに質問をして，ほかの有害廃棄物も関係していることを認めさせた．リンゴはもったいぶって一枚の紙を取り上げ，いくつもの事実を読み上げているかのように話しはじめたという．「わたしたちは，魚が死んだことを知っていました．そこへ，ある人から，ジクロロエタンの大きなタンクのひとつが空っぽになっていたという情報を教えてもらったんです．そこで，わたしは弁護士のように尋ねました．『そのタンクについて，何かふだんとちがうことがありますか』すると，ひとりが『ジクロロエタンがいくらか漏出しました』と認めたんですが，どの程度かは知らないと言いました．そこでわたしはききました．『だいたいどのくらいですか』と．『確かなことはわかりません』という答えが返ってきました．『そのタンクには通常，どのくらいの量が入っているのですか？』とたたみかけると，数万ガロンだといいます．『つまり，それだけの量のジクロロエタンがなくなっていて，所在不明だというわけですね』鎌を掛けたら，うまくいったんですよ！」これがきっかけで実地検分をすることになり，そのさなかに企業担当者が同時期にほかの漏出事故も起きていたことも認めたのだった．

(4) The Louisiana Seafood Marketing and Promotion Board, "By the Numbers: Louisiana's Ecology," http://www.louisianaseafood.com/ecology.

(5) 1970 年 1 月 1 日，ニクソン大統領はその年最初の公式声明の中で，「1970 年代は，汚染のない大気と水と生活環境を取り戻すことにより，過去の負債を必ず返す 10 年間にしなければなりません．文字どおり，いまはじめなければ，二度と好機はめぐってこないでしょう」と述べた．Jonathan Schell, *The Time of Illusion*(New York: Vintage Books, 1975), 74 より(この積極的な第一歩を踏み出した時期は，悲劇的にも，密かにラオス侵攻が計画されていた時期と一致する)．

(6) Michel Stewart Foley, *Front Porch Politics: The Forgotten Heyday of American Activism in the 1970s and 1980s*(New York: Farrar Strauss, 2013).

第 3 章　忘れない人々

(1) 用語について説明しておく．バイユーとは，沼〔swamp〕のような川のことだ．沼沢地とは，森林湿地〔forested wetland〕を指す．湿原〔marsh〕は草の生い茂る湿地〔grassy wetland〕または湿地草原〔wet prairie〕のことを言う．

(2) Sean Cockerham, "Louisiana French: L'heritage at Risk," *Seattle Times*, July 6, 2012. 1921 年，ルイジアナ州の憲法により，公立学校で英語以外の言語の使用が禁じられた．

(3) ルイジアナ州環境基準局の前身機関，ルイジアナ河川水質管理委員会によれば，早くも 1971 年には，カルカシュー湖畔の水産加工場でアオガニから 1.5

ppm の水銀が検出されていたという．2014 年，ウィリアム・フォントノーへのインタビューより．

(4) ここでは，構成要素(ビルディングブロック)となるさまざまな分子が合成される．会社は，最初のビルディングブロックとなる分子(エチレン系炭化水素)を他企業から買いつける．それから，塩性溶液(第二のビルディングブロック)をポンプで注入して，水酸化ナトリウム(または苛性ソーダ)を作り，それを売るのだ．この企業では，塩素と炭化水素の合成も手がけ，そこから，ジクロロエタン，ペルクロロエチレン，塩化ビニルなど，さまざまなものを生成していた．こうした処理の中で，"ヘビーボトムズ" と呼ばれるタール状の残滓が出ていた．リー・シャーマンはそれをバイユーディンドにつながる水路に投棄したのだ．

(5) James Ridgeway, "Environmental Espionage: Inside a Chemical Company's Louisiana Spy Op," *Mother Jones*, May 20, 2008, http://www.motherjones.com/environment/2008/05/environmental-espionage-inside-chemical-companys-louisiana-spy-op.

(6) Chris Pedersen, "Sasol Clears Major Hurdle to Build America's First GTL Plant," Oil Price. com, September 4, 2014, http://oilprice.com/Energy/Natural-Gas/Sasol-Clears-Major-Hurdle-to-Build-Americas-First-GTL-Plant. html. さらに，2014 年 2 月 20 日の Wilma Subra からのメール(添付ファイル "Sasol Permit")による．

(7) "Hazardous, Toxic and Radioactive Waste Reconnaissance Report (HTRW) Calcasieu River and Pass," Louisiana Dredged Material Management Plan, U. S. Army Corps of Engineers, New Orleans District, Prepared by Gulf Engineers and Consultants, Appendix G, maps も参照．

(8) *New York Times*, 1970 掲載の Kevin Phillips へのインタビュー：James Boyd, "Nixon's Southern Strategy: 'It's All in the Charts,'" *New York Times*, May 17, 1970, http://www.nytimes.com/packages/html/books/phillips-southern.pdf. また，"Governor Bobby Jindal Says Americans Want a 'Hostile Takeover' of Washington," TeaParty. org, September 16, 2014, http://www.teaparty.org/gov-bobby-jindal-says-americans-want-hostile-takeover-washington-55848 も参照．

(9) 2007 年には，ユニバーサル・プレースメント・インターナショナル社〔略称 UPI．カリフォルニアに本社を置く就職斡旋会社〕により，専門職の一時就労ビザ(H-1B)を取得したフィリピン人教師 350 名がルイジアナの公立学校に派遣されてきた．しかし彼らは 1 万 6000 ドルの入会金を支払わされていた．ほとんどがそのために借金をせざるをえず，月々の利息も請求された．UPI 社は，教師たちのパスポートとビザを取り上げ，借金の返済が終わるまで返さなかった．この契約はのちに違法とされ，会社幹部は人身売買のかどで収監された．Claire

Gordon, "Filipino Workers Kept as Slaves in Louisiana, Lawsuit Charges," *AOL Jobs*, November 15, 2011, https://www.jobs.aol.com/article/2011/11/15/filipino-workers-kept-as-slaves-in-louisiana-according-to-lawsu/20106284; "Lawsuit: Filipino Teachers Defrauded in International Labor Trafficking Scheme," LA. AFT. org, http://la.aft.org/news/lawsuit-filipino-teachers-defrauded-international-labor-trafficking-scheme.

(10) "David Vitter on Environment," On the Issues（さまざまな問題に関わる議会の法案や候補者の投票状況を掲載したウェブサイト）, http://www.ontheissues.org/Domestic/David_Vitter_Environment.htm.

(11) Svetlana Boym, *The Future of Nostalgia* (New York: Basic Books, 2001). Svetlana Boym, "Nostalgia and Its Discontents," *Hedgehog Review* (Summer 2007): 13, http://www.iasc-culture.org/eNews/2007_10/9.2CBoym.pdf.

(12) E. E. Evans-Pritchard, *The Nuer: A Description of the Modes of Livelihood and Political Institutions of a Nilotic People* (Oxford, UK: Clarendon Press, 1940); Laura Ann Stoler, "Imperial Debris: Reflections on Ruins and Ruination," *Cultural Anthropology* 23, no. 2 (2008): 191–219; Laura Ann Stoler, "Colonial Aphasia: Race and Disabled Histories in France," *Public Culture* 23, no. 1 (2011): 121–56.

(13) http://www.bayousandbyways.com/festivals2.htm〔参考 URL: https://www.louisiana-destinations.com/louisiana-festivals-events-2018.htm〕.

(14) Evans-Pritchard, *The Nuer*, 199–200〔この現象を「構造的忘却」と名付けたのは，社会人類学者のＪ・Ａ・バーンズとされる〕.

(15) 産業界のスポークスマンは，あたかも信仰に篤い人が環境を宗教的観点から語るような口のきき方をすることがある．2013 年に起きたアクシオール社の爆発事故のあと，CEO は会社の株主たちに対し，あれは「フォース・マジュール」――神の行為，あるいは人間の手に負えない事態〔不可抗力〕――だったと説明した．Pavel Pavlov, "US' Axiall Declares Force Majeure on VCM from PHH Monomers Plant," Platts, December 23, 2013, http://www.platts.com/latest-news/petrochemicals/houston/us-axiall-declares-force-majeure-on-vcm-from-21990566.

(16) Javier Auyero and Debora Alejandra Swistun, *Flammable: Environmental Suffering in an Argentine Shantytown* (Oxford: Oxford University Press, 2009), 128–29. 住民たちは「相手に都合のいいように時間を決められる」状況のなか，長いあいだ待っていた．

第4章　候補者たち

(1)　WWL-TV Staff, "Poll: Obama Loses Support in La.; Perry, Romney, Cain Close on GOP Side," WWL-TV, October 13, 2011, http://www.wwltv.com/story/news/politics/2014/08/29/14408560. 投票にいくと思われるルイジアナ州民602人を対象にWWL-TV〔ニニーオーリンズを拠点とする地方テレビ局〕がおこなった世論調査.

(2)　Ibid.

(3)　Scott Lewis, "Boustany and Landry Fight over Obamacare, Medicare, Negative Campaigns and Oilfield Jobs [Audio]," Cajun Radio, October 31, 2012, http://cajunradio.com/boustany-and-landry-fight-over-obamacare-medicare-negative-campaigns-and-oilfield-jobs-audio/?trackback=tsmclip.

(4)　2015年1月24日，環境保護庁(EPA)の"MyEnvironment"ツールを使用して，ルイジアナ州ラファイエット郡について調査した結果である．http://www.epa.gov/myenvironment を参照のこと．

(5)　環境規制の遵守状況を追跡する環境保護庁のデータベース，ECHO(Enforcement Compliance and History Online)により得られたデータ(2015年9月25日にアクセスし，ルイジアナ州ラファイエット郡について調査した)．https://echo.epa.gov を参照．

(6)　Stacy Mitchell and Fred Clements, "How Washington Punishes Small Business," *Wall Street Journal*, May 7, 2015. ルイジアナで当選を果たしたティーパーティーの候補者――チャールズ・ボウスタニー，ジョン・フレミング，スティーヴ・スカリス，ビル・キャシディなど――の多くは，第114米国議会で，下院に提出された法案HR37に賛成票を投じた．この法案は，包括的な金融規制改革を規定したドッド＝フランク法に逆行する内容で，「雇用創出および中小企業負担軽減法」という信じがたい名称がつけられていた．ミッチェルとクレメンツによれば，実際には大企業の力を強めて優位に導き，中小企業を不利な立場に追いやる内容だという．

(7)　League of Conservation Voters, Public Health Basis of the Clean Air Act, House Roll Call Vote 395 (Washington, D. C.: League of Conservation Voters, 2012), http://scorecard.lcv.org/roll-call-vote/2012-395-public-health-basis-clean-air-act. 2011年，ルイジアナ州選出のデイヴィッド・ヴィッター上院議員が共同提出に加わった環境保護庁廃止法案には，合計16名の共和党上院議員が賛成した．

(8)　Brad Johnson, "Senate Republicans Introduce Bill to Abolish the EPA," *Think Progress*, May 6, 2011, http://thinkprogress.org/politics/2011/05/06/164077/senate-republicans-introduce-bill-to-abolish-the-epa.

(9)　2012年，ルイジアナは，州民ひとりあたり約14.12キログラムの有毒物質を(すべての産業の現場内／現場外で，大気中／水中／土中に)排出した(2012年有害化学物質排出目録(TRI)記載の排出量6499万4928.19キログラムを人口460.2万人で割ったもの)．米国全体では，2012年の国民ひとりあたりの有毒物質排出量は約5.25キログラムである．ルイジアナの値を上回る州は5つだけだ．アラスカ州は州民ひとりあたり543.68キログラム，モンタナ州は27.17キログラム，ネバダ州は46.99キログラム，ノースダコタ州は22.36キログラム，ユタ州は30.48キログラムである．ルイジアナ州環境保健センター〔Center for Environmental Health〕(保健局の機関)のウェブサイトには，「ルイジアナは住民ひとりあたりの有害廃棄物と，水中／大気中／土中への有害化学物質の排出量では，米国内で最高位にある州のひとつである」と書かれている．

(10)　ミシシッピ川は，米国本土のおよそ40パーセントに相当する流域面積を有し，1800万の人々に飲料水を供給する．しかし飲料水をミシシッピ川に依存する13の郡は，パイプからの漏出，流出，化学廃棄物，農業排水により，水質汚染を招いてきた．ある郡の飲料水には，四塩化炭素〔オゾン層を破壊するフロンの原料〕やDDT，アトラジン〔除草剤〕など，75種類もの有毒物質がふくまれていることがわかった．Richard Misrach and Kate Orff, *Petrochemical America* (New York: Aperture Foundation, 2012), 143.

(11)　LouisianaTravel.com (ルイジアナ州観光局公式サイト), http://www.louisianatravel.com/cities/gonzales.

(12)　ルイジアナ州のミシシッピ川沿いの町，ノルコでは，もくもくとわき上がる美しく白い雲を“ノルコ積雲”と呼ぶ．有害な炭化水素がふくまれているからだ〔町の名は，ここにあるニューオーリンズ製油会社の略称NORCOにちなむ〕．Misrach and Orff, *Petrochemical America*, 4.

(13)　環境保護庁(EPA)のToxics Release Inventory (TRI: 有害化学物質排出目録)Explorerを参照．これによれば，ウエストレイク，レイクチャールズ，バイユーディインドのあるカルカシュー郡は，2013年には，米国で汚染の最も深刻な郡上位2パーセントにふくまれていた(2428郡中34位)．これは利用可能な最新データである．カルカシュー郡は，1990年には，報告のあった2315郡中，24番目に多くの有害化学物質を排出していた(つまり全米の最上位1パーセントにランクインしていたわけだ)．Environmental Protection Agency, TRI Explorer [Data file], 1990 and 2013 (Washington, D. C.: Environmental Protection Agency, 2015), http://iaspub.epa.gov/triexplorer/tri_release.chemical. 有害化学物質に関する情報は，規制対象産業の報告に記載された施設に基づくもので，個別の監視に基づくものではない．この仕組みは，1986年，米国議会が緊急計画および地域の知る権利に関する法律〔Emergency Planning and Community Right-to-

Know Act〕を制定したときに作られた.

(14)　2000 年，社会学者のロバート・D・ブラードは，5 つの州(アラバマ，ルイジアナ，オクラホマ，サウスカロライナ，テキサス)の有害廃棄物地下処分場の合計容量が，全国の処分場の総容量の 60 パーセント近くを占めていることを発見した．しかも，南部の全人口に占める黒人の比率は約 20 パーセントにすぎないのに，南部全体の有害廃棄物地下処分場容量の 63 パーセントが，民族的少数派の居住区域にある 4 カ所の地下処分場に占められている実態も明らかになった．Robert D. Bullard, *Dumping in Dixie: Race, Class, and Environmental Quality* (New York: Westview Press, 2000) を参照．Right-to-Know の 2011 年のデータによれば，ルイジアナは，他州からの有害廃棄物の引き受け量では，全州のうち 3 位に位置づけられている．ただしこれには，石油に関わる廃棄物 14 種のうち，10 種がふくまれていない．Right-to-Know Network, *Biennial Reporting System Quantities by State for 2011: Waste Received and Managed* (Washington, D. C.: Center for Effective Government, 2015), http://www.rtknet.org/db/brs/tables.php?tabtype=t3&year=2011&subtype=a&sorttype=rcv〔最新データとして，2015 年の施設別の引き受け処分量が http://www.rtk.net/brs/tables.php?tabtype=t2 で閲覧できる〕.

(15)　Abrahm Lustgarten, "Injection Wells: The Poison Beneath Us," *ProPublica*, June 21, 2012, https://www.propublica.org/article/injection-wells-the-poison-beneath-us.

(16)　Ken Silverstein, "Dirty South: Letter from Baton Rouge," *Harper's*, November 2013, 45–56.

(17)　"Remarks by the President to the Nation on the BP Oil Spill," White House Press Release, June 15, 2010, https://www.whitehouse.gov/the-press-office/remarks-president-nation-bp-oil-spill.

(18)　Mark Hertsgaard, "What BP Doesn't Want You to Know About the Gulf Spill," *Newsweek*, April 22, 2013. BP 社が海面に噴霧した分散剤，コレキシット 9527 とコレキシット 9500 を製造したナルコ社の取扱説明書には，過剰曝露による影響(悪心，嘔吐，腎臓か肝臓の損傷)が記載されている．数十人の原油回収作業員へのインタビューによれば，BP 社は彼らに取扱説明書を配布せず，どのような健康被害の恐れがあるか説明もせず，身を守る訓練もおこなわず，防護装具も配らなかったという．つなぎの作業服と手袋を渡されただけで，空気呼吸器やエアモニター〔空気中に浮遊する微粒子の量を測定する〕は用意されなかった．コレキシットは飛行機から，船上や海岸にいた作業員たちにじかに振りまかれた．彼らは，この有毒な分散剤は「台所用洗剤並みに安全」だとの説明を受けていた．Kate Sheppard, "BP's Bad Breakup: How Toxic Is Corexit?" *Mother Jones*,

September/October 2010, https://www.motherjones.com/environment/2010/08/bp-ocean-dispersant-corexit/. "Deep Water: The Gulf Oil Disaster and the Future of Offshore Drilling," Report to the President, National Commission on the BP Deepwater Horizon Oil Spill and Offshore Drilling, January 2011, https://www.gpo.gov/fdsys/pkg/GPO-OILCOMMISSION/content-detail.html.

(19) 科学者たちは，海中で死亡した海洋哺乳類の数は，死体が回収された個体数の16倍から50倍に達すると推定している．Lars Bejder, John Calambokidis, Scott D. Krauss, David Lusseau, Andrew J. Read, and Jooke Robbins, "Underestimating the Damage: Interpreting Cetacean Carcass Recoveries in the Context of the Deepwater Horizon/BP Incident," Conservation Letters 4, no. 3 (2011): 228–33，および Natural Resources Defense Council, "The BP Oil Disaster at One Year" (Washington, D. C.: Natural Resources Defense Council, 2011) を参照のこと．

(20) Michael Wines, "Fish Embryos Exposed to Oil from BP Spill Develop Deformities, a Study Finds," *New York Times*, March 24, 2014.

(21) Joseph Goodman, "Gulf Oil Spill Threatens Louisiana Native Americans'Way of Life," *Miami Herald*, June 1, 2010.

(22) Antonia Juhasz, "Investigation: Two Years After the BP Spill, a Hidden Health Crisis Festers," *The Nation*, April 18, 2012, http://www.thenation.com/article/investigation-two-years-after-bp-spill-hidden-health-crisis-festers/.

(23) BP社のエンジニアたちは，規定の操作手順に従わずに，通常の予防措置を4つか5つ飛ばし，最後のステップのみに頼るという致命的なミスを犯したのだった．エクソンモービル社の幹部が異例の対応に踏み切り，この事故は決して起こすべきではなかったとの公式声明を発表した．

(24) Lawrence C. Hamilton, Thomas G. Safford, and Jessica D. Ulrich, "In the Wake of the Spill: Environmental Views Along the Gulf Coast," *Social Science Quarterly* 93, no. 4 (2012), 1053–64. 調査に応じた住民のほとんどが共和党支持者だった．ふたつの郡のうちひとつでは，石油・ガス企業で働く労働者の17パーセント，もうひとつの郡では26パーセントが調査に協力した．その他の回答者は，この地域でサービス業に従事していた．原油流出事故による被害がさほど深刻ではなかったフロリダ地方〔元の英領西フロリダ植民地に相当する，ルイジアナ州南東部の8郡〕の住民は，皮肉にも，この一時停止措置に，より好意的だった．全国的には，ブルームバーグ社〔米国の大手総合情報サービス会社〕のアンケート調査に応じた人のうち，この措置を支持したのは3分の1にとどまった．Kim Chipman, "Americans in 73% Majority Oppose Ban on Deepwater Oil Drilling," *Bloomberg*, July 14, 2010, https://www.bloomberg.com/news/articles/2010-

07-14/americans-in-73-majority-oppose-ban-on-deepwater-drilling-after-oil-spill.

(25) Oliver A. Houck, "The Reckoning: Oil and Gas Development in the Louisiana Coastal Zone," *Tulane Environmental Law Journal* 28, no. 2 (2015), 185–296.

(26) わたしは拙著 *The Managed Heart: Commercialization of Human Feeling* (Berkeley: University of California Press, 1983)の中で，職務上感じる，あるいは感じているようにふるまうことを要求される賃金労働を，"感情労働"と名付け，これを航空機の客室乗務員や介護職員，看護師，販売員に適用した．また，家庭など，賃金の発生しない場で求められる同様の感情の管理にも"感情労働"という語を使った．

(27) ルイジアナ州では，アルコールを出す店に"営業時間"(つまりラストオーダー)の規制をしていない(ただし，郡ごとに独自に規制することができる)．*Louisiana Law Regarding the Unlawful Sale, Purchase and Possession of Alcoholic Beverages*, Louisiana R. S. 14: 93. 10–14.

(28) Michael Mizell-Nelson, "Nurturing the Drive-Through Daiquiri," *Louisiana Cultural Vistas*, March 12, 2015.

(29) 全米ライフル協会のウェブサイト，"Louisiana State Profile"(2015年7月31日閲覧．https://www.nraila.org/gun-laws/state-gun-laws/louisiana)．銃規制を求めるふたつのNPO，銃暴力防止法律センターとブレディ・キャンペーンの共同プロジェクトによる2013年の全州採点表では，ルイジアナ州は銃に関する法律のために40位にランクされ，"F"評価をつけられている．Law Center to Prevent Gun Violence and the Brady Campaign, *2013 State Scorecard: Why Gun Laws Matter* (San Francisco: Law Center to Prevent Gun Violence, 2013), http://www.bradycampaign.org/sites/default/files/SCGLM-Final10-spreads-points.pdf.

(30) Stephen Clark, "Gun Control Advocates Decry Louisiana's New Law Allowing Churchgoers to Pack Heat," Fox News, July 8, 2010, http://www.foxnews.com/politics/2010/07/08/gun-control-advocates-decry-louisianas-new-law-allowing-churchgoers-pack-heat.html. クラークはこの記事にこう書いている．「銃規制団体の暴力対策センターが米国保健福祉省疾病管理予防センターの下部組織，国立傷害予防管理センターの2006年のデータを使って分析したところによると，ルイジアナ州では，10万人につき19.87人が銃によって死亡している．米国全体では，この比率は10万人につき10人である」

(31) Adam Liptak, "Supreme Court Blocks Louisiana Abortion Law," *New York Times*, March 4, 2016, http://www.nytimes.com/2016/03/05/us/politics/supreme-court-blocks-louisiana-abortion-law.html.

(32) "Baggy Pants Law Will Fine Offenders in Louisiana Parish," *Huffington*

Post, April 14, 2013, http://www.huffingtonpost.com/2013/04/14/baggy-pants-law-fine-louisiana_n_3080851.html.

(33) Sarah Childress, "Has the Justice Department Found a New Town That Preys on Its Poor?" *Frontline*, April 27, 2015, http://www.pbs.org/wgbh/pages/frontline/criminal-justice/has-the-justice-department-found-a-new-town-that-preys-on-its-poor〔参考 URL: https://www.pbs.org/wgbh/frontline/article/has-the-justice-department-found-a-new-town-that-preys-on-its-poor〕.

(34) Institute for Criminal Policy Research, *World Prison Brief*, http://www.prisonstudies.org/highest-to-lowest/prison_population_rate.

(35) ルイーズの話によると，災難が起きるのは，たいていスケジュールに定められた“放出”(法律で許可されているガスや液体の排出)のときか，“転換”(ユニットの電源を切って清掃したり，新製品生産のための変更をおこなったりして，また起動させる)作業のさなかだという．

(36) *Pittsburgh Business Times* によれば，1 回目の爆発が起きたのは 2012 年 12 月 24 日のことだった．Malia Spencer, "Fire Damages PPG Industries Plant in Louisiana," December 27, 2012, http://www.bizjournals.com/pittsburgh/news/2012/12/27/plant-fire-causes-force-majeure-for-ppg. html. 次の爆発は，2013 年 12 月 20 日に起きた．Associated Press, "Number of Injured from Axiall Chemical Plant Fire in Westlake Rises to 18," *Times-Picayune*, December 25, 2013, https:/www.nola.com/environment/index.ssf/2013/12/number_of_injured_from_axiall. html.

第 5 章 「抵抗する可能性が最も低い住民特性」

(1) Loren C. Scott, *The Energy Sector: Still a Giant Economic Engine for the Louisiana Economy-an Update*, Louisiana Mid-Continent Oil and Gas Association and Grow Louisiana Coalition report, 2014, http://www.growlouisianacoalition.com/blog/wp-content/uploads/2014/07/Loren-Scott-Study.pdf〔参考 URL: http://www.lorenscottassociates.com/Reports/TheEnergySectorEconomicEngine.pdf〕. エネルギー・セクターは，全体の 15 パーセントと推定される 28 万 7008 人分の雇用を「支援」している．米国国勢調査局によれば，ルイジアナ州で雇用されている 153 万 5407 人のうち，9637 人が「石油・ガス採掘」業に従事し，2 万 823 人が「化学薬品製造」，1 万 2163 人が「石油・石炭製品製造」，2734 人が「プラスチック・ゴム製品製造」に携わっている．Loren C. Scott, *The Energy Sector: A Giant Economic Engine for the Louisiana Economy*, Baton Rouge: Mid-Continent Oil and Gas Association, http://www.scribd.com/doc/233387193/The-Energy-Sector-A-Giant-Economic-Engine-for-the-Louisiana-Economy.

(2)　石油業界で働く人の数はもっと少ないかもしれない．2014 年の米国労働統計局の推計値(季節的な要素を考慮していない)によると，「石油とガス」に関わる仕事に就いている人は，ルイジアナ州の労働人口の 3.32 パーセントを占めるにすぎなかった．この数には，石油・ガスの採掘，採掘支援業務，石油・石炭製品の製造，パイプラインによる輸送業務もふくまれる．Bureau of Labor Statistics, “Quarterly Census of Employment and Wages〔2014 年 12 月の推計〕”, http://data.bls.gov/cgi-bin/dsrv?en.

(3)　ルイジアナ南西部における地域的影響の研究〔Southwest Louisiana Regional Impact Study〕にはサソール社が資金を提供し，調査チームには，民間セクターのコンサルタントや州立マクニーズ大学の研究者が加わった．結果が発表されたのは 2014 年 10 月である．CSRS, *Southwest Louisiana Regional Impact Study, 2014*, 1, 3, http://www.gogroupswla.com/Content/Uploads/gogroupswla.com/files/SWLA%20Regional%20Impact%20Study_Final.pdf〔参考 URL: http://revenue.louisiana.gov/Miscellaneous/Southwest%20Louisiana%20Regional%20Impact%20Study.pptx〕．新規雇用を予定していた 1 万 8000 人のうち，1 万 3000 人は，ルイジアナ南西部以外の地域から採用される見込みだった．報告書には，「SWLA(ルイジアナ南西部)では，必要人員を満たすだけの人材が不足している．1 万 3000 以上の職務を SWLA への移住者で満たす必要が生じるものと予測される」(3)と書かれている．

(4)　CSRS, ibid. ルイジアナ州で働くフィリピン人労働者の存在は，しばしば，石油掘削施設の事故のニュースで明るみに出る．Jennifer A. Dlouhy, “Dangers Face Immigrant, Contract Workforce in Gulf,” *FuelFix*, November 3, 2013, http://fuelfix.com/blog/2013/11/03/dangers-face-immigrant-contractor-workforce-in-gulf/. 地元のテレビ局でも，メキシコ湾の石油掘削施設で怪我をしたフィリピン人労働者のニュースが伝えられたことがあった．Associate Press, “Gulf Platform Owner Sued Over Deadly 2012 Blast,” KPLC-TV, http://www.kplctv.com/story/23832004/gulf-platform-owner-sued-over-deadly-2012-blast.

(5)　Curt Eysink, *Louisiana Workforce Information Review, 2010*, Statewide Report, https://www.doleta.gov/performance/results/AnnualReports/2010_economic_reports/la_economic_report_py2010_workforce. pdf.

(6)　Ballotpedia, “Louisiana State Budget and Finances,” 2013, https://ballotpedia.org/Louisiana state_budget_and_finances. “Bureau of Economic Analysis〔Regional Datafile〕”: Louisiana, 2013(Washington, D. C.: Bureau of Economic Analysis), retrieved September 22, 2015 も参照．

(7)　総実効税率(州税，市町村税の全額に基づく．こうした税金には，所得税，フランチャイズタックス〔州が課す法人所得税〕，販売税，固定資産税がふくまれ

る）は，1パーセント以下だった．「今日，タックス財団〔米国の税に関するデータ収集や調査をおこなうシンクタンク〕は，新規進出を考える製造業——労働投資に依存する企業，資本投資に重点を置く企業の双方——にとって，全般的な税競争力のある州として，ルイジアナを1位にランクしている．さらに，新規開設か否かを問わず，あらゆる研究開発機関にとっての全般的税競争力でも，ルイジアナは全米1位の座を占めている」"New Tax Foundation Ranking Indicates Dramatic Improvement in Louisiana's Business Tax Competitiveness," Louisiana Economic Development, http://www.opportunitylouisiana.com/index.cfm/newsroom/detail/175〔参考 URL: https://taxfoundation.org〕．さらに，Gordon Russell, "Giving Away Louisiana: An Overview," *The Advocate*, Special Reports, November 26, 2014, http://blogs.theadvocate.com/specialreports/2014/11/26/giving-away-louisiana/ も参照のこと．

(8) "Governing, the States and Localities," Governing. com, http://www.governing.com/gov-data/state-tax-revenue-data. html.

(9) Louisiana Economic Development, "Louisiana: At the Epicenter of the U. S. Industrial Rebirth," 2012, http://www.opportunitylouisiana.com/index.cfm/newsroom/detail/265.

(10) Institute for Southern Studies, "Looting Louisiana: How the Jindal Administration Is Helping Big Oil Rip Off a Cash-Strapped State," http://www.southernstudies.org/2015/05/looting-louisiana-how-the-jindal-administration-is.html. このリポートには，the Louisiana Department of Revenue, "Tax Exemption Budget, 2011-2012" と "Tax Exemption Budget 2014-2015" からの引用が記載されている．Chico Harlan, "Battered by Drop in Oil Prices and Jindal's Fiscal Policies, Louisiana Falls into Budget Crisis," *Washington Post*, March 4, 2016, https://www.washingtonpost.com/news/wonk/wp/2016/03/04/the-debilitating-economic-disaster-louisianas-governor-left-behind も参照のこと．

(11) Paul H. Templet, "Defending the Public Domain: Pollution, Subsidies and Poverty," PERI Working Paper No. 12 (January 2001), http://ssrn.com/abstract=333280 または http://dx.doi.org/10.2139/ssrn.333280 を参照．

(12) テンプレット博士が挙げた例は仮定上のものだ．エクソンモービル社はルイジアナ州で10億ドル相当の石油を採掘しているが，サプライヤーや請負業者，従業員への賃金，それに税金をあわせても州内では5億ドルしか使っていない．残りの5億ドルは本社に回収されて，たいていは州外に暮らす経営幹部に分配され，株主への配当金支払いに充てられる．博士は，だから1990年代にルイジアナの州内総生産（GSP）の3分の1が州外に漏出していたのだと説明した．2015年11月5日，博士からのメールより．

(13) P. H. Templet, "Grazing the Commons; Externalities, Subsidies and Economic Development," *Ecological Economics* 12 (February 1995): 141–59 および P. H. Templet, "Defending the Public Domain, Pollution, Subsidies and Poverty," in *Natural Assets: Democratizing Environmental Ownership*, edited by James K. Boyce and Barry G. Shelley (Washington, D. C.: Island Press, 2003) を参照.

(14) 石油によって貧困が軽減されないのは，ひとつには，石油セクターの利益が現実にルイジアナ経済の非石油セクターに還元されていないからだ．ふたつのセクターはまったく別個に浮き沈みをくり返している．たとえば，2003 年から 2013 年までのあいだ，石油業界の仕事は安定していたが，州全体の雇用には激しい変動があった――2004 年と 2007 年には最高を記録したが，2003 年と 2005–2006 年には最低レベルにあった．

(15) Caroline Hanley and Michael T. Douglass, "High Road, Low Road or Off Road: Economic Development Strategies in the American States," *Economic Development Quarterly* 28: 3 (2014): 1–10.

(16) ルイジアナ州とテキサス州では石油産業が優勢だった．しかし米国内のほかの州でも，同じように産業が経済戦略と連動する例があるのだろうか．南東部では，タバコ産業の規模が大きく，長年，タバコに物品税を課すことに反対してきた．Amanda Fallin, Rachel Grana, and Stanton A. Glantz, "'To Quarterback Behind the Scenes, Third-Party Efforts': The Tobacco Industry and the Tea Party," *Tobacco Control*, February 8, 2013, http://tobaccocontrol.bmj.com/content/early/2013/02/07/tobaccocontrol-2012-050815. ティーパーティーのメンバーで，製材業界の支援を受けているメイン州の知事，ポール・ルパージュは，木材の認証基準を緩和する法案を可決させた．企業が実施する認証システムは「持続可能」という用語を（"持続可能な林業計画〔Sustainable Forestry Initiative 北米の木材認証制度〕" というときと同じように）使って，アメリカンフットボール場 90 面に相当する面積までの土地の皆伐を認めている．Jackie Wei, "Governor LePage Undermines Maine's Green-Building Economy, Sets Back Sustainable Forestry," NRDC. org, December 12, 2011, https://www.nrdc.org/media/2011/111212. カリフォルニア州南部のティーパーティー派州議会議員たちは，殺虫剤の「過剰規制」で農業関連産業の利益が損なわれないか，気にかけているのだろうか．Heath Brown, *The Tea Party Divided: The Hidden Diversity of a Maturing Movement* (New York: Praeger, 2015), 78.

(17) Catherine L. Mann, "Environment and Trade: Do Stricter Environmental Policies Hurt Expert Competitiveness?" Organisation for Economic Cooperation and Development, http://www.oecd.org/economy/greeneco/do-stricter-environmental-policies-hurt-export-competitiveness.htm. また，Silvia Albri-

zio, Enrico Botta, Tomasz Kozluk, and Vera Zipperer, "Do Environmental Policies Matter for Productivity Growth? Insights from New Cross-County Measures of Environmental Policies," Working Paper Number 1176, December 3, 2014, http://www.oecd-ilibrary.org/economics/do-environmental-policies-matter-for-productivity-growth_5jxrjncjrcxp-en も参照のこと.

(18) Stephen M. Meyer, "Environmentalism and Economic Prosperity: Testing the Environmental Impact Hypothesis," MIT Project on Environmental Politics and Policy (1992); Stephen M. Meyer, "Environmentalism and Economic Prosperity: An Update," MIT Project on Environmental Politics and Policy (1993); Stephen M. Meyer, "Endangered Species Listings and State Economic Performance," MIT Project on Environmental Politics and Policy (1995); John R. E. Bliese, *The Great "Environment Versus Economy" Myth* (New York: Brownstone Policy Institute, 1999); Roger H. Bezdek, Robert M. Wendling, and Paula DiPerna, "Environmental Protection, the Economy, and Jobs: National and Regional Analyses," *Journal of Environmental Management* 86, no. 1 (2008): 63–79.

(19) Barbara Koeppel, "Cancer Alley, Louisiana," *The Nation*, November 8, 1999, 16–24.

(20) Arthur O'Connor, "Political Polarization and Environmental Inequality: A Pilot Study of Pollution Release Amounts and Practices in 'Red' Versus 'Blue' States," *Interdisciplinary Environmental Review* 13, no. 4: 308–22.(50 州にコロンビア特別区を加えた 51 のうちの)残る 7 州――ネバダ，ウエストバージニア，アーカンソー，コロラド，フロリダ，ミズーリ，オハイオ――は，投票記録から特定の政党が圧勝したことがうかがえない激戦州または「紫の州」である．オコーナーは，環境保護庁の 2010 年度の有害化学物質排出目録(TRI)を調べ，さまざまな州の過去の投票記録と環境汚染の度合いの関連性を見つけ出した．

(21) かつてテキサス州で共和党のリック・ペリー知事時代に，州保健局評議会のメンバーとなり，テキサス商工会議所の会頭を務めたロナルド・ルークは，"Managing Community Acceptance of Major Industrial Projects" と題したエッセイの中で，豊かな州ほど，有害廃棄物に関する規制が厳しいと報告している．また，「この国のほとんどの地域では，大規模施設の建設計画がおおむね政治的な問題である」とも指摘している．Ronald Luke, "Managing Community Acceptance of Major Industrial Projects," *Coastal Zone Management Journal* 7 (1980): 292; James Lester, James Franke, Ann Bowman, and Kenneth Kramer, "Hazardous Wastes, Politics, and Public Policy: A Comparative State Analysis," *The Western Political Quarterly* 36 (1983): 257–85.

(22) Cerrell Associates, Inc., *Political Difficulties Facing Waste-to-Energy Con-*

version Plant Siting(Los Angeles, CA: Cerrell Associates, 1984).

第6章　産　業――「米国エネルギーベルトのバックル」

(1)　Michael Kurth, “On the Brink of the Boom,” *Lagniappe*, May 6, 2014, http://www.bestofswla.com/2014/05/06/brink-boom(Lagniappe〔ラニャップ〕は地元レイクチャールズ市で発行されているビジネス誌). Ernst & Young LLP〔世界四大会計事務所のひとつ〕の年間報告書，*2014 US Investment Monitor* によれば，2013年には，米国全体の資本投資1450億ドルのうちの64パーセントを，テキサス，ペンシルベニア，ルイジアナの3州が占めたという．そのうちの3分の1は海外からの投資で，その投資の半分以上(大規模投資20件のうち11件)は，天然ガスの価格が下がるとみた化学薬品メーカーによるものだった．レイクチャールズが受け入れた2件の巨額投資は，すでに存在していた液化天然ガスの輸出ターミナル――ひとつはポートアーサー，もうひとつはレイクチャールズにある――に対するものだった．Ernst & Young LLP, *2014 US Investment Monitor: Tracking Mobile Capital Investments During 2013*, http://www.ey.com/Publication/vwLUAssets/EY-the-us-investment-monitor/$FILE/EY-the-us-investment-monitor.pdf.

(2)　Dennis K. Berman, “Are We Underestimating America's Fracking Boom?” *Wall Street Journal*, May 27, 2014.

(3)　このエタンクラッカーは米国最大規模のものになると見込まれている．この工場では，安価な天然ガスをパイプで運んできて，超高温処理により分解し，通常よりもクリーンなディーゼル油を製造する．GTL工場では，天然ガスに酸素を加えて合成ガスを作り出し，それを精製して，蠟燭や口紅の原料になるパラフィンも製造することになっていた．

(4)　Eric Cornier, “Construction Boom: Labor Shortage Among Area Concerns,” *American Press*, February 10, 2013.

(5)　最初の石油は，1901年，ジェファーソン・デイヴィス郡のジェニングス市で，水田に生じた泡として発見された．ひと儲けをもくろむ試掘者や，規模の大きな会社が地中や海底を深く掘って探索した．やがて近くに石油化学企業の工場が建ち並ぶようになり，石油を精製して，さまざまな供給原料を製造し，それを使用するメーカーに向けて出荷するようになったのだ．

(6)　Ruth Seydlitz and Shirley Laska, “Social and Economic Impacts of Petroleum ‘Boom and Bust’ Cycles,” prepared by the Environmental Social Science Research Institute, University of New Orleans, OCS Study MMS 94-0016, U. S. Dept. of the Interior, Minerals Mgmt. Service, Gulf of Mexico OCS Regional Office(New Orleans, LA, 1993).

(7)　アメリカ化学工業協会〔American Chemistry Council〕が 2012 年に実施したある分析によれば，低コストの天然ガスは，米国の石油産業，石油化学産業の生産高を即座に 1210 億ドル増加させ，投資や建設のさらなる増加をもたらす見込みがあるという．“Lake Charles: A Case Study: With Massive New Industrial Investments and up to 25,000 New Workers Headed to Town, the Landscape of Lake Charles Is Changing Dramatically,” *Business Report*, September 25, 2014, https://www.businessreport.com/article/lake-charles-a-case-study-with-massive-new-industrial-investments-and-up-to-25000-new-workers-headed-to-town-the-landscape-of-lake-charles-is-changing-dramatically.

(8)　Louisiana Economic Development, “Louisiana: At the Epicenter of the U. S. Industrial Rebirth”, http://www.opportunitylouisiana.com/index.cfm/newsroom/detail/265.

2013 年の時点で，ルイジアナ化学協会〔Louisiana Chemical Association〕には，ルイジアナ州の 100 カ所以上で操業する 63 社が加入していた．州の海岸は米国最大の産油地域であるメキシコ湾の大陸棚に面しており，ルイジアナが保有する海底油田の深さはテキサスやメキシコにまさる．また，世界随一のオフショア・スーパーポート――スーパータンカーが沿岸部または沿岸付近にあるターミナルに，パイプラインを通じて原油を送り込める沖合の拠点――も保有している(メキシコ湾の海底油田の 80 パーセントがルイジアナ州の領海内にある)．

(9)　Kurth, “On the Brink of the Boom,” 13.

(10)「われわれは，PPG 社が新たに顔料工場をこの地に建設することを歓迎し，地域住民全員が感謝していることを伝えたいと思う」1966 年，PPG 社がレイクチャールズの顔料製造工場を拡張すると発表したことを受けて，アメリカンプレス紙の社説はこのように述べている．これは「偉大なる未来に向かう新たな一歩である……カルカシュー郡の石油化学産業への投資は，想像を絶する規模になった．過去 10 年のあいだに，石油化学産業のふたつの分野でこのような急成長を遂げることができたレイクチャールズ地区はまことに幸運であったと言えるだろう．しかしさらに重要なのは，この先には，より大きな進展があるということだ」*The American Press*, June 22, 1966(archive).

(11)　Berman, “Are We Underestimating.”

(12)　すでに承認されている約 1 万 8900 キロリットル〔500 万ガロン〕に加えて，約 4 万 9200 キロリットル〔1300 万ガロン〕が追加されることになったのだ．

(13)　Frank DiCesare, “All Water, Air Permits for Sasol Approved,” *American Press*, June 2, 2014.

(14)　Justin Phillips, “Calcasieu, Cameron Areas ‘on Bubble’ with EPA for Air Quality,” *American Press*, July 11, 2014, http://www.americanpress.com/news/

local/Air-quality．多額の資金，多くの労働者，多幸感――これらが石油よりも安価な天然ガスに投入された．天然ガスの価格が上昇して，石油価格が大幅に下落すれば，バブルは弾けてしまうかもしれない．2007 年には，世界市場での石油価格は天然ガスの 7 倍だった．2014 年には 24 倍になった．サソール社は少なくとも 16 倍に保ちたがっている．石油化学企業にとって天然ガスは，自分たちが製造する商品の主要原料なので，それを安く買い入れ，自分たちの作るものを高く売れば，利益を得ることができるのだ．しかし石油と天然ガスの相対価格を誰が予測できるだろう．「彼らは自分たちが何をしているか，わかっているはずだ」と，ある男性は自信たっぷりにわたしに言った．Berman, “Are We Underestimating.” さらに Kurth, “On the Brink of the Boom” も参照のこと．

(15) 生物学者のサンドラ・スタイングラーバーがその著書，*Living Downstream: A Scientist's Personal Investigation* で述べているように，証拠はどんどん蓄積されつつあるので，誰もが立ち止まって健康への影響を考え，“緑の商工会議所〔Green Chamber of Commerce カリフォルニア州に本部を置く環境にやさしい持続可能なビジネスをめざす全国組織．トヨタも加入している〕” に関心を持つべき時期に来ているのだ．Sandra Steingraber, *Living Downstream: A Scientist's Personal Investigation of Cancer and the Environment* (New York: Vintage, 1998).

(16) Clem Brooks and Jeff Manza, “A Broken Public? Americans' Responses to the Great Recession,” *American Sociological Review* 78, no. 5 (2013): 727–48.

(17) Nancy DiTomaso はこの論考を *The American Non-Dilemma: Racial Inequality Without Racism* (New York: Russell Sage Foundation, 2013) で深めている．Deirdre Roysler, *Race and the Invisible Hand: How White Networks Exclude Black Men from Blue Collar Jobs* (Berkeley: University of California Press, 2003)，また，本書の付記 C も参照のこと．

(18) これは，現金の支払い，免税，公共サービスの形でおこなわれた．

(19) Richard Thompson, “Giving Away Louisiana: Industrial Tax Incentives,” *The Advocate*, December 3, 2014, http://blogs.theadvocate.com/specialreports/2014/12/03/giving-away-louisiana-industrial-tax-incentives.

(20) 勧告にはこう書かれている．「州の川や湖，湿原，メキシコ湾など，自然の水域に生息するばい菌，バクテリア，寄生虫によって病気になり，ときには死亡することもあります．微生物には自然発生するもの，また，人間や動物の排泄物に存在するものもあります．こうしたものが下水道からあふれた水や，川からあふれた汚染水，不具合をきたした下水処理場，都市および郊外地域の流出雨水，船舶から投棄された廃棄物，不具合をきたした各家庭の下水処理システム，農業排水に入り込む恐れもあります」

ルイジアナ州の保健衛生官，ジミー・ギドリー医師は，「ほとんどの人が問題なく，そして心配なく泳いだり水を楽しんだりすることができます」と述べていた．「しかしどのような水域でも汚染物質が混入する恐れがありますので，感染のリスクはわずかながらつねに存在します」勧告はさらにこう続ける．「ギドリー医師はまた，切り傷，開いた傷口があるときには，水を飲み込んだり泳いだりするのはよくないとも助言しています」Louisiana Department of Health and Hospitals, "Health Department Advises 'Take Precautions While Swimming,'" May 21, 2014, http://new.dhh.louisiana.gov/index.cfm/communication/viewcampaign/896?uid=gE&nowrap=1.

(21)　ジンダル州知事は 2015 年後半に，さらに 5 億 3300 万ドルの削減を提案しようとしていた．Kaitlin Mulhere, "In the Face of Colossal Cuts," *Inside Higher Ed*, April 27, 2015, https://www.insidehighered.com/news/2015/04/27/anxiety-over-massive-proposed-cuts-louisianas-colleges-felt-across-state.

(22)　CSRS, Southwest Louisiana Regional Impact Study, 121, http://www.gogroupswla.com/Content/Uploads/gogroupswla.com/files/SWLA%20Regional%20Impact%20Study_Final.pdf〔参考 URL: http://www.csrsinc.com/projects/modeling-southwest-louisiana-regional-growth/〕. 米国司法省は公民権部の "Open Desegregation Cast List" に，人種分離を実施している学校 25 校を掲載した．そして，人種分離を撤廃させるため，教育バウチャープログラム〔私立学校の授業料に充当できる学費引換券，"バウチャー" を保護者に支給する制度．私立学校の学費補助，学校間競争による公立学校の質の向上を目的とする〕を停止した．反対派は，教育破綻をきたした学校に子供たちを閉じ込めることになると批判した．1954 年のブラウン対教育委員会裁判〔カンザス州でアフリカ系の男性が娘のために起こした訴訟．人種の分離は違憲との判決が下された〕以来，公立学校での人種分離撤廃は法的に義務づけられてきた．しかし今日でも多くの学校で分離が続けられていて，不平等な状態は変わっていない．200 万人以上の黒人生徒が，全校生徒の 90 パーセントが人種的少数派で占められる学校に通っている．アメリカ進歩センター〔Center for American Progress リベラル系のシンクタンク〕の報告書によると，そのような学校が生徒ひとりに費やす年間の費用は，白人が 90 パーセント以上に達する学校に比べて 733 ドルも少ない．全国の学校を対象にした場合，有色人種の比率が 10 パーセント高くなれば，生徒ひとりあたりの費用が 75 ドル減少することがわかった．

Ary Spatig-Amerikaner, *Unequal Education: Federal Loophole Enables Lower Spending on Students of Color* (Washington, D. C.: Center for American Progress, 2012), https://www.americanprogress.org/wp-content/uploads/2012/08/UnequalEduation.pdf.

(23) Heather Regan-White, "Westlake City Council Reaches Agreement with Sasol on Expansion Costs," *Sulphur Daily News*, November 25, 2015, http://www.sulphurdailynews.com/article/20151125/NEWS/151129875.

(24) コンデア・ヴィスタ社はドイツの石油化学企業，RWE-DEA 社の子会社である．

(25) レイクチャールズの Baggett McCall, Injury Attorneys〔人身傷害専門の法律事務所〕の弁護士２名へのインタビューより．Robert McCall には，2015 年 5 月 29 日に，William B. Baggett には 2015 年 6 月 5 日に話を聞いた．

第 7 章　州――地下 1200 メートルの市場を支配する

(1) Deborah Dupre, "State Blames One Company for Gassy Sinkhole, Orders More Seismic Monitors," Examiner. com, October 12, 2012, http://www.examiner.com/article/state-blames-one-company-for-gassy-sinkhole-orders-more-seismic-monitors〔参考 URL: http://tfrlive.com/what-is-going-on-in-the-gulf-coast-states〕.

(2) Xerxes A. Wilson, "Mysterious Tremors Raise Questions," DailyComet. com, October 4, 2012, http://www.dailycomet.com/article/20121004/ARTICLES/121009798〔参考 URL: https://www.sott.net/article/251968-Mysterious-tremors-raise-questions〕．米国地質調査所（http://earthquake.usgs.gov/louisiana/history.php〔参考 URL: https://earthquake.usgs.gov〕）によれば，ルイジアナで起きた直近の地震は，1958 年にバトンルージュ近辺で観測されたもので，「窓が揺れた」程度だったらしい．

(3) Christina Ng, "Louisiana Boat Disappears into Sinkhole, Workers Rescued," ABC News, August 16, 2012, http://abcnews.go.com/US/louisiana-sinkhole-engulfs-boat-workers-rescued/story?id=17021557.

(4) "インジェクション・マイニング〔injection mining〕" と呼ばれる方法により，岩塩ドームの中に井戸を何本か掘って，高圧で水を送り込み，ポンプで塩水を汲み出す．それをパイプやトラックでミシシッピ川沿岸の製油所に運び，水酸化ナトリウムと塩素に分解して，紙や医療用品など，さまざまな製品の製造に使う．フラッキング業者はこの "スーパーソルト" を買い付け，化学薬品を加えた水に混ぜて，頁岩(けつがん)から天然ガスを発生させるのに使用する．

(5) Charles Q. Choi, "Gas-Charged Earthquakes Linked to Mysterious Louisiana Sinkhole," *Live Science*, http://www.livescience.com/46692-louisiana-sinkhole-explained.html.

(6) Vicki Wolf, "Salt Dome Instability Caused by Bayou Corne Sinkhole Tragedy and Others," *Clean* (Citizen's League for Environmental Action Now, based in Houston, Texas), http://www.cleanhouston.org/misc/salt_dome.html.

(7) ほかにも，スペースを保有して，貸している会社がある．借りているのは，OxyChem，Acadian，Crosstex Energy Services といった会社で，化学薬品や毒性のある物質，ない物質の保管に使っている．

(8) Jeffery D. Beckman and Alex K. Williamson, "Salt-Dome Locations in the Gulf Coastal Plain, South-Central United States," U. S. Geological Survey, Water-Resources Investigations Report 90-4060, 1990, http://pubs.usgs.gov/wri/1990/4060/report.pdf. メキシコ湾，米国南部中央地域，隣接する大陸棚には，624 の岩塩ドームが存在し，その多くがルイジアナ沖にあって，"グッドホープ〔明るい希望〕" などという名前がつけられている．

(9) Robert Mann, "Residents of Bayou Corne Ask, Where Are You, Bobby Jindal?" December 16, 2012, http://bobmannblog.com/2012/12/16/residents-of-bayou-corne-ask-where-are-you-bobby-jindal.

(10) Sheila V. Kumar, "Jindal Meets with Bayou Corne Residents, Promises to Fight Texas Brine for Fair Buyouts," *Times-Picayune*, March 19, 2013, http://www.nola.com/politics/index.ssf/2013/03/jindal_to_visit_assumption_par_1.html. ジンダル州知事は 2013 年 5 月 21 日にももう一度訪れている．

(11) Ibid.

(12) 2007 年におこなわれたある調査によると，社会問題に最良の解決策を見出せるのは政府ではなく個人だという考え方，絆の強い家族，教会への出席は，すべて慈善行為に関連しているという．この調査では，保守派の家庭がリベラル派の家庭より 30 パーセント多く寄付をしていることもわかった．保守派の人々のほうがより頻繁に献血をし，ボランティア活動をする．*The Chronicle of Philanthropy*〔非営利団体の慈善事業に関わる情報を掲載した雑誌〕は，内国歳入庁のデータを分析し，所得に占める寄付金の割合が高く，最も物惜しみをしない 17 の州が，2012 年の大統領選挙で共和党候補のミット・ロムニーに投票していたことを突き止めた．Arthur C. Brooks, *Who Really Cares: The Surprising Truth About Compassionate Conservatism* (New York: Basic Books, 2007).

これに対し，マサチューセッツ工科大学の 2 名の政治学者は，保守派はリベラル派よりも裕福であり，主として自分の教会に寄付する傾向にあると反論し，その証拠を示した．Michele F. Margolis and Michael W. Sances, "Who Really Gives? Partisanship and Charitable Giving in the United States," Working paper, Social Science Research Network (2013): 1-17, http://papers.ssrn.com/sol3/papers.cfm?abstract_id=2148033，および "How States Compare and How They Voted in the 2012 Election," *Chronicle of Philanthropy*, updated January 13, 2015, https://philanthropy.com/article/How-States-CompareHow/152501 を参照．

(13) David J. Mitchell, "Texas Brine Shifts Blame to Occidental Petroleum,

Others for Causing Bayou Corne Sinkhole," *The Advocate*, July 15, 2015, http://theadvocate.com/news/ascension/12870889-123/texas-brine-shifts-blame-to.

(14) Deborah Dupre, "Sinkhole: H-Bomb Explosion Equivalent in Bayou Corne Possible," Examiner. com, August 12, 2012, http://www.examiner.com/article/sinkhole-h-bomb-explosion-equivalent-bayou-corne-possible〔参考 URL: https://www.ernstversusencana.ca/sinkhole-h-bomb-explosion-equivalent-in-bayou-corne-possible〕.

(15) Melissa Gray, "Louisiana Probes Cause of Massive Bayou Sinkhole," CNN, August 10, 2012, http://www.cnn.com/2012/08/09/us/louisiana-bayou-sinkhole.

(16) Office of the Inspector General〔監察総監室〕, *Audit Report: EPA Region 6 Needs to Improve Oversight of Louisiana's Environmental Programs* (Washington, D. C.: Environmental Protection Agency, 2003), http://www.epa.gov/oig/reports/2003/2003-p-0005.pdf〔参考 URL: https://www.epa.gov/sites/production/files/2015-12/documents/2003-p-0005.pdf〕. この報告書は，2001 年 10 月から 2002 年 3 月までに受理されたルイジアナ州の市民団体による請願書に応える形で出されたものだ．このグループは環境保護庁に対し，州から 3 つのプログラムを引き上げることを要求していた．そのプログラムとは，National Pollutant Discharge Elimination System (NPDES) water program〔水質汚染対策〕, Resource Conservation and Recovery Act (RCRA) hazardous waste program〔有害廃棄物規制〕, Title V air permit program〔大気汚染対策〕である．請願書では，ルイジアナ州は環境保護庁からこれらのプログラムを実施する権限を与えられたにもかかわらず，きちんと実行していないと主張していた．

(17) Ibid., 1. 報告書は，環境保護庁の第 6 管区〔Region 6 南部中央地域のアーカンソー，ルイジアナ，ニューメキシコ，オクラホマ，テキサス〕の統括責任者がルイジアナ州を適正に監督していなかったとの見方も示した．監察総監はルイジアナ州が環境を保護できているかどうか，確信が持てないと述べている．その理由は，第 6 管区の統括責任者が「(1) 当該州の監督にあたり，明確なビジョンと計測可能な目標を設定して周知させるか，継続的に監督する重要性を力説してこなかったこと，(2) 目標を達成し，熱心に取り組むべき責任があることをルイジアナに理解させなかったこと，(3) 問題のあるデータは修正して信頼に足るものにし，適切な判断を下す一助とすべきことを指導していなかったことにある．結果として，第 6 管区とルイジアナ州の足並みが揃っていなかったのだ」. Office of the Inspector General, *EPA Must Improve Oversight of State Enforcement* (Washington, D. C.: Environmental Protection Agency, 2011), http://www.epa.gov/oig/reports/2012/20111209-12-P-0113.pdf〔参考 URL: https://www.epa.gov/sites/production/files/2015-10/documents/20111209-12-p-0113.pdf〕.

(18) Office of the Inspector General, *EPA Must Improve*, 16. あるコミュニティの住民たちは，地区内で病気にかかる人があまりに多いことに不安を感じ，州政府に関わりのない場で，自分たちの血液中にダイオキシンが存在することを証明してもらおうと，ルイジアナの化学者，ウィルマ・スブラ博士〔環境保護活動家でもある〕に依頼した．すると，高濃度のダイオキシンが検出された．

(19) Julia O'Donoghue, "Louisiana Failed to Collect Millions in Oil and Gas Taxes," *Times-Picayune*, December 2, 2013, http://www.nola.com/politics/index.ssf/2013/12/louisiana_oil_and_gas_taxes.html. 2009 年と 2010 年に州税務局の自動システムが総計 1190 万ドル相当の還付金が返還されるとの通知を送ってしまった．送られてきた通知に誤りがあるとの苦情が続いたため，このシステムは 2010 年9月にシャットダウンされた．このプログラムが使えないので，税務局が監査報告書に基づいて税務をおこなったところ，追跡できる企業の数は大幅に減ったが，鉱産税を支払っていない企業を見つけることができた．州議会監査官は，「われわれにはわかりません．ほんとうはどのくらい[のお金が失われたの]かわからないんです」と述べた．

(20) ルイジアナ州環境基準局は，環境に関わる許可申請を受理するつど，それを告示し，ウェブサイトで「許可状況のチェック」ができるようにしている．現在は個人を対象にした許可が 8 万 9787 件記録されている．このデータベースによると，最も古い許可は 1967 年，最新は 2013 年 12 月のものだ．有効期間が数年の場合もあれば，何十年にもわたる場合もある．1970 年代の記録はわずかに数件，1980 年代，1990 年代でも，のちに比べればかなり少ない．その理由については説明されていない．

(21) バイユーディンドのアレノ家の近くにあって，サソール社に立ち退きを迫られている黒人の町，モスヴィルでは，2013 年に，州政府によってダイオキシン濃度の調査がおこなわれた．調査にあたった科学者たちは，この町のダイオキシン濃度(高いと予測されていた)と，別の工業地域，ラファイエット市の比較群とを比べた．その結果，一方の工業地域(モスヴィル)のダイオキシン濃度は，比較群(ラファイエット)とほとんど変わらない」と発表された．おかしなことに，「基準濃度」はモスヴィルで測定したときのほうが高く設定され(つまり，測定機器は濃度が高くならないかぎり異常を認識しない)，比較対象となった地域では低く設定されていた．ということは，ふたつの測定値を比較することはできなかったわけだ．測定結果の欄には，しばしば「記録なし」とのみ書かれていた．一方，著名な化学者，ウィルマ・スブラ博士が 2008 年に独自におこなった調査では，モスヴィルの住民の血液から検出されたダイオキシン濃度は，米国全体の平均の 3 倍にも達していた．Wilma Subra, *Results of the Health Survey of Mossville Residents and Chemicals and Industrial Sources of Chemicals Associated*

with Mossville Residents Medical Symptoms and Conditions (New Iberia, LA: Subra Company, 2008). スペインでおこなわれたある調査によれば，廃棄物の発生源の近くに居住することと，胸膜，胃，肝臓，腎臓などの臓器の腫瘍とのあいだには，強い関連性が見られるという．この調査は 1997 年から 2006 年にかけて実施された．Javier Garcia-Pérez, et al., “Cancer Mortality in Towns in the Vicinity of Incinerators and Installations for the Recovery or Disposal of Hazardous Waste,” *Environment International* 51 (2013): 31–44. イギリスでおこなわれた小児がんについての同様の調査では，出生前または出生後まもない時期に石油由来の燃焼ガスに曝露することと，小児がんの発症とのあいだに相関性が見られたとしている．E. G. Knox, “Oil Combustion and Childhood Cancers,” *Journal of Epidemiology and Community Health* 59, no. 9 (2005): 755–60. 工場の近くに暮らすことと病気とのあいだになんらかの関係があると主張しても，通常，それを証明するのはむずかしく，法廷でも受け入れられない．

(22) Louisiana Department of Health and Hospitals for the Agency for Toxic Substances and Disease Registry, *Health Consultation: Calcasieu Estuary Sediment Sample Evaluation, Calcasieu Parish, Louisiana, EPA Facility ID: LA000 2368173* (Baton Rouge, LA: Office of Public Health, 2005).

(23) Louisiana Department of Health and Hospitals for the Agency for Toxic Substances and Disease Registry, *Public Health Assessment, Initial/Public Comment Release, Review of Data from the 2010 EPA Mossville Site Investigation* (Baton Rouge, LA: Office of Public Health, 2013).

(24) この原案は，ルイジアナ州保健局が，ルイジアナ州環境基準局，ルイジアナ州農林局，ルイジアナ州野生動物魚類局と共同で作成したものである．

(25) Louisiana Department of Health and Hospitals, Louisiana Department of Environmental Quality, Louisiana Department of Agriculture and Forestry, and Louisiana Department of Wildlife and Fisheries, *Protocol for Issuing Public Health Advisories for Chemical Contaminants in Recreationally Caught Fish and Shellfish* (Baton Rouge, LA: Office of Public Health, 2012), 24, http://www.dhh.louisiana.gov/assets/oph/Center-EH/envepi/fishadvisory/Documents/LA_Fish_Protocol_FINAL_Feb_2012_updated_links. pdf.

(26) 経済学者にして社会学者のソースタイン・ヴェブレン〔Thorstein Veblen〕は，*The Theory of the Leisure Class* (New York: Macmillan, 1899) の中で，人間が作り上げ，思い描く名誉は，経済的な困窮や経済的有用性からどれだけ隔たりがあるか，その距離を基準としていると指摘する．痩せた女性は，飢餓状態に近づくほど賞賛されたので，餓死を恐れないふりをしてみせたという．ヴェブレンによれば，より高度な教育の領域では，話題が難解で無益であればあるほど，敬意の

的になる．馬が牛よりも美しいと考えられていたのは，馬は役に立たないが，牛は役に立ったからだ．おそらくどのような地域や階層，人種グループにも，このような法則が見られることだろう．

第8章　説教壇とメディア——「その話題は出てこない」

(1)　Churchfinder. com, http://www.churchfinder.com で，“Lake Charles, LA” “Berkeley, CA” を検索してみてほしい．

(2)　“Bertrand Excited About Future of Southwest Louisiana,” *American Press*, January 27, 2015, B4.

(3)　このスープキッチンそのものの活動は主として教会の寄付によって支えられている．募金活動をしているのは，ルイジアナ州立マクニーズ大学の 635 Campus Ministries というグループである．“Abraham's Tent Opens New Facility to Feed the Hungry,” *Jambalaya News*, December 22, 2014, http://lakecharles.com/2014/12/abrahams-tent-opens-new-facility-feed-hungry.

(4)　Jack E. White, “The Poorest Place in America,” *Time*, August 15, 1994.

(5)　“Meet the Staff,” First Pentecostal Church, Lake Charles, http://firstpentecostalchurchlc.org/about-us/meet-the-staff/.

(6)　これらの教会のウェブサイトには，Living Way, First Pentecostal Church of Lake Charles, Eastwood Pentecostal, Apostolic Temple, First Pentecostal Church of Westlake, Grace Harbor Lighthouse, First Baptist Church, Victory Baptist Church, South City Christian Church, and Trinity Baptist Church のものがふくまれる．どの教会のウェブサイトでも，聖職者が環境問題に関わる活動をしたという報告は見られない．

(7)　“福音派”教会は，ほかのプロテスタント教会とは異なり，聖書——それもとりわけ新約聖書——の言葉を文字どおりに受け止める．1990 年代以降，福音派指導者のパット・ロバートソン，ジェリー・ファルウェル，ラルフ・リード，さらに最近では，デイヴィッド・レーンが，Moral Majority，クリスチャン連合〔Christian Coalition〕，Focus on the Family，Faith and Freedom Coalition，American Family Association のようなキリスト教保守派の組織を通じ，移民，人工妊娠中絶の権利，同性結婚に関わる意見集約に力を尽くした．

(8)　ジャーナリストのグレン・シーラーが調査したところによれば，2003 年には，米国議会議員の 40 パーセント——上院議員 45 名と下院議員 186 名——が，米国で最も影響力のある右派キリスト教団体の，クリスチャン連合，Eagle Forum，Family Resource Council から，80～100 パーセントの肯定的評価を受けていた．これらの議員の多くは，“自然保護のための有権者行動連盟〔League of Conservation Voters〕”の採点表では，平均して非常に低いスコア（100 点満点で 10 点

以下)をつけられていた．Glenn Scherer, “Christian-Right Views Are Swaying Politicians and Threatening the Environment,” Grist. org, October 28, 2004, http://grist.org/article/scherer-christian.

(9) Bill Moyers, “Welcome to Doomsday,” *New York Review of Books*, March 24, 2005.

(10) 2008 年，アクロン大学のブリス応用政治学研究所〔無党派の調査・教育機関〕が全国の宗教グループを対象にアンケート調査を実施した際には，「環境を保護するためには，たとえ雇用に影響しようが物価上昇を招こうが，厳しいルールが必要である」という強い主張に賛成するか否かを回答者に尋ねた．賛成と答えた人が最も少なかったのは，伝統を重んずる福音派のプロテスタントで，グループ内の 40 パーセント以下にとどまった．賛成という回答が最も多かった(72 パーセント)グループは，“リベラルな信仰”を持つ人々だった．John C. Green, *The Fifth National Survey of Religion and Politics* (Akron, OH: The Ray C. Bliss Institute for Applied Politics at the University of Akron, 2008), http://www.uakron.edu/bliss/research/archives/2008/Blissreligionreport.pdf.

(11) 5000 万人のアメリカ人——ほとんどは福音派——が“携挙”を信じている．アメリカでは 1970 年代に，ハル・リンゼイ著『地球最後の日』〔邦訳は，湖浜馨訳，いのちのことば社〕，のちには，ジェリー・ジェンキンスとティム・ラヘイの共著で累計 6200 万部を売り上げたベストセラー小説『レフトビハインド』シリーズ〔邦訳シリーズは，上野五男ほか訳，いのちのことば社〕の出版とともに，携挙の信仰が広まった．Scherer, “Christian-Right Views” を参照のこと．

(12) Andrew Kohut, Scott Keeter, Carroll Doherty, Michael Dimock, Michael Remez, Robert Suls, Shawn Neidorf, Leah Christian, Jocelyn Kiley, Alec Tyson, and Jacob Pushter, “Life in 2050: Amazing Science, Familiar Threats: Public Sees a Future Full of Promise and Peril,” news release, Pew Center for the People and the Press, June 22, 2010.

(13) Gina Kolata, “Death Rate Rising for Middle Aged White Americans, Study Finds,” *New York Times*, November 2, 2015. 45～55 歳の高卒の人の死亡率が最も高かった．

(14) Sabrina Tavernise, “Life Spans Shrink for Least Educated Whites in U. S.” *New York Times*, September 20, 2012.

(15) Fox News commentary by George Russell, December 19, 2011, “Exclusive: EPA Ponders Expanded Regulatory Power in Name of ‘Sustainable Development,’” http://www.foxnews.com/politics/2011/12/19/epa-ponders-expanded-regulatory-power-in-name-sustainable-development.

(16) “Lou Dobbs on the EPA: ‘As It’s Being Run Now, It Could Be Part of the

Apparatchik of the Soviet Union,'" MediaMatters, June 6, 2011, http://mediamatters.org/video/2011/06/06/lou-dobbs-on-the-epa-as-its-being-run-now-it-co/180331.

(17) Todd Thurman, "Charles Krauthammer Destroys Global Warming Myths in 89 Seconds," *Daily Signal*, February 18, 2014, http://blog.heritage.org/2014/02/18/charles-krauthammer-destroys-global-warming-myths-89-seconds.

(18) メディア監視機関の MediaMatters が，2014 年 5 月に環境保護庁(EPA)への言及について FOX ニュースのビデオ・アーカイブを分析した結果，同年の EPA による気候基準案を批判した商工会議所の調査を 7 回取り上げた一方，基準を厳しくすれば家庭の光熱費の節約とクリーンエネルギー産業の雇用創出につながるという米国資源保護協議会〔National Resource Defense Council〕の調査報告については 1 回しか言及していないことがわかった．また，「二酸化炭素排出基準について，FOX ニュースに発言を引用されるかインタビューをされた議員の全員が，2014 年の選挙の際に，石油・ガス採掘企業や電気事業会社から献金を受けていた」ことも明らかになったという．最も多額の金を受け取っていたベスト 3 は，ミッチ・マコーネル上院議員(共和党・ケンタッキー州選出)，シェリー・ムーア・カピト下院議員(共和党・ウエストバージニア州選出)，ジェイムズ・インホフ上院議員(共和党・オクラホマ州選出)だった．Laura Santhanam, "Report: Fox News Enlists Fossil Fuel Industry to Smear EPA Carbon Pollution Standards," MediaMatters, June 6, 2014, http://mediamatters.org/research/2014/06/06/report-fox-news-enlists-fossil-fuel-industry-to/199622 を参照．

(19) Candace Clark, *Misery and Company: Sympathy in Everyday Life* (Chicago: University of Chicago Press, 1998).

(20) James Ridgeway, "Environmental Espionage: Inside a Chemical Company's Louisiana Spy Op."

(21) Ibid. 請求書の控えから，メリーランド州イーストンに本社のあるこの企業，BBI 社――ベケット・ブラウン・インターナショナル(当時の名称．のちに S2i と改名した)――がほかの顧客(ハリバートン社，モンサント社，全米ライフル協会)からも仕事の依頼を受けていたことがわかった．訴訟を通して入手された資料からも，BBI がほかの"標的候補"に言及していたことが判明した．これには，食品安全センター〔Center for Food Safety 遺伝子組み換え食品反対運動などをしている市民団体〕，米国公益調査グループ〔U. S. Public Interest Research Group ラルフ・ネーダーが設立したリベラルな草の根組織〕のほか，環境保護活動家のロイス・マリー・ギブス――ニューヨーク州ナイアガラフォールズ市の悪名高いラブ運河に，有害廃棄物が〔数十年にわたって 2 万トン以上〕投棄されていることを暴露した――が創設した組織，"環境と正義〔Environment and Justice〕"の名

もあった.

(22) Ibid. 訴訟の過程で,この会社が「漏出の範囲と,この企業が関わっていたことを示す文書を破棄した」ことも明らかになった.

(23) Theresa Schmidt, "Condea Vista Hired Spies," KPLCTV, May 29, 2008, http://www.kplctv.com/story/8399515/condea-vista-hired-spies; Theresa Schmidt, "Spy Targets Call for Action," KPLCTV, May 30, 2008, http://www.kplctv.com/story/8404443/spy-targets-call-for-action; Theresa Schmidt, "Motion Filed to Force Disclosure of Spy Details," KPLCTV, June 4, 2008, http://www.kplctv.com/story/8433538/motion-filed-to-force-disclosure-of-spy-details; Theresa Schmidt, "Attorneys Seek Disclosure of Spy Operation," KPLCTV, December 3, 2008, http://www.kplctv.com/story/9366858/attorneys-seek-disclosure-of-spy-operation.

(24) レクシスネクシス〔LexisNexis 米国のデータベースプロバイダ〕で 1980 年から現在までのこの件に関する記事を検索してみたが,先述のマザージョーンズ誌に掲載されたジェイムズ・リッジウェイの記事のほかには見つからなかった.

第 9 章　ディープストーリー

(1) ディープストーリーは,すでに潜在する感情を明確にしてみせる.これにより,T・S・エリオットが「客観的相関物」と呼んだものが見えてくるのだ.これは,エリオットによれば,「あるひとつの感情の生成要素となる一連のできごと」を指す.「……知覚的な経験で終わるはずの外的な事実がいくつか示されると,それがただちに感情を引き起こすのだ」という.T. S. Eliot, *The Sacred Wood* (London: Methuen, 1920), 100. メタファーとは,「感情の生成要素」となる状況を作り出す作業である.Lakoff and Johnson, *Metaphors We Live By* を参照.メタファーは,個人に現実への適応を強要するものではないが,そのように見える.政治はディープストーリーの周囲にどんどんまとわりついてくる,動くメタファーだと,わたしは考える.さらに,どんなディープストーリーにも,記憶が失われた領域,ストーリーには盛り込まれない,自分とは切り離された領域があることも付け加えておく.拙著,*The Managed Heart: Commercialization of Human Feeling*, 44 も参照されたい.

(2) David R. Gibson, "Doing Time in Space: Line-Joining Rules and Resulting Morphologies," *Sociological Forum* 23, no. 2 (June 2008): 207–33.

(3) これは,カリフォルニア大学バークレー校社会科学研究所右派研究センター所長,ラリー・ローゼンタール博士の分析と一致する.http://www.fljs.org/sites/www.fljs.org/files/publications/Rosenthal.pdf.

(4) Phillip Longman, "Wealth and Generations," *Washington Monthly*, June/July/

August 2015, 3, http://www.washingtonmonthly.com/magazine/junejulyaugust_2015/features/wealth_and_generations055898.php.

(5)　Ibid.

(6)　Allison Pugh, *The Tumbleweed Society: Working and Caring in an Age of Insecurity*(London: Oxford University Press, 2015).

(7)　ビルは自分の賃金が激減した一方，米国全体の消費者の購買意欲は上位1パーセント層並みに上昇しているとみていた．経済学者のジュリエット・ショーは，その著書，*The Overspent American* の中で，米国人に，あなたにとって「いい暮らし」とは？ と質問すると，1975年には，19パーセントが「長期休暇を自宅で過ごすこと」と答えたが，1991年にはこの比率が35パーセントに増加したと書いている．「水泳用のプールが自宅にあること」を挙げたのは，1975年には14パーセント，1991年には29パーセント．「お金がたくさんあること」は，1975年に38パーセント，1991年には55パーセント．「平均以上の収入が得られる仕事に就いていること」は，1975年に45パーセント，1991年には60パーセントだった．Juliet Schor, *The Overspent American: Why We Want What We Don't Need*(New York: Harper Perennial, 1999), 16.

(8)　Barbara Ehrenreich, "Dead, White, and Blue: The Great Die-Off of America's Blue Collar Whites," Tom Dispatch. com, December 1, 2015, http://www.tomdispatch.com/post/176075/tomgram.

(9)　Nils Kumkar, "A Socio-Analysis of Discontent: Protests Against the Politics of Crisis in the U. S. and Germany: An Empirical Comparison," PhD thesis, Department of Sociology, University of Leipzig(未発表．2015年11月30日のメール交換による).

(10)　Skocpol and Williamson, *The Tea Party and the Remaking of Republican Conservatism*.

(11)　Public Religion Research Institute's American Values Atlas, Louisiana, http://ava.publicreligion.org/#religious/2015/States/religion/m/US-LA.

(12)　Melissa Deckman, "A Gender Gap in the Tea Party?" paper prepared for the Midwest Political Science Association Meetings, April 11-14, 2013(未発表の論文).

(13)　全体を90:10に分けてみると，連邦政府の関与を除外した場合──つまり，税込みで，失業保険やフードスタンプ，メディケイドなどの控除をする前──の所得の状況が見えてくる．1980年から2012年にかけて，米国のGDPは急激に増加したが，米国民の90パーセントは，その成長からなんの恩恵も受けなかった．この期間には，所得上位10パーセント層の平均年収が26万489ドルであったのに対し，それより下の90パーセントの平均年収は3万1659ドルだった．わ

たしは，年収26万489ドルを稼いでいる人に出会ったことはない．上位10パーセント層の最低年収は，2014年には11万8140ドル(2012年には11万5938ドル)だった．共働き家庭の場合は――配偶者の学歴に関係なく――それ以上の高収入を得ていた．

(14) Robert Reich, *Saving Capitalism: For the Many, Not the Few* (New York: Knopf, 2015); John Ehrenreich, *Third Wave Capitalism: How Money, Power, and the Pursuit of Self-Interest Have Imperiled the American Dream* (Ithaca and London: ILR Press, an Imprint of Cornell University Press, 2016); Thomas Piketty and Emmanuel Saez, *2007 Average Incomes, U. S. 1980–2012* (2014年実質ドル価値). Thomas Piketty, *Capital in the Twenty-First Century* (Boston: Harvard University Press, 2014)も参照．トマ・ピケティと彼のフランス系米国人の共同研究者，エマニュエル・サエズは，政府の活動がなかった場合の個人収入――税金も払わず，政府からの分配金(つまり社会保障，失業保険，フードスタンプ，メディケイド，勤労所得税額控除)ももらわなかった場合の収入額――に基づいて所得の分布を割り出した．Jacob S. Hacker and Paul Pierson, *Winner-Take-All Politics* (New York: Simon & Schuster, 2010)も参照．米国では，大幅な飛躍がむずかしい状況が続いてきた．1971年に下位20パーセントの所得層の親の元に生まれたアメリカ人の子供が，上位20パーセント層に到達できる見込みは――ロマンに彩られた出世物語が実現する可能性は――8パーセントだった．世代間で階層の移動があったかどうかを調査するため，研究者たちは，30歳の米国人4000万人の納税申告書と，彼らの親たちの20年前の納税申告書を分析した．Raj Chetty, Nathaniel Hendren, Patrick Kline, Emmanuel Saez, Nicholas Turner, "Is the United States Still a Land of Opportunity? Recent Trends in Intergenerational Mobility," NBER Working Paper 19844, http://www.nber.org/papers/w19844. また，Raj Chetty, Nathaniel Hendren, Patrick Kline, and Emmanuel Saez, "Where Is the Land of Opportunity? The Geography of Intergenerational Mobility in the United States," *The Quarterly Journal of Economics* (2014): 1553–623も参照．所得の低い若年層にとって，社会移動が果たせるかどうかは，居住地に大きく影響されるが，同年代でも所得の多い者にとってはそれは関係ない．David Leonhardt, "In Climbing Income Ladder, Location Matters," *New York Times*, July 22, 2013, http://www.nytimes.com/2013/07/22/business/in-climbing-income-ladder-location-matters.html.

第10章　チームプレイヤー――忠誠第一

(1) ジャニースはイラク侵攻を支持していた．サダム・フセインが大量破壊兵器を隠匿していたと信じ，アメリカがイラクを侵攻する前にアルカイダと接触して

いたものと思っていた.

(2) チャズ・ボノは現在，トランスジェンダーの男性であって，ゲイではない.

(3) Louisiana Department of Environmental Quality "Solid Waste Landfill Report,"(2015年8月7日閲覧), http://www1.deq.louisiana.gov/portal/DIVISIONS/WastePermits/SolidWastePermits/SolidWasteLandfillReport.aspx.

(4) 個人主義のタイプに関する有益な分析については，Ann Swidler, "Cultural Constructions of Modern Individualism," paper delivered at Meeting of American Sociological Association, August 23, 1992を参照のこと.

第12章 カウボーイ——平然と受けとめる

(1) マイク・トリティコも3歳のころには，ダニーと同じように無鉄砲な子だったが，ほどなくその性癖は改められた．幼いころ，クリスマスに暖炉に飛び込むというばかげた冒険をして，祖父のパパ・ビルに助けられた思い出があるのだ．「ぼくはスーパーマンみたいに飛べるような気がしたんだ」と，トリティコは言った．「それで居間の端っこから助走をつけて暖炉に飛び込んだ．石炭に手を突っ込んで，深呼吸しようとしたら，祖父がシャツをつかんでぼくを引きずり出した．『冒しちゃならない危険ってものがあるんだぞ』と言われたよ」成人すると，トリティコ自身が"守る人"になった．彼の母親はとても知的だが感情の起伏の激しい人だったので，マイクが弟妹に目を配る役目を引き受けるようになったのだ．危険はそこらじゅうにあふれている．目を光らせていなければならない.

(2) James Ridgeway, "Environmental Espionage: Inside a Chemical Company's Louisiana Spy Op."

(3) John Guldroz, "LSU Professor Discusses Climate Change, Erosion," *American Press*, June 28, 2013.

(4) 多くのこうした会話では，生活保護を受けている子だくさんの女性の人種はあいまいなままとされている．白人，黒人の母親の実際の出生率については，付記Cを参照.

(5) John Baugher and J. Timmons Roberts, "Perceptions and Worry About Hazards at Work: Unions, Contract Maintenance, and Job Control in the U. S. Petrochemical Industry," *Industrial Relations* 38, no. 4(1999): 522-41.

(6) 事務職員——ほぼ全員が女性——のうち，「しばしば，あるいはつねに」危険な化学物質にさらされていると答えた人は，10パーセント以下に留まったが，35パーセントが，曝露について心配していると答えている(ibid., 531)．だからダニーは時給で働く職工に近い考え方をしている．マイク・トリティコの意識は専門分野を持った管理職か事務職員に近い．さらに，労働組合の組合員は，安全に関して非組合員の3倍も強い不安を持っていることがわかった．これはおそら

く，組合員のほうがしっかりした安全教育を受けているからだろう．工場が十分な安全規則を設けていないという意見も，組合員のほうに多かった（組合員 28 パーセントに対し，非組合員 10 パーセント）．ダニーの感覚は非組合員の労働者に近く，トリティコは組合員に近い．一般に工場は，定期補修工事〔1 年〜数年に一度，工場を完全に停止しておこなう〕の際には，契約労働者を雇う．期間中，これらの労働者は，非常に強いプレッシャーにさらされながら，不具合を解消して工場を元どおりに稼働させる作業に取り組む．危険も増す．10 人のうち 6 人が，こうした時期の工場は安全性が低下すると感じていた．火事については，心配ないと感じている人の割合は，契約労働者よりも中核労働者〔正規雇用の社員で組織の維持に不可欠なスキルを持った人材〕のほうが高い．中核労働者のほうが仕事が安定している（前年，レイオフを経験した中核労働者はわずか 6 パーセントだったが，契約労働者の場合は 51 パーセントにものぼっていた）．仕事が安定していない人ほど不安が大きいのだが，契約労働者のほうが，危険な業務をことわる権利を行使しない傾向が強い．

(7)　この調査報告書によると，「収入，教育など，重要な事柄についても，独特の――不安を感じていない――対応をするのは女性ではなく，白人男性であることが明らかになった」(ibid., 523)

(8)　Matthew Desmond, *On the Fireline: Living and Dying with Wildland Firefighters* (Chicago: University of Chicago Press, 2007).

第 13 章　反　乱――主張しはじめたチームプレイヤー

(1)　上院法案 209 号は，岩塩ドームの掘削停止を求めているわけではなく，掘削許可申請に必要な条件に修正を加えたものだ．災害対応に関わる費用を州に返済すること，不動産所有者が被害に遭った場合は，その不動産の適正市場価格を賠償することを新たに義務づけていた．この法案は棚上げにされた．

(2)　この手紙の宛先は，ミズ・ペギー・ハッチ，内容は，Permit Number LA0126917 と Activity Number PER20140001, Texas Brine, 201 に関するもの．

(3)　2015 年 6 月 8 日，マイク・シャフからのメール．

(4)　ルイジアナ州環境基準局は，メーターがまったくガスを検出しなかったとか，大気も水も「完璧に安全」だとか主張した．しかしマイクは当局者への手紙にこう書いた．「原油かディーゼル油，あるいはその両方の非常に強いにおいが地域一帯に漂っていました……連邦政府が調べてこれを裏付けてくだされば，不安は静まります……国の環境保護庁から代表者を派遣し，水質，大気質の検査をしていただけないでしょうか」（個人的な通信より）

(5)　"Iberia Parish, Louisiana," Tour Louisiana travel directory website, http://www.tourlouisiana.com/content.cfm?id=15.

(6)　ジェファーソン・アイランド・ストーレッジ・アンド・ハブ〔Jefferson Island Storage and Hub〕(元の AGL リソーシズ)社は，エネルギー大手のノコア石油&ガス〔Nocor Oil & Gas〕社と合併して，米国最大の天然ガス供給業会社となった．この企業がガスを貯蔵するために，岩塩ドームの利用拡大をもくろんだのだ．AGL Resources, 2011 Annual Report, http://www.aglresources.com/about/docs/AGL_AR_2011/2011AnnualReport.pdf. 2011 年の株主還元率は 24 パーセントだった．Yolanda Martinez, "Environmentalists Allege Constitutional Violation in Permitting Gas Storages Salt Dome Construction in Lake Peigneur," *Louisiana Record*, July 24, 2013.

(7)　2013 年，残っていた 3 件の許可申請のうち，1 件について公聴会が開かれた．アトランタに本社を置く AGL リソーシズ社は，ジェファーソン・アイランド・ストーレッジ・アンド・ハブ社の施設に天然ガスを貯蔵するため，新たに 2 カ所の岩塩ドームを掘削したいと希望していた．1990 年代から存在していたふたつの貯蔵ドームを広げて，容量を 2 倍以上に増やす計画だった．AGL リソーシズ社は，このプロジェクトのためにほかにも 2 件の許可を必要としていた――ひとつは，岩塩ドームの中にいくつか穴を掘る許可，もうひとつは，この穴を天然ガスの貯蔵に使用する許可だった．この拡張工事の許可手続きは，2006 年に当時の州知事，キャスリーン・ブランコが広範な環境調査を命じて以来，中断されてしまった．AGL リソーシズ社が州を相手取って訴訟を起こし，2009 年，さらなる安全対策を講じることを条件に和解したが，地域住民が要求していた環境の再調査はおこなわれなかった．和解後，許可手続きが新たにはじめられた．

(8)　2012 年 8 月，アドヴォケート紙〔ルイジアナ州バトンルージュに本社のある地方紙〕は，ルイジアナ州天然資源局の記録文書を調査した結果を公表した．それによると，テキサス・ブライン社は 1995 年，ナポレオンヴィル岩塩ドームに放射性廃棄物を注入する許可を得ていた．"Dome Issues Kept Quiet," *The Advocate*, August 12, 2012.

(9)　手紙にはこう書かれていた．「おはようございます，ロング上院議員．わたしはエネルギー産業から高額の報酬を得ているロビイストではなく，過激な環境保護活動家でもありません．むしろ，わたしもふくめて，この地域の多くの住民は，エネルギー産業を頼りにして生きてきました……悲しいことに，そんなわれわれのコミュニティはいま，先の見えない荒涼たる未来を前にしています．この土地の真下にある岩塩ドームが，十分な規制を受けないまま，行き当たりばったりに掘削されているためです．この法案が可決され，ジェファーソン・アイランド・ドーム周辺の住民たちが，二度と同じような状況に見舞われずにすむことを願ってやみません」署名には，ペニョーア湖友の会，バイユーコーンの住民，マイク&ベッキー・シャフ，とあった．

(10) Coastal Wetlands Planning, Protection and Restoration Act (CWPPRA), "Frequently Asked Questions," https://lacoast.gov/new/About/FAQs.aspx.

(11) John Snell, "As More of Coastal Louisiana Is Lost, Official Map Makers Erase Names," WorldNow, April 21, 2014, http://apmobile.worldnow.com/story/24807691/as-more-of-coastal-louisiana-is-lost-mapmakers-erase-names.

(12) John Snell, "Despite Land Loss, Native American Community Clings to Life Along the Mississippi River," WorldNow, March 4, 2015, http://apmobile.worldnow.com/story/26559685/despite-land-loss-native-american-community-clings-to-life-along-the-mississippi-river; Amy Wold, "Washed Away," *The Advocate*, http://theadvocate.com/home/5782941-125/washed-away.

(13) Coral Davenport and Campbell Robertson, "Resettling the First American 'Climate Refugees,'" *New York Times*, May 3, 2016.

(14) わたしが2014年にバイユーコーンのシンクホールを訪れてからまもなく，マイクが“別種のシンクホール”という件名のメールを送ってきた．ワシントンポスト紙の記事へのリンクが張られていた．それは，ペンシルベニア州のボワイエ〔廃鉱の坑内に作られた連邦政府の地下施設で，膨大な量の記録資料が保管されている〕に勤務する職員600人を取り上げたものだった．彼らは，政府職員の退職に関わる記録文書を手書きで処理しているという．このオフィスは，破棄された岩塩鉱〔正しくは石灰石鉱山〕の中に，保管用のスペースとして建設された．「なんという無駄だ」とマイクは書いていた．David Fahrenthold, "Deep Underground Federal Employees Process Paperwork by Hand in a Long Outdated Inefficient System," *Washington Post*, March 22, 2014.

第14章　歴史の試練——1860年代と1960年代

(1) Richard Hofstadter, *The Age of Reform* (New York: Vintage, 1955), 4; Richard Hofstadter, *Anti-Intellectualism in American Life* (New York: Vintage Books, 1966); Jill Lepore, *The Whites of Their Eyes: The Tea Party's Revolution and the Battle over American History* (Princeton, NJ: Princeton University Press, 2010).

(2) W. J. Cash, *The Mind of the South* (New York: Vintage Books, 1991).

(3) Ibid., 39, 217. キャッシュはこう書いている．「綿工場の経営者，古くからの有力者，進歩をもたらした指導者や伝道者に多大な感謝の念が注がれた……南部そのものと彼ら自身を救済する手段として，この方針を採用し，これらのこと［1890年代の経済成長］をもたらした支配者階級全体に」(ibid., 215)

(4) キャッシュはこうも書いている．「裕福な白人農園主のふるまいは身勝手に見えるかもしれないが，彼はほぼつねに，みずからを偉大な公的保護者と見なし，

被保護民に計り知れない恩恵を施しているという態度と確信を見せていた……わたしはおまえたちが棉花を栽培できるようにしてやったではないか．おまえたちが毎年，それを続けられるようにしてやっただろう？　結局はおまえたちの土地を取り上げるかもしれないが，強情な個人主義者であるおまえたちもまた，わたしの立場だったら，同じようにするのではないか．わたしは親切にしてやったではないか．わたしの土地にしろ，よその土地にしろ，おまえたちが小作人として有利な区画をとれるよう，たびたび取りはからってやっただろう」裕福な農園主たちは奴隷の反乱を恐れ，白人同士のよしみだと称して貧しい隣人たちに何かと便宜をはかり，名誉経営者になったような気分にさせておいた．キャッシュが説明しているように，裕福な農園主は「人種への忠誠心と旧来の家父長的な態度のみで白人小作人たちを利用することができたのだ．農園主は……土地を取り上げられた者[貧しい白人たち]がどうなろうと，いささかの責任も感じなかった……しかし彼らはいまそこにいる……農園主の保護下に．彼らは旧知の仲の男たちだった．ともに笑い，狩りをし，多くの場合，ともに戦った間柄だった」(ibid., 166)

(5)　確かに南部には，黒人の奴隷所有者や白人の年期奉公人も少しはいたが，圧倒的多数の黒人たちは被害者であり，その悲運は最も恐れられていた．リンチ〔単なる暴力行為ではなく，私的制裁による死刑を指す〕の件数は，南部全体で3959件，ルイジアナで540件，カルカシュー郡では4件起きたが，被害者のための記念碑は皆無だ．記録によれば，「強姦犯の父親だった」「ベッドの下に隠れていた」「呪術師だった」といった理由で処刑された者もいたようだ．しかしわたしが知り合った人たちの大半は，学校でこの歴史を教えるカリキュラムは，“人種差別主義”とはまったく異なる問題だと思っているようだ．南部で最も多くのリンチがおこなわれたのは，1890年代だった．1890年には26件ものリンチがあった．1928年には2件だった．対象はほとんどが黒人男性で，たいていが殺人罪か強姦罪によるとされていた．殺人未遂罪に問われた者は，女性ひとりをのぞき，全員が男性だった．白人男性もふたり殺されている．理由は「KKKの逆鱗に触れた」こと．ルイジアナ州ボージャー郡では「白人の女と暮らしていた」ことを理由にひとり，「のぞき見をした」かどでひとり，そして「きょうだいが殺人犯」だからというだけの理由でふたりが殺された．さらにカルカシュー郡でも，「強姦犯をかばった」ためにひとりが犠牲になった．ミシシッピ州では，「殺人犯の父親」「女性を脅した」「若い娘を陵辱した」「白人の子供を叱責した」「人種的偏見」「怠惰」などの理由でリンチが加えられた．Project HAL: Historical American Lynching Data Collection Project, University of North Carolina-Wilmington, http://people.uncw.edu/hinese/HAL/HAL%20Web%20Page.htm に保存されている記録を参照のこと．1877年から1950年にかけて最も多くリンチがおこなわれていた郡を調べた調査によると，上位5郡のうちの4郡がルイジア

ナ州に所在していた(カドー郡，ラフォーシェ郡，ワシタ郡，テンサス郡)．この数は，ミシシッピ州よりも少なく，バージニア州よりも多い(件数が非常に多かったのは，アーカンソー州，ミシシッピ州，ジョージア州である)．

(6) Cash, *The Mind of the South*, 22. 多くのプランテーションが北部の銀行から資金提供を受けていた．なかには保有されている場合もあった．

(7) Ibid.

(8) Ibid.

(9) Ibid., 23.

(10) Ibid.

(11) Ibid.

(12) Oliver A. Houck, "Save Ourselves: The Environmental Case That Changed Louisiana," *Louisiana Law Review* 72(2012): 409–37.

(13) 社会学者のマイケル・ハウトが指摘したように，1860年代から1960年代までの時期には，連邦政府から南部にきわめて多額の投資がおこなわれていた．Claude Fischer and Michael Hout, *Century of Difference: How America Changed in the Last One Hundred Years*(New York: Russell Sage Foundation, 2008)．また，Ira Katznelson, *When Affirmative Action Was White: An Untold History of Racial Inequality in Twentieth-Century America*(New York: Norton Publishing Co., 2006)も参照のこと．

(14) Chip Berlet, "Reframing Populist Resentment in the Tea Party Movement," in *Steep: The Precipitous Rise of the Tea Party*, edited by Lawrence Rosenthal and Christine Trost(Berkeley: University of California Press, 2012), 47–66. ローレンス(ラリー)・ローゼンタールはベトナム戦争への抵抗に対する反応の意義も重視している．

(15) シカゴに設立された人種平等議会(the Chicago-based Congress for Racial Equality)と，学生非暴力連携委員会(Student Non-Violent Coordinating Committee)が共同で学生たちを組織した．

(16) Doug McAdam, *Freedom Summer*(Oxford: Oxford University Press, 1990).

(17) 1964年には，公民権法に，女性への差別を違法とする第7章が付け加えられた．1972年には，教育における差別撤廃を定めた第9章が加わった．

(18) Todd Gitlin, *The Twilight of Common Dreams: Why America Is Wracked by Culture Wars*(New York: Metropolitan Press, 1995), 124–25.

(19) 2015年には，カリフォルニア大学バークレー校に在籍する3万7000人の学生たちの文化が，1000団体におよぶ学生活動グループに反映されていた．専門分野に基づくものもあり(たとえば，景観建築研究会など)，社会的な目標を掲げるものもあった(学内緑化推進委員会，アムネスティ・インターナショナル，反

人身売買連合など）．宗教活動グループ（使徒言行録2研究会），レクリエーションの会（バークレー社交ダンスクラブ），あるいはふたつのテーマを併せたグループ（キリスト教ダンス同好会）などもある．また，個人的な課題を掲げるグループ――たとえば，摂食障害の克服をめざすボディピースというクラブなど――もあった．アイデンティティ・ポリティクスの精神から，参加資格をエスニシティに絞ったグループも誕生した．これには，アジア太平洋諸島出身女性の会や，キャル・クィア・アンド・エイジアン〔LGBTまたはその問題に関心のあるアジア系学生の会〕，アルバニア協会，アメリカインディアン協会などがある．このほか，人種とジェンダーに，専門分野や趣味を組み合わせたグループもある．たとえば，バークレー・アメリカ女子医学生の会，アルメニア法科学生協会，黒人工学科学生協会などだ．わたしの情報提供者の多くが卒業したルイジアナ州立大学は，バトンルージュにあり，3万1000人近い学生が在籍していて，375の学生グループが認可を受けて活動している．もちろん，多くのグループは，暗黙のうちに男女別に入会する女子学生クラブ〔sorority〕と男子学生友愛会〔fraternity〕の多忙な生活を反映しているが，農業・天然資源におけるマイノリティの会，マイノリティ女性運動といった少数のクラブは，出身民族を入会条件にしている．

(20)　Citizens for Tax Justice, "Corporate Taxpayers and Corporate Tax Dodgers, 2008–2010," November 2011, http://ctj.org/ctjreports/2011/11/corporate_taxpayers_corporatetax_dodgers_2008-2010.php〔参考 URL: http://fulltextreports.com/2011/11/03/corporate-taxpayers-corporate-tax-dodgers-2008-2010〕.
　しかも米国企業の大半は，国内で海外拠点より少ない税金を払っているのだ．

第15章　もはや異邦人ではない――約束の力

(1)　ウォールストリート・ジャーナル紙のコメンテーター，ジェラルド・セーブによると，トランプはティーパーティーの流れを汲む"後継者"ではあるが，彼の考え方は，ティーパーティーの理念に組み込まれている保守派のどの見解とも，完全には一致していない．Gerald Seib, "How Donald Trump's Army Is Transforming the GOP," *Wall Street Journal*, February 22, 2016.

(2)　CNN Politics, "Trump Ends Wild Day on Campaign Trail by Calling for Protesters' Arrests," March 13, 2016, http://www.cnn.com/2016/03/12/politics/donald-trump-protests. さらに，"Next Time We See Him, We Might Have to Kill Him: Trump Fan on Punching Black Protester," RT. com, March 11, 2016, https://www.rt.com/usa/335188-trump-protester-punched-arrest も参照．

(3)　Donald J. Trump, rally in Kansas City, Missouri, March 12, 2016, https://www.youtube.com/watch?v=owSn8IYQUks.

(4)　Coral Davenport, "E. P. A. Faces More Tasks, Louder Critics, and a Shrink-

ing Budget," *New York Times*, March 19, 2016.

(5) "Donald Trump Forcefully Removes Protesters from Louisiana Rally," Mic.com, March 5, 2016, http://mic.com/articles/137129/donald-trump-forcefully-removes-protesters-from-louisiana-rally.

(6) Émile Durkheim, *The Elementary Forms of Religious Life* (New York: The Free Press, 1965[1915]), 432. ドラマチックな芸術様式としての儀式については，同書 417 ページ，また，罪の転嫁については 446 ページを参照．また，René Girard, *The Scapegoat* (Baltimore: Johns Hopkins University, 1986) も参照のこと．

(7) Leon Festinger, Henry W. Riecken, and Stanley Schachter, *When Prophecy Fails* (London: Pinter and Martin, 2008[1956]) は，信じたいと思う心理について，痛烈にして洞察に富む分析をしている．

第 16 章　「美しい木があるという」

(1) Chico Harlan, "Battered by Drop in Oil Prices and Jindal's Fiscal Policies, Louisiana Falls into Budget Crisis," *Washington Post*, March 4, 2016, https://www.washingtonpost.com/news/wonk/wp/2016/03/04/the-debilitating-economic-disaster-louisianas-governor-left-behind. さらに，Campbell Robertson, "In Louisiana, the Poor Lack Legal Defense," *New York Times*, March 19, 2016.

(2) Richard Florida, "Is Life Better in America's Red States?" *New York Times Sunday Review*, January 3, 2015.

(3) Amanda Little, "Will Conservatives Finally Embrace Clean Energy?" *New Yorker*, October 29, 2015.

(4) Dan Fagin, *Toms River: A Story of Science and Salvation* (New York: Bantam Books, 2013).

(5) いったんは改善が見られたのに，近年，国全体の傾向として，環境汚染がまた進みはじめている．水中に投棄される有害廃棄物は，1988 年以降増加している．2009 年以降は，大気，水，土への排出も増えた．郡，州，国のいずれのレベルでも，大気と水と土の汚染はここ数年，おおむね悪化に向かっている．米国全体で見ると，汚染物質の大気中への排出総量は，2009 年には約 14 万 4664 トン，2012 年には約 14 万 8588 トンだった．水中への年間排出総量は，2008 年には約 5518 トン，2012 年には約 5693 トンであった．注入井を通して土中に投棄された有害廃棄物の総量は，2005 年で約 4 万 3141 トン，2012 年には約 4 万 3657 トンに増加していた．埋め立てごみでは，約 3 万 3893 トンだったが，2013 年には，約 3 万 5550 トンに増えていた．環境保護庁の有害化学物質排出目録のデータは，http://www2.epa.gov/toxics-release-inventory-tri-program で閲覧できる．

(6) 2014年のルイジアナ州では，法人所得税による税収が4億8121万2000ドル，鉱産税については8億6215万ドルだった．しかしルイジアナ州議会監査官とルイジアナ州税務局が公開した情報によれば，2000年から2014年にかけて，石油採掘に関わる鉱産税の大幅な減税が実施されたため，州は24億ドルの損失を被ったという．それどころか，石油企業が州にいくらかでも支払ったのかどうか，あいまいになっている期間が3年もあるのだ．原因は，石油企業の支払いを監査する業務が〔天然資源局の〕鉱物資源課に移管されたことにある．鉱物資源課は石油産業と密接な関係にあり，2010年から2013年までのあいだ，まったく監査業務をしていなかったのだ．U. S. Census Bureau, "State Government Tax Collections: 2014," Table STC005, http://factfinder.census.gov/bkmk/table/1.0/en/STC/2014/STC005〔参考 URL: https://www2.census.gov/govs/statetax/G14-STC-Final.pdf〕. Institute for Southern Studies, "Looting Louisiana: How the Jindal Administration Is Helping Big Oil Rip Off a Cash-Strapped State," http://www.southernstudies.org/2015/05/looting-louisiana-how-the-jindal-administration-is.html〔参考 URL: https://www.facingsouth.org/2015/05/looting-louisiana-how-the-jindal-administration-is.html〕．このリポートでは，ルイジアナ州税務局の "Tax Exemption Budget, 2011–2012" と "Tax Exemption Budget 2014–2015" を引用している．

(7) 逆説的に言えば，これだけの富が生まれた背景には，ノルウェーの所有権文化と，石油で得た収益は一般国民と分かち合うべきだとする考え方がある．ノルウェー石油エネルギー省のメッテ・アーゲラップ統括官補佐は，ノルウェーでは，「石油企業は国の天然資源確保に貢献するが，石油は最終的には国のものだ」という前提で，すべてが運営されていると説明する．Kevin Grandia, "If Canada Is 'Oil Rich' Why Are We So in Debt?" DESMOGCANADA, March 5, 2013, http://www.desmog.ca/2013/02/28/if-canada-oil-rich-why-are-we-so-debt.

(8) Reich, *Saving Capitalism*, 188.

(9) Caroline Hanley and Michael T. Douglass, "High Road, Low Road or Off Road: Economic Development Strategies in the American States," *Economic Development Quarterly* (2014): 1–10.

(10) Thomas Frank, *Listen Liberal, or What Ever Happened to the Party of the People?* (New York: Metropolitan Press, 2016), および Joe Bageant, *Deer Hunting with Jesus: Dispatches from America's Class War* (New York: Crown Books, 2007) を参照．

(11) 1996年4月2日に訴訟が起こされ，2014年に棄却された．Harold Areno, et al. v. the Chemical Manufacturers Association, et al., 14th Judicial District Court, Calcasieu Parish, Louisiana. ハロルド・アレノは，ピッツバーグ板ガラス

社，アクシオール社，シットゴー社，オクシデンタル・ケミカル社，ウエストレイク・ポリマー社などに損害賠償を求めた集団訴訟の，総勢22人から成る原告団に加わっていた．マイク・トリティコの説明によれば，「有毒物質・疾病登録局〔Agency for Toxic Substances and Disease Registry. 米国保健福祉省疾病管理予防センターの所属機関〕が地域で有機塩素化合物の問題が起きていることを確認できなかったので，原告側の弁護人が損害を立証できなかった」のだという．2015年7月27日，マイク・トリティコから著者へのメールより．

(12) Frank DiCesare, "Bayou d'Inde Cleanup to Begin This Month," *American Press*, February 16, 2015.

(13) バイユーディインドを浄化する案は，ルイジアナ州環境基準局の現地担当機関のもとで消滅してしまった．ピッツバーグ板ガラス社が「リーダーシップ」をとったためだ．興味深いことに，すぐ近くのカルカシュー川の小さな支流，バイユー・ヴァーディンは，バイユーディインドと同じように住宅区域と工業区域の両方を流れていて，1980年代に同じように汚染されたのに，いまではきれいになっている．汚染対策が企業に丸投げされることなく，連邦政府の機関——海洋大気庁と魚類野生生物局——に一任されたからだ．

(14) 2013年12月16日，ウィリアム・フォントノーから著者へのメールより．

(15) Mose Buchele, "After HB 40, What's Next for Local Drilling Rules in Texas? " StateImpact, July 2, 2015, https://stateimpact.npr.org/texas/2015/07/02/after-hb-40-whats-next-for-local-drilling-bans-in-texas/.

(16) Zaid Jilani, "Fracking Industry Billionaires Give Record $15 Million to Ted Cruz's Super PAC," Alternet, July 25, 2015, http://www.alternet.org/election-2016/fracking-industry-billionaires-give-record-15-million-ted-cruzs-super-pac.

付記B　政治と環境汚染——TOXMAPからわかったこと

(1) Alec MacGillis, "Who Turned My Blue State Red?"

(2) つまりRSEIには，車の排気ガスなど，ふくまれていない汚染源がいくつかあるわけだ．

(3) 当初わたしたちは，郵便番号をもとに，(GSSに見られる)態度を(RSEIに報告された)曝露量と関連づけようとした．しかしRSEIには，掲載されていない郵便番号がいくつかあった．つまり，RSEIが情報を提供している区域と，していない区域があるということだ．そこで，郵便番号(より狭いエリア)ではなく，郡(より広いエリア)ごとの曝露量のデータをもとに分析を進めた．

付記C　右派の共通認識を検証する

(1) "A Century of Welfare Spending," http://www.usgovernmentspending.com/

us_welfare_spending_40.html. 2010 年には，失業給付金の総額が GDP の 2.06 パーセントまで増加したが，2015 年には 0.5 パーセントにまで減少した．メディケイド(困窮者を対象とする医療扶助制度)は，1960 年代には GDP の 1 パーセント，2015 年には 3 パーセントにまで増加した．

(2) Ife Floyd and Liz Schott, "TANF Cash Benefits Have Fallen by More Than 20 Percent in Most States and Continue to Erode," Center on Budget and Policy Priorities, http://www.cbpp.org/research/family-income-support/tanf-cash-benefits-have-fallen-by-more-than-20-percent-in-most-states.

(3) Center on Budget and Policy Priorities, "SNAP Costs and Caseloads Declining," February 10, 2016, http://www.cbpp.org/research/food-assistance/snap-costs-and-caseloads-declining. このデータは，2016 年 1 月を基準とし，農務省の報告書，および国税調査局(住民人口の推計と今後の見通し)と米国議会予算局のデータをもとにしている．

(4) Robin Rudowitz, Laura Snyder, and Vernon K. Smith, "Medicaid Enrollment & Spending Growth: FY 2015 & 2016," Henry J. Kaiser Foundation, October 15, 2015, http://kff.org/medicaid/issue-brief/medicaid-enrollment-spending-growth-fy-2015-2016.

(5) Ibid.; Louis Jacobson, "Are There More Welfare Recipients in the U. S. Than Full-Time Workers?" PunditFact, January 28, 2015, http://www.politifact.com/punditfact/statements/2015/jan/28/terry-jeffrey/are-there-more-welfare-recipients-us-full-time-wor(労働統計局の統計による).

(6) Ken Jacobs, Ian Perry, and Jenifer MacGillvary, "The High Public Cost of Low Wages," April 13, 2015, under section entitled, "The High Cost of Low Wages," http://laborcenter.berkeley.edu/the-high-public-cost-of-low-wages.

(7) Jason Furman, Betsey Stevenson, and Jim Stock, "The 2014 Economic Report of the President," March 10, 2014, https://www.whitehouse.gov/blog/2014/03/10/2014-economic-report-president.

(8) Jacobs, Perry, and MacGillvary, "The High Public Cost of Low Wages." 労働統計局では，毎年「ワーキングプアのプロフィール」を描き出している．2013 年には，米国の 510 万家庭が，少なくとも家族のひとりが半年以上働いていたにもかかわらず，貧困ラインよりも低い収入で生活していることがわかった．家族(労働統計局の定義によれば，出生，結婚，養子縁組を経て親族となり，同居している 2 名以上の集団)の「ワーキングプア率」──全労働者家庭に占める，ワーキングプア状態が 27 週以上続いている家庭の割合──は，7.7 パーセントだった．この報告書が対象としている家族は，プライマリ・ファミリーのみである．"プライマリ・ファミリー" とは，代表者(世帯主)と，その家族として生計を一

にする全員を指す．“家族”とは，結婚した夫婦の家庭，または夫婦のどちらかがいない家庭を指す．Bureau of Labor Statistics, *A Profile of the Working Poor, 2013* (Washington, D. C.: U. S. Department of Labor, 2015), http://www.bls.gov/opub/reports/cps/a-profile-of-the-working-poor-2013. pdf〔参考 URL: https://www. bls. gov/opub/reports/working-poor/archive/a-profile-of-the-working-poor-2013. pdf〕. ワーキングプア家庭の人種構成については，Deborah Povich, Brandon Roberts, and Mark Mather, *Low-Income Working Families: The Racial/Ethnic Divide* (Working Poor Families Project and Population Reference Bureau, 2015), http://www.workingpoorfamilies.org/wp-content/uploads/2015/03/WPFP-2015-Report_Racial-Ethnic-Divide.pdf.

(9) 米国議会予算局によれば，2011 年(入手可能な最新の情報)には，所得の最も低い下位 20 パーセント内の家庭(家庭の規模により調整ずみ)が，政府から受けた移転支払い(社会保障や連邦，州，地方自治体の政府が提供する扶助プログラムからの現金支給)の平均額は，9100 ドルであった．これは税込み所得 2 万 4600 ドルの 37 パーセントに相当する．Congressional Budget Office, *The Distribution of Household Income and Federal Taxes, 2011* (Washington, D. C.: Congressional Budget Office, 2014), https://www.cbo.gov/publication/49440,2.

(10) Shelley K. Irving and Tracy A. Loveless, *Dynamics of Economic Well-Being: Participation in Government Programs, 2009–2012: Who Gets Assistance?* (Washington, D. C.: U. S. Census Bureau, 2015), http://www.census.gov/content/dam/Census/library/publications/2015/demo/p70-141.pdf.

(11) Figure 2 of Ife Floyd, Ladonna Pavetti, and Liz Schott, “TANF Continues to Weaken as a Safety Net,” Center on Budget and Policy Priorities, updated October 27, 2015, http://www.cbpp.org/research/family-income-support/tanf-continues-to-weaken-as-a-safety-net〔参考 URL: http://www.cbpp.org/resarch/family-income-support/tanf-reaching-few-poor-families〕.

(12) David J. Drozd, *Trends in Fertility Rates by Race and Ethnicity for the U. S. and Nebraska: 1989 to 2013* (University of Nebraska at Omaha: Center for Public Affairs Research, 2015), http://www.unomaha.edu/college-of-public-affairs-and-community-service/center-for-public-affairs-research/news/fertility-rate-gap.php〔参考 URL: https://www.unomaha.edu/college-of-public-affairs-and-community-service/center-for-public-affairs-research/documents/fertility-rates-by-race-ethnicity-us-nebraska.pdf〕. 2010 年には，黒人女性が出産した子供の数はひとりあたり 2.0 人，白人女性の場合は 1.8 人だった．Mark Mather, Fact Sheet: The Decline in U. S. Fertility (Washington, D. C.: Population Reference Bureau, 2012), http://www.prb.org/publications/datasheets/2012/world-population-data-

sheet/fact-sheet-us-population.aspx〔参考 URL: https://www.prb.org/us-fertility〕; U. S. Census Bureau, *5-Year American Community Survey* [*2009-2013 data*] (Washington, D. C.: U. S. Census, 2013). 国勢調査局の American Community Survey の 2013 年のデータによれば，米国全体では，女性 1000 人あたりの出生者数は，非ヒスパニックの白人女性で 59 人，黒人女性で 58 人だった．貧困女性(15 歳から 50 歳までの女性でなんらかの貧困状態にある人)の場合は，1000 人あたり 56 人である．ルイジアナ州では，1000 人あたりの出生者数は，非ヒスパニックの白人女性で 53 人，黒人女性で 61 人，貧困女性で 58 人である．

(13) Bureau of Labor Statistics, *Current Employment Statistics* [*2014 data*] (Washington, D. C.: U. S. Department of Labor, 2014), http://stats.bls.gov/ces/#data.

(14) Defense Manpower Data Center, *Personnel, Workforce Reports & Publications* (Washington, D. C.: U. S. Department of Defense, 2014), https://www.dmdc.osd.mil/appj/dwp/dwp_reports.jsp.

(15) Bureau of Labor Statistics, *Current Employment Statistics* [*2014 data*].

(16) David Cooper, Mary Gable, and Algernon Austin, "The Public-Sector Jobs Crisis: Women and African Americans Hit Hardest by Job Losses in State and Local Governments," *Economic Policy Institute*, May 2, 2012, http://www.epi.org/publication/bp339-public-sector-jobs-crisis (Cooper, Gable, and Austin に引用された Keefe, 2010 を参照).

(17) 公共セクターの黒人職員と白人職員の収入を学歴別に比較すると，五種の学歴のうちの二種(高卒となんらかのカレッジ卒)については，黒人のほうが白人より収入が少ない．しかも黒人職員の大半は高卒かカレッジ卒である．公共セクターに雇用されている黒人の高校中退者と，学士号以上の学位を持つ者は，同等の学歴の白人よりもわずかに収入が多いが，こうしたカテゴリーにあてはまる黒人はきわめて少数である(Cooper, Gable, and Austin, "The Public-Sector Jobs Crisis," Table 4).

(18) 環境規制の歩みを振り返り，再検討を試みた Eban Goodstein, *Jobs and the Environment: The Myth of a National Trade-Off* (Washington, D. C.: Economic Policy Institute, 1994)を参照．また，Michael Porter and C. Van der Linde, "Toward a New Conception of the Environment-Competitiveness Relationship," *Journal of Economic Perspectives* 9, no. 4 (1995): 97-118 も参照．ポーターとヴァンダーリンドは，適切に計画された環境規制は，飛躍的な技術革新につながるので，法令遵守に関わるコストを完全に相殺すると述べている．この文献の最近の評価については，John Irons and Isaac Shapiro, *Regulation, Employment, and the Economy: Fears of Job Loss Are Overblown* (Washington, D. C.: Economic

Policy Institute, 2011)を参照.

(19) Stephen M. Meyer, "Environmentalism and Economic Prosperity: An Update," working paper, Department of Political Science, Massachusetts Institute of Technology (1993): 1-10. さらに, Stephen Meyer, "Endangered Species Listings and State Economic Performance," Project on Environmental Politics & Policy, Massachusetts Institute of Technology (March 1995); J. R. Bliese, *The Great "Environment Versus Economy" Myth* (New York: Brownstone Policy Institute, 1999)も参照のこと.

(20) Eli Berman and Linda T. M. Bui, "Environmental Regulation and Labor Demand: Evidence from the South Coast Air Basin," *Journal of Public Economics* 79 (2001): 265-95.

(21) Richard D. Morgenstern, William A. Pizer, and Jhih-Shyang Shih, "Jobs Versus the Environment: An Industry-Level Perspective," *Journal of Environmental Economics and Management* 43 (2002): 412-36.

(22) Roger H. Bezdek, Robert M. Wendling, and Paula DiPerna, "Environmental Protection, the Economy, and Jobs: National and Regional Analyses," *Journal of Environmental Management* 86, no. 1 (2008): 63-79.

(23) 米国労働統計局では, 雇用主を対象に, 製造部門の労働者 50 人以上を遊ばせておく結果となったレイオフのひとつひとつについて, その主たる理由を尋ねている. Bureau of Labor Statistics, *Mass Layoff Statistics* [*2012 data*] (Washington, D. C.: Department of Labor, 2012), http://www.bls.gov/mls.

(24) Paul Templet, "Integrating Resource Conservation and Economic Development, People First: Developing Sustainable Communities," working paper (March 1997), 1.

(25) Irons and Shapiro, *Regulation, Employment, and the Economy: Fears of Job Loss Are Overblown* も参照.

(26) Todd M. Gabe and Kathleen P. Bell, "Tradeoffs Between Local Taxes and Government Spending as Determinants of Business Location," *Journal of Regional Science* 44, no. 1 (2004): 21-41.

(27) Lingwen Zheng and Mildred Warner, "Business Incentive Use Among U. S. Local Governments: A Story of Accountability and Policy Learning," *Economic Development Quarterly* 24, no. 4 (2010): 325-36.

(28) Gordon Russell, "Giving Away Louisiana: An Overview," *The Advocate*, Special Reports, November 26, 2014, http://blogs.theadvocate.com/specialreports/2014/11/26/giving-away-louisiana.

(29) Bureau of Economic Analysis, *Personal Income and Gross Domestic Pro-*

duct by State [*1997-2012data*] (Washington, D. C.: Department of Commerce, 2012).

(30) Michael Comiskey and Lawrence C. Marsh, "Presidents, Parties, and the Business Cycle, 1949-2009," *Presidential Studies Quarterly* 42, no. 1 (2012): 40-59.

(31) Larry Bartels, *Unequal Democracy: The Political Economy of the New Gilded Age* (Princeton, NJ: Princeton University Press, 2008).

(32) Alan S. Blinder and Mark W. Watson, "Presidents and the U. S. Economy: An Econometric Exploration," National Bureau of Economic Research, Working Paper No. 20334 (July 2014), http://www.nber.org/papers/w20324.

(33) Steve Clemons, "GOP Presidents Have Been the Worst Contributors to the Federal Debt," *The Atlantic*, October 27, 2012, http://www.theatlantic.com/politics/archive/2012/10/gop-presidents-have-been-the-worst-contributors-to-the-federal-debt/264193.

参考文献

"Abraham's Tent Opens New Facility to Feed the Hungry." *Jambalaya News* (December 22, 2014). http://lakecharles.com/2014/12/abrahams-tent-opens-new-facility-feed-hungry/.

AGL Resources. *2011 Annual Report* (accessed August 7, 2015). http://www.aglresources.com/about/docs/AGL_AR_2011/2011AnnualReport.pdf.

Albrizio, Silvia, Enrico Botta, Tomasz Kozluk, and Vera Zipperer. "Do Environmental Policies Matter for Productivity Growth? Insights from New Cross-County Measures of Environmental Policies." Working Paper Number 1176, December 3, 2014. http://www.oecd-ilibrary.org/economics/do-environmental-policies-matter-for-productivity-growth_5jxrjncjrcxp-en.

Annie E. Casey Foundation. *The 2009 KIDS COUNT Data Book: State Profiles of Child Well-Being*. http://www.aecf.org/resources/the-2009-kids-count-data-book.

Associated Press. "Cross Burning Defendant Speaks Out." KPLC-TV (December 12, 2002). http://www.kplctv.com/story/317803/cross-burning-defendant-speaks-out/.

______. "Gulf Platform Owner Sued over Deadly 2012 Blast." KPLC-TV. http://www.kplctv.com/story/23832004/gulf-platform-owner-sued-over-deadly-2012-blast.

______. "Number of Injured from Axiall Chemical Plant Fire in Westlake Rises to 18." *Times-Picayune* (December 25, 2013). http://www.nola.com/environment/index.ssf/2013/12/number_of_injured_from_axiall.html.

______. "Obama Approval Ratings Low in Louisiana." *New Orleans City Business* (October 13, 2011). http://neworleanscitybusiness.com/blog/2011/10/13/obama-approval-ratings-low-in-louisiana.

Auyero, Javier, and Debora Alejandra Swistun. *Flammable: Environmental Suffering in an Argentine Shantytown*. Oxford: Oxford University Press, 2009.

Babington, Charles. "A Polarized America Lives as It Votes." Pew Research Center, summer 2014. http://magazine.pewtrusts.org/en/archive/summer-2014/a-polarized-america-lives-as-it-votes.

Bageant, Joe. *Deer Hunting with Jesus: Dispatches from America's Class War*. New York: Crown Books, 2007.

"Baggy Pants Law Will Fine Offenders in Louisiana Parish." *Huffington Post* (April 14, 2013; accessed November, 3, 2015). http://www.huffingtonpost.com/2013/04/14/baggy-pants-law-fine-louisiana_n_3080851.html.

Ballotpedia. "Louisiana State Budget and Finances." 2013. https://ballotpedia.org/Louisiana_state_budget_and_finances.

Bartels, Larry. *Unequal Democracy: The Political Economy of the New Gilded Age*. Princeton, NJ: Princeton University Press, 2008.

______. "What's the Matter with *What's the Matter with Kansas?*" *Quarterly Journal of Political Science* 1(2006): 201–26.

Baugher, John, and J. Timmons Roberts. "Perceptions and Worry About Hazards at Work: Unions, Contract Maintenance, and Job Control in the U. S. Petrochemical Industry." *Industrial Relations* 38, no. 4(1999): 522–41.

Bauman, Nick. "Tea Party Frontrunner: Abolish Public Schools." *Mother Jones* (October 14, 2010).

Beckman, Jeffery D., and Alex K. Williamson. "Salt-Dome Locations in the Gulf Coastal Plain, South-Central United States." U. S. Geological Survey, Water-Resources Investigations Report 90–4060, 1990. http://pubs.usgs.gov/wri/1990/4060/report.pdf.

Berlet, Chip. "Reframing Populist Resentments in the Tea Party Movement," in *Steep: The Precipitous Rise of the Tea Party*, edited by Lawrence Rosenthal and Christine Trost, 47–66. Berkeley: University of California Press, 2012.

Berman, Dennis K. "Are We Underestimating America's Fracking Boom?" *Wall Street Journal*(May 27, 2014).

Berman, Eli, and Linda T. M. Bui. "Environmental Regulation and Labor Demand: Evidence from the South Coast Air Basin." *Journal of Public Economics* 79 (2001): 265–95.

"Bertrand Excited About Future of Southwest Louisiana." *American Press*(January 27, 2015, B4).

Bezdek, Roger H., Robert M. Wendling, and Paula DiPerna. "Environmental Protection, the Economy, and Jobs: National and Regional Analyses." *Journal of Environmental Management* 86, no. 1(2008): 63–79.

Bishop, Bill, and Robert G. Cushing. *The Big Sort: Why the Clustering of Like-Minded America Is Tearing Us Apart*. New York: Houghton Mifflin Company, 2008.

Bliese, John R. E. *The Great "Environment Versus Economy" Myth*. New York: Brownstone Policy Institute, 1999.

Blinder, Alan S., and Mark W. Watson, "Presidents and the U. S. Economy: An Econometric Exploration," National Bureau of Economic Research, Working Paper No. 20334(July 2014). http://www.nber.org/papers/w20324.

Boyd, James. "Nixon's Southern Strategy: 'It's All in the Charts.'" *New York Times* (May 17, 1970). http://www.nytimes.com/packages/html/books/phillips-southern.pdf.

Boym, Svetlana. *The Future of Nostalgia*. New York: Basic Books, 2001.

______. "Nostalgia and Its Discontents." *Hedgehog Review* (Summer 2007): 13. http://www.iasc-culture.org/eNews/2007_10/9. 2CBoym. pdf.

Brooks, Arthur C. *Who Really Cares: The Surprising Truth About Compassionate Conservatism*. New York: Basic Books, 2007.

Brooks, Clem, and Jeff Manza. "A Broken Public? Americans' Responses to the Great Recession." *American Sociological Review* 78, no. 5(2013): 727–48.

Brown, Heath. *The Tea Party Divided: The Hidden Diversity of a Maturing Movement*. New York: Praeger, 2015.

Buchele, Mose. "After HB 40, What's Next for Local Drilling Rules in Texas?" StateImpact(July 2, 2015). https://stateimpact.npr.org/texas/2015/07/02/after-hb-40-whats-next-for-local-drilling-bans-in-texas.

Bullard, Robert D. *Dumping in Dixie: Race, Class, and Environmental Quality*. New York: Westview Press, 2000.

Bureau of Economic Analysis. "Bureau of Economic Analysis [Regional Datafile]: Louisiana, 2013." Washington, D. C.: Bureau of Economic Analysis (retrieved September 22, 2015).

______. *Personal Income and Gross Domestic Product by State [1997–2012 data]*. Washington, D. C.: Department of Commerce, 2012(accessed March 13, 2014).

Bureau of Labor Statistics. *Current Employment Statistics [2014 data]*. Washington, D. C.: U. S. Department of Labor, 2014 (accessed September 2, 2014). http://stats.bls.gov/ces/#data.

______. *Mass Layoff Statistics [2012 data]*. Washington, D. C.: Department of Labor, 2012(accessed March 13, 2014). http://www.bls.gov/mls.

______. *A Profile of the Working Poor, 2013*. Washington, D. C.: U. S. Department of Labor, 2015. http://www.bls.gov/opub/reports/cps/a-profile-of-the-working-poor-2013.pdf. 〔参考 URL: https://www.bls.gov/opub/reports/work ing-poor/archive/a-profile-of-the-working-poor-2013.pdf〕

______. "Quarterly Census of Employment and Wages [December 2014 estimates]" (accessed June 18, 2015). http://data.bls.gov/cgi-bin/dsrv?en.

"Cancer Facts and Figures 2015." American Cancer Society. http://www.cancer.org/acs/groups/content/@editorial/documents/document/acspc-044552.pdf.

Cash, W. J. *The Mind of the South*. New York: Vintage Books, 1991.

Center on Budget and Policy Priorities. "SNAP Costs and Caseloads Declining" (February 10, 2016). http://www.cbpp.org/research/food-assistance/snap-costs-and-caseloads-declining.

Cernansky, Rachael. "Natural Gas Boom Brings Major Growth for U. S. Chemical Plants." *Environment 360* (January 29, 2015; accessed August 16, 2015). http://e360.yale.edu/feature/natural_gas_boom_brings_major_growth_for_us_chemical_plants/2842.

Cerrell Associates, Inc. *Political Difficulties Facing Waste-to-Energy Conversion Plant Siting*. Los Angeles: Cerrell Associates, 1984.

Chait, Jonathan. "Confessions of a 'Partyist': Yes, I Judge Your Politics." *New York Magazine* (October 30, 2014). http://nymag.com/daily/intelligencer/2014/10/im-a-partyist-and-yes-i-judge-your-politics.html.

Chetty, Raj, Nathaniel Hendren, Patrick Kline, and Emmanuel Saez. "Where Is the Land of Opportunity? The Geography of Intergenerational Mobility in the United States." *The Quarterly Journal of Economics* (2014): 1553–623.

Chetty, Raj, Nathaniel Hendren, Patrick Kline, Emmanuel Saez, and Nicholas Turner. "Is the United States Still a Land of Opportunity? Recent Trends in Intergenerational Mobility." NBER Working Paper 19844 (January 2014). http://www.nber.org/papers/w19844.

Childress, Sarah. "Has the Justice Department Found a New Town That Preys on Its Poor?" *Frontline* (April 27, 2015). http://www.pbs.org/wgbh/pages/frontline/criminal-justice/has-the-justice-department-found-a-new-town-that-preys-on-its-poor.〔参考：https://www.pbs.org/wgbh/frontline/article/has-the-justice-department-found-a-new-town-that-preys-on-its-poor〕

Chipman, Kim. "Americans in 73% Majority Oppose Ban on Deepwater Oil Drilling." *Bloomberg* (July 14, 2010). http://www.bloomberg.com/news/articles/2010-07-14/americans-in-73-majority-oppose-ban-on-deepwater-drilling-after-oil-spill.

Choi, Charles Q. "Gas-Charged Earthquakes Linked to Mysterious Louisiana Sinkhole." *Live Science*. http://www.livescience.com/46692-louisiana-sinkhole-explained.html.

Citizens for Tax Justice. "Corporate Taxpayers and Corporate Tax Dodgers, 2008–2010." November 2011. http://ctj.org/ctjreports/2011/11/corporate_tax

payers_corporate_tax_dodgers_2008-2010.php.〔参考 URL: http://fulltextreports.com/2011/11/03/corporate-taxpayers-corporate-tax-dodgers-2008-2010〕

Clark, Candace. *Misery and Company: Sympathy in Everyday Life*. Chicago: University of Chicago Press, 1998.

Clark, Stephen. "Gun Control Advocates Decry Louisiana's New Law Allowing Churchgoers to Pack Heat." Fox News (July 8, 2010). http://www.foxnews.com/politics/2010/07/08/gun-control-advocates-decry-louisianas-new-law-allowing-churchgoers-pack-heat.html.

Clemons, Steve. "GOP Presidents Have Been the Worst Contributors to the Federal Debt." *The Atlantic* (October 27, 2012). http://www.theatlantic.com/politics/archive/2012/10/gop-presidents-have-been-the-worst-contributors-to-the-federal-debt/264193.

Coastal Wetlands Planning, Protection and Restoration Act (CWPPRA). "Frequently Asked Questions." https://lacoast.gov/new/About/FAQs.aspx.

Cockerham, Sean. "Louisiana French: L'heritage at Risk." *Seattle Times* (July 6, 2012).

Coll, Steve. "Dangerous Gamesmanship." *New Yorker* (April 27, 2015).

Comiskey, Michael, and Lawrence C. Marsh. "Presidents, Parties, and the Business Cycle, 1949–2009." *Presidential Studies Quarterly* 42, no. 1 (2012): 40–59.

Confessore, Nicholas, Sarah Cohen, and Karen Yourish. "Buying Power." *New York Times* (October 10, 2015).

Congressional Budget Office. *The Distribution of Household Income and Federal Taxes, 2011*. Washington, D. C.: Congressional Budget Office, 2014. http://www.cbo.gov/sites/default/files/cbofiles/attachments/49440-Distribution-of-Income-and-Taxes.pdf.

Cooper, David, Mary Gable, and Algernon Austin. "The Public-Sector Jobs Crisis: Women and African Americans Hit Hardest by Job Losses in State and Local Governments." *Economic Policy Institute* (May 2, 2012). http://www.epi.org/publication/bp339-public-sector-jobs-crisis.

Cornier, Eric. "Construction Boom: Labor Shortage Among Area Concerns." *American Press* (February 10, 2013).

CSRS. *Southwest Louisiana Regional Impact Study, 2014* (accessed August 4, 2015). http://www.gogroupswla.com/Content/Uploads/gogroupswla.com/files/SWLA%20Regional%20Impact%20Study_Final.pdf.〔参考 : http://revenue.louisiana.gov/Miscellaneous/Southwest%20Louisiana%20Regional%20Impact%20Study.pptx〕

Davenport, Coral. "E. P. A. Faces More Tasks, Louder Critics, and a Shrinking Budget." *New York Times* (March 19, 2016).
Davenport, Coral, and Campbell Robertson. "Resettling the First American 'Climate Refugees.'" *New York Times* (May 3, 2016).
"David Vitter on Environment." On the Issues. http://www.ontheissues.org/Domestic/David_Vitter_Environment.htm.
Deckman, Melissa. "A Gender Gap in the Tea Party?" Paper prepared for the Midwest Political Science Association Meetings, April 11-4, 2013 (unpublished paper).
"Deep Water: The Gulf Oil Disaster and the Future of Offshore Drilling." Report to the President, National Commission on the BP Deepwater Horizon Oil Spill and Offshore Drilling (January, 2011). www. oilspillcommission. gov.
Defense Manpower Data Center. *Personnel, Workforce Reports & Publications*. Washington, D. C.: U. S. Department of Defense, 2014 (accessed November 25, 2014). https://www.dmdc.osd.mil/appj/dwp/dwp_reports.jsp.
Desmond, Matthew. *On the Fireline: Living and Dying with Wildland Firefighters*. Chicago: University of Chicago Press, 2007.
DiCesare, Frank. "All Water, Air Permits for Sasol Approved." *American Press* (June 2, 2014).
______. "Bayou d'Inde Cleanup to Begin This Month." *American Press* (February 16, 2015).
Diemer, Miriam. "Energy and Natural Resources: Industry Influence in the Climate Change Debate." OpenSecrets. org (updated January 29, 2015). https://www.opensecrets.org/news/issues/energy.
DiTomaso, Nancy. *The American Non-Dilemma: Racial Inequality Without Racism*. New York: Russell Sage Foundation, 2013.
Dlouhy, Jennifer A. "Dangers Face Immigrant, Contract Workforce in Gulf." *FuelFix* (November 3, 2013). http://fuelfix.com/blog/2013/11/03/dangers-face-immigrant-contractor-workforce-in-gulf/.
"Dome Issues Kept Quiet." *The Advocate* (August 12, 2012).
"Donald Trump Forcefully Removes Protesters from Louisiana Rally." Mic. com (March 5, 2016). http://mic.com/articles/137129/donald-trump-forcefully-removes-protesters-from-louisiana-rally.
Drozd, David J. *Trends in Fertility Rates by Race and Ethnicity for the U. S. and Nebraska: 1989 to 2013*. University of Nebraska at Omaha: Center for Public Affairs Research, 2015. http://www.unomaha.edu/college-of-public-affairs-and-

community-service/center-for-public-affairs-research/news/fertility-rate-gap.php.〔参考：https://www.unomaha.edu/college-of-public-affairs-and-community-service/center-for-public-affairs-research/documents/fertility-rates-by-race-ethnicity-us-nebraska.pdf〕

Dupre, Deborah. "Sinkhole: H-Bomb Explosion Equivalent in Bayou Corne Possible." Examiner. com (August 12, 2012). http://www.examiner.com/article/sinkhole-h-bomb-explosion-equivalent-bayou-corne-possible.〔参考：https://www.ernstversusencana.ca/sinkhole-h-bomb-explosion-equivalent-in-bayou-corne-possible〕

______. "State Blames One Company for Gassy Sinkhole, Orders More Seismic Monitors." Examiner. com (October 12, 2012). http://www.examiner.com/article/state-blames-one-company-for-gassy-sinkhole-orders-more-seismic-monitors.〔参考：http://tfrlive.com/what-is-going-on-in-the-gulf-coast-states〕

Durkheim, Émile. *The Elementary Forms of Religious Life*. New York: The Free Press, 1965 (1915).『宗教生活の基本形態――オーストラリアにおけるトーテム体系』(上)(下)山﨑亮訳，ちくま学芸文庫〕

Ehrenreich, Barbara. "Dead, White, and Blue: The Great Die-Off of America's Blue Collar Whites." TomDispatch. com (December 1, 2015). http://www.tomdispatch.com/dialogs/print/?d=176075/tomgram.

Ehrenreich, John. *Third Wave Capitalism: How Money, Power, and the Pursuit of Self-Interest Have Imperiled the American Dream*. Ithaca and London: ILR Press, an Imprint of Cornell University Press, forthcoming 2016.

Einhorn, Robin L. *American Taxation, American Slavery*. Chicago: University of Chicago Press, 2008.

Eliot, T. S. *The Sacred Wood*. London: Methuen, 1920.

Environmental Protection Agency. *TRI Explorer* [*Data file*], *1990 and 2013*. Washington, D. C.: Environmental Protection Agency, 2015. http://iaspub.epa.gov/triexplorer/tri_release.chemical.

Ernst & Young LLP. *2014 US Investment Monitor: Tracking Mobile Capital Investments During 2013* (accessed August 4, 2015). http://www.ey.com/Publication/vwLUAssets/EY-the-us-investment-monitor/$FILE/EY-the-us-investment-monitor.pdf.

Evans-Pritchard, E. E. *The Nuer: A Description of the Modes of Livelihood and Political Institutions of a Nilotic People*. Oxford, UK: Clarendon Press, 1940.〔『ヌアー族――ナイル系一民族の生業形態と政治制度の調査記録』向井元子訳，平凡社ライブラリー〕

Eysink, Curt. *Louisiana Workforce Information Review 2010*. Statewide Report. https://www.doleta.gov/performance/results/AnnualReports/2010_economic_reports/la_economic_report_py2010_workforce. pdf.

Fagin, Dan. *Toms River: A Story of Science and Salvation*. New York: Bantam Books, 2013.

Fahrenthold, David. "Deep Underground Federal Employees Process Paperwork by Hand in a Long Outdated, Inefficient System." *Washington Post* (March 22, 2014).

Fallin, Amanda, Rachel Grana, and Stanton A. Glantz. "'To Quarterback Behind the Scenes, Third-Party Efforts': The Tobacco Industry and the Tea Party." *Tobacco Control* (February 8, 2013). http://tobaccocontrol.bmj.com/content/early/2013/02/07/tobaccocontrol-2012-050815.abstract.

Festinger, Leon, Henry W. Riecken, and Stanley Schachter. *When Prophecy Fails: A Social and Psychological Study of a Modern Group That Predicted the Destruction of the World*. London: Pinter and Martin, 2008,(1956).

Fischer, Claude, and Michael Hout. *Century of Difference: How America Changed in the Last One Hundred Years*. New York: Russell Sage Foundation, 2008.

Florida, Richard. "Is Life Better in America's Red States?" *New York Times Sunday Review* (January 3, 2015).

Floser, A. D. "A Closer Look at the Parties in 2012." Pew Research Center (August 23, 2012). http://www.people-press.org/2012/08/23/a-closer-look-at-the-parties-in-2012/.

Floyd, Ife, Ladonna Pavetti, and Liz Schott. "TANF Continues to Weaken as a Safety Net." Center on Budget and Policy Priorities (updated October 27, 2015). http://www.cbpp.org/research/family-income-support/tanf-continues-to-weaken-as-a-safety-net.〔参考 : http://www.cbpp.org/resarch/family-income-support/tanf-reaching-few-families〕

Floyd, Ife, and Liz Schott. "TANF Cash Benefits Have Fallen by More Than 20 Percent in Most States and Continue to Erode." Center on Budget and Policy Priorities (last updated October 15, 2015). http://www.cbpp.org/research/family-income-support/tanf-cash-benefits-have-fallen-by-more-than-20-percent-in-most-states.

Foley, Michel Stewart. *Front Porch Politics: The Forgotten Heyday of American Activism in the 1970s and 1980s*. New York: Farrar Strauss, 2013.

Frank, Thomas. *Listen Liberal, or What Ever Happened to the Party of the People?* New York: Metropolitan Press, 2016.

______. *What's the Matter with Kansas? How Conservatives Won the Heart of America.* New York: Metropolitan Press, 2004.

Frankland, Peggy. *Women Pioneers of the Louisiana Environmental Movement.* Jackson: University Press of Mississippi, 2013.

Freddoso, David. "State Government Dependence on Federal Funding Growing at Alarming Rate." *State Budget Solutions* (April 15, 2015). http://www.statebudgetsolutions.org/publications/detail/state-government-dependence-on-federal-funding-growing-at-alarming-rate.〔参考：https://www.washingtonexaminer.com/exography-state-government-dependence-on-federal-funding-growing-at-alarming-rate〕

Fuller, Jaime. "Environmental Policy Is Partisan. It Wasn't Always." *Washington Post* (June 2, 2014). https://www.washingtonpost.com/news/the-fix/wp/2014/06/02/support-for-the-clean-air-act-has-changed-a-lot-since-1970.

Furman, Jason, Betsey Stevenson, and Jim Stock. "The 2014 Economic Report of the President" (March 10, 2014). https://www.whitehouse.gov/blog/2014/03/10/2014-economic-report-president.

Gabe, Todd M., and Kathleen P. Bell. "Tradeoffs Between Local Taxes and Government Spending as Determinants of Business Location." *Journal of Regional Science* 44, no. 1 (2004): 21-41.

Garcia-Pérez, Javier, Pablo Fernández-Navarro, Adela Castelló, Maria Felicitas López-Cima, Rebeca Ramis, Elena Boldo, and Gonzalo López-Abente. "Cancer Mortality in Towns in the Vicinity of Incinerators and Installations for the Recovery or Disposal of Hazardous Waste." *Environment International* 51 (2013): 31-44.

Gibson, David R. "Doing Time in Space: Line-Joining Rules and Resulting Morphologies." *Sociological Forum* 23, no. 2 (June 2008): 207-33.

Gillin, Joshua. "Income Tax Rates Were 90 Percent Under Eisenhower, Sanders Says." *PolitiFact* (November 15, 2015). http://www.politifact.com/truth-o-meter/statements/2015/nov/15/bernie-s/income-tax-rates-were-90-percent-under-eisenhower-.

Girard, René. *The Scapegoat.* Baltimore: Johns Hopkins University, 1986.

Gitlin, Todd. *The Twilight of Common Dreams: Why America Is Wracked by Culture Wars.* New York: Metropolitan Press, 1995.〔『アメリカの文化戦争――たそがれゆく共通の夢』疋田三良・向井俊二訳，彩流社〕

"Gonzales." LouisianaTravel. com. http://www.louisianatravel.com/cities/gonzales.

Goodman, Joseph. "Gulf Oil Spill Threatens Louisiana Native Americans'Way of

Life." *Miami Herald* (June 1, 2010).

Goodstein, Eban. *Jobs and the Environment: The Myth of a National Trade-Off.* Washington, D. C.: Economic Policy Institute, 1994.

Gordon, Claire. "Filipino Workers Kept as Slaves in Louisiana, Lawsuit Charges." *AOL Jobs* (November 15, 2011). http://jobs.aol.com/articles/2011/11/15/filipino-workers-kept-as-slaves-in-louisiana-according-to-lawsu/.

"Governing, the State and Localities." Governing. com. Source: U. S. Census Bureau (accessed September 21, 2015). http://www.governing.com/gov-data/state-tax-revenue-data.html.

"Governor Bobby Jindal Says Americans Want a 'Hostile Takeover' of Washington." TeaParty. org (September 16, 2014). http://www.teaparty.org/gov-bobby-jindal-says-americans-want-hostile-takeover-washington-55848.

Grandia, Kevin. "If Canada Is 'Oil Rich' Why Are We So in Debt?" DESMOGCANADA (March 5, 2013). http://www.desmog.ca/2013/02/28/if-canada-oil-rich-why-are-we-so-debt.

Gray, Melissa. "Louisiana Probes Cause of Massive Bayou Sinkhole." CNN (August 10, 2012). http://www.cnn.com/2012/08/09/us/louisiana-bayou-sinkhole.

Green, John C. *The Fifth National Survey of Religion and Politics.* Akron, OH: The Ray C. Bliss Institute for Applied Politics at the University of Akron, 2008. http://www.uakron.edu/bliss/research/archives/2008/Blissreligionreport.pdf.

Guldroz, John. "LSU Professor Discusses Climate Change, Erosion." *American Press* (June 28, 2013).

Gulf Engineers and Consultants. "Hazardous, Toxic and Radioactive Waste Reconnaissance Report (HTRW) Calcasieu River and Pass." Louisiana Dredged Material Management Plan, U. S. Army Corps of Engineers, New Orleans District.

Hacker, Jacob S., and Paul Pierson. *Winner-Take-All Politics: How Washington Made the Rich Richer-and Turned Its Back on the Middle Class.* New York: Simon & Schuster, 2010.

Hamilton, Lawrence C., Thomas G. Safford, and Jessica D. Ulrich. "In the Wake of the Spill: Environmental Views Along the Gulf Coast." *Social Science Quarterly* 93, no. 4 (2012): 1053–64.

Hanley, Caroline, and Michael T. Douglass. "High Road, Low Road or Off Road: Economic Development Strategies in the American States." *Economic Development Quarterly* 28: 3 (2014): 1–10.

Harlan, Chico. "Battered by Drop in Oil Prices and Jindal's Fiscal Policies, Louisiana Falls into Budget Crisis." *Washington Post* (March 4, 2016). https://www.washingtonpost.com/news/wonk/wp/2016/03/04/the-debilitating-economic-disaster-louisianas-governor-left-behind.

Hertsgaard, Mark. "What BP Doesn't Want You to Know About the Gulf Spill." *Newsweek* (April 22, 2013).

Hochschild, Arlie Russell. *The Managed Heart: Commercialization of Human Feeling*. Berkeley: University of California Press, 1983.〔『管理される心――感情が商品になるとき』石川准・室伏亜希訳，世界思想社〕

______. *The Outsourced Self: Intimate Life in Market Times*. New York: Metropolitan Press, 2012.

______. *The Second Shift: Working Families and the Revolution at Home*. New York: Penguin Books, 2012 (1989).〔『セカンド・シフト　第二の勤務――アメリカ　共働き革命のいま』田中和子訳，朝日新聞社〕

______. *So How's the Family? and Other Essays*. Berkeley and Los Angeles: University of California Press, 2012 (1983).

______. *The Time Bind: When Work Becomes Home and Home Becomes Work*. New York: Metropolitan Press, 2000 (1997).〔『タイム・バインド (時間の板挟み状態)　働く母親のワークライフバランス――仕事・家庭・子どもをめぐる真実』坂口緑・中野聡子・両角道代訳，明石書店〕

Hofstadter, Richard. *The Age of Reform*. New York: Vintage, 1955.〔『改革の時代――農民神話からニューディールへ』清水和久・斎藤真・泉昌一・阿部斉・有賀弘・宮島直機訳，みすず書房〕

______. *Anti-Intellectualism in American Life*. New York: Vintage Books, 1966.〔『反知性主義――アメリカが生んだ「熱病」の正体』森本あんり訳，新潮選書〕

Houck, Oliver A. "The Reckoning: Oil and Gas Development in the Louisiana Coastal Zone." *Tulane Environmental Law Journal* 28, no. 2 (2015): 185–296.

______. "Save Ourselves: The Environmental Case That Changed Louisiana." *Louisiana Law Review* 72 (2012): 409–37.

"How States Compare and How They Voted in the 2012 Election." *The Chronicle of Philanthropy* (updated January 13, 2015; accessed August 5, 2015). https://philanthropy.com/article/How-States-CompareHow/152501.

"Iberia Parish, Louisiana." Tour Louisiana (accessed August 7, 2015). http://www.tourlouisiana.com/content.cfm?id=15.

Institute for Criminal Policy Research. *World Prison Brief*. http://www.prisonstu

dies.org/highest-to-lowest/prison_population_rate.

Institute for Southern Studies. “Looting Louisiana: How the Jindal Administration Is Helping Big Oil Rip Off a Cash-Strapped State.” http://www.southernstudies.org/2015/05/looting-louisiana-how-the-jindal-administration-is.html.〔参考 URL: https://www.facingsouth.org/2015/05/looting-louisiana-how-the-jindal-administration-is.html〕

Irons, John, and Isaac Shapiro. *Regulation, Employment, and the Economy: Fears of Job Loss Are Overblown*. Washington, D. C.: Economic Policy Institute, 2011.

Irving, Shelley K., and Tracy A. Loveless. *Dynamics of Economic Well-Being: Participation in Government Programs, 2009–2012: Who Gets Assistance?* Washington, D. C.: U. S. Census Bureau, 2015. http://www.census.gov/content/dam/Census/library/publications/2015/demo/p70-141.pdf.

Iyengar, Shanto, Gaurav Sood, and Yphtach Lelkes. “Affect, Not Ideology: A Social Identity Perspective on Polarization.” *Public Opinion Quarterly* 76, no. 3 (2012): 405–31.

Iyengar, Shanto, and Sean Westwood. “Fear and Loathing Across Party Lines: New Evidence on Group Polarization.” *American Journal of Political Science* 59, no. 3 (2014): 45.

Jacobs, Ken, Ian Perry, and Jenifer MacGillvary. “The High Public Cost of Low Wages” (April 13, 2015). http://laborcenter.berkeley.edu/the-high-public-cost-of-low-wages.

Jacobson, Louis. “Are There More Welfare Recipients in the U. S. Than Full-Time Workers?” PunditFact (January 28, 2015). http://www.politifact.com/punditfact/statements/2015/jan/28/terry-jeffrey/are-there-more-welfare-recipients-us-full-time-wor.

Jilani, Zaid. “Fracking Industry Billionaires Give Record $15 Million to Ted Cruz’s Super PAC.” Alternet (July 25, 2015). http://www.alternet.org/election-2016/fracking-industry-billionaires-give-record-15-million-ted-cruzs-super-pac.

Johnson, Brad. “Senate Republicans Introduce Bill to Abolish the EPA.” *Think Progress* (May 6, 2011). http://thinkprogress.org/politics/2011/05/06/164077/senate-republicans-introduce-bill-to-abolish-the-epa.

Juhasz, Antonia. “Investigation: Two Years After the BP Spill, a Hidden Health Crisis Festers.” *The Nation* (April 18, 2012). https://www.thenation.com/article/investigation-two-years-after-bp-spill-hidden-health-crisis-festers/.

Kasperowicz, Pete. “Who Wants to Abolish the IRS? So Far, 58 House Republi-

cans." *The Blaze* (accessed August 16, 2015). http://www.theblaze.com/blog/2015/01/07/who-wants-to-abolish-the-irs-so-far-58-house-republicans.

Katznelson, Ira. *When Affirmative Action Was White: An Untold History of Racial Inequality in Twentieth-Century America*. New York: Norton Publishing Co., 2006.

Knox, E. G. "Oil Combustion and Childhood Cancers." *Journal of Epidemiology and Community Health* 59, no. 9 (2005): 755–60.

Koeppel, Barbara. "Cancer Alley, Louisiana." *The Nation* (November 8, 1999), 16–24.

Kohut, Andrew, Scott Keeter, Carroll Doherty, Michael Dimock, Michael Remez, Robert Suls, Shawn Neidorf, Leah Christian, Jocelyn Kiley, Alec Tyson, and Jacob Pushter. "Life in 2050: Amazing Science, Familiar Threats: Public Sees a Future Full of Promise and Peril." News release, Pew Center for the People and the Press (June 22, 2010).

Kolata, Gina. "Death Rate Rising for Middle Aged White Americans, Study Finds." *New York Times* (November 2, 2015).

Krugman, Paul. "Enemies of the Sun." Op-Ed. *New York Times* (October 5, 2015).

Kumar, Sheila V. "Jindal Meets with Bayou Corne Residents, Promises to Fight Texas Brine for Fair Buyouts." *Times-Picayune* (March 19, 2013). http://www.nola.com/politics/index.ssf/2013/03/jindal_to_visit_assumption_par_1.html.

Kumkar, Nils. "A Socio-Analysis of Discontent: Protests Against the Politics of Crisis in the U. S. and Germany: An Empirical Comparison." Unpublished PhD thesis, Department of Sociology, University of Leipzig (November 30, 2015).

Kurth, Michael. "On the Brink of the Boom." *Lagniappe* (May 6, 2014). http://www.bestofswla.com/2014/05/06/brink-boom.

"Lake Charles: A Case Study-With Massive New Industrial Investments and up to 25,000 New Workers Headed to Town, the Landscape of Lake Charles Is Changing Dramatically." *Business Report* (September 25, 2014). https://www.businessreport.com/article/lake-charles-a-case-study-with-massive-new-industrial-investments-and-up-to-25000-new-workers-headed-to-town-the-landscape-of-lake-charles-is-changing-dramatically.

Lakoff, George, and Mark Johnson. *Metaphors We Live By*. Chicago: University of Chicago Press, 2003.〔『メタファに満ちた日常世界――Metaphors We Live By』橋本功・八木橋宏勇・北村一真・長谷川明香編注・松柏社〕

Law Center to Prevent Gun Violence and the Brady Campaign. *2013 State Scorecard: Why Gun Laws Matter*. San Francisco: Law Center to Prevent Gun Violence, 2013. http://www.bradycampaign.org/sites/default/files/SCGLM-Final10-spreads-points. pdf.

"Lawsuit: Filipino Teachers Defrauded in International Labor Trafficking Scheme." LA. AFT. org. http://la.aft.org/news/lawsuit-filipino-teachers-defrauded-international-labor-trafficking-scheme.

League of Conservation Voters. *Public Health Basis of the Clean Air Act, House Roll Call Vote 395*. Washington, D. C.: League of Conservation Voters, 2012. http://scorecard.lcv.org/roll-call-vote/2012-395-public-health-basis-clean-air-act.

LaHaye, Tim, and Jerry B. Jenkins. *Left Behind: A Novel of the Earth's Last Days*. Carroll Stream, IL: Tyndale House Publishers, 2011.〔『レフトビハインド』上野五男訳，いのちのことば社〕

Leonhardt, David. "In Climbing Income Ladder, Location Matters." *New York Times* (July 22, 2013). http://www.nytimes.com/2013/07/22/business/in-climbing-icome-ladder-location-matters.html.

Lepore, Jill. *The Whites of Their Eyes: The Tea Party's Revolution and the Battle over American History*. Princeton, NJ: Princeton University Press, 2010.

Lester, James, James Franke, Ann Bowman, and Kenneth Kramer. "Hazardous Wastes, Politics, and Public Policy: A Comparative State Analysis." *The Western Political Quarterly* 36(1983): 257–85.

Lewis, Scott. "Boustany and Landry Fight Over Obamacare, Medicare, Negative Campaigns and Oilfield Jobs [Audio]." Cajun Radio (October 31, 2012). http://cajunradio.com/boustany-and-landry-fight-over-obamacare-medicare-negative-campaigns-and-oilfield-jobs-audio/?trackback=tsmclip.

Little, Amanda. "Will Conservatives Finally Embrace Clean Energy? *New Yorker* (October 29, 2015).

Lindsey, Hal. *The Late Great Planet Earth*. Grand Rapids, MI: Zondervan, 1970.〔『地球最後の日』湖浜馨訳，いのちのことば社〕

Liptak, Adam. "Supreme Court Blocks Louisiana Abortion Law." *New York Times* (March 4, 2016). http://www.nytimes.com/2016/03/05/us/politics/supreme-court-blocks-louisiana-abortion-law.html.

Longman, Phillip. "Wealth and Generations." *Washington Monthly* (June/July/August 2015). http://www.washingtonmonthly.com/magazine/junejulyaugust2015/features/wealth_and_generations055898.php.

"Lou Dobbs on the EPA: 'As It's Being Run Now, It Could Be Part of the Appar-

atchik of the Soviet Union.'" MediaMatters (June 6, 2011). http://mediamatters.org/video/2011/06/06/lou-dobbs-on-the-epa-as-its-being-run-now-it-co/180331.

"Louisiana Department of Environmental Quality." Solid Waste Landfill Report" (accessed August 7, 2015). http://www.deq.louisiana.gov/portal/DIVISIONS/WastePermits/SolidWastePermits/SolidWasteLandfillReport.aspx.

Louisiana Department of Health and Hospitals, Louisiana Department of Environmental Quality, Louisiana Department of Agriculture and Forestry, and Louisiana Department of Wildlife and Fisheries. *Protocol for Issuing Public Health Advisories for Chemical Contaminants in Recreationally Caught Fish and Shellfish*. Baton Rouge, LA: Office of Public Health, 2012, 24. http://www.dhh.louisiana.gov/assets/oph/Center-EH/envepi/fishadvisory/Documents/LA_Fish_Protocol_FINAL_Feb_2012_updated_links.pdf.

Louisiana Department of Health and Hospitals for the Agency for Toxic Substances and Disease Registry. *Health Consultation: Calcasieu Estuary Sediment Sample Evaluation, Calcasieu Parish, Louisiana, EPA Facility ID: LA0002368173*. Baton Rouge, LA: Office of Public Health, 2005.

______. *Public Health Assessment, Initial/Public Comment Release, Review of Data from the 2010 EPA Mossville Site Investigation*. Baton Rouge, LA: Office of Public Health, 2013.

Louisiana Department of Health and Hospitals. "Health Department Advises 'Take Precautions When Swimming'" (May 21, 2014). http://new.dhh.louisiana.gov/index.cfm/communication/viewcampaign/896?uid=gE&nowrap=1.

Louisiana Economic Development. "Louisiana: At the Epicenter of the U. S. Industrial Rebirth" (accessed January 4, 2014). http://www.opportunitylouisiana.com/index.cfm/newsroom/detail/265. *Louisiana Law Regarding the Unlawful Sale, Purchase and Possession of Alcoholic Beverages*. Louisiana R. S. 14: 93. 10–14.

Louisiana Seafood Marketing and Promotion Board. "By the Numbers: Louisiana's Ecology" (accessed April 8, 2015). http://www.louisianaseafood.com/ecology.

"Louisiana State Profile." *National Rifle Association* (November 12, 2014; accessed July 31, 2015). https://www.nraila.org/gun-laws/state-gun-laws/louisiana.

Luke, Ronald T. "Managing Community Acceptance of Major Industrial Projects." *Coastal Zone Management Journal* 7 (1980): 271–96.

Lustgarten, Abrahm. "Injection Wells: The Poison Beneath Us." *ProPublica* (June 21, 2012). https://www.propublica.org/article/injection-wells-the-poison-benea

th-us.

MacGillis, Alec. "Who Turned My Blue State Red?" *New York Times* (November 20, 2015).

Mann, Catherine L. "Environment and Trade: Do Stricter Environmental Policies Hurt Expert Competitiveness?" Organisation for Economic Co-operation and Development. http://www.oecd.org/economy/greeneco/do-stricter-environmental-policies-hurt-export-competitiveness.htm.

Mann, Robert. "Residents of Bayou Corne Ask, Where Are You, Bobby Jindal?" December 16, 2012. http://bobmannblog.com/2012/12/16/residents-of-bayou-corne-ask-where-are-you-bobby-jindal.

Margolis, Michele F., and Michael W. Sances. "Who Really Gives? Partisanship and Charitable Giving in the United States." Working paper, Social Science Research Network (2013): 1-17. http://papers.ssrn.com/sol3/papers.cfm?abstract_id=2148033.

Martin, Isaac William. *Rich People's Movements: Grassroots Campaigns to Untax the One Percent*. New York: Oxford University Press, 2013.

Martinez, Yolanda. "Environmentalists Allege Constitutional Violation in Permitting Gas Storages Salt Dome Construction in Lake Peigneur." *Louisiana Record* (July 23, 2013).

Mather, Mark. *Fact Sheet: The Decline in U. S. Fertility*. Washington, D. C.: Population Reference Bureau, 2012. http://www.prb.org/publications/datasheets/2012/world-population-data-sheet/fact-sheet-us-population.aspx.〔参考 URL: https://www.prb.org/us-fertility〕

Mayer, Jane. "Covert Operations." *New Yorker* (August 30, 2010).

______. *Dark Money: The Hidden History of the Billionaires Behind the Rise of the Radical Right*. New York: Random House, 2016.〔『ダーク・マネー——巧妙に洗脳される米国民』伏見威蕃訳，東洋経済新報社〕

McAdam, Doug. *Freedom Summer*. Oxford: Oxford University Press, 1990.

"Meet the Staff." First Pentecostal Church, Lake Charles (accessed August 28, 2014). http://firstpentecostalchurchlc.org/about-us/meet-the-staff.

Meyer, Stephen M. "Endangered Species Listings and State Economic Performance." MIT Project on Environmental Politics and Policy, 1995.

______. "Environmentalism and Economic Prosperity: An Update." MIT Project on Environmental Politics and Policy, 1993.

______. "Environmentalism and Economic Prosperity: Testing the Environmental Impact Hypothesis." MIT Project on Environmental Politics and Policy, 1992.

Misrach, Richard, and Kate Orff. *Petrochemical America*. New York: Aperture Foundation, 2012.

Mitchell, David J. "Texas Brine Shifts Blame to Occidental Petroleum, Others for Causing Bayou Corne Sinkhole." *The Advocate* (July 15, 2015). http://theadvocate.com/news/ascension/12870889-123/texas-brine-shifts-blame-to.

Mitchell, Stacy, and Fred Clements. "How Washington Punishes Small Business." *Wall Street Journal* (May 7, 2015).

Mizell-Nelson, Michael. "Nurturing the Drive-Through Daiquiri." *Louisiana Cultural Vistas* (March 12, 2015).

Montopoli, Brian. "Tea Party Supporters: Who They Are and What They Believe." CBS News (December 14, 2012).

Morgenstern, Richard D., William A. Pizer, and Jhih-Shyang Shih. "Jobs Versus the Environment: An Industry-Level Perspective." *Journal of Environmental Economics and Management* 43 (2002): 412–36.

Moyers, Bill. "Welcome to Doomsday." *New York Review of Books* (March 24, 2005).

Mulhere, Kaitlin. "In the Face of Colossal Cuts." *Inside Higher Ed* (April 27, 2015). https://www.insidehighered.com/news/2015/04/27/anxiety-over-massive-proposed-cuts-louisianas-colleges-felt-across-state.

Natural Resources Defense Council. "The BP Oil Disaster at One Year." Washington, D. C.: Natural Resources Defense Council, 2011.

"New Tax Foundation Ranking Indicates Dramatic Improvement in Louisiana's Business Tax Competitiveness." Louisiana Economic Development (February 29, 2012; accessed January 5, 2014). http://www.opportunitylouisiana.com/index.cfm/newsroom/detail/175.〔参考：https://taxfoundation.org〕

"Next Time We See Him, We Might Have to Kill Him: Trump Fan on Punching Black Protester." RT. com (March 11, 2016). https://www.rt.com/usa/335188-trump-protester-punched-arrest.

Ng, Christina. "Louisiana Boat Disappears into Sinkhole, Workers Rescued." ABC News (August 16, 2012). http://abcnews.go.com/US/louisiana-sinkhole-engulfs-boat-workers-rescued/story?id=17021557.

"Not All Republicans Think Alike About Global Warming." Yale Program on Climate Change Communication. http://environment.yale.edu/climate-communication/article/not-all-republicans-think-alike-about-global-warming.

O'Connor, Arthur. "Political Polarization and Environmental Inequality: A Pilot Study of Pollution Release Amounts and Practices in 'Red' Versus 'Blue'

States." *Interdisciplinary Environmental Review* 13, no. 4: 308-22.
O'Donoghue, Julia. "Louisiana Failed to Collect Millions in Oil and Gas Taxes." *Times-Picayune* (December 2, 2013). http://www.nola.com/politics/index.ssf/2013/12/louisiana_oil_and_gas_taxes.html.
Office of the Inspector General. *Audit Report: EPA Region 6 Needs to Improve Oversight of Louisiana's Environmental Programs*. Washington, D. C.: Environmental Protection Agency, 2003. http://www.epa.gov/oig/reports/2003/2003-p-0005.pdf.〔参考：https://www.epa.gov/sites/production/files/2015-12/documents/2003-p-0005.pdf〕
______. *EPA Must Improve Oversight of State Enforcement*. Washington, D. C.: Environmental Protection Agency, 2011. http://www.epa.gov/oig/reports/2012/20111209-12-P-0113.pdf.〔参考：https://www.epa.gov/sites/production/files/2015-10/documents/20111209-12-p-0113.pdf〕
Oldham, Taki. *The Billionaires' Tea Party*. https://www.youtube.com/watch?v=-zBOQL5lZuU.〔参考：https://shop.medied.org/the-billionaires-tea-party-p147.aspx〕
Parker, Christopher S., and Matt A. Barreto. *Change They Can't Believe In: The Tea Party and Reactionary Politics in America*. Princeton, NJ: Princeton University Press, 2013.
Pavlov, Pavel. "US' Axiall Declares Force Majeure on VCM from PHH Monomers Plant." *Platts* (December 23, 2013). http://www.platts.com/vlatest-news/petrochemicals/houston/us-axiall-declares-force-majeure-on-vcm-from-21990566.
Pedersen, Chris. "Sasol Clears Major Hurdle to Build America's First GTL Plant." Oilprice. com (September 4, 2014). http://oilprice.com/Energy/Natural-Gas/Sasol-Clears-Major-Hurdle-to-Build-Americas-First-GTL-Plant.html.
Phillips, Justin. "Calcasieu, Cameron Areas 'on Bubble' with EPA for Air Quality." *American Press* (July 11, 2014). http://www.americanpress.com/news/local/Air-quality.
Phillips-Fein, Kim. *Invisible Hands: The Businessmen's Crusade Against the New Deal*. New York: W. W. Norton & Company, 2007.
Piketty, Thomas. *Capital in the Twenty-First Century*. Boston: Harvard University Press, 2014.〔『21 世紀の資本』山形浩生・守岡桜・森本正史訳，みすず書房〕
Piketty, Thomas, and Emmanuel Saez. *2007 Average Incomes, U. S. 1980-2012* (in real 2014 dollars). The World Top Incomes Database. http://topincomes.g-mond.parisschoolofeconomics.edu.
Porter, Michael, and C. Van der Linde. "Toward a New Conception of the

Environment-Competitiveness Relationship." *Journal of Economic Perspectives* 9, no. 4(1995): 97–118.

Povich, Deborah, Brandon Roberts, and Mark Mather. *Low-Income Working Families: The Racial/Ethnic Divide.* Working Poor Families Project and Population Reference Bureau, 2015. http://www.workingpoorfamilies.org/wp-content/uploads/2015/03/WPFP-2015-Report_Racial-Ethnic-Divide.pdf.

"Project HAL: Historical American Lynching Data Collection Project." University of North Carolina-Wilmington. http://people.uncw.edu/hinese/HAL/HAL%20Web%20Page.htm.

Pugh, Allison. *The Tumbleweed Society: Working and Caring in an Age of Insecurity.* London: Oxford University Press, 2015.

Regan-White, Heather. "Westlake City Council Reaches Agreement with Sasol on Expansion Costs." *Sulphur Daily News* (November 25, 2015). http://www.sulphurdailynews.com/article/20151125/NEWS/151129875.

Reich, Robert B. *Saving Capitalism: For the Many, Not the Few.* New York: Knopf, 2015.〔『最後の資本主義』雨宮寛・今井章子訳，東洋経済新報社〕

"Remarks by the President to the Nation on the BP Oil Spill." White House Press Release (June 15, 2010). https://www.whitehouse.gov/the-press-office/remarks-president-nation-bp-oil-spill.

Ridgeway, James. "Environmental Espionage: Inside a Chemical Company's Louisiana Spy Op." *Mother Jones* (May 20, 2008). http://www.motherjones.com/environment/2008/05/environmental-espionage-inside-chemical-companys-louisiana-spy-op.

Right-to-Know Network. *Biennial Reporting System Quantities by State for 2011: Waste Received and Managed.* Washington, D. C.: Center for Effective Government, 2015. http://www.rtknet.org/db/brs/tables.php?tabtype=t3&year=2011&subtype=a&sorttype=rcv.

Robertson, Campbell. "In Louisiana, the Poor Lack Legal Defense." *New York Times* (March 19, 2016).

Rogers, Will. "Our Land, Up for Grabs." Editorial. *New York Times* (April 2, 2015; accessed August 16, 2015). http://www.nytimes.com/2015/04/02/opinion/our-land-up-for-grabs.html.

Rosenthal, Lawrence, and Christine Trost (eds.). *Steep: The Precipitous Rise of the Tea Party.* Berkeley: University of California Press, 2012.

Roysler, Deirdre. *Race and the Invisible Hand: How White Networks Exclude Black Men from Blue Collar Jobs.* Berkeley: University of California Press,

2003.
Rudowitz, Robin, Laura Snyder, and Vernon K. Smith. "Medicaid Enrollment & Spending Growth: FY 2015 & 2016." Henry J. Kaiser Foundation (October 15, 2015). http://kff.org/medicaid/issue-brief/medicaid-enrollment-spending-growth-fy-2015-2016.
Russell, George. "Exclusive: EPA Ponders Expanded Regulatory Power in Name of 'Sustainable Development.'" Fox News commentary (December 19, 2011). http://www.foxnews.com/politics/2011/12/19/epa-ponders-expanded-regulatory-power-in-name-sustainable-development.
Russell, Gordon. "Giving Away Louisiana: An Overview." *The Advocate*, Special Reports (November 26, 2014). http://blogs.theadvocate.com/specialreports/2014/11/26/giving-away-louisiana.
Santhanam, Laura. "Report: Fox News Enlists Fossil Fuel Industry to Smear EPA Carbon Pollution Standards." MediaMatters (June 6, 2014). http://mediamatters.org/research/2014/06/06/report-fox-news-enlists-fossil-fuel-industry-to/199622.
Savchuck, Katia. "Are America's Richest Families Republicans or Democrats?" *Forbes* (July 9, 2014).
Schell, Jonathan. *The Time of Illusion*. New York: Vintage Books, 1975.
Scherer, Glenn. "Christian-Right Views Are Swaying Politicians and Threatening the Environment." Grist. org (October 28, 2004). http://grist.org/article/scherer-christian/.
Schmidt, Theresa. "Condea Vista Hired Spies." KPLCTV (May 29, 2008). http://www.kplctv.com/story/8399515/condea-vista-hired-spies.
______. "Spy Targets Call for Action." KPLCTV (May 30, 2008). http://www.kplctv.com/story/8404443/spy-targets-call-for-action.
______. "Motion Filed to Force Disclosure of Spy Details." KPLCTV (June 4, 2008). http://www.kplctv.com/story/8433538/motion-filed-to-force-disclosure-of-spy-details.
______. "Attorneys Seek Disclosure of Spy Operation." KPLCTV (December 3, 2008). http://www.kplctv.com/story/9366858/attorneys-seek-disclosure-of-spy-operation.
Schor, Juliet. *The Overspent American: Why We Want What We Don't Need*. New York: Harper Perennial, 1999.〔『浪費するアメリカ人――なぜ要らないものまで欲しがるか』森岡孝二監訳，岩波現代文庫〕
Schouten, Fredreka. "Koch Brothers Set $889 Million Budget for 2016." *USA To-*

day (January 27, 2015). http://www.usatoday.com/story/news/politics/2015/01/26/koch-brothers-network-announces-889-million-budget-for-next-two-years/22363809/.

Schulman, Daniel. *Sons of Wichita: How the Koch Brothers Became America's Most Powerful and Private Dynasty*. New York: Grand Central Publishing, 2015.〔『アメリカの真の支配者コーク一族』古村治彦訳，講談社〕

Scott, Loren C. *The Energy Sector: A Giant Economic Engine for the Louisiana Economy*. Baton Rouge: Mid-Continent Oil and Gas Association, 2014. http://www.scribd.com/doc/233387193/The-Energy-Sector-A-Giant-Economic-Engine-for-the-Louisiana-Economy.

______. *The Energy Sector: Still a Giant Economic Engine for the Louisiana Economy-an Update*. Louisiana Mid-Continent Oil and Gas Association and Grow Louisiana Coalition report, 2014. http://www.growlouisianacoalition.com/blog/wp-content/uploads/2014/07/Loren-Scott-Study.pdf.〔参考：http://www.lorenscottassociates.com/Reports/TheEnergySectorEconomicEngine.pdf〕

Seib, Gerald. "How Trump's Army Is Transforming the GOP." *Wall Street Journal* (February 22, 2016).

Seydlitz, Ruth, and Shirley Laska. "Social and Economic Impacts of Petroleum 'Boom and Bust' Cycles." Prepared by the Environmental Social Science Research Institute, University of New Orleans. OCS Study MMS 94-0016. U. S. Dept. of the Interior, Minerals Mgmt. Service, Gulf of Mexico OCS Regional Office. New Orleans, LA, 1993.

Sheppard, Kate. "BP's Bad Breakup: How Toxic Is Corexit?" *Mother Jones* (September/October 2010). https://www.motherjones.com/environment/2010/08/bp-ocean-dispersant-corexit/.

Silverstein, Ken. "Dirty South: Letter from Baton Rouge." *Harper's* (November 2013), 45-56.

Skocpol, Theda, and Vanessa Williamson. *The Tea Party and the Remaking of Republican Conservatism*. New York: Oxford University Press, 2012.

Snell, John. "As More of Coastal Louisiana Is Lost, Official Map Makers Erase Names." WorldNow (April 21, 2014). http://apmobile.worldnow.com/story/24807691/as-more-of-coastal-louisiana-is-lost-mapmakers-erase-names.

______. "Despite Land Loss, Native American Community Clings to Life Along the Mississippi River." WorldNow (March 4, 2015). http://apmobile.worldnow.com/story/26559685/despite-land-loss-native-american-community-clings-to-life-along-the-mississippi-river.

Social Science Research Council. *The Measure of America: American Human Development Report 2008–2009*. Brooklyn, NY: Measure of America, 2009.

______. *The Measure of America: HD Index and Supplemental Indicators by State*. 2013–2014 Dataset. Brooklyn, NY: Measure of America, 2014.

"South Dakota House: Abolish U. S. Department of Education." TeaParty. org. (January 29, 2015; accessed August 16, 2015). http://www.teaparty.org/south-dakota-house-abolish-u-s-dept-education-80153/.

Spatig-Amerikaner, Ary. *Unequal Education: Federal Loophole Enables Lower Spending on Students of Color*. Washington, D. C.: Center for American Progress, 2012. https://www.americanprogress.org/wp-content/uploads/2012/08/UnequalEduation.pdf.

Spencer, Malia. "Fire Damages PPG Industries Plant in Louisiana." *Pittsburgh Business Times* (December 27, 2012). http://www.bizjournals.com/pittsburgh/news/2012/12/27/plant-fire-causes-force-majeure-for-ppg.html.

Steingraber, Sandra. *Living Downstream: A Scientist's Personal Investigation of Cancer and the Environment*. New York: Vintage, 1998.〔『がんと環境——患者として，科学者として，女性として』松崎早苗訳，藤原書店〕

Stoler, Ann Laura. "Colonial Aphasia: Race and Disabled Histories in France." *Public Culture* 23, no. 1(2011): 121–56.

______. "Imperial Debris: Reflections on Ruins and Ruination." *Cultural Anthropology* 23, no. 2(2008): 191–219.

Subra, Wilma. *Results of the Health Survey of Mossville Residents and Chemicals and Industrial Sources of Chemicals Associated with Mossville Residents Medical Symptoms and Conditions*. New Iberia, LA: Subra Company, 2008.

Sunstein, Cass R. "'Partyism' Now Trumps Racism." *BloombergView* (September 22, 2014). http://www.bloombergview.com/articles/2014-09-22/partyism-now-trumps-racism.

Swidler, Ann. "Cultural Constructions of Modern Individualism." Paper delivered at Meeting of American Sociological Association (August 23, 1992).

Tavernise, Sabrina. "Life Spans Shrink for Least Educated Whites in U. S." *New York Times* (September 20, 2012).

Templet, Paul H. "Defending the Public Domain, Pollution, Subsidies and Poverty," in *Natural Assets: Democratizing Environmental Ownership*, edited by James K. Boyce and Barry G. Shelley. Washington, D. C.: Island Press, 2003.

______. "Defending the Public Domain: Pollution, Subsidies and Poverty." PERI Working Paper No. 12 (January 2001). http://ssrn.com/abstract=333280 or

http://dx.doi.org/10.2139/ssrn.333280.
______. "Grazing the Commons: an Emprical Analysis of Externalities, Subsidies and Sustainability." *Ecological Economics* 12(February 1995): 141–59.
______. "Integrating Resource Conservation and Economic Development, People First: Developing Sustainable Communities." Working paper(March 1997).
Terkel, Amanda. "GOP Platform in Years Past Supported Equal Rights, Higher Wages, Funding for the Arts." *Huffington Post* (September 4, 2012). http://www.huffingtonpost.com/2012/09/04/gop-platform_n_1852733.html.
Thompson, Richard. "Giving Away Louisiana: Industrial Tax Incentives." *The Advocate* (December 3, 2014). http://blogs.theadvocate.com/specialreports/2014/12/03/giving-away-louisiana-industrial-tax-incentives.
"3 out of 4 Believe Climate Change Is Occurring: Views of Key Energy Issues Are Shaped by Partisan Politics." *University of Texas News* (October 20, 2015). http://news.utexas.edu/2015/10/20/views-of-key-energy-issues-are-shaped-by-partisan-politics.
Thurman, Todd. "Charles Krauthammer Destroys Global Warming Myths in 89 Seconds." *Daily Signal* (February 18, 2014). http://blog.heritage.org/2014/02/18/charles-krauthammer-destroys-global-warming-myths-89-seconds.
"Trump Ends Wild Day on Campaign Trail by Calling for Protesters'Arrests." CNN Politics(March 13, 2016). http://www.cnn.com/2016/03/12/politics/donald-trump-protests.
United Health Foundation. *America's Health Rankings, 2015 Annual Report.* http://www.americashealthrankings.org.
U. S. Census Bureau. *5-Year American Community Survey* [*2009–2013 data*]. Washington, D. C.: U. S. Census, 2013(accessed August 17, 2015). http://factfinder.census.gov/faces/nav/jsf/pages/guided_search.xhtml.
______. "State Government Tax Collections: 2014." Table STC005 (accessed December 11, 2015). http://factfinder.census.gov/bkmk/table/1.0/en/STC/2014/STC005.〔参考 : https://www2.census.gov/govs/statetax/G14-STC-Final.pdf〕
Veblen, Thorstein. *The Theory of the Leisure Class.* New York: Macmillan, 1899.〔『有閑階級の理論[新版]』村井章子訳，ちくま学芸文庫〕
Vogel, Kenneth P. *Big Money: 2. 5 Billion Dollars, One Suspicious Vehicle, and a Pimp--on the Trail of the Ultra-Rich Hijacking American Politics.* New York: Public Affairs/Perseus Group, 2014.
Walsh, Katherine Cramer. "Putting Inequality in Its Place: Rural Consciousness and the Power of Perspective." *American Political Science Review* 106, no. 3

(2012): 517–32.

Wei, Jackie. "Governor LePage Undermines Maine's Green-Building Economy, Sets Back Sustainable Forestry." NRDC. org (December 12, 2011). https://www.nrdc.org/media/2011/111212.

White, Jack E. "The Poorest Place in America." *Time* (August 15, 1994).

Williams, Rob, Shane Gero, Lars Bejder, John Calambokidis, Scott D. Krauss, David Lusseau, Andrew J. Read, and Jooke Robbins. "Underestimating the Damage: Interpreting Cetacean Carcass Recoveries in the Context of the Deepwater Horizon/BP Incident." *Conservation Letters* 4, no. 3 (2011): 228–33.

Wilson, Xerxes A. "Mysterious Tremors Raise Questions." DailyComet. com (October 4, 2012; accessed November 19, 2015). http://www.dailycomet.com/article/20121004/ARTICLES/121009798.〔参考：https://www.sott.net/article/251968-Mysterious-tremors-raise-questions〕

Wines, Michael. "Fish Embryos Exposed to Oil from BP Spill Develop Deformities, a Study Finds." *New York Times* (March 24, 2014).

Wolbrecht, Christina. *The Politics of Women's Rights: Parties, Positions, and Change*. Princeton, NJ: Princeton University Press, 2000.

Wold, Amy. "Washed Away." *The Advocate*. http://theadvocate.com/home/5782941-125/washed-away.

Wolf, Vicki. "Salt Dome Instability Caused by Bayou Corne Sinkhole Tragedy and Others." *Clean* (Citizen's League for Environmental Action Now). http://www.cleanhouston.org/misc/salt_dome.htm.

Wolff, Henry. "Race and the 2012 Election." *American Renaissance* (November 9, 2012). http://www.amren.com/features/2012/11/race-and-the-2012-election/.

Woodard, Colin. *American Nations: A History of the Eleven Rival Regional Cultures of North America*. New York: Penguin Books, 2011.〔『11の国のアメリカ史——分断と相克の400年』(上)(下) 肥後本芳男・金井光太朗・野口久美子・田宮晴彦訳，岩波書店〕

World Health Organization. *Global Health Observatory Data Repository* [*2013 data*] (accessed August 12, 2015). http://apps.who.int/gho/data/node.main.688.

WWL-TV Staff. "Poll: Obama Loses Support in La.; Perry, Romney, Cain Close on GOP Side." WWL-TV (October 13, 2011). http://www.wwltv.com/story/news/politics/2014/08/29/14408560.

Zheng, Lingwen, and Mildred Warner. "Business Incentive Use Among U. S. Local Governments: A Story of Accountability and Policy Learning." *Economic Development Quarterly* 24, no. 4 (2010): 325–36.